研究生教学用书

教育部学位管理与研究生教育司推荐

文化研究导论（第三版）

陆扬 王毅 著

WENHUA YANJIU DAOLUN

复旦大学出版社

目 录 CONTENTS >

1 绪论 > 文化的定义
第一节 文化定义的困顿 / 1
第二节 追踪文化的概念 / 4
第三节 文化的当代定义 / 11
第四节 什么是文化研究 / 15

21 第一章 > 现代性的遗产
第一节 什么是现代性 / 21
第二节 笛卡儿和现代性的缘起 / 24
第三节 卢梭的自然和文化思想 / 28
第四节 康德论启蒙 / 31
第五节 柯布西耶论现代建筑 / 37
第六节 文化现代性 / 40

47 第二章 > 文化社会学
第一节 西美尔的现代文化经验 / 47
第二节 韦伯论文化的自足性 / 51
第三节 大屠杀与现代性文化 / 56
第四节 吉登斯论现代性反思 / 60

第五节 文化与发展 / 65

73 第三章 > 文化主义的先声
第一节 阿诺德的精英文化传统 / 73
第二节 文化与无政府状态 / 77
第三节 大众文明与少数人文化 / 81
第四节 利维斯主义 / 87

98 第四章 > 文化工业批判
第一节 法兰克福学派论文化工业 / 98
第二节 阿多诺论流行音乐 / 104
第三节 现代艺术 vs. 大众文化 / 108
第四节 对文化工业理论的反思 / 114
第五节 本雅明的文化现代性 / 119

125 第五章 > 文化研究的兴起
第一节 伯明翰学派 / 125
第二节 文化研究的特点与发展 / 132
第三节 文化研究向何处去 / 142
第四节 文化研究若干术语 / 145

161 第六章 > 文化主义
第一节 伯明翰花开花落 / 161
第二节 霍加特论工人阶级文化 / 164
第三节 威廉斯文化再定义 / 167
第四节 文化唯物主义 / 171
第五节 汤普森：英国工人阶级的形成 / 173
第六节 霍尔解构"大众" / 175
第七节 电视话语的制码和解码 / 179

185　第七章 > 结构主义与意识形态理论

第一节　结构主义与文化研究 / 185
第二节　罗兰·巴特解码文化 / 189
第三节　列维-斯特劳斯的文化人类学 / 192
第四节　阿尔都塞和意识形态理论 / 194
第五节　反思意识形态理论 / 200

204　第八章 > 文化"霸权"理论

第一节　文化在马克思哲学中的地位 / 204
第二节　马克思论意识形态批判 / 211
第三节　葛兰西论文化霸权 / 213
第四节　从霸权角度看大众文化 / 221

226　第九章 > 后现代文化

第一节　后现代与文化研究 / 226
第二节　后现代文化的若干特征 / 232
第三节　拉康论漂浮的能指 / 236
第四节　福柯：书的终结和考古学的开始 / 241
第五节　詹姆逊的后期资本主义文化研究 / 247
第六节　听觉文化和视觉文化 / 253
第七节　鲍德利亚论后现代传媒 / 259
第八节　消费文化 / 264
第九节　布尔迪厄论文化资本 / 271

277　第十章 > 后现代文化中的现代性

第一节　后现代哲学中的现代性 / 277
第二节　中国的后现代状况 / 282
第三节　哈贝马斯和现代性重建 / 288
第四节　公共领域与传媒 / 292

第五节 德里达：作为"共同文化"的宗教 / 303
第六节 索卡尔事件 / 308

313 第十一章 > 大众文化理论

第一节 什么是大众文化 / 313
第二节 大众文化批判理论 / 319
第三节 质疑大众文化批判理论 / 325
第四节 大众文化研究举譬 / 330

340 第十二章 > 大众传媒研究

第一节 费斯克论两种经济 / 340
第二节 德塞图的抵制理论 / 350
第三节 洪美恩谈"中国性"文化认同 / 357
第四节 看《达拉斯》/ 363
第五节 对文化帝国主义理论的反省 / 372

377 第十三章 > 大众文化研究在中国

第一节 法兰克福学派的影响 / 377
第二节 重新定义大众文化 / 381
第三节 上海酒吧 / 388
第四节 小资和咖啡馆 / 392
第五节 解读服饰 / 396
第六节 看《甄嬛传》/ 408

412 第十四章 > 文化研究与文学研究

第一节 文化研究对文学研究意味着什么 / 412
第二节 文化批评 / 416
第三节 赛义德的文化帝国主义批评 / 420
第四节 耶鲁学派论文学和文化研究 / 424
第五节 罗蒂的文学救赎哲学思想 / 432

441 **第十五章 > 空间理论**

    第一节　空间转向和列斐伏尔　/　*441*

    第二节　哈维论时空压缩　/　*449*

    第三节　索亚与第三空间　/　*453*

    第四节　现代和后现代：洛杉矶和阿姆斯特丹的比较　/　*457*

    第五节　卡斯特论流动空间与地方空间　/　*462*

472 **人名译名表**

484 **第三版后记**

绪论 INTRODUCTION
文化的定义

第一节 SECTION 1
文化定义的困顿

什么是文化的定义？这似乎是一个你不说我还明白，你一说我就开始糊涂的话题。文化从考古学的角度来看，可指同一历史时期的遗迹、遗物的综合体。故同样的工具、用具、制造技术等是同一种文化的特征。大而化之，文化则可以指人类所创造的财富的总和，特别指精神财富如文学、艺术、教育、科学等。但文化的定义不仅是个人修身立命的追求，亦不仅是一个社会、一个民族、一个国家的文明传承，文化说到底是一种世界大同的必由之路。文化的性质，它的范围和内容，因此不光具有毋庸置疑的地域性质，同样必定具有普世的性质。这一点应是显而易见的。

大多数时候，文化一词的意思是清楚明白的。我们说美国文化、年轻人文化、东方文化、工人阶级文化、基督教文化、高雅文化、消费文化、社区文化时，大致清楚文化在这里是指什么。但是问题并非如此简单，套用美国20世纪美学家肯尼克的一个譬喻，设想一个虚拟空间，里面有图画、乐谱、赞美诗、机器、船舶、房屋、教堂、诗集、家具、庄稼、树木、山丘、草地，等等，不一而足。现在请一个人走进这个虚拟空间，让他把有文化或者说属于文化的东西给分辨出来。我们相信这个人尽管未必能对文化说出个所以然来，但是大体可以做出他的选择，比如他会把图画、乐谱、赞美诗、机器、船舶、房屋、教堂、诗集和家具指点出来，反之把庄稼、树木、山丘和草地排斥在外。但是，假如以文化为所创造的财富的总和，庄稼难道不是人类劳动的产品吗？还有草地，它是自然的还是人工的？即便假定树木和山丘保持了人迹未至的原生态，可是当它们进入我们的审美视野，物我相望、情景交融的时候，是不是同时也进入了文化的视野？要之，将我们的质疑告诉这一个人，请他重新分辨一遍的话，恐怕他除了一股脑儿将所有东西指点一遍，更没有其他选择。上面的例子还是在物质的层面，尚且如此，到了精神的层面，岂不更是不知所云？而当文化变得无所不包时，它自身的意义又在何处？它还有定义的必要吗？即使就以上显得相对清楚的文化概念，如美国文化、年轻人文化、东方文化、工人阶级文化、基督教文化、高雅文化、消费文化和社区文化等来说，难道不是每一个文化概念都还包括了许多亚属，并且相互交叉得厉害吗？难道不是仅就年轻人文化一端，就足以穿透上述的所有其他文化吗？

看来殊有必要追踪文化概念的来龙去脉。

汉语中文化一词似最早可以上溯到《易·象传》之释贲卦："小利而攸往，天文也；文明以止，人文也。观乎天文，以察时变，观乎人文，以化成天下。"郑玄注说："贲，文饰也。"又说："天文在下，地文在上，天地二文，相饰成《贲》者也。犹人君以刚柔仁义之道饰成其德也。"以上文字就字面义来看，文化是人文化成，其间人处在中心地位。进而视之，则天文、地文、文明成为中国原初文化认知的三个重要范畴，以上下两体刚柔相交为文化的流变之道，以天文和地文刚柔交错为"文明以止"的人类文化形态的形成。由是观之,文化的概念在它最初的萌生阶段,已经包含了精神、物质和制度文明的不同层面的阐释。

　　文化一词分别来看。"文"通"纹",许慎《说文解字》还在说:"文,错画也。象交文。今字作纹。"是以有"织文鸟章,白旆央央"(《诗·小雅·六月》)句。太初有纹,纹并生于天地造化之间。《老子》的不可道,不可言,而为天下母的"道",就其本义"道途"而言,亦未始不是刻写在浩瀚宇宙之上的"纹"。所以文不单指涉文字和文章,所谓"说诗者不以文害辞"(《孟子·万章上》),而如法国汉学家谢和耐《汉字心理及心理功能面面观》一书赞赏不已的那样,"文"既通"纹",便除了狭义上的文字,还可指草木纹理、星座龟壳等无数物事。很显然这也正是文化的特征。

　　"化"的古字是"匕"。《说文》的解释是:"匕,变也。"徐灏注曰:"匕化古今字。"是以《易·系辞传》说:"知变化之道。"《礼记·乐记》则说:"和故百物化焉。"化作为变化是为宇宙之道,变化进而演绎为教化,如《周礼·大宗伯》:"以礼乐合天地之化。"这已经非常符合"文化"一语的现代含义。

　　但现代的文化定义正日益显示出它的无比复杂性来。什么是文化?文化是各类艺术的总和吗?抑或它就是传媒:出版物、电台、电视加上电影?它是往昔的怀旧呢,还是闲暇时光的活动?它是为人共享的价值、观念、信仰,是一种心理状态、一种生活方式,抑或是同自然环境进行交际的一种手段?或者文化是用来分门别类的组构形式?还是如前所述,判定文化包括了上面这一切东西?这些问题的确不是三言两语可以解答清楚,而且显而易见,它们可以从方方面面延伸开去,成为你中有我,我中有你,无论如何也理不清楚的铺天盖地的一张大网。

　　所以很有必要追踪文化概念的来龙去脉。

第二节 SECTION 2 >
追踪文化的概念

述及文化定义，20世纪两位美国人类学家阿尔弗雷德·克洛依伯和克莱德·克拉克洪1952年出版的《文化：概念和定义批判分析》一书，堪称半个世纪来为人不断引述的经典，对于澄清文化的性质和意义，被公认为一本不可不读的力作。作者列举历史上百余条不同的文化定义，逐一进行解析，采用的方法之一是将五花八门、形形色色的文化定义根据一些"基本主题"进行归类。归类的结果得出九种基本文化概念：它们分别是哲学的、艺术的、教育的、心理学的、历史的、人类学的、社会学的、生态学的和生物学的。当然不论是历史文献之中还是今日正在流行的文化定义，都未必是这九种基本类型可以悉尽概括，但兼而论之的话，作者指出，大多数文化定义是可以在这九个门类下得到说明的。

文化的这九种基本概念实际上也是对西方文化发展历史的一个概括，所以有必要作一交代。就文化的哲学概念来看，它无疑是一切文化定义中最为古老的传统。早在两千年以前，西塞罗就提出过文化相等于哲学或者说心灵的培育。这很显然是将文化同个人心智的发展联系起来，进而联系到知识、智慧和理解力的获得。这里牵涉到文化（culture）一语的本义培育（cultivation）。黑格尔《美学讲演录》中说过，语词的最初的意义总是隐喻的、形象的，后来才发展引申出抽象义来，虽然这后到的精神义终而反客为主，反倒是掩盖了语词原初的感性本义。对此黑格尔举的例子是"掌握"（fassen）和"把握"（begreifen），它们最初都是用手去握事物的意思。"文化"一词亦然。它源起拉丁语动词colo，意即培育，当然最初是培育可见的东西，比方说庄稼，然后才引申到心灵。如是文化就成为个人修身的一个过程。这其实很可以同强调修、齐、治、平的儒家文化展开对话。要之，这个传统中的"文化人"，就多少贴近于儒家传统中的"君子"。但文化的个人性质和过程性质,在这里是两个都不容忽略的要素。事实上正是这里文化重过程不重结果的特点,使它同文明见出了分别。在相当一部分理论家的概括中,文化多被视为导向某种成果的累进运动,文明则被视为成果本身。

  同哲学的文化概念相仿,艺术的文化概念也具有悠久的历史,它是中世纪和文艺复兴的产物。但是比较文化在中世纪和文艺复兴时期主要同缪斯结盟,与诗的关系,包括史诗、抒情诗、音乐、悲剧、喜剧和舞蹈,等等,尤见密切一层,今天它同艺术的关系要广泛得多。一般认为它包括了行为艺术如音乐、戏剧、歌剧、舞蹈和哑剧等;文学艺术如诗歌、小说等一应创造性文字;视觉艺术如绘画和雕塑;环境艺术如建筑、城镇规划、都市规划、景观设计等;以及工艺如编织、制陶一类手工艺术。这一类概念中强调的是文化所具有的创造性质,而创造性恰恰是艺术活动的生命力所在。艺术家经常被认为是一个民族的精英人物,他们总是不满现状,力图破除成规,探新求异的那一种叛逆精神,也非常合乎文化自身更新发展的需要。问题是艺术这个概念本身太为含糊,它的内涵和外延在不同文明和不同民族的语境中,大都可以得到不同的阐释,这自然也就影响到同它绑在一起的文化的定义。

  其三是教育的文化概念。它的理论依据是文化是光,是个人也是社会的内在的光。文化如是便成为通过接触无边浩瀚的知识和智慧的积累,让光把心灵和精神照得雪亮。这很显然是一个非常具有启蒙意味的传统。但文化作为教育和学问,于此并不限于正规教育。它不仅包括初等、中等、高等、成人以及特殊教育等的一切方方面面,而且包括一切非正规的教育和求知形式。正所谓人是活到老,学到老,当中未必具有明确的功利色彩。这又回到了文化是培育人的心灵的古朴传统。

  其四,心理的文化概念,它是19世纪中叶文化的、哲学的、艺术的和教育的概念交相糅合的产物,其代表人物就是英国诗人和文学批评家马修·阿诺德。1869年出版的《文化和无政府状态》

一书中，阿诺德认为文化就是求知的完美，是怎样来获知这世界上同我们有关的最好的思想。文化因此有一种激情，一种追求甜美和光明的激情。而且两者是相通的，凡是追求甜美的人，到头来会得到光明；追求光明的人，到头来也能得到甜美。这里甜美指的是艺术，光明指的是教育，文化就是通过艺术和教育的途径，以臻人格的完美，它同样还是带有非常明显的个人性质，其表述的与其是说外在的物质文明，不如说是内在的心灵状态，精神和肉体的两相和谐。阿诺德也讲到了"文化人"：

> 伟大的文化人是这样一些人，他们具有一种激情，要将他们时代最好的知识、最好的思想从社会的一端传播和搬运到社会的另一端，使之流行不衰；他们殚精竭虑，要为知识去除一切粗糙的、粗野的、难解的、抽象的、专业的和孤傲的成分，要把它人性化，使它在绅士和学者的圈子之外，也见成效，与此同时，又保留了时代最好的知识和思想，因而成为甜美和光明的真正源泉。①

其五，历史的文化概念有广义和狭义之分。克洛依伯和克拉克洪指出，从历史的角度看，广义的文化概念包括过去遗产的全部积累，无分大小新旧，彼此相干或全不相干。这样一种不做辨析全盘收下的做法看似简易，实际上却因为它过于宽泛而难成其为一种定义，并不能解决实际问题。因此有狭义的文化图式，它指的同样是过去传统的积累，但这积累之所以成其为文化，前提是它们表征了时代的见证，故而为今日的个人、社会和民族所高度重视。不过广义的也好，狭义的也好，历史的文化概念大致可以用以下定义来表述：

---

① 阿诺德：《文化和无政府状态》(Matthew Arnold, *Culture and Anarchy*), Cambridge: Cambridge University Press，1960年版，第70页。

文化作为一个描述性概念，从总体上看是指人类创造的财富积累：图书、绘画、建筑以及诸如此类，调节我们环境的人文和物理知识，语言、习俗，礼仪系统，伦理，宗教和道德，这都是通过一代代人建立起来的。①

其六，人类学的文化概念。它被认为是第一个现代意义上的文化定义而具有划时代的意义。人类学的文化概念同样是19世纪的产物，其最有权威的定义来自英国著名人类学家爱德华·泰勒1871年的《文化的起源》：

文化或者文明，从其广泛的民族志意义上言，它是一个错综复杂的总体，包括知识、信仰、艺术、道德、法律、习俗和人作为社会成员所获得的任何其他能力和习惯。②

泰勒给文化所下的这个定义是将文化和文明等而论之，比较先时的哲学的、艺术的、教育的、心理的和历史的文化概念，被认为是一个分水岭。分别在于先时的定义或多或少总是偏向某些方面，泰勒则是提供了一个全方位的说明。文化作如是说明不仅涉及它的性质、范围、内容和意义，而且进化成为人类经验的总和，它不复是某些阶级的专利，相反恩泽广被社会的每一个成员。"错综复杂的总体"意味着什么？它意味着一个特定社会或社群的一切活动，包括物质的和非物质的一切外在的和内在的活动，而成为信仰、信念、知识、法令、价值，乃至情感和行为模式的总

---

① 见克洛依伯和克拉克洪：《文化：概念和定义批判分析》(A. Kroeber and C. Kluckhohn, *Culture: A Critical Review of Concepts and Definitions*), New York: Vintage Books, 1963年版，第83页。

② 爱德华·泰勒：《文化的起源》(Edward Burnett Tylor, *The Origins of Culture*), New York: Harper and Row, 1958年版，第1页。

和。这一文化的认知不妨说就是前面《易传》中显示的天文、地文和人文的总和,它之具有超越地域的普遍意义,可以期望适用于任何一个民族的生活方式,已为显见。这一致力于从总体上来观照文化的态度,明显一路下延到当代西方对文化的分析模式,更具体说,它就是雷蒙·威廉斯视文化为日常生活的总和的先声。

其七,社会学的文化概念。它与人类学的文化观念几乎同时勃兴。但不同于人类学的文化观强调"错综复杂的总体",社会学的文化概念将重心移到社会共享的价值观念和行为特征等方面,代表性的定义如美国社会学家保罗·布莱斯蒂德所言:

> 文化是一个具有多种意义的语词,这里用作更为广泛的社会学含义,即是说,用来指作为一个民族社会遗产的手工制品、货物、技术过程、观念、习惯和价值。要之,文化包括一切习得的行为,智能和知识,社会组织和语言,以及经济的、道德的和精神的价值系统。一个特定文化的基本要素是它的法律、经济结构、巫术、宗教、艺术、知识和教育。①

其八,与社会学的文化观念攸息相关的是种族、伦理、阶级、性别和身份,等等,这些都是当代世界中举足轻重的热门话题。与之紧密联系的还有语言和交流,因为正是在交际和语言之中,连接人和社会的纽带或者是得到了发展,或者就是停步不前。当代社会中,语言和交流最典型的载体便是传媒,或者说,人称之为"文化和传播产业"的出版、广播、电视、电影、音像、电脑等一应行业。毫不奇怪,谁拥有、操作和控制这些传播手段,以及它们传播的是怎样类型的信息,正在日益成为一个超级文化问

---

① 布莱斯蒂德:《文化合作:未来时代的基调》(Paul J. Braisted, *Cultural Cooperation: Keynote of the Coming Age*), New Haven: The Edward W. Hazen Foudation,1945年版,第6页。

题。因为对现代传媒所有权和控制权的丧失，意味着国家的文化表述，它的身份、主权乃至生存，都将面临生死攸关的威胁。

最后，作为对人类学和社会学文化概念的一个反拨，乃有生态学和生物学的文化概念。这是因为在后者看来，人类学和社会学的文化概念虽然红极一时，却都是在围着人类和人类创造的产品打转，对其他物种的存在和自然生态环境或者是估价很低，或者是认定它们想当然是为人类存在。生态学和生物学的文化概念旨在说明，文化并不仅仅限于人类和人类的创造，它同样适用于其他物种和整个自然领域。具体来说，生态学的和生物学的文化概念是生态环境运动的产物，视文化为人类和自然环境之间一种互补的象征关系，一个对话交流的过程。它旨在使人意识到技术的高度发展并没有解除人类对自然的传统依存关系，相反因为人类对自然资源和环境的掠夺和污染，更强化了这一关系。如是自然在文化形构的过程中，势必将出演一个重要的角色；同样人类文化的建树，必须考虑进植物、动物和其他一切生命形式，因为人类永远与它们有着无论如何估计也不为过分的互依互存关系。当代社会中呼声益高的环境保护、植物保护和动物保护运动，由是观之，与此类文化概念应是有着太为密切的联系。

克洛依伯和克拉克洪归纳的上述九种文化概念如果做一个总结的话，可以看出其中很明显的现代性主题。它们是西方思想的产物，里面的主干不妨说就是科学和理性的一路发展。这些定义可以将西方的文明和历史框架进来，但是未必能够充分解释见山是山，见水是水的东方智慧。即便如此，文化概念的能动性还是充分表现了出来。往近看，不论是 19 世纪文化朝人类学和社会学的转向，还是今日出现的朝生态学和生物学转向，文化与时代发展的节奏永远是同步的，与变化不断的社会现实永远是形影相随，它永远具有毋庸置疑的当代性。

什么是文化的定义？由此可见它肯定不是三言两语可以打发的问题。18 世纪德国启蒙思想家赫尔德尔在他的名著《人类历史哲学概要》中，给文化定位过三个基本特征：首先，文化是一种社会生活模式，它的概念是个统一的、同质的概念，无论作为整体还是社会生活的方方面面，人的每一言每一行都成为"这一"文化无可置疑的组成部分；其二，文化总是一个"民族"的文化，用赫尔德尔的话说，它代表着一个民族的精华；其三，文化有明确的边界，文化作为一个区域的文化，它总是明显区别于其他区域的文化。这三个特征甚至可以说是迄至不久前，一直被认为是关于文化理论的权威定论。著名的例子如英国诗人 T. S. 艾略特（T. S. Eliot），就接过赫尔德尔的文化定义，称文化是涵盖了"一个民族的全部生活方式，从出生到走进坟墓，从清早到夜晚，甚至在睡梦之中"①。对文化的此类理解是我们所熟悉的。即便是 20 世纪 80 年代国内大致与西方同步的文化大讨论中，我们听到的文化定义，时常也还是使人想起赫尔德尔来。

另一方面值得注意的是，什么是文化，由学者和理论家来下定义，与由政府和商业机制来做认同，可以相差悬殊。一般来说，后者较学者力求全面的宽广视域，对文化的限定要狭隘一些，也具体一些，如涉及文化政策的制定，文化大多是被定位在艺术、广播、电视、电影、音像，以及出版产业，等等。这一方面便利于操作，同时也避免了不着边际的浩瀚给人带来的惘然和畏惧；但是另一方面，将文化拆解分派到政治和商业属下，于文化本身的整体把握，很显然未必是有利的。

再就赫尔德尔对文化的传统界说来看，已经未必能够说明今天经济全球化语境中的文化发展趋势，也为显见。全球化语境中人文科学面临的挑战，同样是世界性的。福柯的主体消亡命题似乎正在得到确证。组织资本并传播生产欲望的文化，随跨国资本的发展进入跨国化的过程，已成必然。它将不复是一个民族的专

---

① T. S. 艾略特：《关于文化定义的笔记》(T. S. Eliot, *Notes Towards the Definition of Culture*), London: Faber and Faber, 1948 年版，第 31 页。

利，它的统一性和同质性，正在经受空前的挑战。就前面赫尔德尔所说的文化的三个基本特征来看，文化的同一性很大程度正为多元性所替代，即便同一文化范域之内，工人阶级的居住区和富人阶级的居住区，生活方式鲜有什么共同语言。文化作为民族精神的凝聚力，随着新移民文化的不断形成，亦已是摇摇欲坠，至少它不再是赫尔德尔笔下那种圈定住一个民族的领土和语言的封闭的岛屿。最后，文化的边界，随着全球交通的不断便捷，跨国传媒的长驱直入，以及网络向家庭单元的顺利进军，如果说它还在坚守阵地，那么无论如何这边界也是敞开大门的边界了。

第三节 SECTION 3 >
文化的当代定义

既然文化的边界敞开大门，文化的概念扩展自身是势所必然的事情。澳大利亚文化理论家托尼·本内特1998年出版的《文化：一门改革家的科学》，就把他的文化研究定位在五个方面：其一，他名之为广义的政策研究，涉及政府和文化的关系，包括广播、影视和传媒政策，艺术政策，基金结构，博物馆、画廊、图书馆和知识产权，文化旅游和文化产业等；其二是政策与实践的关系，研究如何在政府的影响下制定政策；其三谓之跨学科和多元化，涵盖人文和社会科学的所有学科，如历史、社会学、文化和传媒研究、妇女研究、经济学、人类学，等等，而不局限于狭义上的政策研究，据说这样可以进而追索理论传统，展开对话，寻求融合；其四是国际和比较研究，将围绕文化和传媒的政策论争推出国界；最后作者称之为历史意识和理论的前沿性，在历史视域中来理解当代政府和文化的关系，同时积极推动当代文化理论及实践中政策导向的论争。总之，"政府和文化的关系正在经历巨大的变化。政府参与文化管理的原理一直相伴着战后的社会福利观念，20世纪80年代以来，这些原理受到了与日俱增的质疑。"①

但是我们知道文化有它的超越性，它不可能等同于政府行为。

不同于本内特强调文化与政府政策制定的密切关系，任教于多伦多大学的D. 保罗·夏弗教授提出一种总体视野的文化观念。他认为文化可以比较宇宙哲学。宇宙哲学关注的是创造一个系统的、连贯的宇宙图景即"世界观"。在创造这一世界观的过程中，宇宙哲学致力于回答一系列极为深刻也极富想象力的问题：什么是宇宙的本原？宇宙如何化为存在？宇宙有始端有终端吗？宇宙的体积是亘古不变的还是在不断膨胀？宇宙的基本成分是什么，它又是如何结构的？有没有一个根本规律解释宇宙的功能？宇宙有终极目的吗？夏弗认为虽然形式大有不同，但是这些问题同样也是文化所愿意关注的，因为它们涉及的是本原问题、结构问题、功能问题、目的问题、进化问题，如此等等，不一而足。而说到底，"世界观"不仅对于宇宙论，对于文化同样也是纲领性的东西，因为正是世界观，使对象成为高度有机整合的一门学科。

有鉴于此，夏弗认为文化即可视为：

一个有机的能动的总体，它关涉到人们观察和解释世界、组织自身、指导行为、提升和丰富生活的种种方式，以及如何确立自己在世界中的位置。②

夏弗就文化这一总体的定义做了具体阐释。首先，就人们观察和解释世界的方式而言，它将显示人们如何运用自己所有的一

---

① 本内特：《文化：一门改革家的科学》(Tony Bennet，*Culture*：*A Reformer's Science*)，London: Sage Publications，1998年版，第 iii 页。
② 夏弗：《文化：未来的灯塔》(D. Paul Schafer，*Culture*：*Beacon of the Future*)，Twickenhan: Adamantine Press，1998年版，第 41 页。

切哲学的、宇宙观的、神学的、神话的、伦理的以及意识形态的信仰和信念来观照和阐释世界。这些信仰和信念构成了文化的基石，因为正是它们提供了文化赖以存在的公理、原则和假定。人和自然、心和物，以及宇宙时空的流转变化，由此悉尽给囊括其中。其次，就人类组织自身而言，文化关涉经济、社会、政治体系，科学技术的追求，以及军事布局、环境保护、生态维护等方方面面的选择和决断，更不消说城镇、区域和国家和一切人文行为的发展了。这是文化生活的宏观方面，今天随着全球化的推进，它正在发生深刻的变化。再次，在指导行为方面，文化涉及日常生活和消费开支的安排，家庭生活和养儿育女的部署，当然还有行为准则的确定，这是文化生活的微观方面，它与文化的宏观方面其实是息息相通的。再下来是提升和丰富生活，这方面文化关注教育、审美、科学和艺术的趣味养成，关注理想、宗教、道德以及一切精神活动的价值，由此使生活见出更为深邃且丰富的意义来。而最后，在如何确立自己在世界中的位置方面，文化则与人们的地理方位息息相关，环境、种族、边界等由此都成为人们关注的焦点。文化冲突事实上大都是在这一层面上发生，特别是当代经济、政治和社会地图在发生剧烈改变的时刻。

　　从这一总体视野的文化观念出发，夏弗认为文化可以看作是一棵根深叶茂的大树，具有树干、树枝、树叶、根茎、花朵和果实。做个比喻的话，神话、宗教、伦理、哲学、宇宙观和美学构成根茎，经济和军事体系、科学技术、政治意识形态、社会结构、环境政策和消费行为构成树干和树枝，教育体系、文学和艺术作品、精神信仰、道德实践等则为树叶、花朵和果实。这样一方面显示了文化是一个总体，另一方面也突出了文化各个部门密不可分的相互依赖和交叉关系。

　　但是问题依然没有解决。因为文化的话语说到底是多元性的话语。文化的话语意味着什么？它可以意味民族主义、女权主义、马克思主义、后殖民主义，可以意味人类学、文学批评、消费时尚和话语。文化的意义厘定这样来看，与其说它是什么，不如说它不是什么。这里用得到索绪尔意义产生于差异的结构主义前驱理论，也用得到德里达垂青过的"避免言说"，以陈述某物不是什么而非是什么来达成意义的"否定神学"理论。文化话语的意义因此产生在它与其他话语的差异之中，是产生在它的语境之中。

至此，我们也许可以给文化下一个简单明了的定义：文化就是意义的生产、流通的社会过程和集合总体。

在这个定义中，文化不再拘泥于艺术，不再拘泥于过去的优秀遗产和当代的优秀思想，而将日常生活的方方面面都包括了进来。由是观之，文化就是错综复杂的意义和意识的社会生产和再生产，是社会意义和意识的生产、消费和流通的过程。生产概念的引入，证明经济在文化中有着举足轻重的地位，社会意识的强调，则显示社会关系及政治同样成为文化走向的一个决定性因素。

综上所述，文化一味定位在理想层面应当说有它的局限性。假如文化的概念仅仅涵盖曲高和寡的精英文化，是不是会出现一面是"有文化"的少数人，一面是"没文化"的大多数人的尴尬局面？这是没有人愿意欣赏的。另外传统以经典著作为超越时间和空间的普世的文化标准，在今天许多反对这一传统的理论家看来，也是悄不作声将阶级、性别和种族的优势转移为了文化资本。事实上霍加特和威廉斯发起的文化研究，其直接目标就是破解精英主义的英国高雅文化，而使文化的概念大而化之演化为意义的生产和再生产，终而指涉我们的全部日常生活。所以伯明翰大学当代文化研究中心的成立，对于文化研究是一个里程碑。文化不是精英们的特权，它应当是普及的、大众的，涉及我们社会生活的方方面面。要之，文化就不仅是静态的，同样更是动态的。文化不仅是结果，同样更是过程。文化不仅是社会生活的产物，同样更将是社会生活何去何从的一个决定性因素。

第四节 SECTION 4 >
什么是文化研究

文化的定义既然众说纷纭，比如说它是高雅文化也是大众文化，是静态的物质和精神成果，也是动态的物质和精神过程，它积淀了传统，又表现出鲜明的当代性来，那么，文化研究又是什么呢？它有没有定义的可能呢？

应当说文化研究的定义同定义文化一样面临着言人人殊的重重困难。文化研究从广义上说，可视为对于文化的研究，这样它的外延和内涵就非常广大，它的研究对象纵向上可以像人类的历史一样悠久绵长，横向上则可以把触角伸向社会生活的每一个方面。显而易见，当一个学科变得无所不包，实际上并不利于这个学科自身的确立和发展。因此我们所说的文化研究，大都是比较专门意义上的文化研究，即作为一门跨学科的新兴学科，它以20世纪60年代伯明翰大学当代文化研究中心的成立为诞生标志，这是一个风云际会的年代，结构主义、符号学、马克思主义、女权主义在欧美各国一路走红，迅速形成燎原之势，这也使文化研究从一开始，就带有浓重的理论色彩。不像传统学科，文化研究迄今难觅明确的定义，也没有一个相对固定的势力范围。它游走在传统学科的边界之间，同文学研究、社会学和历史学关系尤其密切，其他像语言学、人类学、心理学，等等，也都是它的后援，而就文化研究抵制霸权话语的颠覆态势来说，它理所当然更有坚实的哲学基础。因此，与其尝试背靠宏大叙事来给文化研究下一个定义，不如来看看它具有哪一些特点吧。

首先，文化研究对传统的文化概念，形成鲜明挑战。如前所述，传统的文化概念主要是被定位在艺术和美学方面，它的特征是创造力，它的功能是潜移默化中道德价值的实现。但是文化研究认为这个传统里有精英意识作祟,其中蕴藏着阶级压迫,比如它是否涉嫌将社会一分为二,一面是"有文化"的精英阶层,一面是"没文化"的群氓,而在意识形态的层面上制造、认可和维持社会不平等?故此,文化研究的焦点,便是社会关系、社会意义以及社会权利不平等的生产和再生产。它将表明阶级、性别、种族这样的字眼在文化传统中远不是中性的语汇,而它们在文化关系中的不平等地位又如何紧紧维系着经济和政治关系上的不平等。

很显然,文化研究这一咄咄逼人的颠覆态势是同传统文化观念的研究大不相同的。它关注的不仅是文化的内在的价值,更关注文化的外在的社会关系。由此它必然将历史上被主流文化忽略的文化形式纳入中心视野,这就是工人阶级的文化形式,进而视之,大众文化形式。在方法上,它一方面涉及一系列有关概念的重新定义,如阶级、意识形态、霸权、语言、主体性,等等,一方面在经验层面上,也更多转向注重实地调查的民族志方法,以及文化实践的文本研究,进而揭示大众如何开拓现成的文化话语,来抵制霸权意识形态的意识控制。

其次,文化研究的跨学科性质,它是与生俱来的,也一路保持了下来。文化研究继承了法兰克福学派的批判传统,又反对这一传统的精英主义文化立场。它把主要研究对象定位在大众文化上面,一下子就发现传统学科对于当代社会高歌猛进、如火如荼的大众文化现象,基本上是置若罔闻,反之是批判理论、文学批评、话语分析、妇女研究、社会学和政治经济学这些新近的学术,多多少少在以不同的视野审视大众文化。它从社会学那里吸收了大众文化的制度分析,从文学批评那里借鉴过来文本分析的方法,从政治经济学那里承接了文化意义的生产、分配和消费流通分析模式。它方法论上占据主位已有时日的霸权理论,是来源于马克思主义哲学。它的反集权、反等级、反规束的后现代作风,则明显带有福柯、德里达、哈贝马斯等一批后现代哲学家的思想印记。

由此也引出一系列问题，比如：文化研究系的成立会对大学的传统机制产生什么影响？它是否意味着传统学科必须予以重组？它对这一重组又会产生什么影响？以及有没有可能超越伯明翰的传统，别开生面推出文化研究的新的模式？对于这些问题，相信读者见仁见智，应该能够做出自己的判断。

其三，文化研究的由来和现状。假如说作为新兴科学的文化研究可视为发端于伯明翰中心的成立，那么它的繁荣则大体是始于20世纪80年代。它早期的关键词是异化、意识形态和霸权，但是它的现状已稳稳立定在人文科学和社会科学之中，与人文和社会科学的大多数学科结成了同盟。对于美学和文学研究，它提供了背景和语境，对于社会学研究，社会结构、社会制度和社会变革同样也是它的研究对象。从历史上看，文化研究的缘起同哲学和人类学联系密切。哲学是指西塞罗的传统，以文化为心灵和人格的培育，从18世纪末叶开始，这一传统的重心从个人向公共社会转移，现代性由此成为它的纲领。从马修·阿诺德、F. R. 利维斯、T. S. 艾略特到雷蒙·威廉斯，文化先是被描述为主要是文学文本中体现的高尚的道德价值，格格不入于个人主义、物质主义和市侩作风，继之在批判视野中将大众文化引入学术，终而把文化定义为一个总体上的生活方式。文化作为生活方式的总体，如前所述这是爱德华·泰勒的人类学观点。泰勒认为所有的社会，不论是何种类型，处在何种发展阶段，都拥有它自己独特的文化，价值和符号是为一个社会的凝聚力。如是文化不复是高雅文化的专利，而渗透到每一个民族的物质和精神层面。但是现代社会错综复杂，社会集团和阶级的不断分化，意识形态和权力结构分分合合地不断重组，导致生活方式同样呈现出鲜明的多元模式，人类学的相关定义之于文化研究有没有可能与时俱进？我们看到了美国人类学家克利福·吉尔兹对文化的新近定义，他认为文化涉及"符号表征的某种历史转换的意义模式，某种根据人们如何交流、永久保存以及发展他们关于生活态度的知识，而以符号形式表达的与生俱来的感知系统"①。这个对当代文化研究广有影响的定义,应当说尤其适合于文化的信仰、价值和符号分析的社会学方法。它意味文化是规范、是价值、是符号,也是意义和行为。文化研究的社会学视野致力于社会语境中的文化分析,这个语境不可能是别的,它必然是现代性和后现代的语境。

最后,不容忽视文化研究所具有的鲜明的政治内涵和大学背景。文化研究并不是一开始就作为一门学科出现的,依斯图亚特·霍尔的说法,它深深植根于英国的新左派政治之中。霍尔甚至把伯明翰当代文化研究中心的成立,视为新左派政治在大学体制里寻到的一个避难所,得以改头换面薪火相传。文化研究的开创性人物威廉斯、霍加特和汤普生,以及霍尔本人,都有浓重的马克思主义背景,最初都是在接受成人教育的工人阶级校外生中间,点燃了文化研究的薪火。霍尔后来这样回忆文化研究兴起之初的政治氛围:

> 我们因此是来自一个远离英国学术中心的传统,我们对文化变革问题的研究,诸如怎样理解它们,怎样描述它们,怎样从理论上来说明它们,以及它们产生怎样的社会影响和结果,最初都是在肮脏的外部世界里得到认可的。文化研究中心是光天化日之下对话无以为继之后,我们退隐其中的一方土地,它是其他手段的政治。②

霍尔称他们当中有些人,特别是他本人,曾经打算再也不回大学,再也不去"玷污"大学的门扉。但霍尔并没有如其所言同

---

① 克利福·吉尔兹:《文化释义》(Clifford Geertz, *The Interpretation of Cultures*), New York: Basic Books, 1973 年版,第 89 页。
② 斯图亚特·霍尔:《文化研究的兴起和人文学科的危机》,载《十月》(Stuart Hall, "The Emergence of Cultural Studies and the Crisis of the Humanities", in *October*),第 53 期,1990 年,第 12 页。

大学分道扬镳，他最后是在开放大学的教职上退休的，用他自己的话说，这是为文化研究实际工作的需要做出的妥协。究竟是或不是妥协无关紧要，关键是文化研究的政治内涵，仅此一例就表现得相当充分了。而同样如上例所示，文化研究虽然走的是外围路线，没有疑问它已经在高等教育的体制中站稳了脚跟，或许今天它还是一门准学科、新兴学科，但是相信不用太久，它会像我们的其他传统学科一样，在不同的专业里牢固地确立它的地位。

今天文化研究在西方大学里方兴未艾、如日中天的盛况，也许可以和我国 20 世纪 80 年代的美学热做一个有趣的比较。美学在西方高等教育体制中大体是一门边缘传统学科，但是它在中国 80 年代解放思想、百废待兴的文化氛围中异军突起，用当年鲁迅讽刺林语堂一味鼓吹幽默的话来说，便是"轰"的一下，天下莫不谈美。今天美学热已经悄悄退潮，这一方面是因为建构体系，以及客观派、主观派，甚至实践美学、后实践美学这一类高屋建瓴的论争，已经风光不再；另一方面，美学作为西学东渐的一个果实，因为它在西方学科中的相对弱势地位，近年少有纯粹的美学资源给译介过来，也是一个重要原因。但是即便美学热已经过去，美学作为一门学科，今天已经至少在我国高等教育的哲学、中文和艺术学三个一级学科里，牢固地确定了自己的地位。比较来看，中国的文化研究热还只是刚刚起步，我们发现一方面它在西方正如火如荼热得无以复加，一方面在中国则很大程度上还处在投石问路的探索阶段。另外文化研究作为一门学科建树，它的西方的理论资源不是匮乏而是太过充盈，我们自可从容选择，引为借鉴。要之，即便文化研究的热情有一天同样会悄悄退潮，它应该能像美学一样，在我们的学科体制中牢固地确立自己的地位。

回顾文化研究不长的历史，可以说它是在表现为研究方法和策略的同时，形成了一门相对独立的新兴科学。但是文化研究作为方法千头万绪、各成体统。文化研究作为一门新兴学科，它怎样从哲学、社会学、文学这些传统学科中脱胎而出，以及它如何依然难分难解地呈现着鲜明的跨科学态势,也必须交代清楚。因此,本书在从容叙述文化研究来龙去脉的同时,尽可能扩大视野,纵的方面,把文化研究的背景定位在现代性的发展脉络上面,横的方面,把后现代的相关理论和思想发展,也依据它们对文化研究的影响和交叉程度,分别作了叙述。叙述如上所言,肯定是有选择的,英国文化研究学者克里斯·巴克2000年出版的篇幅达四百余页的《文化研究》教材,开篇就说:

> 任何关于文化研究的著作,必然是有选择的,而且也很自然会引起争执争论,甚至抵触。如果要真正全面地来叙述文化研究,那就势必重述,或者至少概括由古到今有关文化研究的每一个文本。这对于任何一个写家来说,都足以叫他望而生畏,不知所从,所以问题在于决定哪一些文本给选取进来。故此,这本书就像其他所有著作一样,说到底是在建构文化研究的一个特定的模式。①

这也不妨视为本书的撰写愿意遵循的一个原则。如果说本书有什么特点的话,那么我们的宗旨毋宁说便是希望树木和森林并见,充分体现文化研究的历史性和当代性来。有鉴于此,对于文化研究在中国的学科前景,我们有充分理由持乐观态度。

---

① 克里斯·巴克:《文化研究:理论与实践》(Chris Barker, *Cultural Studies: Theory and Practice*), London: Sage Publications, 2000年版,第3页。

第一章 CHAPTER 1
现代性的遗产

第一节 SECTION 1
什么是现代性

现代性没有疑问是西方现代文化的核心所在。"现代性"顾名思义,它是关于"现代"的性质和经验。但是什么是"现代"?这似需做一番认真剖析,因为现代的含义诚然说小就小,它就是当代,就是现时的存在,说大却可以大得没有边际。从史学角度上看,它是"近代"的同义词,可以指西方文艺复兴以来,直至 20 世纪上半叶的这一段历史。但是从思想史的角度来看,它又毋宁说是 17 世纪以后的事情。"现代"语出拉丁文 modo,它的意思就是当下、现时,以同过去和将来区分开来。它可以在不同的语境中加以使用,并不专指哪一个特定的时期。比如,"现代英语"和"现代舞",两者虽然都冠以"现代",但是此"现代"和彼"现代"所指的历史阶段,其实是风马牛不相及。先者是指 16 世纪以来,以莎士比亚和詹姆斯一世钦定《圣经》译本为代表的现代英语,以区别于中世纪英语和古英语;后者则是指西方 20 世纪有别于芭蕾的舞蹈风格。德语中的 Neuzeit 和法语中的 temps moderne

等，表述的"现代"意义大体亦然。"现代性"（modernity）一语虽然早在1627年版的《牛津英语词典》中已经出现，但是它的意思就是"现时代"，并没有这个词今天所具有的复杂深邃的哲学含义。

但是"现代性"一语应有它明确的时代印记。在西方现代或者说近代文化的轨迹中，17世纪笛卡儿时代，法语中的 temps moderne 是一门方兴未艾的新科学运动，它的核心是数学，期望以数学的原理解释社会和宇宙。而到18世纪，"现代性"内涵已经有所改变，此刻"现代性"指的是启蒙运动。它关注的是人权和社会解放。哈贝马斯谈到现代性是一个未竟的事业，指的就是启蒙运动。现代性由此成为启蒙运动理性精神的同义语。进而视之，19世纪现代性主要指的是工业化运动，可是到了20世纪，它反过来很大程度上就变成了对工业化后果的一种抗议，站到了科学和技术的对立面上。要之，廓清现代性的含义，就是至为重要的了。

那么，什么是"现代性"？对于这个问题，有人做过这样的概括：

> 从一开始，现代工程就继承了理性的两种概念。其一是技术——工具理性，它的图式和使命笛卡儿有过形象描述，那就是"让我们自己成为自然的主人和拥有人"。其二是道德——实践的理性概念，它强调唯有道德和实践才是真实的，才值得自足的个人自由选择奉为准则，并且加以发扬光大。从笛卡儿到康德，从边沁到圣西蒙，以及从约翰·洛克到 J. S. 穆勒，这些"古典现代"的特点，在于确信不疑，只有把理性之科学——技术用途的能量充分释放出来，才有可能达到道德和政治的自足。一边是自然的自律和把握，一边是道德进步和科学发展，两者不但契合无间，而且先者决定了后者。①

---

① S. 本哈比布：《马克思的方法：规范假设》(Seyla Benhabib, "The Marxian Method of Critique: Normative Presuppositions"), *Praxis International*, 4, 1984年10月，第284页。

这可见,"现代性"在当代知识话语中,有它相对确定的指称。以文化为意义和意识的社会生产和再生产,为社会意义和意识的生产、消费和流通的过程,那么现代性指的便是伴随西方工业革命崛起,而在 20 世纪登峰造极的一种新的文化形式。此一文化形式所以是"现代"的,是因为它是人类历史上独一无二的一种全新文明。他人所公认的特征,即是探究自然新方法、新技术的出现,科学的巨大进步导致机械制造和工业生产方式的突飞猛进,其结果最终是物质生活水平前所未有的大提高。我们今天所说的"现代化",指的不是别的,就是"现代性"的上述形式。此一西方文明的现代形式不乏其他特征,诸如资本主义、世俗文化、民主、个人主义、人文主义,等等。这些特征分散来看,本身很难说是史无前例,唯有当它们与科学、技术、工业和自由市场结合在一起的时候,才构成了历史上独一无二的现代性。这也导致现代性的确切定义,迄今还是众说纷纭,莫衷一是。

问题在于,在哈贝马斯看来是尚未成功、仍须努力的现代性事业,在今天更多的学者看来,是已经日薄西山、气息奄奄了。比方说,尼采和马克斯·韦伯就再三强调,历史上笼罩在神圣光彩里的理性,从根本上说体现的是种工具性质,期望在最大程度上把握和征服自然,从而压迫人性,使人为物役,本应为人所用的科学,反客为主,倒过来成为至高无上的权威,乃至有韦伯后来所说的"现代性的铁屋子"。霍克海姆和阿多诺所说的启蒙辩证法,讲的基本上是同一层意思:启蒙辩证法作为现代性的遗产,在把理性客观化的同时,一样也客观化了理性的主体。理性作为道德进步和社会公正的杠杆作用,由是观之,是久被湮没在它的工具效果之中了,人征服自然进而控制自然的现代性理念,开始变得疑云密布起来了。

另一方面,现代性作为西方文化的遗产,它的合法性同样开始受到质疑,或者说,至少开始呈现出多元化的态势来。现代性的概念毋庸置疑不光具有时间的含义，同样也具有空间的含义，就后者而言，有人就指责说它曾经是西方帝国主义殖民扩张的漂亮旗帜，是文化帝国主义的遮羞布。故在后现代风起云涌的"少数人话语"之中，它在被解构之余开放自身，日益呈"混血"（hybrid）状态，已是势在必然。因此一些形形色色的新术语层出不穷，如霍米·巴巴提出的"后殖民反现代性"（postcolonial contramodernities）和保罗·吉尔罗提出的"现代性的反文化"（countercultures of modernity）等。由是观之，展现在现代性面前的，当是一个正在迅速逼近，然而尚未见定数的未来文化图景。而且注意，这个图景是复数而不是单数的。

说明现代性的由来，它的过去、现在和将来，有必要上溯到笛卡儿的时代。

第二节　SECTION 2 >
笛卡儿和现代性的缘起

勒内·笛卡儿（1596—1650），公认是现代哲学之父，因而也是现代文化之父。他是科学家、数学家，当然更主要是哲学家。笛卡儿的时代是传统和革新发生大冲撞的时代，15世纪的地理大发现、16世纪的宗教改革，以及17世纪的科学革命，对西方心灵产生的影响，无论如何强调，都不为过。传统的基督教思想解释世界已经显得苍白无力，破绽百出，笛卡儿据他自己所说，他的毕生使命就是寻找一个确定的、坚实的基础，以求能够证明上帝的存在。他文如其实的《第一哲学沉思集》，即是他本人从怀疑一切，陷入绝望，到确立信念，归于宁静的心路历程。确立信念是因为哲学家相信他自己的思考能力，乃有"我思故我在"（cogito, ego sum）的著名命题传世。据笛卡儿的说明，"我思故我在"这个命题中，"我"的全部本质就是"思"，思无须任何地点以求存在，无须任何事物以求依附，思就是对主体的关注和沉思，就是对自我确定性的永恒追求。理性和思考的主体,由此第一次在哲学史上确立了独立的地位。

《第一哲学沉思集》的《第一个沉思》中,笛卡儿开篇就说,由于很久以来他就感受到他自小便将许多错误当作真实接受过来,而这些根据极不可靠的原则建立起来的东西必然都是十分可疑的,所以他认为,如果要想在科学上建立起某种坚定可靠、经久不变的东西,势有必要将他历来信以为真的一切见解统统清除出去,再从根本上重新开始。笛卡儿又说,但是为了达到这样一个目的,没有必要一一来证明那些旧见解都是错误的,因为这样一来,他也许就永远没有机会来达到目的。不过理性告诉他,和他认为是明显错误的东西一样,对于那些不是完全确定无疑的东西,也不要轻易相信,如是可省却将旧见解没完没了一个一个拿来检查。笛卡儿的这一段开场白再清楚不过表明了他怀疑一切的哲学立场,但是很显然,有一样东西他没有怀疑,这就是理性本身。

笛卡儿的世纪今天我们称之为"理性世纪"。这是一个人类生活与日俱增为机器而不是为自然所支配的时代,是一个天赋人权替代君权神授的时代。商人将要替代土地贵族,城市将成为离乡背井出外谋生者的家园,信仰将要萌生于出版机构、图书馆,甚至街头,而不复是父母、王公或者教会的专利。过去一千年里缓缓流淌、鲜有变动的生活方式,将历经天翻地覆的变革。天文学的不断发现既然表明地球并不是宇宙的中心,同宇宙的基本结构怎样建立起一种可信可靠的认知关系,事实上便成了哲学思考的当务之急。

思考的动力是怀疑一切的忧虑。还是《第一个沉思》中,笛卡儿比较睡梦来论证感觉之不可靠,极似庄子梦蝶的典故。笛卡儿指出,虽然感官有时候在远距离上骗过了我们,但是也许有很多别的东西,虽然我们通过感官认识它们,却没有理由怀疑它们。比如说我现在坐在这炉火旁边,穿着室内穿的长袍,两只手上拿着这张纸,以及诸如此类的事情。我怎么能否认这两只手和这个身体是属于我的呢，除非我是疯了。笛卡儿接着说，我必须同时记住我是一个人，是人就要睡觉。而在睡梦里面，他常常会做出跟疯子们醒着的时候所做的一模一样，有时甚至更加荒唐的事情。有多少次他在梦中见到他坐在这里，穿着衣服，在炉火旁边，虽然他其实是一丝不挂地躺在被窝里。现在，他确实以为自己并不是用睡着的眼睛看这张纸。他摇晃着的这个脑袋也并没有发昏；他故意伸出的这一只手，也给我自己感觉到了，而出现在梦里的情况好像并不这么清楚，也不这么明白。但是，仔细想想，他就想起来时常在睡梦中受过这样一些假象的欺骗。想到这里，他就明显看到没有什么确定不移的标记，也没有什么非常可靠的迹象使人能够从这上面清清楚楚地分辨出清醒和睡梦来。对此笛卡儿说，这不禁使我大吃一惊，吃惊到几乎能够让我相信我现在是在睡觉的程度。

笛卡儿进而指出，假定所有梦中所见都是假象，但即便这样，至少那些一般的东西，比如眼睛、脑袋、手以及身体，它们并不是想象出来的东西，而是真真实实存在的东西，不管梦里的形象是多么虚幻。他接着使用画家的譬喻，表明画家的想象力驰骋下来，固然可以画出人见所未见的东西，但是在绘画中，亦有无以被释为幻象，无以为画家虚构的东西，这就是色彩。这样推论下来，再退一步说，就算这些一般的东西，例如眼睛、脑袋、手以及诸如此类的东西都是幻想出来的，可是总得承认还有更简单、更一般的东西是真实的、存在的。就像一些真实的色彩那样，组合形成存在于我们思维中的东西的一切形象，不管这些东西是真的、实在的也罢，还是虚构的、奇形怪状的也罢。

类似这样的真实的存在，笛卡儿认为包括了一般的物体性质及其广延，以及具有广延性东西的形状、大小和数量。加之这些东西所处的地点、占据的时间，等等。要之：

> 这就是为什么我们从以上所说的这些所将做出这样的结论

也许是不会错的:物理学、天文学、医学,以及研究各种复合事物的其他一切科学都是可疑的、靠不住的;而算学、几何学,以及类似这样性质的科学,由于它们所对待的都不过是一些非常简单、非常一般的东西,不大考虑这些东西是否存在于自然界中,因而却都含有某种确定无疑的东西。因为,不管我醒着还是睡着,二和三加在一起总是形成五的数目,正方形总不会有四个以上的边;像这样明显的一些真理,看来不会让人怀疑有什么错误或者不可靠的可能。①

由此可见,上述笛卡儿所说的那些非常简单、非常一般而确定无疑的内核,只能是理性的而不是感性的。所以不论是感觉的谬见也好,梦的假象也好,在这里统统是被发落开去,谁也没有得到拯救。一切源于感觉的东西,统统是被排除在了真理的领域之外。

数学的公理由此成为放之四海而皆准的普遍真理。这便是笛卡儿下衍的哲学传统,思想力求纯粹明白,概念力求清楚明晰。现代性的基础由此奠立在数学的公理上面。由于解析几何的惊人发现,即是说,把握了以更纯粹的数与计算手段来表征空间关系的能力,笛卡儿确信,整个现实世界都可以运用数学方法加以理解和建造。这是他 1737 年大著《论方法》的主旨所在。笛卡儿相信,从自然事件到人类现象,万事万物均可作统一理解。虽然,笛卡儿以数学公理来解释世界的设想和方法还是限定在自然科学领域和哲学理论问题上面,而没有提出现成的实践哲学、伦理学和政治问题的解决办法,但是笛卡儿之后,斯宾诺莎将要发扬光大这个传统,来推广更要"几何化"的伦理学,霍布斯更要将笛卡儿的方法用于政治学。笛卡儿自己已经谈到医学领域将要发生的革命性成就:它不仅可以治愈所有可能的疾病,甚至可以最终

---

① 笛卡儿:《第一哲学沉思集》,商务印书馆,1986 年版,第 19 页。

发明疗术来抗衡死亡。依照清晰、明确的原理，我们可以将不纯粹的情感和肉体领域结构化、条理化，可以坚信最终能够认识宇宙天地之间的一切事物，万事可以依凭理性，扶上正轨。总而言之，笛卡儿哲学中体现出的现代性，是开辟了一条通向一个光芒万丈透明世界的道路，以理性来重构作为一个整体的世界，便是此一早期现代性的夙愿所在。

被人称之为"启蒙世纪"的18世纪，其现代性见证了17世纪的理性精神，怎样在方方面面贯穿到了社会和政治的伟大变更。启蒙时代的知识分子相信"理性"是上帝赐予的人性本质所在，它与其说是真理的大全，莫若说是把握真理的一种能力和方法。理性独立于传统和权威，是真、善、美以及政治进步的最终世俗检验尺度。理性的对立面是愚昧和迷信。人生的意义，因此即是运用理性，来掌握真理，在物质上和精神上重构人类社会。故而，理性、自由、进步携手并进，你中有我，我中有你，深深渗透到了此一早期现代性的血脉之中。

第三节　SECTION 3
卢梭的自然和文化思想

但是，假如有人对这一现代进步的理念发生疑问呢？假如他厌烦了知识阶级对此一现代性异口同声的颂歌，决意要发出一种不同声音呢？由此我们看到了卢梭。卢梭对现代文化的激烈批判，足以显示对现代性的反思仅在20世纪方才出现的看法，是太为天真了。

让·雅克·卢梭（1712—1778）是法国启蒙运动的著名思想家，这一方面与他志同道合的不在少数，伏尔泰、孟德斯鸠、狄德罗，这些如雷贯耳的名字，算起来都是他的同道。但是卢梭今天更被人看重的是他对启蒙精神中科学和进步观念的批判，而在这一方面，整个18世纪没有一人可以和他比肩。卢梭在他的时代,毫无疑问是一个孤独的现代性批判哲人。

卢梭对伴随工业革命而来的资本主义现代文明,众所周知是抱着敌视态度的,他认为此一文明限制了真正自我的正常发展。1750年使他一举成名的论文《论科学与艺术》中,他将现代文明与原始社会对照,得出的结论是科学和艺术的进步并没有改善社会风尚,反之是使人的生活更为复杂,而使人类堕落更深,是以成为人类不幸的最大因素。四年后,他的《论人类不平等的起源》一文,集中讨论社会平等问题,认为在"自然状态"下,人人都可以享受大地的果实,生活简单而思想淳朴,不论善恶,没有争斗。人奴役人是出现在私有社会之后,人类原始的善德由此被蒙蔽起来。而政府的出现,更加深罪恶,促进了不平等。故只有摧毁政府,人类才有可能回到原始的自然状态,重新恢复平等。卢梭的这些思想,被认为是预演了马克思社会批判的先声。但是卢梭本人既没有身体力行来实践他影响了一个时代的"回归自然"的浪漫主义口号,同样也并不劝人割弃现代文明,拥抱原始野蛮。他的激烈立场莫若说是在现代文明的语境之中,来探求原始社会的那一种人类之间的平等关系。卢梭的批判能在多大程度上使人信服,好像愈到今天情势愈不乐观。德里达1967年号称解构主义开山之作的《论文字学》,差不多就有一半篇幅在拿卢梭的怀旧情绪作为靶子。伏尔泰当时就曾写信嘲笑他说:我没见过有像你这样聪明的人来叫我们学习野蛮的,读了你的书,叫人直想四肢着地,爬个痛快,可是有鉴于我放弃这项活动已经有六十年了,所以,恐怕我是没有办法重操旧业啦。

《论科学与艺术》中卢梭争辩说,在艺术改变我们的生活方式、教会我们使用装模作样的语言来说话之前,我们的风俗虽然显得乡气,却是自然的。人们珍视差异,首先是个性的差异。诚然,这并不是说古代的人性较今日更好一些,但是人们和睦相处,直接交流,仅此一端,就堵截了许多邪恶。但是今天,卢梭指出,当繁文缛节和精益求精的趣味将追求本来是快乐的艺术化解为条条规规，我们的风俗就给邪恶和虚假一统天下了。所有的心灵仿佛是从一个模子里浇铸出来，我们要文质彬彬，讲究适度，循规蹈矩而放弃个性。我们不敢放纵，不敢为所欲为。结果呢，便是人与人之间隔阂徒生，你永远不知道同你打交道的是何许人也。要认识一个朋友，非得耐心等待，直等到关键时刻，让他露出真面目来，盖非此不足以认清他的本性。可是到得此刻，常常也是为时过晚了。

卢梭认为这个充满欺骗的大一统性，就是启蒙运动的遗产。它导致没有真正的友谊，没有真正的尊重，也没有真正的信念。反之怀疑、攻击、恐惧、冷漠、保留、仇恨和背叛，永远蠢蠢欲动地躲藏在这张温文尔雅的大网之下。没有人赌咒发誓来冒犯神灵，反之是巧言花语来亵渎神明。没有人夸耀自己所长，反之是贬损他人的长处。没有人直来直去，打倒敌人，反之是百般算计，把他杀死。民族的仇恨飘逝远去，可是爱国的热诚同样飘逝不见。诡辩替代愚昧。这就是我们的风俗获得的纯洁性。我们就是这样变成了正人君子。这当中文字、科学和艺术委实是功不可没。对此卢梭断言说，科学和艺术越臻完美，我们的灵魂就越是堕落得厉害。在这样一个时代，苏格拉底或者不会饮下毒酒，可是他将饮下屈辱、奚落和轻蔑，那比死亡还要糟糕一百倍。

有意思的是，德里达从卢梭文本中读到的却是"自然"和"文化"的二元对立。德里达指出，许多哲学家和文学家都坚信远古时代人类有一个无忧无虑的黄金时代，这是纯粹自然的美好状态，唯独因为这样那样的原因，才逐渐群居，开始了文化的艰难历程。所以人类的进化和发展史，就是文化对自然进行补充的历史，而且到后来这晚到的文化干脆就反客为主，替代了那先已存在的自然。德里达特别耿耿于怀卢梭谴责文字且判定文字就像一枚指针，它越是发达，社会就越是堕落。《论文字学》中德里达引用过卢梭的这一段话："古代的城市自给自足，是自身的中心，人们用活生生的口头语言进行交流；现代的都市却是相反，它总是文字的一统天下，是靠书写的法律、教条和文件来施行统治。"①进而责备说，当卢梭称古代的城市用鲜活的口头言语交流，所以是自然的象征；现代的都市成为文字的一统天下，所以是文化的象征时，毫无疑问是把自然高架在文化之上了。但是，果真有纯而又纯、未经污染的自然的原生态吗？难道一切"自然"不是先已潜伏下了"文化"的种子，难道不是先已是一种"异延"了吗？事实上德里达的这一疑问，也正是他解构工程的出发点所在。

卢梭对现代文化的批判对于现代性的发展应具有正反两方面的意义。首先，无论是返璞归真也好，返归自然也好，还是感伤怀旧也好，它毋庸置疑是对现代性的一个强烈挑战。它所挑战的不是别的，就是自然人生来染有原罪，非经法律、习俗、宗教和政治的洗涤，不足以同文明结缘的启蒙理式。相反卢梭说，人生来是自由的，却处处受着束缚，是一个异化社会的牺牲品。是以标举科学和艺术的现代文明，在卢梭看来成了人类不平等的起源，进而展望一种更接近"自然"的社会秩序。这样一种政治参与态度，本身就是现代精神的一个组成部分，它也是卢梭对法国启蒙运动所产生的积极影响。但是另一方面，卢梭也产生了消极影响。就在他的邻国英国，不但有爱德蒙·伯克对法国大革命大张挞伐的例子，湖畔派诗人华兹华斯等从政治斗争的风口浪尖上向田园湖滨退隐，终而为保守势力所用，被认为一定程度上也可归咎于卢梭"返璞归真"式的现代性消解。

第四节　康德论启蒙

康德（1724—1804）是卢梭的同时代人。作为包括笛卡儿在

---

① 见德里达：《论文字学》(Jacques Derrida, *Of Grammatology*), Baltimore and London: Johns Hopkins University Press, 1974 年版，第 101 页。

内的现代哲学中很可能是影响最大的哲学家,康德继承了笛卡儿也接过了卢梭的传统。秉承笛卡儿是把理性和认知主体放到理论建构的核心地位。《未来形而上学导论》中,康德谈到他本来自信人类的理性是无所不能的,但是读过休谟以后,感觉是当头挨了一棒,由此把理性的功用限定在现象世界之中,留出一个更高的物自体世界交由自由意志来加体悟。这里康德指的是休谟将作为科学思维最基本概念的因果关系,断定为经验的产物,是习惯性联想使然。对于休谟的看法康德未必同意,但是他深感休谟打破了他多年以前的教条主义迷梦,给他在思辨哲学的研究上开辟一个完全不同的方向。康德同样受惠于卢梭,但卢梭的影响并不在于他对现代性的激烈批判,而是他的自由是自足的、自由为自身立法的观念,以及坚信人类出于他的尊严,需要立法来约束自己的思想。这直接导致了康德对启蒙运动的看法,以及他人为自然和道德立法的思想。换言之,康德看到了现代的科学世界观给传统道德和宗教提出了巨大挑战,对此他既没有像现代性的先驱弗朗西斯·培根和笛卡儿那样通力呼吁革故鼎新,也没有像卢梭那样全盘否定科学,而是采取了反思科学,限制科学的办法,这比较明显见出德国启蒙思想的特征。现代性通过康德,公认是首次有了比较系统的哲学形态。

康德1784年专门写了题为《回答问题:什么是启蒙?》的著名文章。康德开篇给启蒙下了如下定义:

> 启蒙就是人类从他加诸自己的不成熟状态中摆脱出来。不成熟状态是指没有别人的指导,人就不会使用他自己的理解力。要是这当中的原因不是因为缺少理解力,而是离开他人指导就缺乏果断和勇气来运用它,这一不成熟状态就是人加诸自身的了。故而,启蒙运动的座右铭就是:敢于聪明!勇于使用

你自己的理解力！①

对于这些不成熟状态，康德列数了用现成书本替代自己的理解，依赖牧师指导自己的精神生活，依赖医生决定自己的饮食，等等，而最不成熟的，在康德看来，莫过于宗教的现状。康德指出，要指望个人分别来走出这不成熟的状态是有困难的，因为它积习已深，差不多已经成了人们的第二天性。人们习以为常，甚至开始喜欢这种状态，因为放弃独立思考，最终也就丧失了独立思考的能力。恪守教条和抱残守缺，由此变成了不成熟状态的枷锁。即便有人甩掉这些枷锁，他也是一派茫然，不知所措，盖因他已经不习惯自由运动了。所以，康德说，只有一小部分人，能够成功摆脱不成熟状态，大胆地走自己的路。

康德认为作为一个整体的公共启蒙运动，机会要多一点。因为只要公共氛围是自由的氛围，这就是水到渠成的事情。对此康德说，总是有少数人，即便是在那些被任命为大众导师的人士当中，也会进行自己的思考。这些人士一旦自己摆脱了不成熟状态的枷锁，就会把关注个人价值和独立思考的理性精神，向四处传播。这里引人注目的是，早先被他们的导师们套在枷锁里边的公众，要是发现导师不肯或者无法启蒙而觉醒过来，反过来会迫使导师自己留在枷锁里面。这是因为宣传偏见的人，最终是会自食其果。故此康德认为公众的启蒙是一个漫长的过程。革命可以改朝换代，推翻专制压迫，但是永远不能产生思想方式上的真正变革。相反，新的偏见，就像它们取而代之的旧偏见那样，将会来试图控制懒得思想的广大群众。

---

① 康德：《回答问题：什么是启蒙？》，见 L.卡胡恩编：《现代主义到后现代主义读本》(Immanuel Kant, "An Answer to the Question: What is Enlightenment?", in Lawrence Cahoone ed., *From Modernism to Postmodernism: An Anthology*), Oxford: Blackwell Publishers, 1996 年版，第 51 页。

康德认为此类启蒙唯一的需要就是"自由"。这里所说的自由不是别的，而是让公众来自由运用各人自己的理性。不用说这是培养独立思考的能力。对此康德讥嘲说，可惜他四面八方只听得人们在喊：别争辩！官员说，别争辩，往前走！税收官说，别争辩，交钱！牧师说，别争辩，信仰！只有普鲁士国王弗雷德里克二世在说，想怎么争辩就怎么争辩吧，可是服从！康德指出所有这些都是对自由的限制。但是，哪些限制阻碍了启蒙，哪些东西相反又是在促进启蒙？对此康德的回答是，理性的公共运用必须永远给予自由，独此一项，就可以给人类带来启蒙。同理性的公共运用相对的还有理性的私下运用。康德说，后者的限制经常是要严格得多，但是对于启蒙进步并无大碍。在此康德区分了两者的差别，指出理性的公共使用是指有识之士向整个阅读公众发言，这里的"有识之士"只是一种姿态，任何人只要有勇气，都可以担当这个角色。理性的私下运用则是指位于特定公职岗位或出任官员的人，如何来使用自己的理性。这是如何履行职守的问题。在康德看来，它对启蒙的影响，与鼓吹自由思想的公共领域传播活动，还不可同日而语。

康德认为他的时代是一个启蒙运动正在进行、尚未完成的时代。他说，要是有人现在问我们，我们是不是生活在一个启蒙了的时代，回答是：不是。但是我们又的确生活在一个启蒙时代。就目前的状况来看，我们距离作为整体的人类能够充满自信地在方方面面使用自己的理解力，而不依凭外来的指导，还有很长的路要走。但是很显然道路已经开通，障碍也愈见稀少，就此而言，我们可以确信是生活在一个启蒙的时代。

福柯后来在他的同题专论中，将康德的《什么是启蒙》誉为"现代性态度的纲要"。福柯高度推崇康德，认为这是一个哲学家第一次对"什么是启蒙"这个现代哲学的根本问题，作出如此贴近而深入的分析。福柯指出，人们大多把现代性理解为一个时代，或是一个时代的总体特征，如是现代性之前就有一个或多或少幼稚的或陈旧的前现代性，而其后则是一个令人迷惑不解的"后现代性"，但是他并不对此以为然，而提出应当将现代性界定为一种态度：

> 我自问，人们是否能把现代性看作一种态度而不是历史的一个时期？我说的态度是指对于现时性的一种关系方式：一些人所作的自愿选择，一种思考和感觉的方式，一种行动、行为的方式。它既标志着属性也表现为一种使命。当然，它也有一点像希腊人叫作 ethos 的东西。①

现代性作为一种态度，这态度毋宁说是现代性的也是后现代性的，是建构的更是批判的。福柯解释说，这里态度一语的含义，是指与当代现实相联系，它是特定的民众的自主选择，是思想和感觉的方式，同样也是行为和举止的方式，更是一个时代的使命感。简言之，它就是一种特殊的哲学气质，即批判的精神。福柯指出，当康德把启蒙描述为人类自由运用自己的理性，独立思考也不依赖外部的权威时，就是规定了理性运用的批判性和合法性条件。福柯本人激烈的社会批判精神，在将理性判定为压迫之源的同时，无疑也是在康德为现代性确立的批判传统上面，更向前走出了一大步。

康德《纯粹理性批判》展开了一场素有"哥白尼革命"之称的认识论批判。他同笛卡儿一样，把"我思"作为认识的最高依据，从认识论上确证理性至上的主体性哲学。而在康德看来，主体的认知能力是在于它先天就拥有直观形式，这就是时间和空间。加之同时拥有的先天的知性范畴，通过把具有普遍意义的形式赋予感知得来的质料，而形成客观有效的判断。换言之，先天的感

---

① 福柯：《何为启蒙》，载《福柯集》，上海远东出版社，1998年版，第534页。

性和知性形式同经验质料的两相结合,由此主体来对客体进行建构。这就是康德的先验认识思维模式。

引人注目的是作为感性直观形式的时间和空间,在康德的先验哲学中成了理性认识的基础。因为认识正是在我们这一先天的感性形式上面进行。康德对此的论证是,首先,时间和空间并不是由经验而来,反之,我们对外在事物的感知,必然要将对象置于一定的时空维度之中。故而其次,时间和空间是事物得以呈现的前提和条件,我们可以想象时空之中无一物存在,但是不可能想象时间和空间本身不存在。所以最后,时间和空间不是概念,而是纯粹的直观。因为假如时空是概念,它们只能是作为部分之总和的共同属性。但是时空是无限的也是唯一的。康德的这个思想对于美学来说至为重要,在一些后现代美学家看来,以感性形式作为研究对象的美学,实为思辨认知的基础所在。这比康德本人在《判断力批判》中称审美判断具有它自己的合理性,既不屈从科学也不屈从道德的观点,尤进了一层。

与此类似的是康德的道德哲学。在康德看来,道德法则同样是一种先验结构,这就是人类心中的自由意志自我立法,是为善的条件所在。它不同于以幸福和荣誉为追求目标的传统道德,因为后者具有明显的功利性质,最终会败坏道德,摧毁它的崇高性质。而实践理性的自我立法,即我们先天的道德法则,不以任何兴趣、爱好和欲求为根据,它是无条件的。道德意志唯其如此,才是地道的善良意志。它的目的就是自身。

康德本人没有提到过"现代性"。但是康德构建了科学认知和道德行为这现代社会两大领域的先验条件。理性范畴和道德意志的先验性,由此可见,即是康德哲学的现代性。康德对理性的看法,一度成为后现代争论的焦点之一。美国学者麦卡瑟在他题为《理想抑或幻象:论当代批判理论的重构和解构》的著作中,就提出康德对理性的理解,究竟是逻各斯中心主义的幻象故而需要不断加以解构呢,还是理性思想和道德行为势在必行的假设故而必须小心翼翼加以重构？麦卡瑟本人认为两个方面都不应当忽视。实际上，康德的上述思想在今天现代性和后现代性的论争中，也正在被不断发掘出新的内涵来。

第五节 SECTION 5
柯布西耶论现代建筑

现代性作为工业革命象征的节奏和速度特征，可以说最集中反映在建筑之中。建筑对于无论是现代还是后现代文化，某种程度上都可视为一个策源地。就现代建筑的美学主张而言，法国的城市规划和建筑大师柯布西耶（1887—1965），是此一领域最有代表性的人物。柯布西耶出生在瑞士，遍游世界各地，是20世纪早期建筑现代运动的一面大旗，在设计、绘画和雕塑方面，也是成就斐然，闻名于世。柯布西耶1923年在巴黎出版的《走向新建筑》，被公认是建筑领域中现代美学的宣言。

柯布西耶认为现代建筑的要义就是改变价值取向，为此他激烈批判传统，呼吁破旧立新。《走向新建筑》中他认为现时的建筑是被紧紧束缚在各式各样所谓的传统"风格"之中，而这些传统的套数，是和现代人的健康和精神面貌格格不入的。比如现时的建筑总是表面上华丽花哨，用了许多装饰，可实际上是金玉其外，败絮其中。房屋内部阴暗而采光不足，房间太小而且挤进去许多毫无用处的小摆设。人们穿行在迷宫似的大量家具之中：枝形吊灯、壁炉架、厚地毯、雕刻烫金的家具、橱柜书架、落地式家用电器、装饰柜、梳妆台、带镜子的大衣柜、餐具柜，总而言之附庸风雅，光怪陆离。而这一切他认为同时代精神是不相吻合的。他这样表述工业社会的时代精神：

一个伟大的时代刚刚开始。存在着一个伟大的精神。工业像一条流向它的目的地的大河那样波浪滔天，它给我们带来了

适合于这个被新精神激励着的新时代的新工具。经济规律强制性地支配着我们的行动。而我们的观念只有在合乎这规律时才是可行的。①

所以建筑的首要任务,即是重新估计价值,确立焕然一新的精神面貌。用柯布西耶本人的话说,那就是必须建立大批量生产的精神面貌、建造大批量生产住宅的精神面貌、住进大批量生产住宅的精神面貌,以及喜爱大批量生产住宅的精神面貌。

这样一种精神面貌没有疑问就是现代性的精神面貌。它的核心是工业、科学技术和民主精神。由此来看,建筑家依照工业时代的需要大批量建造住宅,按照人们的实际要求而不是华而不实建造大批量住宅,都还成为次要的目标。柯布西耶的真正目标莫若说在于创造新的人类,只有这些新的人类,才适宜于住进体现现代性精神的新的住宅。观念层面的革新尤胜技术层面的革新。柯布西耶甚至设想毁掉原封不动保留下18、19世纪建筑的巴黎城区,代之以一个新巴黎。这个设想如果付诸实施,对于巴黎这个欧洲最有韵味,同时也被一些人讥为博物馆城市的古都,真不知是福音还是灾祸。

柯布西耶明确把他一力标举现代性的新建筑计划视为社会矛盾的解决办法,提出假如不实施新建筑计划,就会引发革命,原委是他所处的工业时代,和传统社会已经完全就是两个世界。在过去的十个世纪里,人们按照"自然的"制度安排生活秩序,单独劳动,日出而作,日落而歇,在小小的铺子里做工,一家人都守在身边。他就像一只蜗牛生活在壳里,生活在按照他的尺寸建造的居所里,一切是那么和谐稳定,由家庭稳定而达社会稳定。柯布西耶说,这很可能就是十九世纪中叶以前所有时代的情况。

但是现在的需求不一样了。柯布西耶指出,现在每个人的心

---

① 柯布西耶:《走向新建筑》,天津科学技术出版社,1991年版,第6页。

态都和现代化事业联系在一起，需要阳光、温暖、新鲜空气和干净的地板。人们现在感到需要智力消遣、肉体娱乐，需要肉体的快感来恢复劳动的疲倦。这是一个方面。另一方面，工业时代的辉煌繁荣，还创造了一个特殊的知识分子阶层，这是当今社会一个非常活跃的阶层。他们设计桥梁、船舶、飞机，制造发动机和涡轮机。他们主管工地、分配资金、出任会计，所有的人类物质产品都从他们指缝之间流过。但是他们的付出和得到的报酬不成比例，只能眼巴巴盯着大商场里琳琅满目的货架，瞧着商品在他们面前闪闪发光，回来重新钻进肮脏的老蜗牛壳，忍受漫漫无期的慢性折磨。这一批人当然也有权利要求拥有一个简单而合乎人道的居所。

因此，现代生活中发生的事情，终于创造了一种明确的现代精神。对此柯布西耶深信不疑。比较过去，他发现，我们惊慌地回顾那些古老的破烂，那是我们的蜗牛壳，我们的住宅，它们日复一日压抑着我们，它们是腐败的、无用的也是没有效率的，已经完全不能跟上时代的节奏。一个新的世界正在形成，社会强烈要求改变。这是柯布西耶深切体验到的危机。对此他说，一方面，一个世界正在有条不紊、顺理成章地明确形成，它生产出非常简洁的、有用的，也是好用的东西。对此他特别赞扬工程师，认为工程师知道我们的眼睛生来就是用来感知形形色色简单的、基本的几何形状的，但是建筑家却已经忘却了这一点。工程师信奉数学原理，呼应于宇宙的自然规律，所以对建筑、通风、供热、照明都有最好的和谐方案。反之建筑家则是漫不经心、无所作为。建筑家的惰性和工程师的进取精神，由此形成鲜明对照。而另一方面，柯布西耶指出，现代人是生活在一个古老的且充满敌意的框架里面，这个框架就是他的栖身之处，是他的城市、街道、住宅和忍无可忍的公寓。现行城镇和居住区的布局，是楼房越来越密集，狭仄的街道纵横交错，噪声喧嚣，尘埃飞扬，又脏又乱的马路上汽油烟雾弥漫。这样的环境甚至都阻碍了正常的家庭生活。

而家庭的危机，直接就波及社会的危机。所以，"在我们非听从不可的现代精神面貌与使人窒息的有几百年之久的垃圾堆之间，有一个严重的不协调存在着。"①

《走向新建筑》的结语是要么新建筑，要么革命。答案当然是要建筑革新而不要社会革命。那么新建筑的理念又是什么？该书题为"给建筑师先生们的三项备忘"一章的第一节"体块"中，作者指出，建筑就是一些组合起来的体块在光线下巧妙、正确和宏伟的表演。我们的眼睛天生就是用来欣赏光线之下的各种形式，而光线最是淋漓尽致展露无遗的基本形式，是立方体、圆锥体、球体、圆柱体和方锥体。它们的形象是明确的，确凿无疑、毫不含糊的，所以它们是美的形式，最美的形式。柯布西耶的这段话，几乎就是此一时期建筑现代运动的写照。上述几何形体简单明确的机巧组合，创造了一种理念的统一，一种诉诸视觉的和谐，创造了美和辉煌。

有意思的是，现代性在建筑中大行其道的时候，正是它在哲学和科学中备受责难的时分。它仿佛在建筑中另外寻到了一块如鱼得水的新天地。标榜现代性的建筑学被认为是对世界的一种设计，在它的大旗上写的是"国际风格"。在这面大旗之下，在世界范围内几乎是如出一辙的现代建筑蜂起。地方的、文化的美学特征，很大程度上是给掩蔽在这一普世流行的建筑现代性之中了。

第六节 SECTION 6 >
文化现代性

由此我们见证了两种现代性，两种同源而出，然彼此不同而且有尖锐冲突的现代性。可以肯定的是，早在19世纪波德莱尔的时代，这两种现代性之间即已出现了不可弥合的分裂。它们一是

---

① 柯布西耶：《走向新建筑》，天津科学技术出版社，1991年版，第237页。

在西方近代工业文明中与时俱进的现代性,它的旗帜是科学和技术进步,它是工业革命即资本主义所引起的广泛经济和社会变迁的产物。一是文化现代性,或者叫作美学现代性,它本身构成对先者的反叛和超越,波德莱尔是它最好的诠释家和实践家。我们从波德莱尔本人的矛盾中可以看到,这两种现代性是多么格格不入,水火不容。然而,两者之间的轻蔑和愤怒,未始不是文化现代性的灵感和激情来源。

第一种现代性是制度层面上的,它的主角是资产阶级,这正是文化现代性的批判对象。毋庸置疑,我们今天谈论的现代性概念主要是资本和制度上的现代性,它延续启蒙运动的传统:坚信科学技术可以造福人类,时间就是金钱替代了时间就是力量,崇拜进步和理性、人文主义、自由理想、实用主义,崇拜行动和成功,等等。即便这个传统中价值理性久被工具理性压抑的弊端,早已经成为后现代批判的众矢之的,我们看到,它很大程度上仍然不失为包括中国在内的第三世界国家现代化事业的主导理念。

但这并非意味第二种现代性,即文化现代性无所作为。不妨引用卡林内斯库的描述:

> 相反,另一种现代性,将导致先锋派产生的现代性,自其浪漫派的开端即倾向于激进的反资产阶级态度。它厌恶中产阶级的价值标准,并通过极其多样的手段来表达这种厌恶,从反叛无政府天启主义直到自我流放。因此,较之它的那些积极抱负(它们往往各不相同),更能表明文化现代性的是它对资产阶级现代性的公开拒斥,以及它强烈的否定激情。[①]

那么,文化现代性意味着什么?首先它意味着宏大叙事的解

---

① 马泰·卡林内斯库:《现代性的五副面孔》,商务印书馆,2002年版,第48页。

构,意味着平面化、琐细化、去深度,这些后现代主义的口头禅我们发现用在文化现代性上面,也是适得其所,它是《恶之花》,是《尤利西斯》和《等待戈多》,而不是莫里哀的《伪君子》和司汤达的《红与黑》。它不是达·芬奇的《蒙娜丽莎》,而是杜尚的《带胡子的蒙娜丽莎》。它是大众文化而不是阿诺德传统的精英文化。没有人怀疑大众文化的政治解构姿态,而颠覆既定的政治和社会秩序,正是后现代文化引为己任的使命之一。由是观之,文化现代性很大程度上是呼应了现代性两元中久被压抑的价值理性一元对工具理性的批判。而后者高举理性和科学,势如破竹甚至已经占领了现代人的无意识领域。

文化现代性是海明威、普鲁斯特,也是纳博科夫。以鼓吹后哲学文化而蜚声的理查德·罗蒂2004年7月访问南开大学,当被问及他最喜欢的作家是谁,罗蒂的回答是:我年轻时候读海明威、普鲁斯特,后来读纳博科夫。纳博科夫成为罗蒂这样后现代哲学大家的偶像,个中自有它的必然因果。纳博科夫的名字早已和他的怪异小说《洛丽塔》联系在了一起。小说的背景是1947年美国新英格兰的一个小城,主人公是个四十二岁的法国文学教授,有个奇怪的名字叫亨伯特·亨伯特,房东是个寡妇名叫夏洛特,房东的女儿洛丽塔年方十二岁。亨伯特心怀鬼胎娶了对他崇拜得五体投地的寡妇夏洛特,由此成了洛丽塔的继父。不久夏洛特死于车祸,如是颠三倒四疯狂恋住洛丽塔的教授,终于诡计得逞。不过洛丽塔假如安心守住她的猎物,她就不叫洛丽塔了,很快她和另一个更加离谱的中年人私奔。亨伯特发誓走遍天涯,也要找回他的洛丽塔。在发现他的情敌后,他枪杀了这个名叫奎尔迪的剧作家。洛丽塔后来嫁了一个年轻农人,死于难产。主人公亨伯特·亨伯特的最后归宿是监狱。

就小说而言,《洛丽塔》被认为是20世纪最叫人心惊胆战的作品,缘由之一是男主人公叫人大吃一惊的性倒错倾向,给披上了一件诗情外衣。艾米莉·狄金森说,你读一样东西,感觉像是有一盆冷水兜头浇下，你就知道你读的是诗。纳博科夫的《洛丽塔》这样来看，可以说是诗吗？不是诗至少它是经典。通览小说，几乎看不到诲淫诲色的文字，甚至都没有转弯抹角的隐喻描写，充其量是下面的例子：Sitting there, on the sofa, I managed to attune, by a series of stealthy movements, my masked lust melted to her guileless limbs.（坐在沙发上面，就在那里，借着一阵阵悄悄的运动，我处心积虑把我装模作样的欲望，融化进了她天真的肢体。）虽然小说里没有"脏话"，可是它讲述的是怎样一个故事谁都清楚，所以纽约四家主要出版社异口同声，一点都不含糊，坚决拒绝了《洛丽塔》的手稿。为此后来有人讽刺说，美国人对于肮脏胡同里的性交易，可是比提升到艺术水准的性，更乐易接受啊。

《洛丽塔》花开是在法国。1955年它给辗转送到法国向以出版色情小说蜚声的奥林匹亚出版社，终而拍板成交。好莱坞1962年和1997年分别拍过两部《洛丽塔》，两个洛丽塔演员都是十七岁。1997年饰洛丽塔的多米尼克·斯旺，公认具有十二岁的天真。这里什么都有，偷送秋波，打情骂俏，暗度陈仓，把神魂颠倒的中年人怎样觊觎花季少女的美色，表现得淋漓尽致。亨伯特·亨伯特的欲望是正常的无辜的还是阴暗的病态的？有人说，看过《洛丽塔》这部小说或者电影，一夜之间就变成了另一个人。这并非奇谈。亨伯特对洛丽塔的疯狂迷恋，被认为可以比作许多东西，一如艺术家之热恋创造，流亡者之热恋故土。亨伯特就是被情欲所苦的每一个男人，喜怒哀乐、功名利禄、荣华富贵，哪一样不是镜花水月、过眼烟云？它们原本并不存在，同样不会永远存在。洛丽塔由是观之，毋宁说是一个梦里的虚无缥缈的肉体，她是永远可望而不可即的欲望，她是即便可及亦是顷刻化为空无的欲望的一时满足，或许，她就是潜藏在我们每一个人内心深处的创痛，不管我们意识到了还是没有意识到它。总而言之，它是一种后现代的阅读体验。

其次，文化现代性意味着艺术是大众的艺术，而不复是天之骄子们的专利。本雅明把艺术看作生产和消费的辩证过程，不遗余力推崇电影，着眼点之一也正是打破艺术的象牙塔，将大众迎入艺术欣赏的殿堂。机械复制时代所突现出的艺术的商业性质和消费性质，本身成为文化现代性的一个有机组成部分而不仅是它的声讨对象。事实上从韦伯到哈贝马斯，都极为关注艺术自足的革命意义。《交往行为理论》中哈贝马斯对现代性的描述，基本上是接过韦伯的理论。他指出生活世界的现代化，导致它分解成为三个领域：科学、道德和艺术。但现代性的合理化过程产生一边倒的结果，科学占据至高无上的地位，一味追求科学和技术的工具理性，障掩了道德和艺术领域。故现代性作为一项未竟的工程，就呼唤一种新的文化传统，它的基础不仅仅是科学一端，而是重归一统的科学、道德和艺术所有这三个领域。事实上现代性同样渗透进了现代艺术的变革，如韦伯指出艺术领域在古代和宗教是密切相关的，他举例说：

> 形形色色的偶像和圣像，音乐作为神秘心醉或者祛妖除魔或者逐恶祛邪的崇拜行为的手段，作为神圣的歌手，作为巫师，把庙宇和教堂作为最伟大的艺术建筑，各种各样的弥撒用幔帐等悬挂物和教堂器具作为工艺美术品的主要制作对象，这些都使宗教成为发展艺术的可能性的一个取之不尽用之不竭的源泉。①

艺术最终形成自己的内在规律，开始展现自我和独立意识而与宗教产生冲突，这当然是叫人鼓舞的事情。但是韦伯指出，艺术的内在规律同样是建立在理性之上，而不仅仅在于艺术家的迷狂和灵感。以音乐为例，他认为诸如旋律与和声，在三和弦和三

---

① 韦伯：《经济与社会》（上部），商务印书馆，1997年版，第676页。

和声基础上形成的音质、管弦乐、低音伴奏、记谱系统、奏鸣曲、交响乐以及歌剧，都是符合理性而又和谐的音乐，为西方所独有。韦伯且认为升腾向上的哥特式教堂作为伟大不朽的建筑原则，以及此一风格扩展到绘画和雕塑领域，亦是仅见于西方，在世界其他地方没有发生过。换言之，它正是现代性的精神。

但是文化或者说美学现代性破解了韦伯上述艺术中排他意识殊为明显的理性模式，而体现出大众化的后现代意识。以丹尼斯·斯波尔的《感知艺术》为例，此书给艺术下的笼统定义是过程、产品和经验。这样就把创作、作品和接受三个方面悉数网罗进来。具体到艺术作品，定义则简单而又明确："艺术作品是我们对人类现实的想象（vision），包括情感、观念、价值、宗教、政治信仰等，而以特定的载体予以表达且与他人分享。"[1] 这里的"想象"一语超出了传统美学艺术想象（imagination）的范域，如价值、宗教和政治信仰等，我们习惯于将它们视为同想象并列的美感因素，而通常不归纳在想象名下。这个定义或者并不足以说明太多问题，但是作者接下来从非限制性、人文工程和表达媒介三个方面来加以阐释的时候，就把问题陈述得相当清楚。首先，非限制性意味凡意在传达人类现实之想象，又有传统艺术之媒介的东西，皆为艺术。高下优劣、深刻肤浅则与艺术的定义无关。如是将幼童涂鸦称画的是他爸爸妈妈，理直气壮视之为艺术品，一如米开朗琪罗的西斯廷小教堂是艺术品。其次，人文工程意味艺术品不可能孤芳自赏，它必然相交通于其他的人类经验。最后，表达媒介意味只要作品的意向是艺术的，传统的和新潮的媒介理当一视同仁。一切竞新斗奇的现代艺术形式，由此也被包容进来。故此，艺术不再是居高临下，笼罩在三圈灵光之中，艺术的核心

---

[1] 斯波尔：《感知艺术：人文学科导论》（Dennis J. Sporre, *Perceiving the Arts: An Introduction to the Humanities*），New Jersey: Prentice Hall，1997年版，第3页。

就是交往（communication）。而我们知道交往不仅是后现代文化的特征，也是哈贝马斯呼吁推进现代性未完成之工程时，高举起来的一面旗帜。哈贝马斯设想作为推进现代性未竟事业必由之路的交往理性，由是观之，很可以期望美学现代性在其中出演主要的角色。

最后，文化现代性意味着对我们日常生活常新不败的"审美化"倾向，始终能够保持一种批判意识。说它常新不败，是因为这个倾向在波德莱尔的时代已见端倪，而到全球化向地球每一个角落挺进的今天，它不但未见稍有收敛，反而变本加厉，如虎添翼。购物中心、美容中心、健身中心和主题公园替代了波德莱尔、西美尔和本雅明笔下的百货商店、拱廊街和世界博览会，美化生活火热得无以复加而几乎使美学自身迷失了方向。费瑟斯通《消费文化与后现代主义》一书中，强调后现代将日常生活无边审美化的倾向根基是在现代性之中，应是可信的看法。视觉文化、图像文化、现代人的精神分裂和神经衰弱，在波德莱尔的现代性体验中，已有迹可循。从这一意义上看，现代性与后现代性的联系，便如利奥塔《后现代状况》所言，后现代主义不是现代主义的终结，而是它的新生状况，而这一状态将是恒久的。利奥塔对文化现代性的理解，是言所不能言，示所不能示。这是康德的传统。但是康德美学的非功利、无目的核心，今天听起来已经显得陌生了。

我们再一次想起波德莱尔：文化现代性即是在转瞬即逝的刹那间被感官把握的东西。

第二章 CHAPTER 2
文化社会学

第一节 SECTION 1
西美尔的现代文化经验

文化社会学指的是从社会学角度对文化的认知、定位和分析研究。认可文化是一种社会生活的总体存在形态，文化社会学对于文化研究就不是可有可无的外围附饰，而是位居它的核心地带了。以法国的涂尔干、德国的西美尔和韦伯等人为代表的古典社会学，从一开始就明确以社会为研究对象，从而自成一个独立学科，有意识与历史、心理学、政治学、经济学等传统学科区分开来。在方法上，它一开始就围绕文化的性质展开论辩。涂尔干、西美尔和韦伯都反对机械马克思主义的经济决定论，强调文化模式的重要作用。如涂尔干不遗余力探究社会生活中所谓独立的文化模式，像民族主义、宗教等，认为正是这些文化模式使个人得以相互交流，并且建立价值和意义体统，从而形成有机的现代社会。这可见，文化对于社会学不是抽象的概念，而是鲜活生动的现时代的文化。

德国社会思想家乔治·西美尔（1858—1918），被认为是能够从社会学角度真正把握文化意义的第一人，即是说，所有古典社会学家中，独有他真正把现代文化作为其社会学研究的中心题旨。西美尔强调文化对于社会发展的意义，绝不亚于经济。社会学的使命，用他自己的话说，便是"在历史唯物主义的下面构建一个新的层面"①，其间文化将是一个举足轻重的因素。西美尔因此致力于研究现代文化中出现的一系列新现象，如时尚、贸易博览会、高山旅游、妇女的角色转换、现代社会中的性文化动向，以及现代性势所必然的多元化倾向，等等。文化之被从经济和政治之中分立出来，特别加以强调，其根本原因是现代社会的潜在结构出了毛病，统一的"世界观"不复存在，社会世界在历经"解中心"的痛苦过程。这也是古典社会学萌生的社会基础。西美尔将社会描述为一个错综复杂的迷宫，如蛛网盘结，而个人则既是社会的产物，又是社会的制造者，认为任何现代社会形态，其真实生活都集中在一些交互影响的"微观分子过程"之中。故此现代性社会中，个体和群体的心理状态以及文化制度的形式结构，特别是对金钱的文化社会学分析，成为他社会学理论的核心部分。

西美尔欣赏尼采的传统，这就是以生命冲动反抗理性。但西美尔发现现代性不是生命的新形式反抗生命的旧形式，而是生命反抗形式原则本身。《现代文化的冲突》一文中他提出，每一个时代都有一个主导理念，在古希腊它是存在，在中世纪它是上帝，在17和18世纪它是自然，在19世纪它是社会，在20世纪它则是生命。而一旦将自然生命作为人的定义，人的价值取向则从形而上的存在转变为可以量化的经验的存在。西美尔觉得这未必是一件好事。对于什么是生命的意义，他指出，大多数人会根据他们的职业经历给出专业化的回答，这意味现代社会已经缺乏一个

---

① 见斯温基伍德：《文化理论与现代性问题》(see Alan Swingewood, *Cultural Theory and the Problem of Modernity*), London: Macmillan Press, 1998年版，第23页。

综合的、共同的文化理想了。

《现代文化中的金钱》一文中,西美尔细致分析了金钱产生社会分化、将一切肢解开来的过程。现代性故此成为一个为商品交换和流通所主宰的社会世界,一种为金钱关系所主导的文化。他认为这就是当今社会动荡不安、矛盾丛生的深层原因。在金钱关系之中,事物的内在本质迷失了它们的心理维度。事事用金钱的价值来加以衡量,久而久之金钱的价值似乎就成了唯一的合法尺度,反之不能用金钱来加以度量的东西,就被人草草了事敷衍过去,或者干脆就束之高阁。金钱对社会的无形主宰,由此成为现代性文化的基础。此一文化的一些主旨,诸如守时、准确、金钱报酬,愈益成为人际关系的准绳所在。这样一个物欲横流的社会是贫乏无味的,它关注的只是数量上而不是质量上的价值。文化因为缺失普遍价值和意义,不复具有统一社会的功能,而无可奈何地沦落在商品经济之中。

西美尔描述了商品主导文化怎样将现代人疲倦的神经无止无休给刺激起来,对此写于1896年的《柏林贸易会》一文中他有这样描述:

> 仿佛现代人在劳动分工中机械呆板的角色,是在与日俱增而眼花缭乱的消费和娱乐印象,以及五光十色、前所未有飞速变幻的刺激中得到了补偿。生活中被动接受面的广袤无边的多样性,补充了它各就其位的主动一面。①

西美尔以规模愈演愈大的形形色色的贸易博览会,为现代文化的标记。贸易会上琳琅满目,时尚流转,若过眼烟云,没有

---

① 西美尔:《柏林贸易会》,见《理论、文化与社会》(George Simmel, "The Berlin Trade Fair", in *Theory, Culture and Society*,),第8卷,1991年版,第3期,第120页。

什么东西可以长存不变。而这正是现代文化的特点。西美尔写作此文的 19 和 20 世纪之交，德国如火如荼的"青年艺术运动"（Jugendstil）正在踌躇满志推广它美化万事万物的神圣使命，与它遥相呼应的则有英国的唯美主义运动。这是一个美学向非美学领域大举进攻的伟大时期，旧的靠边，新的过来。时尚不求最好，但求最新。对于年长一辈的中产阶级，即便有心甘拜下风，退守家居，也无以逃避无孔不入的审美化过程，因为即便是锅碗瓢盆，一样早已成为审美时尚理念的进攻目标。由此我们接触到西美尔现代性理论核心部分中一个矛盾：人类行为中普遍因素和瞬息因素、主动因素和被动因素的对峙可以得到协调吗？它们可以得到怎样的协调？只要这个矛盾一日不得解决，在西美尔看来，现代性就只能是被动接受一个支离破碎、瞬息变幻经验世界的结果，这当然是一出悲剧。

英国社会学家、后现代理论家迈克·费瑟斯通在其《消费文化与后现代主义》一书中，把波德莱尔、本雅明和西美尔三人并提，认为他们都是致力于描述 19 世纪中后期大都市的现代性经验。西美尔的《金钱哲学》出版是在 1890 年，对于以"游荡者"视角所见的急遽膨胀的都市空间，同样有形象描述，西美尔描述的是柏林，这也将是本雅明度过童年的城市。但是也有人指出西美尔的分析存在问题。一个缺陷是西美尔的文化社会学是将文化严格两分，一边是文化被表现为内在的、权威的凝聚力，一边是文化被表现为各种外在的、非人性的具体形式。现代性由此成为文化的一场不可调和的一场悲剧，文化在商品拜物教面前，不复能够担当起一统社会、扭转乾坤的重任。这就是文化社会学面临的严峻现实。个人在现代社会中出演的角色，在西美尔的视域中似乎太为被动悲观了一些。文化可以是宏大叙事，但是将社会关系的方方面面包括进来，肯定是好事情而不必忧心忡忡。

但西美尔指出了现代性的一个悖论：现代城市的增长鼓励在社会交互关系的形式扩展中来发展个性、自主和个人自由，但与此同时，它制造了冷漠无情和社会孤立。有意思的是，不论是作为诗人的波德莱尔还是作为社会学家的西美尔，两人都期望现代城市涌现的大众群体能够消解这冷漠和孤立，对于此颇有一种大隐隐于市的自信。波德莱尔说过，他喜欢放眼"世界，身居世界中心，又不为世界所见"①。但是波德莱尔传统的都市"游荡者"并非目不可见，他首先是一个象征，一个符号，可为周围的人读解，可为流浪汉、乞丐和妓女读解，同样也可为艺术家和知识分子读解。但是反过来说，都市大众来来往往构成的流动空间，的确本身是大有深意在其中，即就波德莱尔而言，虽然他意识到了知识和艺术活动，包括他自己的作品，已经变成了商品，但他的态度较一些现代艺术家要坦荡得多。他并不以此为羞耻而一味鼓吹精神，事实上他鄙视逃避都市公共生活而描绘子虚乌有世界的诗人。西美尔亦然，他强调整个文化都漂浮在感觉性之中，同时瞄准个体生活的感受来建构社会整体，而由于感觉和审美的亲缘关系，他的现代性理论被认为也是一种审美社会学。至少它明显不同于马克斯·韦伯致力于用理性来描述现代文化的方法。

第二节 韦伯论文化的自足性

文化社会学在马克斯·韦伯（1864—1920）这位德国著名的社会学家笔下，更多体现了结构分析和对启蒙哲学的质疑批判。如果说西美尔的现代性概念缺乏历史意识和结构分析，主要是把目光投射在货币经济、都市文化和商品流通上面，那么马克斯·韦伯的现代性概念则是恰恰相反，更多体现在现代文化内部各种结构力量的分析上面，而强调正是这些力量，使自足、自由

---

① 波德莱尔：《现代生活的画家及其他文选》（G. Baudelaire, *The Painter of Modern Life and Other Essays*），Oxford: Phaidon Press，1964年版，第9页。

和分化成为可能。哈贝马斯在他的《现代性的哲学话语》中述及现代性的时代意识时,特别强调在韦伯的批判视域中,现代性与他所说的西方理性主义有内在关联。而现代性畅行其道的结果,是导致世界的"祛魅"(disenchantment),一个有着有机结构的自由社会失落远去,连同对它的向往,一样烟消云散成了明日黄花。韦伯这样描述现代性的特征和命运:

> 我们这个时代,因为它所独有的理性化和理智化,最主要的是因为世界已被祛魅,它的命运便是,那些终结的、最高贵的价值,已从公共生活中销声匿迹,它们或者遁入神秘生活的超验领域,或者走进了个人之间直接的私人交往的友爱之中。①

世界既然已经祛魅,那么现代性的命运就不复再见前现代社会中那些体现终极关怀的最高价值,取而代之的是体现自治和自由的各个不同领域。但韦伯对此的看法极为悲观。而此一悲观情绪一定程度上继承了尼采对现代历史和现代文化的反思。像价值的多元性、历史发展多重性,以及对现代工业社会自治和自由前景一种浓厚的悲观主义,都是尼采也是韦伯思想的显著特征。如其名著《新教伦理与资本主义精神》即明确指出,如果说"资本主义"精神这个术语有什么可理解的意义的话,那么这一术语所适用的任何对象,就都只能是一种历史个体,我们是按照这些个体的文化意蕴,而将它们统一为一个概念整体。韦伯同样承认,他所讲述的观点,对于分析他正在考察的这种历史现象来说,绝不是唯一可能的观点。如果从其他立场出发来考察此一甚或其他历史现象,同样会获得一样主要的其他结论。其实秉承尼采,韦

---

① 马克斯·韦伯:《学术与政治》,生活·读书·新知三联书店,1998年版,第193页。

伯对历史有一种破碎感，主张历史并不呈规律性的线性发展，偶然性在历史中起着主要作用。故没有一个理念预设，无以理解历史中的偶然现象。但历史认识中的理念预设是个体性的，每一种阐释视域，故此都有它自己的合理性。

其实无论是韦伯还是西美尔，都把文化视为一个独立的独特的价值体系，认为它是历史运动的背后的推动力所在。不同于西美尔的亲马克思主义态度，韦伯明确反对马克思经济基础决定上层建筑、物质决定观念的思想，反对把社会变化看作是经济法则所直接决定的客观历史过程。依据韦伯的文化社会学模式，人类行为不是哪一种特定物质力量的自然而然的产物，在其背后交集着物质和观念的复杂动因，这些既有物质也有精神层面的复杂因素，就是文化价值。比如，没有新教意识形态，资本主义就不会有它后来的发展机遇，所以人殊有必要将清教主义伦理琢磨透彻，然后将它转化为经济和社会原则，由此来指导行为。新教意识形态这样看来，就构成了现代资本主义的禁欲精神，为社会变革的发生提供了必要的观念形态以及动因。所以，文化对于一个时代、一个社会以及一种传统的发展，是因而不是果，它是举足轻重的。

韦伯强调价值的多元性，由此提出了他著名的自治原则。他认为现代世界由于理性化，由于科学无法回答世界的意义问题，从而价值系统呈现多元冲突的状态。他指出，通过目的明确、生机勃勃的理性行为，合理性从它的发祥地新教传布开去，遍布了方方面面的其他领域，包括政治、文化、法律和人的个性形成。如此经济领域通过这一合理性过程，得到了自足自立，同政治领域分离开来，发展完善了它自己的内在逻辑，这就是建立在非个人规则上的商业行为，它的基础是计算和纪律，一致性和连贯性替代了传统社会中非理性和个人的成分，而在前现代社会中，经济和政治是合为一体的。在韦伯看来，现代性的结构基础，正是源出前现代浑然一统世界及其统一意识形态的分化瓦解，以及随之诸多自治领域的出现，这些领域各各体现了自身的合理性，差异纷呈且处于互为竞争的状态。这样一种现代性,它的主导动因就是合理选定目的,计算出最有效率的方法,来达到选定的目的,而引导理性行为的,则是知识和价值。写于1915年的《中介反思》一文中,韦伯清楚表明,没有固定的内在价值,可以适用于哪个特定的领域,所以,比方说适用于政治领域的价值,在艺术和审美领域中就注定要碰壁,由此文化也必须同政治和经济清楚区分开来。故此,自治的原则同社会和历史的变革联系起来之后,它的后果是世界的祛魅和中心化解,这势必导致个人自由的丧失。个人不复可能在一个有机社会中完善实现自身潜能。现代社会中因为管理而必不可少的官僚体制,以及各个领域之间的森严壁垒,使整个社会成为一架庞大的机器,个人则身不由己成为这机器上的一个部件,个性和自由,无可奈何是给压抑了下去。

但是韦伯发现各个领域的自足性,反过来受到理性自身力量的威胁。韦伯的合理性概念由两个部分组成,一方面是实质合理性,一方面是形式合理性。先者具有解放意义,它是内容;后者具有实用意义,它是形式。实质合理性关心的是"终极目的",诸如公正、平等、自由这一类赋予生活意义的价值;形式合理性则是法律、官僚体制、专业知识和各门学科,目的是为现代社会的高效率运转。而现代性的特征,在韦伯看来,就是合理性这两种形态的矛盾冲突。合理性的这两种形态大体相当于他对价值理性和工具理性的看法,据韦伯本人的解释,价值理性就是对一个特定信念的无条件信仰,不论这信念是伦理的、美学的、宗教的还是其他的,而不计任何功利目的。反之工具理性则是具有鲜明的功利目的取向,要把手段和目的、目的与后果,要把各种可能的目的来加比较,作出合乎理性的权衡。问题是两种理性的关系并不协调。更确切地说,是价值理性在工具理性咄咄逼人的攻势下,已经风雨飘摇,气息奄奄。如前所述,各个领域既需要专门知识,也需要致力于解决种种问题以证明它合理性的专家。没有这类专家,就没有自治可言。问题是,这些自治都是立足于形式合理性而不是实质合理性。形式合理性完善了资本主义的主要机制及其实践，完善了自由市场和它的管理机制，然而却是以牺牲这些领域自身内在最根本的东西为代价的。

韦伯将文化的自治原则置于特定的历史和文化语境中加以分析，这是能为大多数人首肯的。但是韦伯将文化结构从它同其他社会力量广泛且复杂的关系中抽绎出来，将文化界定为一个独立的独特王国，独独服从它自己的独特原则，则也招来了不少非议。应该说，英国社会学家斯温基伍德的以下批评意见是比较中肯的：

> （韦伯）强调文化的内在性质，有可能冒将它同历史过程割断开来的风险，而把自治原则看作某种比如区分过程的自动产品。文化的自足性不是先天给定的：它必然是个人和集体行为两相结合所造就。说到底，自治原则一定不能转化为非历史的抽象，而必须建立在历史的具体性上面。①

韦伯对现代文化的看法因此是相当悲观的。《经济与社会》中他指出，令现代社会有条不紊运转的官僚体制，是把技术推广到极端而追求最大的效率。这就使现代官僚体制一方面固然是破除了通过私人关系或世袭权威来获得统治，而使形式化的、非个人的因素上升到支配地位，但是另一方面，这一体制中人们缺乏内在的精神支持，对一切关系都持冷漠态度。故此每个人都成为现代性这架庞大机器上的一个齿轮或者螺丝钉。只要秩序，别无他求。秩序一旦动摇，我们就会六神无主。韦伯称他想起这些就会不寒而栗。所以现代社会最主要的问题不是怎样促进和加速形式合理化的过程，而是反抗这个机器，打破现代性的铁屋子，免于灵魂被分割标价出售。但是韦伯对此并不抱有多大希望。他说过，

---

① 斯温基伍德：《文化理论与现代性问题》(*Culture Theory and the Problem of Modernity*)，London：Macmillan Press，1998 年版，第 30 页。

我们所面对的未来不是花团锦簇的夏天,而是冰冻冷酷的漫漫冬夜。韦伯对现代性的悲观态度,很大程度上也是开启了法兰克福学派批判理论的先声。

第三节 SECTION 3
大屠杀与现代性文化

对现代性最尖锐的批判,恐怕见于从波兰移居英国、晚年开始走红的齐格蒙·鲍曼(1926—)。鲍曼是社会学家,但是他的影响绝不止于社会学一端。1990年他因对社会学理论的杰出贡献,获亚马尔菲(Amalfi)奖,1998年获阿多诺奖。这都是难得的殊荣。这位出生在波兰波兹南的犹太人,二战中在苏联加入红军,曾经直捣柏林。1953年起,他在华沙大学读书教书,成就斐然,1968年起他先是在以色列,后来在英国定居,埋首著述,开启新的学术生涯,被认为是游刃有余周旋在欧洲自启蒙运动到20世纪形形色色意识形态的精神传统之间。从1971年到1990年退休,他一直是利兹大学社会学系教授,出任系主任。

通观鲍曼的作品,一个中心主题,便是现代社会及其官僚机构的极端理性化,具有不容忽视的巨大负面效果。这导致他立足于个人和制度的社会道德责任,来分析全球化的过程,也导致他格外关注当代社会知识分子的地位变化,尤其关注他们同权力结构的关系。鲍曼对现代性和后现代性,都有不同凡响的细致分析,但是比较起来,他对现代性"二难"悖论的分析,尤其显得振聋发聩。他本人称他的《立法者与解释者》(1987)、《现代性与大屠杀》(1989)以及《现代性与二难》(1991)三本书,为现代性三部曲。而三部曲中,《现代性与大屠杀》最是惊心动魄,揭示了现代性冷森森的可怕一面。

《现代性与大屠杀》的缘起是作者家族的直接经历。故此它的真实性是来自生活,而不仅仅是来自书本。该书叫人瞠目结舌的地方，是作者提出现代文明的进步不足以阻止此类大屠杀在西方历史中重演。相反大屠杀深深植根于现代社会的机制之中，因为在对犹太人进行大屠杀的种种可能条件之中，最是举足轻重的因素恰恰就是现代性本身。鲍曼引大屠杀研究者费恩戈尔德的话说，奥斯维辛也是现代工厂体系的一个延伸。不同于生产商品的是，这里的原材料是人，而最终产品是死亡，因此，每天都有那么多单位量被仔细标注在管理者的生产表上。而烟囱，这个现代工厂体系的象征，则将焚化人体的躯体产生的浓烟滚滚排出。现代欧洲布局精密的铁路网，则源源不断向工厂输送着新的"原料"。可见，这一整个计划本身就是现代科学精神扭曲的反映。

鲍曼指出，大屠杀配备着只有最先进的科学可以提供的武器，走的路线也是由科学管理有序的组织所设计。现代文明不是大屠杀的充分条件，但毫无疑问是必要条件。没有现代文明，大屠杀是不可想象的。所以，大屠杀不是人类现代化之前的野蛮和非理性习俗遗传。它是现代性大厦里的一位合法居民，更确切说，它是任何一座其他大厦里都不可能有的居民。

这当然不是说现代工具理性文化一定会导致大屠杀一类现象。但问题在于，鲍曼认为，单单工具理性的规则无法防治此类现象的发生，反之正是由于工具理性的精神以及将它制度化的现代官僚体系形式，才使得大屠杀一类的解决方案有可能成为"社会工程"的一个合法目标，而且显得格外"合理"。故此，现代的种族灭绝是社会工程的一个要素，意在使社会秩序符合对完美社会的设计。鲍曼发现希特勒的花言巧语中就充斥着疾病、感染、腐烂、瘟疫一类比喻。如 1942 年他对希姆莱说，犹太病毒的发现是世界上最伟大的变革之一。我们现在进行的战争与 20 世纪巴斯德和科赫对病毒的宣战同属一类。鲍曼或许没有意识到，当年笛卡儿都设想过随着医学的发达，人类会有最终根除病毒的那一天。鲍曼承认集团屠杀并不是一个现代发明，历史上因团体和宗派敌意而导致的大屠杀层出不穷。但是历史上的野蛮屠杀不需要现代技术、现代管理和科学协调，而希特勒却需要。现代理性社会，正是为希特勒那样冷酷操纵、彻底且系统的种族灭绝，铺平了道路。

鲍曼注意到，纳粹大屠杀中一个不容忽视的因素，是受害人的合作。这就是被害社区的首领们，执行了大屠杀过程中必不可少的大部分准备工作。他们将受害人归档，负责监管在进入毒气室之前，受害人维持生命的生产和分配活动，看管被俘人员以至于维持法律和秩序没让德国人多费心思或者多费钱财。他们为屠杀过程的每一步确定对象，保证屠杀过程顺畅如流，他们把物色好的对象运送到便于集结且造成最小混乱的地方，他们为这最好的旅程积敛资金。如果没有这些卓有成效的方方面面帮助，大屠杀固然有可能照样发生，但是无疑将更多成为嗜血成性征服者们的残忍暴行，而不似这般表现为理性惊心动魄的现代性艺术。这里见出现代权力的可怕的一面，因为大屠杀过程中受害人的合作，正表现为驾驭着现代社会的权力的"正常"运转。

作为现代性基石之一的法律和秩序，同样受到鲍曼的尖锐质疑。一个显见的事实是，执行大屠杀的那些人，似乎都是守法者而不是违法者。鲍曼指出，大屠杀使得历史上所有的邪恶形象都相形见绌了。大屠杀颠倒了罪恶行径以往的所有解释。它突然昭示，人类记忆中最耸人听闻的罪恶不是源自秩序的涣散，相反是源自完美无缺的秩序统治。大屠杀并非一群肆无忌惮、不受管束的乌合之众所为，而是由身披制服、循规蹈矩、唯命是从的人所为。这些人一脱掉军装，就和我们所有的人没有什么两样。他们有娇妻爱子，有得到他们帮助和安慰的患难朋友。可是他们这些人一旦穿上制服，就用子弹和毒气杀害成千上万的人，包括他人的爱妻、他人的爱子爱女。对此鲍曼表示极为震惊：

> 难道他们真的摆脱了我们这个启蒙之后的文明社会所具有的使人尊贵、教人人道的影响？或者从另外一个角度来说，难

道他们已经变坏、堕落，易受各种源自残缺扭曲人格的教导因素的恶性或者灾难性结合的摆布？①

鲍曼认为，在这里暴露出的更深一层的意义是，它揭示了每一个道德上正直的自我形象和清白良心，都将不足为信，从今以后，只有进一步检省之后，所有的良心才将是清白的。

对此鲍曼枚举了耶鲁大学心理学教授米格拉姆的实验研究。参加实验的人被告知强行抓住受害者的手放在虚拟的电击板上时，只有百分之三十的人坚持到实验最后。而在要求他们以扳动控制台上的控制杆来替代抓住受害者的手时，服从比例上升到百分之四十。而将受害者置于他室，实验者只能听到被害者假装的惨叫时，服从率更上升到了百分之六十二点五。对此米格拉姆引出的结论是，我们这个社会最突出也是最自豪的成就，便是对行动的中介化，行为的组织越是理性，行为就越容易制造痛苦，而个人却保持着平静。换言之，残忍只是在很小程度上与执行者的个性相关，反之非常紧密地联系着权威与下属的关系，联系着我们天天与之交往的权力结构。在权威的官僚体系内，道德的语言有了新的词汇。忠诚／义务纪律这类概念，全都朝向上级，上级是道德关怀的最高目标，是最高的道德权威。由此可见现代性一向引为自豪的道德理性即价值理性，顿时也变得疑云密布起来。

鲍曼进而将现代性的苦难直接上推到文化概念本身。《后现代性及其缺陷》一书中，鲍曼称现代文化有一种独特的悲剧特征：文化只有在其漂泊中才真正地觉得是在家里。悲剧是因为现代性从一开始就孕育了其后现代的扬弃，它的子孙注定成为它的诋毁者，并且最终成为它的破坏者。鲍曼认为西塞罗传统的文化概念是将世界一分为二，形成了主动者和被动者、塑造者和被塑造者、教师和学生、训练者和被训练者、指导者和被指导者的二元对立。

---

① 鲍曼：《现代性与大屠杀》，译林出版社，2002年版，第199—200页。

一边是思想家、启蒙家,一边是冥顽不化等着开化的愚氓。于是就有了学校。学校虽然不同于工厂、监狱、兵营和精神病院,但是制造秩序,确立规则却是一样的。简言之,文化观念是在秩序制造厂的模式之后才出现,同后者一样,最终希望达到某个大一统状态,当中每一个组成部分都依其功能正常运转,没有任何偶然的因素:

> 文化是一种反随意的装置,它试图生产与维持秩序;它是一场旨在反对随意及其带来的无序的持续战争。在秩序与无序的外在斗争中,文化的立场毫不含糊地站在了秩序的阵营中。①

但鲍曼也承认,以这样的方式评价文化已变得日益困难。用托马斯·库恩的话说,我们今天的文化话语,明显已经具有"范式危机"的症状了。

第四节 SECTION 4
吉登斯论现代性反思

如果说鲍曼的现代性批判已经是典型的后现代声音,那么他的同道安东尼·吉登斯(1938—)则可以是说在对现代性的一片声讨中,非常引人注目地在试图重新树立现代性的旗帜。作为当代社会学界首屈一指的人物,吉登斯的长处是融会贯通古典的社会学风格和社会变革的当代意识。他承认马克思在社会科学发展中举足轻重的地位,他的天性似乎也在人见人爱的"左派"之列。但是他绕开社会分析中的"左""右"之争,而成为今日流行不衰、甚得英国首相布莱尔垂青的"第三条道路"的倡导人之一。

---

① 鲍曼:《后现代性及其缺陷》,学林出版社,2002年版,第59页。

他1998年出版《第三条道路：社会民主的复兴》，2000年出版《第三条道路及其批评家》，两书皆已成为此一学派的经典。古典社会学对社会生活有宏观研究和微观研究之分，前者侧重描述社会，后者偏重关注个人。吉登斯受涂尔干偏重社会和社会学自身的宏观研究影响明显，虽则对涂尔干撇开个体匆匆预测社会发展规律的做法并不以为然。这一点上他更接近另一位前辈韦伯，韦伯对个人社会行为的责任感，极为重视。但吉登斯意识到无论是宏观还是微观研究，其实是相互渗透，缺一不可，实无必要作非此即彼的选择。他的这一立场，也使他在当代社会学领域中能够独树一帜。

关于吉登斯的现代性理论，弗雷德利克·詹姆逊曾经说过，吉登斯是当代最有影响的现代性意识形态鼓吹家，他的言论始于对现代性的批判，到头来却变成了对它的辩护。詹姆逊指的是吉登斯1990年出版的《现代性的后果》，他特别看重吉登斯的这一句话：由于非常具体的原因，现代性的本质一直没有被人们很好地把握。我们现在不是在进入一个后现代时代，而是在进入一个晚期现代性时代。

詹姆逊没有说错。《现代性的后果》中吉登斯开篇就说，他这本书将按文化和认识论研究的笔调，对现代性作出制度性质的分析。吉登斯作如是声明有他的理由，他认为当代关于现代性和后现代性的讨论，大多是本末倒置了。他给现代性作了如下说明：

> 何为现代性？首先，我们不妨大致简要说：现代性指社会生活或组织形式，大约十七世纪出现在欧洲，并在后来的岁月里程度不同地在世界范围产生影响。这将现代性与一个时间段和一个最初的地理位置联系起来，但是到目前为止，它的那些主要特性却还仍然在黑箱中藏而不露。①

---

① 吉登斯：《现代性的后果》，译林出版社，1999年版，第1页。

这个说明是重要的，因为它表明了作者对现代性的认知。换言之，现代性可以是一种思想、一种思潮、一种文化、一种态度，但是它首先是一种社会生活和组织形式。其次，在时间上它发端于 17 世纪，但是与时俱进影响被及今天，它并没有因为后现代性的出现而告终结，正如空间上它诚然是发端于欧洲，但是影响广被了世界各地。即是说，是现代性引导了今天世界上完成或者没有完成的现代化运动。

吉登斯指出，当代社会许多人都意识到我们正面临着超越现代性的时代转型问题。一些术语如"后现代性""后现代主义""后工业社会""后资本主义"等层出不穷。而这一切转型的焦点则集中在制度的转型，如所谓物质生产社会体系向信息社会体系的转型等。但是哲学和认识论的转型呢？吉登斯认为这较制度的转型更为重要，也正是在这一点上，他认为可以见出利奥塔的锐利目光，因为利奥塔正是在认识论的基础上，系统阐述了他的后现代性概念，这就是对"宏大叙述"传统的背离。

但吉登斯表明他要另辟路径，来探索当代社会何以系统性知识被认为不复可能获取的困顿。他指出，为此仅仅发明一些诸如后现代性之类的新术语是不够的，相反我们必须重新审视现代性本身的特征。而迄至今日，我们对于现代性的理解依然极为肤浅。因为一个事实是我们实际上并没有迈进所谓的后现代性时期，固然，在我们的时代中，现代性的后果比任何一个时期都更加剧烈化和普遍化了，在现代性背后，我们能够观察到一种崭新的不同于过去的秩序轮廓，但是，吉登斯明确指出，这个新的轮廓我们可以称之为"后现代"，但是它绝不是"后现代性"。

吉登斯称他对现代性的分析，其出发点是"断裂论"（discontinuity）。关于现代性的断裂性质，他发现马克思、涂尔干和韦伯都有过探讨。马克思认为阶级斗争是资本主义秩序中产生根本性分裂的根源，由此建构一种更为人道的社会体系。涂尔干则坚信工业扩张有助于建立劳动分工和个人道德两相结合的和谐社会。独韦伯最是悲观,认定现代社会中任何物质的进步,都必然以摧残个性和自由精神的官僚扩张为代价。但即使韦伯,吉登斯认为,也没有能够预见到现代性更为黑暗的一面究竟有多么严重。一个例子是三位先驱都看到了现代工厂对工人的异化后果,却没有预见到它对生态的大规模破坏。

吉登斯认为现代性观念与传统的最大区别,是在于它的反思性。传统文化也作反思,但是传统文化中的反思很大程度上限制在重新阐述传统上面,而现代性反思的毋宁说是知识本身的可能性。知识是先天必然的还是后天建构的?吉登斯发现,现代性反思的结果,是表明知识的客观性远不如我们过去设想的那样牢固。他引《推想与反驳》中卡尔·波普尔称所有的科学都建立在流沙之上,指出甚至那些最坚定捍卫科学必然性的哲学体系,也都承认了这一点。科学一向是客观和可靠的象征,但恰就是科学的法则告诉我们,"没有什么东西是确定,也没有什么东西能够被证明,尽管科学一直尽力地在提供我们所渴求的关于这个世界的最可靠的信息。在不容怀疑的科学的心脏地带,现代性自由地漂移着。"[①]这可见,在现代性的条件下,知识再也不是"原来"意义上可以被"知道"从而确定无疑的知识了。

强调知识的不确定性是尼采的传统。吉登斯认为此一对知识的反思,是整个现代性反思中举足轻重的根本部分。正是在这一点上,可见出现代性和后现代性的区分。他明确反对将后现代性与后现代主义、后工业社会等概念混为一谈,指出如果说后现代主义一词确有所指的话,应是指建立在现代性特征基础上的文学、艺术和建筑的形式或者说运动,即它指涉的是现代性特征的审美方面。反之后现代性,则应当是指社会发展的轨迹正在引导我们日益脱离现代性制度,而向一种新的社会秩序转移。但是,我们

[①] 吉登斯:《现代性的后果》,译林出版社,1999年版,第35页。

果真在脱离我们的现代性制度吗？我们的社会果真如后现代性这个词的其他含义所指：历史失去目的，进步也失去了意义吗？并不尽然。所以，后现代性其实它并不存在。

后现代性并不是一个正在取代现代性的过程，这是吉登斯的明确结论。我们今天称之为后现代的社会特征并不意味超越了现代性，反之不如说它们更为全面地展示了内在于现代性本身的反思性。吉登斯十分欣赏鲍曼一再重申的极权主义与现代性并不是偶然联手，而是有着必然联系的观点。科学不断"聚变"产出的大规模杀伤性武器已经成为我们今天非常现实的威胁。生态灾难可能造成的后果同样让人不寒而栗。出路何在？

吉登斯把希望寄托在世界文化的多样性上面，他认为文化是由一个民族、一个群体的价值观组成，《社会学》一书中，他给价值观所下的定义是：人类个人或群体所持有的关于什么是必需的、恰当的、好的或坏的思想。故价值观代表人类文化的重要差别，吉登斯进一步解释说：

> 文化由特定群体成员的价值观，他们的准则，及所创造的物质事物组成。价值观是抽象思想，而准则是人们必须遵守的原则或惯例。准则代表社会的"可行"和"不可行"。因此，一夫一妻，即忠于一个婚姻配偶，是多数西方社会的价值观。①

吉登斯指出价值观念可以有两个方面。一是内在的，不计任何代价。如爱国主义作为一种价值观，要求放弃个人利益，国家利益在个人利益之上。历史上，成千上万的人为了自己的国家而献出身家性命。在这方面，价值观属于文化领域的"伦理"范畴。

---

① 吉登斯：《社会学》（Anthony Giddens, *Sociology*），Cambridge：Polity Press，1989年版，第31页。

遵循内在价值观的行为即是"道德"。所以一个"有道德"的人是按其内在价值观行事。另一方面，价值观又是工具性的。持某一价值观是因为这价值观会带来好处，如教育、投资、发展经济。所有的经济价值观都是工具性的。吉登斯认为，促使经济发展的价值观念必须是内在的，而不是工具性的。比如一些国家的人富裕起来以后，还是像贫困的时候一样努力工作，投资竞争，似乎完全忘了他们已经不复需要如此拼命。故而，只有在"发展"或"致富"成为内在价值观念的情况下，经济才能有出色发展。如果价值观是纯粹工具性的，那么饱暖思淫欲，或者即便不好淫欲，也自有别的享受和诱惑，总之是富裕便不思进取了。

正因为文化价值观的多元性，吉登斯认为在此基础上的全球化，不可能仅仅是西方文化的弱肉强食，一路蔓延。反对乌托邦解决办法的吉登斯，因而最终是把目光转向了充分体现自由市场体制的经济全球化。作为现代性的根本后果之一，吉登斯强调说，全球化并不仅仅是西方制度不断吞没"他者"文化的全球性蔓延，它也是一种世界相互依存的形式和全球性意识。在媒体全球化和跨国协作的时代，全球化的过程已经有效地改变了社会关系的性质，将它们从本土语境中抽绎出来，重新定位在巨大无边际的时空之中。而且，世界文化的多样性，决定了对现代性的反应肯定也是多元的，涉及非西方的种种概念和策略。他推崇鲍曼设想以政治部落化、经济全球化为现代社会走出困境的解决之道，很显然对全球化也抱有谨慎乐观的看法。但是，全球经济一体化的过程究竟能在多大程度上约束和制衡政治特别是军事权力的无限扩张，思想起来似还是个令人颇费猜测的问号。

第五节　文化与发展

文化能在什么程度上影响经济和政治的发展？文化价值观念

能对经济和政治的发展构成阻碍吗？假如答案为是，那么此种阻碍了生产力的文化形态，有无可能使之转化成为积极的因素？如果可以，转化又如何进行呢？又，强调文化跟发展的关牵，是否会导致大国沙文主义乃至种族主义蔓延？这些问题细细思考下来，很有回味的余地，至少不是非此即彼的两分判断可以解决疑惑。美国两位学者劳伦斯·哈里森与塞缪尔·亨廷顿2000年主编出版的《文化的重要作用：价值观如何影响人类进步》一书，就深入探讨了以上显然是一言难尽的文化困顿。

今日全球化一路畅行的直接结果似乎是世界发展愈益不见平衡。贫富悬殊不见弥合，反见扩大，富国愈富，穷国益穷，财富分配没有公平可言。何以贫穷终是难以消除？何以第三世界少有国家走上富裕之路？我们很清楚这是帝国主义扩张、殖民主义剥削侵略使然。但是劳伦斯·哈里森与塞缪尔·亨廷顿主编出版的这本大著《文化的重要作用》，反过来是将眼光投向文化领域，以为工业国家对世界市场的控制，以及穷国底子薄、教育基础差、国民素质低、缺乏机会和资金、市场不健全和基本设施薄弱，等等，这一切老牌因素，都不足以充分说明社会发展的根本原因。那么根本原因又在哪里？是在文化。正是这一文化决定论的视野，令此书在社会发展理论研究中异军突起，它想要说明的实在是历久弥新的问题：文化有高下优劣之分吗？在人类创造自由和繁荣的过程中，某一些文化是否要优于另一些文化？

《文化的重要作用》一书收集了二十多位学者、专家和记者的文章。两位主编之一的哈里森是哈佛大学国际与地区研究学院的高级研究员，长期致力于研究拉丁美洲的发展，1965年到1981年曾任美国国际发展署（USAID）官员，负责美国对五个拉丁美洲国家的发展事务。而另一位主编亨廷顿更是大名鼎鼎无须介绍，这位哈佛大学国际与地区研究学院主任1993年在他题为《安全环境的改变与美国国家利益》的研究报告中，即已提出有名的"文明冲突论"，断言冷战以后的世界冲突将从意识形态冲突转为文明之间的冲突。对此论者蜂起，本文不予累叙。《文化的重要作用》前言中，亨廷顿称1990年他比较了20世纪60年代初非洲的加纳和亚洲的韩国的经济资料，发现这两个国家当时的条件惊人相似。人均国民生产总值相同，原材料、制造业、服务业在经济中的结构相似，都大量出口原材料。只是韩国稍多一点制造业而已。此外，两个国家得到的国际援助也大致相同。三十年后，韩国成了工业巨人，经济居世界的第十四位。拥有汽车出口和电器产品的名牌跨国公司。人均收入大约与希腊持平。同时国内政治也日益民主化。加纳呢，恰恰相反，停滞不前，人均国民生产总值大约只是韩国的十五分之一。如何解释如此巨大的发展差距？亨廷顿认为这里面固然有不少因素，但是文化是主要原因：韩国人崇尚节俭、精于投资、工作勤奋、重视教育、强调组织性和纪律性，而加纳的价值观念却不相同。一句话，文化导致了它们巨大的经济差别。

劳伦斯·哈里森也是个招致争议的人物。1985年哈佛国际事务中心出版其著作《不发达是一种心态：拉丁美洲个案》。书中哈里森提出拉丁美洲发展中的主要障碍来自其本身的文化，而不是殖民主义影响。他列举了一系列国家作为对比：哥斯达黎加和尼加拉瓜、多米尼克共和国和海地、巴巴多斯和海地、澳大利亚与阿根廷、美国与拉丁美洲。结论是文化的因素导致了这些国家的发展差距。哈里森还比较了西班牙和西班牙语系拉丁美洲，比较它们文化的相似性及共同的发展结果。此书一出，如众矢之的，引来经济学家和拉美知识分子的一片抗议声。

那么，究竟是什么原因导致社会发展不平衡？亨廷顿和哈里森指出，长期以来占据主导地位的发展理论有帝国主义/殖民主义理论、中心/边缘理论和依附理论等。首先，帝国主义和殖民主义理论。帝国主义顾名思义是征服和控制，殖民主义则是帝国主义的另一种形式。资本主义国家国内市场饱和之后，必然要寻找新的投资市场，向外扩张，开拓殖民地，掠夺资源，寻找廉价原材料和劳动力,导致第三世界国家无力控制它们的经济,愈见贫困。其次,中心和边缘理论。它又称为世界体系理论。意指16世纪以来,资本主义国家的经济扩张就形成了全球经济中心,围绕中心依次是半边缘、边缘和外围地区。中心国家都是老牌的帝国主义,半边缘包括南欧、意大利及地中海国家。边缘地区指更远的波兰等国。亚洲和非洲均属尚未与中心建立联系的外围地区,逐渐被殖民主义强行拉入世界系统。20世纪的世界经济中心加上了美国和日本。边缘则是整个第三世界。今天虽然老牌帝国主义国家如大英帝国消失了。但是作为中心的工业化国家利用经济优势依然牢牢控制着世界贸易市场。最后,依附理论。它意味殖民地时期建立的关系使得第三世界始终无法摆脱对工业国家的依附。第三世界以出口原材料为主,工业大国压低全球市场原材料的价格,同时抬高制造产品的价格,从中获取超额利润。这便是拉丁美洲与北美洲近在咫尺,经济发展却有天壤之别的缘故。

下面是该书的一些统计数字:

一半成人是文盲的国家有二十三个,大部分分布在非洲。非洲以外的国家有阿富汗、孟加拉国、尼泊尔、巴基斯坦和海地。

一半以上的妇女是文盲的国家有三十五个。除了以上的国家外,还包括阿尔及利亚、埃及、危地马拉、印度、老挝、摩洛哥、尼日利亚和沙特阿拉伯。

平均寿命低于六十五岁的四十五个国家大部分在非洲。同时也包括阿富汗、柬埔寨、海地、老挝、巴布亚新几内亚。平均寿命低于五十八岁的十八个国家全部在非洲。在塞拉利昂,人均寿命只有三十七岁。

五岁以下儿童死亡率高于百分之十的有三十五个国家。绝大部分在非洲。其他国家有孟加拉国、玻利维亚、海地、老挝、尼泊尔、巴基斯坦和也门。

人口年增长率在最穷的国家中为百分之二点一,高于发达国家三倍。一些伊斯兰教国家的人口增长率更是高得惊人。阿曼为百分之五、阿拉伯联合酋长国为百分之四点九、约旦为百分之四点八、沙特阿拉伯和土库曼为百分之三点四。

但是《文化的重要作用》的两位编者对传统发展理论提出了挑战，认为自东欧共产主义解体，中国改革开放引进自由市场机制，亚洲四小龙在世界市场崛起，墨西哥加入美国和加拿大的北美自由贸易经济圈以来，世界政治、经济和文化已发生了巨大变化。曾是学界热门话题的"依附理论"如今已成明日黄花，用帝国主义和殖民主义理论解释今天的世界发展，同样已经不能令人信服。二战以来的社会学和人类学研究之所以令人失望，是因为各国政府及组织只顾经济，而忽略文化因素在发展中的影响。这导致 20 世纪最后十年的发展理论出现了一个理论真空。对此亨廷顿在该书前言中断言，在多数拉美国家，文化成为发展的一大障碍。而文化毫无疑问是影响社会、政治和经济行为的一个重要因素，虽然不是唯一的因素。对于"文化"这个定义多不胜数的概念究竟作何界定，亨廷顿也毫不含混表明了他的看法：

> 文化若是无所不包，就什么也说明不了。因此，我们是从纯主观的角度界定文化的定义，指一个社会中的价值观、态度、信念、取向以及人们普遍持有的见解。①

很显然，亨廷顿是舍弃了文化的物质层面而专取文化的精神层面，而把它定位在一个社会、一个民族的价值观、人生观、世界观上面了。

以文化为一个社会中的价值观、态度、信念、取向以及人们

---

① 亨廷顿、哈里森：《文化的重要作用：价值观如何影响人类进步》，新华出版社，2002 年版，第 3 页。

普遍持有的见解,强调它对社会、政治和经济行为的举足轻重的影响因素,这并不是亨廷顿和哈里森的独到见解,比如它至少可以上溯到马克斯·韦伯的《新教伦理与资本主义精神》。这可见认可文化的重要作用,远不足以解决实际问题。即便立足文化来解释社会发展,问题依然也还接踵而至:何种价值观念促进发展?如何平衡经济发展和社会公正?何种文化因素促进或阻碍发展?如果传统价值观不发生大的改变,民主政治体制、经济发展和社会公平是否仍旧能维持?此外何种政策和体制反映价值观念?价值观念与政治体制相冲突时又当何论?如此等等。针对上述问题,亨廷顿将人类发展定义为:通向经济发达、物质丰富、社会公平和政治民主的变化。而达成这一目标,对文化价值观就必须进行微观层次的分析了。

亨廷顿和哈里森注意到,早在20世纪80年代末叶和90年代,西方一些学者也得出过相似的结论。如研究东亚的学者发现亚洲经济奇迹的原因之一是儒家的价值观念。日本与东亚的四小龙都受儒家精神影响,与新教国家相似,都走上了发展的道路。中国在改革开放后,正在快速发展。显而易见,勤奋工作、注重教育的价值观对这些地区的发展起着重要的作用。

但是拉丁美洲呢?哈里森过去二十年中悉心研究了拉丁美洲文化价值和社会发展的关系,他指出亚洲的发展直到最近才引起拉丁美洲研究者的注意。而对这些经济奇迹的文化解释,则经常是被忽略了。哈里森旁征博引,两相比较,进而归纳出他所谓的十种动态文化和静态文化价值观念,言下之意,拉丁美洲还是流连在多少已经显得跟不上趟的静态文化价值观念之中。以下是哈里森归纳的动态和静态两种价值观的区别:

其一,时间观念取向上,动态文化强调未来,静态文化强调过去和现在。而未来的取向意味着进取的世界观。其二,对于动态文化,幸福生活的核心是工作与成就。勤奋工作、创造与成就的奖励不仅是物质,同时也包括满足、自尊与威望等精神层面的东西。但是工作与成就在静态文化中就不是那么举足轻重。其三，动态文化强调节俭与投资；静态文化强调平均主义。其四，动态文化视教育为发展的关键；静态文化中则除了社会的少部分精英，基本上不重视教育。其五，动态文化强调个人能力；而静态文化中家族关系更为重要。其六，动态文化中社会认同与信任的辐射半径超越家庭界限进入社会；静态文化则反之，只局限于家族，从而容易导致腐败、裙带关系和逃税现象，同时家族观念重则较少关心社会慈善事业。其七，动态文化的社会伦理道德代码比较严格，比较清廉；静态文化的社会大体反之。其八，动态文化中公平与正义是非个人的，因而被广泛执行；静态文化中的公平与正义则常常与熟人和黑金有关。其九，动态文化的权威是分散的、平行的，鼓励不同意见。静态文化的权威是集中的、从上至下的，鼓励正统。最后，动态文化中宗教对公民生活的影响较小，静态文化中宗教的影响较大。前者鼓励异端和不同政见，后者强调正统与一致性。

两相比较孰优孰劣是不言而喻的。对于中国的现代化事业来说，去除上述文化价值观的所谓"静态"特征，使之向明显是更具有竞争力的"动态"模式发展，似也为当务之急。但是，这种两分法究竟能在多大程度上免疫爱德华·赛义德《文化与帝国主义》一书中所说的英美帝国主义是拉过文化，作为殖民侵略的遮羞布，同样也还令人生疑。哈里森本人也承认这十种区别比较一般化和理想化。现实生活中的文化并非如此黑白分明，而且具有多元化和多层次的特点。

应当说，文化决定发展的结论人文学者可能举双手赞成，经济学和人类学者未必会以为然。文化可以从外部对其进行价值评价吗？进而视之，既然认可民族无分大小，一律平等，何以不同民族的文化就有优劣高下之分？所以说到底，亨廷顿等把文化的重要作用一路重申下来，是不是最终是肯定现代欧美社会的根本优越性，强化欧美自鸣得意的文化和文明观？谁给了两人对其他文化说三道四的权利？的确，文化究竟又能在什么程度上影响经济和社会的发展呢？这些问题思想起来，确实是耐人寻味。毕竟，发展如今已成全球四海之共识，让文化出来担一点肩膀，也是势所必然了。而《文化的重要性》一书的一个重要主题，便是文化是制度之母。由是观之，多视角来深入探究文化对发展的影响，无论如何是意味深长的。

第三章 CHAPTER 3
文化主义的先声

第一节 SECTION 1
阿诺德的精英文化传统

文化主义是伯明翰当代文化研究中心成立以后,围绕中心形成的文化研究主流。但伯明翰的传统并非空穴来风,文化作为心灵的培育,进而或者成为一个民族文明传承的精华和精神生活的最优秀部分,或者如鲍曼所言,造成了有教养阶层和无缘于文化阶层的社会分化,这也是从马修·阿诺德到 F. R. 利维斯的英国精英主义文化传统的范式。往后面看,它则是孕育了伯明翰文化研究风习的直接土壤。

马修·阿诺德(1822—1888)之于文化研究,堪称一位名副其实的先辈。以理查·霍加特、爱德华·汤普森和雷蒙·威廉斯,以及后来斯图亚特·霍尔的名字为代表的文化主义传统,追根溯源,也就是他的传统。到 20 世纪 60 年代末叶,阿诺德的名字几乎是文化研究中的口头禅。雷蒙·威廉斯在他题为《文化与无政府状态一百年》的纪念文章里,便讲到 20 世纪 60 年代的文化研究中,马修·阿诺德是一个经常出现的名字,他这样评价阿诺德:

阿诺德对文化的强调，虽然用的是他自己的强调方式，是对他那个时代社会危机的直接反应。他视之为文化对立面的"无政府状态"，某种意义上颇为相似近年来公共描述中层出不穷的示威抗议运动。他没有将自己表述为一个反对派，而是自视为优雅和人文价值的护卫人。这便是他的魅力所在，过去是这样，今天也是这样。①

阿诺德是英国诗人和批评家，可以说是自觉对文化进行理论思考的第一位重要作家。他自幼受良好教育，从牛津大学贝利奥尔学院毕业后，曾在父亲担任过校长的拉格比公学短期任教，后来当过辉格党领袖的私人秘书，出任过教育督学，又去欧洲大陆考察过教育制度，三十五岁时，被聘为牛津大学英国诗歌讲座教授，一教就是十年。仅就以上这个简厄的履历来看，他会对文化产生怎样一种精英主义的期望，应当可以想见。

阿诺德写过不少诗，但是他的名气不在于他是诗人，而在于他是评论家。阿诺德的文学评论在维多利亚时代是首屈一指的，他的趣味典雅，强调文学的教化作用，认为在一个信仰日渐崩溃的时代，诗以它对生活的形象阐释，以及给予人们的安慰和支持，正可以替补信仰的空缺。阿诺德的评论是典型的后来称之为文化学派和社会学派的作风。他的批评决不拘囿在文学的象牙塔里，而把触角广泛深入到文化、社会、历史、艺术乃至神学等方方面面。他的初具形态的文化理论，就见于他那本大名鼎鼎的《文化与无政府状态》。

《文化与无政府状态》系 1869 年出版，一定程度上也是对两年前通过的议会选举法修正法案（Reform Bill）中普及公民权内

---

① 雷蒙·威廉斯：《唯物主义与文化问题》（Raymond Williams, *Problems in Materialism and Culture*), London: Verso Editions, 1980 年版, 第 3 页。

容的一个回应。阿诺德时代面临的社会危机是围绕公民选举权而来，争议的焦点是选举权是不是应当被及广大城镇中的工人阶级。1866年，第一个选举法修正法案被否决，自由派政府倒台。接踵而至的是改革团（Reform League）组织的全国范围的示威运动，伦敦尤其声势浩大。集会的地点首推公园，但是当局声称公园是王家赐予公众休闲之地，并非供人惹是生非。同年7月23日，来自全国各地的约莫六千工人，在牛津街和爱德华路上一路前进，准备会师海德公园。警察闻讯赶来，紧锁大门。示威组织人要求进入被遭拒绝。之后游行队伍大都去了特拉法尔加广场，但是有一队人留驻下来，开始拆毁栅栏，许多看热闹的民众也加入其中。拆毁了约莫一英里长的栅栏后，示威民众拥入公园，花草践踏自然不在话下，还有些人拣起石头砸房子。市政府当即展开辩论：海德公园是属于某一个阶级，还是属于全体民众？辩论结果是军队给召集过来，但是军队到位之时，现场空无一人，动乱已经烟消云散。

阿诺德写作《文化与无政府状态》的时候，海德公园的阴影肯定笼罩在他的心头。收入该书的第一篇演说辞，标题就是《文化与它的敌人》。但是阿诺德本人并没有采取正统顽固派立场，他批评举国上下追逐财富的拜金主义，指出对于一个民族来说，还有更为重要的东西。又批评政客和报纸操纵控制舆论，是少数人居高临下，用简单和标语的语言，对他们视之为"群氓"（the masses）的大多数人发号施令。更批评了抽象的"自由"概念，指出自由不仅仅是一个自由言论的问题，更是一种民族的精神生活，其间人们先是有知，然后有言。所以，在阿诺德看来，文化指的是人类的精神生活层面，与文化相对的则是文明，据阿诺德的阐释，文明是指人类的物质生活，它是外在的东西而不似文化内在于人的心灵，它是机械的东西而不似文化展示人类的心路历程。文化和文明的矛盾，由此可见，也就是精神生活和物质生活的矛盾。阿诺德给文化下了许多定义：文化是甜美，是光明，它是我们思想过和言说过的最好的东西，它从根本上说是非功利的，它是对完善的研究，它内在于人类的心灵，又为整个社群所共享，它是美和人性的一切构造力量的一种和谐。这一切都可以见出，一个民族的社会生活除了经济之外，还有许多东西。文化的敌人是政治和经济制度，以及操纵舆论，反对教育的人。

　　文化作为精神生活，它是通过求知来达成人格的完善，进而化之，社会的完善。所以它富有浓重的理想色彩，或者说还有美学色彩。我们没有忘记席勒也正是设想通过审美教育，来达成人格的完善，进而达成社会的完善。不仅如此，文化还有一种扩展自身的本能，用阿诺德的话说，它深知仅仅少数人的甜美和光明是不够的，它只有等到我们大家都变成完美的人，才会心满意足。关于文化可以怎样像席勒的审美教育概念一样，启蒙大众修成圆满功德，阿诺德类比宗教和政治，说了这样一段话：

> 许多人会根据他们自己的行业和党派信条来建构观念以及判断，然后便向大众灌输这些观念和判断。我们的宗教和政治组织教化大众，正是这样的作风。我对两者都没有谴责的意思，但是文化的作风有所不同。它无意深入到底层阶级上去说教，无意为它自己的这个或那个宗派，用现成的判断和口号来赢得他们的欢心。它旨在消灭阶级；旨在使这世界上所知的、所想到过的最好的东西，普及到四面八方；旨在使所有人等生活在甜美和光明的气氛之中，那里他们可以自由使用观念，就像文化自身使用它们一样，受它们的滋养而不受它们的束缚。①

　　这样来看，文化人就是自由和平等的传教士了。阿诺德说，

---

① 马修·阿诺德：《文化与无政府状态》（Matthew Arnold, *Culture and Anarchy*），London: Cambridge University Press, 1932 年版，第 71 页。

伟大的文化人总是有一种激情，一种把最好的知识、最好的观念传布到天涯海角的激情。他们殚精竭虑，一心要祛除一切僵硬的、陈腐的、艰涩的、狭隘的知识，转而赋予知识以人情味，使它能被老百姓分享，不复是知识阶层的专利，同时，又依然不失为那个时代最好的知识和思想。这样它就是甜美和光明的真正源泉了。

第二节 SECTION 2
文化与无政府状态

阿诺德把英国社会分成三个阶级。第一种人是贵族阶级，他们是野蛮人，野蛮的贵族固然是精力充沛的正人君子，可是他们闭目塞听，墨守成规，没有一点创新意识。第二种人是中产阶级，他们是市侩，市侩的中产阶级固然坚守信仰富有事业心，但是他们一味沉溺在物质文明里边，冥顽不灵，不去追求甜美和光明，反而唯利是图，而使他们的生活变得惨淡无光。第三种人是工人阶级，他们是大众，大众要么跟风追随中产阶级，要么自甘沉沦，粗野而且愚昧，扑腾在他们贫困和肮脏的生活之中。阿诺德谈到工人阶级的贫困、愚昧和无奈，故而他们的文化导致权威扫地，社会和文化秩序趋于瓦解，是可想而知的。"无政府状态"即是发端于工人阶级，阿诺德说，它是把随心所欲、为所欲为当作人的基本权利，这当然是很危险的事情，所以无政府状态毋宁说就是工人阶级文化的同义词。很显然，这三种人都同文化没有缘分。

文化的功能在阿诺德看来，在于培育一个有修养的中产阶级。因为现实中的中产阶级受功利主义浸染太深，而工人阶级则总是处在"无政府状态"一边，总是处在"文化"的对立面上。阿诺德说，人类的大众部分永远没有充分的热情来如其本然观照事物，他们一知半解就很知足了。相反，如其本然观照世界的人，总是发现自己是在一个很小的圈子里，但是就是在小圈子里，完善的思想才得以流传。所以，有高度修养的人虽然只是少数，可是他们是人类知识和真理的器官。因为知识和真理就这两个词的充分意义而言，是人类的大众部分根本无以达成的。

由是观之，阿诺德所说的文化很显然是精英文化而不是大众文化。文化只可能首先为先知先觉的少数人享有，然后才向社会的其他层面推广，不管这层面是大众阶级、中产阶级，还是贵族阶级。对此阿诺德说得十分明确：受过高度教育的少数人，而不是一知半解的多数人，永远是人类知识和真理的器官。知识和真理就这两个词的完整的意义上说，是人类的大众压根无法达到的。所以毋庸置疑，文化是少数人的专利：

> 因此，当我们把自己分为野蛮人、市侩和大众三种人等的时候，我们必须时时明白，在上述每一个阶级的内部，都有一定数量的"异族"，如果我们可以这样称呼他们的话：这些人主要不受他们的阶级精神支配，而是顺从一种普遍的"人类"精神，顺从对人类完善的热爱；必须明白这些人的数量是可以减少也可以增加的。①

当然这些先知先觉的"异族"是多多益善而不是日渐稀少为好。但对此阿诺德也十分明确这不是一厢情愿的事情：一方面它要取决于这些精英们推广文化的热情究竟高涨到什么程度，这是内在的因素，另一方面它还要取决于这热情受到的是阻碍还是鼓励，这是外在的因素。进而视之，阿诺德还清楚意识到，这样一种他称之为快乐本能的文化热情，差不多总是混杂进一些稀松平常的个人精神，一些阶级本能，甚而如人所常见的那样，一些其他阶级的本能。所以，文化能不能发扬光大，同一个社会的时代

---

① 马修·阿诺德：《文化与无政府状态》，London: Cambridge University Press，1932年版，第109页。

特征或者说时代精神,还是大有关系的。

在阿诺德看来,国家实际上是文化概念在制度上产生的必然结果。这在《文化与无政府状态》这个书名上就可见出:处在文化对立面上的不是机械的、外在的物质文明,而是缺失秩序和规范的"无政府"。所以,文化的推广和普及固然是国家的使命所在,对于无政府和无秩序的混乱状态,国家更不能掉以轻心。诚然,一个显见的事实是,不论是贵族阶级、中产阶级还是工人阶级,每个阶级的成员都希望自己的阶级能够掌握政权,但阿诺德明确表示,不管是谁掌权,不管我们多么希望把他们赶下台来,他们在位的时候,我们就要全心全意支持他们镇压无政府和无秩序状态,因为没有秩序就没有社会,没有社会就没有人类的完善。

在个人主义盛行的社会里,阿诺德发现,其核心地带有太多人在从别人的嘴里抢面包吃。工人阶级一时无以安身立命,便充分发挥他们的个人自由,想去哪里,就去哪里;想在哪里集会,就在哪里集会;想跟谁吵,就跟谁吵。由于国家是由贵族阶级统治,政治上的不同政见者又都集中在中产阶级里边,致使工人阶级压根就没有政府,没有集体和国家的观念。很显然阿诺德为之痛心疾首。他甚至回忆起四十多年前他父亲的一封信来,当时国家的政治和社会气候恶劣,各地动乱纷起,在强烈谴责了政府的腐败和封建贵族制度的祸害之后,这封信最后的话却是:"对于动乱,古罗马的处理方式总是正确的:鞭挞参与者,把首犯从塔尔皮亚岩抛下处死!"[1] 阿诺德称对于这一教诲,我们应当是永远不能忘记的,即便自由派的朋友表明游行示威本身是在理的,也不足为训。他说,即便是废除奴隶贸易的示威,难道不能给顽固不化的愚昧政府一个威慑吗?但是我们仍然要说,大街上汹涌而过

---

[1] 见马修·阿诺德:《文化与无政府状态》,London: Cambridge University Press,1932年版,第206页。

的游行队伍、公园里大张声势的集会，依然是应当坚决禁止的，因为这些行为的所失要远远大过所得。

所以毫不奇怪，对于海德公园的政治集会一类活动，阿诺德不可能抱有好感。阿诺德的结论是，由于国家是在依法治国，故而维持稳定的公共秩序，至为重要。不管是谁统治国家，秩序总是神圣的。而文化之所以是无政府状态的最为坚决的敌人，就是因为它给国家展示了光辉的希望，设计了美好的图景。

文化给国家展示了光辉的希望吗？也许。它给国家设计了美好的图景吗？看来是未必然。我们今天回过头来看阿诺德的文化救世主义，能够读出来的不是简单的督学作风或者无奈却又依然傲慢的人文主义。阿诺德说，面对野蛮人、市侩、大众这三个阶级的令人沮丧的现实，他和他的同胞一方面不能绝望，另一方面也不能以暴力革命威胁，而是应该抱有乐观态度，满怀信心地展望威林顿公爵所说的一种行进在"法律轨道"上的革命。当然阿诺德没有忘记补充一句：这法律其实不是今天自由派的朋友们大力举荐的那些法律。由是观之，阿诺德的文化观念，对于社会来说，往远说是背靠西方的理性主义传统来铸造一种道德规范，往近说就在于让这显然还是缥缈在乌托邦里的道德规范，来对大众出演警察角色。这样一种文化理念能在多大程度上拯救他那个时代，不用说效果是令人生疑的。

论及阿诺德的《文化与无政府状态》，雷蒙·威廉斯感慨说，我们今天都是小阿诺德们，一方面孜孜以求光明甜美和人文价值，一方面念念不忘戒律，如果必要的话，还有压制。而这在过去以及在现在，都是一种危险的立场，是登峰造极滥用自由主义。威廉斯认为阿诺德文化理论最大的缺陷是他没法解释何以国家是为分散在各个阶级之中的少数人左右而不是为阶级所左右，从而让这少数人来担当起振兴文化的大任。简言之，阿诺德没有能够显示这少数人能够在怎样的机制中组织起来，所以他所描述的理想国家轰然坍塌，摇身一变成了与理想相去甚远的现实国家的辩护者。但是威廉斯或许没有想到，即使阿诺德把他的那一部分少数人用阶级框架起来，那又怎样？阿诺德的那些少数人，不就是我们今天所说的知识阶级吗？问题是，知识阶级表达的是普遍的人类精神，还是他自己的阶级精神？这个问题的答案看来还远谈不上是乐观的。

但是阿诺德的文化理论功不可没，他将文化明确界定为世界上所思所言的最好的东西，实际上是给他后面的一个世纪提供了一个认识文化的基本视野。这个对文化的阐释视野，直到今天我们依然受益不浅。

第三节　大众文明与少数人文化

阿诺德的传统下伸到 F. R. 利维斯（1895—1978），形成了文化和文学批评史上有名的利维斯主义，是为后来伯明翰学派崛起的一个理论基础。F. R. 利维斯是著名杂志《细绎》(*Scrutiny*) 季刊的创始人，20 世纪英国著名的文学批评家，他的文化理论基本上秉承了阿诺德的传统，对大众社会和大众文化持坚决批判态度。F. R. 利维斯生在剑桥，求学在剑桥大学，而且差不多终身是在这里就职，所以他的文学思想是剑桥派批评的一个重要组成部分。他的著作主要有《大众文明与少数人文化》(1930)、《英国诗歌新方向》(1930)、《再评价：英诗的传统和发展》(1936)，以及论述奥斯汀、乔治·艾略特、亨利·詹姆斯、康拉德和 D. H. 劳伦斯五位小说家的《伟大的传统》(1948) 等。

F. R. 利维斯主张文学要有社会使命感，强调文学必须具有真实的生活价值，能够解决 20 世纪的社会危机，故此，民族意识、道德主义和历史主义以及一种侧重文学自身美感的有机审美论，成为利维斯文学批评的鲜明特征。但利维斯的文学趣味有它自己的特点，这特点明显见出 T. S. 艾略特的影响。如《英国诗歌新方向》中他呼吁以现代诗来摹写现代社会，为此高度评价T. S. 艾略特的《荒原》，认为《荒原》揭示现代世界真相有如但丁《神曲》的地狱篇，写出了希望之泉怎样枯竭又写出了新生。对埃兹拉·庞德的《休·赛尔温·毛伯利》他也赞不绝口，称这部长诗是真实反映了现代世界信仰失落，同艺术家格格不入的可悲状态。《再评价》中，F. R. 利维斯给予堂恩、玛弗尔一班17世纪玄学派诗人以高度评价，欣赏他们博学、机智又有情感，认为18世纪诗人德莱顿和蒲伯等，就沿承了这个传统。相反他认为19世纪诗人如雪莱纯粹是胡乱煽情，滥用修辞。但是，雪莱的诗缺少社会使命感吗，还有狄更斯的小说？《伟大的传统》将狄更斯排除在英国小说的伟大传统之外，当时就差不多在评论界引起了公愤。F. R. 利维斯后来意识到狄更斯是个容不得忽略的人物，1970年同妻子Q. D. 利维斯合作出版了《小说家狄更斯》，称狄更斯是莎士比亚的继承人，他的小说是戏剧诗，不再耿耿于怀狄更斯是以"离奇情节取胜"了。

F. R. 利维斯的文化理论集中见于他早年的一本小书《大众文明与少数人文化》。我们可以发现，这本书的标题就是不折不扣来自阿诺德把文化和文明断然分开的思想。卷首利维斯就引了阿诺德《文化与无政府状态》中的一段话以作题辞：现代社会的整个文明，比起希腊和罗马的文明远要机械和外在得多，而且还在变本加厉这样发展下去。同阿诺德相似，F. R. 利维斯也坚信文化总是少数人的专利。但利维斯的时代与阿诺德有所不同，随着工业革命的推进，"大众文明"和它的"大众文化"全面登陆，传统价值分崩瓦解溃不成军。少数文化精英发现自己处在一个"敌对环境"之中。这是利维斯深感忧虑的。

利维斯开卷就谈到他和阿诺德的不同境遇。他说，阿诺德遇到的困难较他要小，因为今天的文化更是濒临绝望之境。所以今天必须来认真解答阿诺德可以轻描淡写一笔带过的定义和系统陈述问题。比方说，当他认准文化总是由少数人保持的，有人会问他这里的"文化"是什么东西，对此他会让提问题的人去读阿诺德的《文化与无政府状态》，但是，他知道这是不够的。利维斯对他的"少数人"概念作了这样的解释：

> 在任何一个时代，明察秋毫的艺术和文学鉴赏常常只能依靠很少的一部分人。除了一目了然和人所周知的案例，只有很少数人能够给出不是人云亦云的第一手的判断。他们今天依然是少数人，虽然人数已相当可观，可以根据真正的个人反应来作出第一手的判断。流行的价值观念就像某种纸币，它的基础是很小数量的黄金。①

不消说，一个社会中为数甚少的文化精英，正好比黄金一样是为普遍价值的根基。关于这个比喻意味着什么，利维斯引述了I. A. 理查兹《文学批评原理》中的一段话：批评不是奢华的贸易，善意和理智依然还相当匮缺，而批评家之关心心灵的健康，就像任何一个医生关心身体的健康。他进而提出，只有这少数人能够欣赏但丁、莎士比亚、堂恩、波德莱尔和哈代，以及他们的继承人，而后者是构成了一个特定时代的种族的良心。因为这样一种能力并不仅仅是属于某个孤立的美学王国：它关牵到艺术也关牵到理论，关牵到哲学也关牵到科学。正是有赖于这少数人，过去最优秀的人类经验得以传承，最精致、最飘忽易逝的传统得以保存下来，一个时代的更好的生活，也由此得到了组构的标准。这少数人故而是社会的中心所在。利维斯说，假如使用一个比喻，少数人的所为就像舍此精神的甄别无以为继的语言，他所说的"文化"，指的就是这样一种语言。

我们可以看出，F. R. 利维斯是把文化主要定位在优秀的文学

---

① F. R. 利维斯：《大众文明与少数人文化》(F. R. Leavis, *Mass Civilization and Minority Culture*), Cambridge: Minority Press, 1930 年版，第 3 页。

传统上面,能够欣赏这一传统的少数人,因此首先是趣味雅致高远的批评家。他断言但丁和莎士比亚的后代们构成了种族(race)的意识,"种族"一词虽然语焉不详,而且从他同样给出了但丁和波德莱尔的名字来看,很像是泛指欧洲的民族而不单单是指英国,但利维斯的英国意识,从来就是贯穿在他的一切文字之中。他认为英语无所不在的一个特征,就是"高雅"(high-brow)。而少数人赐予社会原汁原味第一手判断,正也像莎士比亚的情景。不错,有人说莎士比亚并不"高雅",莎士比亚写的是为大众喜闻乐见的戏剧,但是它们同样可以被受过教育的少数人当作诗来欣赏,比如《哈姆雷特》就可以满足多层次的鉴赏需求,从最高的层面一路下来。同样的是《失乐园》、《克拉里莎》、《汤姆·琼斯》、《唐璜》和《还乡》。所以真正的文化必然同时会在好几个层面上展开,就像金字塔。当然另一些作品又有不同,如表达了时代的作品如《荒原》、《休·赛尔温·毛伯利》、《尤利西斯》和《到灯塔去》等,还是只有很少数人能读出它们的好处来,而与即便是自认为受过教育的大多数人没有缘分。

那么"大众文明"又是什么?据利维斯言,19世纪之前,至少是在17世纪和17世纪之前,英国有一种生机勃勃的共同文化。唯工业革命将一个完整的文化一分为二,一方面是少数人文化,一方面是大众文明。大众文明就是商业化的产物,它是低劣和庸俗的代名词:电影、广播、流行小说、流行出版物、广告等等,被缺欠教育的大众不假思索大量消费。利维斯发现在大众文明的冲击之下,少数人文化面临的危机是前所未有的。少数人被拉下原来高高在上的统治地位,不仅如此,文化精英占据的中心,也被低劣趣味的虚假权威替而代之。"文明"和"文化"如是成为两个截然对立的概念。利维斯说,这不仅是因为权威的力量和感觉如今与文化分道扬镳,而且因为对文明最无私的关切中,很有一些东西是有意无意敌对于文化的。

利维斯特别数落了电影带来的灾难。他说,电影因为它巨大的潜在影响，它的灾难更是非同一般。关于这潜在影响，他在注释中引述了第十四版《大英百科全书》的电影条目：电影因为它固有的性质，是一种娱乐性的传输信息的世界语，至少，是所有艺术中的一种审美的世界语。电影不用语词，而用图像手段直接讲述故事，简便快捷而且质朴自然。利维斯叹道，电影如今是提供了文明世界的主流娱乐形式，它们使人在催眠状态之下，向最廉价的情感引诱俯首称臣，这些引诱因为其栩栩如生的真实生活的假象，更显得阴险狡猾。也许人们会说，电影是艺术的新形式，它是严肃的。对此利维斯将电影比作广播：虽然同样有人说，广播也给了我们好的音乐和有益的讲演，但是广播对文化的标准化影响是毋庸置疑的，只是因为这里没有一心追逐商业利润的好莱坞的参与，平庸化的特征表现得没有那么明显罢了。总之，不论是美国的好莱坞电影还是英国的国家广播公司，都一样卷入了标准化和平庸化的过程。它们是被动的消遣，而不是积极的娱乐，尤其令积极运用心智，变得难上加难。

《大众文明与少数人文化》谈到了美国化的问题。利维斯说，我们今天正在被美国化，这已经成了老生常谈，然而这个老生常谈的意义，人们却还是知道不多。这里边美国固然难辞其咎，但是一切怪罪该死的美国佬，并不能解决实际问题。他引了他称为"英国代言人"梅尔切特《工业与政治》中对美国文化的深深忧虑，后者提出美国文化的长驱直入甚至影响到了盎格鲁-萨克逊种族的生存危机。但利维斯指出，即便梅尔切特成功唤起了英国人来对抗这些可怕的美国企业，也还是救不了英国文化的命。因为美国文化代表的是工业化的进程，这个进程是没有谁可以扭转过来的，一个显见的事实是大家都要高效率，增加销售，增加产量，以及标准化。因此，假如说大批量生产和标准化的最坏的后果是体现在创造了"五分一角"连锁店的伍尔沃思公司身上，那还其实无须绝望。当然问题远非如此简单，比方说，当大批量生产和标准化的过程由出版业来加以体现，那么对社会生活造成的平庸化的危害，无论如何估计，亦不为过了。

　　F. R. 利维斯认为文化的堕落是工业化的恶果。而工业革命之前的英国，在他看来是一个"有机社会"，在那里高雅和大众的趣味，是有可能完好结合的。工业技术进步带来的大批量生产方式，势所必然就带来一种技术逻辑的功利主义文明，其最显著的特征就是文化上的标准化和平庸化。这样一种大众文明或者说大众文化，甚至还是民间文化的灾难，因为它一刀割断了传统和过去，而这过去显然是值得缅怀的。利维斯说，我们失去的是有机的社团以及它所蕴含的活生生的文化。民间歌谣、民间舞蹈、乡间小屋和手工艺产品，都是一些意味深长的符号和表现形式。它们是一种生活的艺术、一种生存的方式，井然有序，涉及社会艺术、交往代码以及一种反应调节，源出于遥不可测的远古经验，呼应着自然环境和岁月的节奏。正是基于这样的认识，利维斯呼吁"少数人"武装起来，主动出击，抵制大众文明泛滥成灾。

　　在大众文明的时代，利维斯发现文学作为高雅之文化的范型，即便它有心力挽狂澜于既倒，担当起扭转世风日下的历史使命，它的现实也是令人悲哀的。比如华兹华斯写作的时候，他说，严肃的思想和最好的文学模式，都较现时要普及得多。而且有充分的理由相信，一个世纪以前一般受过教育的人，阅读能力要远高于今天的知识阶级。究其原因，利维斯认为是因为高雅文学被畅销书和形形色色读书俱乐部铺天盖地的平庸之作抢占了阵地。他这样描述他那个时代的"文化困境"：

　　　　和华兹华斯一起长大的读者是行走在有限的一些符号之间，变体也不是铺天盖地。因此他一路前行的时候，他能够获得辨别力。但是现代读者面临的是一个庞大的符号群，它们的变体和数量如此多到叫人不知所措，以至于他除非才具过人，或者有格外的爱好，委实是难于来作甄别。这就是我们面临的总的文化困境。①

坐标被位移了，且不断衍生彼此堆挤在一起，区分和甄别的界线模糊不见，边界消失了，不同国家和不同时代的文学和艺术蜂拥而至。所以，利维斯喟叹说，如果我们回到文化的"语言"比喻上面来的话，也许最好是借用 T. S. 艾略特的话来形容今天的情势：当出现那么多的求知对象，当出现那么多于中同样的语词被用以不同意义的知识领域，当每个人对许许多多东西都有着一知半解的时候，不论是谁，要知道他是不是懂得自己在说些什么，也就愈益变得困难起来了。

第四节 SECTION 4
利维斯主义

F. R. 利维斯对"大众文明"的忧虑，自此开启了一个传统，这就是文学批评和大众文化批判中的利维斯主义。利维斯主义的文化批判思想形成于 20 世纪 30 年代，它主要见于三部著作。这三本书是 F. R. 利维斯 1930 年的《大众文明与少数人文化》、F. R. 利维斯的夫人 Q. D. 利维斯 1932 年的《小说和阅读公众》，以及之后 F. R. 利维斯和丹尼斯·汤普森合著的《文化与环境》。

英国批评家弗朗西斯·穆勒恩在他《〈细绎〉的契机》一书中这样描述过利维斯主义。关于利维斯主义的性质，他说：

> 就其核心是一种小资产阶级的反抗，反抗一个它无以从根本上加以改变或者替代的文化秩序……因此，它是既定文化内部的一种道德主义的反抗，不是标举另一种秩序，而是坚持现

---

① F. R. 利维斯：《大众文明与少数人文化》，Cambridge：Minority Press，1930 年版，第 30 页。

存的秩序应当遵守它的诺言。①

显而易见作者是把利维斯主义视为一种改良主义的东西。他认为恰恰就是利维斯主义的这一"小资产阶级"性质,就像它的核心《细绎》杂志那样,正合又不满现实,又畏惧彻底革命的英国知识阶级口味,而导致这个温和的明显具有跨学科性质的利维斯主义,统治英国文学批评界直到 60 和 70 年代,时当结构主义兴起,它的霸权才告终结。

说起利维斯主义,与英语和文学批评作为一门课程,在大学里确定地位大有关系。利维斯主义从它诞生之日起,至少有四分之一个世纪,始终就牢牢把握住了这两门课程。英国文学批评可以上溯到 17 和 18 世纪之交,是时伦敦各式各样的俱乐部和咖啡馆供养着的流行杂志如笛福的《评论》(*Review*)、斯蒂尔的《闲谈者》(*Tatler*)以及艾迪生的《旁观者》(*Spectator*),都可以算得上广义上的文化批评,虽然未必是狭义上的文学批评的先驱。对此英国马克思主义批评家特里·伊格尔顿在他 1984 年出版的《批评的功能:从〈旁观者〉到后结构主义》一书中,借用哈贝马斯的术语,称这一类文化研究可被视为自由"公共领域"发展的结果。认为它体现了知识阶层对独裁统治的反抗,因为在一个半透明的公共领域之中,国家权力和社会特权对个人的压迫都明显缓解,相反,个人成为话语主体,认同的是普遍的理性。这样一个资产阶级的公共领域,伊格尔顿发现,发生危机是在 19 世纪,其时一方面文学市场迅猛扩展,一方面挑战普遍理性的社会利益侵入公共领域,如工人阶级和女权主义。文学批评因此愈益面临着一个二难选择:要么拉住文化,坚守随着资本主义社会的发展,益发显得日薄西山的人文主义;要么走纯学术的道路,付出的代价便

---

① 弗朗西斯·穆勒恩:《〈细绎〉的契机》(F. Mulhern, *The Moment of "Scrutiny"*), London: Verso, 1981 年版,第 322 页。

第三章 文化主义的先声

是牺牲了社会关怀。而这一切的结果,则是文学批评在大学里确立了它的一席之地。

"英语"作为一门课程引进大学是在 18 世纪,但是仅见于一些离经叛道的学府和苏格兰的学校,后者开始这门课的目的是为了促进盎格鲁和苏格兰的文化融合。牛津和剑桥都没有"英语"课。到 19 世纪末叶,都柏林三一学院、格拉斯哥大学、爱丁堡大学和伯明翰大学等等,都设立了英国语言和文学教席,但是牛津和剑桥依然在坚决抵制。英语课程在高校的普及当然有它的社会背景,比如它至少就适应了工人阶级和妇女的教育之需。牛津大学聘任第一位英国文学教授是在 1904 年,此人是与文艺复兴时期作家拉雷同名的沃尔特·拉雷爵士。即便如此,面对古典文学和语文学的重重敌意,这门课程进展得其实相当艰难。剑桥设立第一位英国文学教授是在 1911 年,情况比牛津相对要好一些。说起来,英语学术地位的提高还要感谢第一次世界大战:它最终给英语的研究松了绑,让它摆脱了日耳曼传统的语文学。

剑桥比起牛津被认为是少了些许暮气,所以是它而不是由牛津大学见证了"英语研究的革命"(revolution in English studies)。利维斯主义正是在这一背景中应运而生。它将成为第二次世界大战之后英语教学的正统框架所在。英国文学由此成为建构一个统一的民族文化的巨大储存库,成为民族文化最好的象征,甚至成为大英帝国殖民开拓的先头部队,成为文化帝国主义的一个直接组成部分。英国学者安德鲁·密尔纳在他 1994 年出版的《当代文化理论》一书中,指出利维斯主义有四个显著的特点,它们是有机审美论、历史主义、激进主义和民族主义。

首先,有机审美论。密尔纳指出,利维斯是试图从人类社会生活本身之中抽绎出"伟大"文学的有机特质,从而使审美趣味可以得到一个比较客观的认同标尺。曾经有人反对文学成为考试课程,理由是对作家比如说雪莱的讨论,完全是言人人殊,喜欢不喜欢悉尽听凭个人趣味。但是假如能够确立学生和老师可以,或者至少应当认同的文学价值的标准，而不再流俗于随心所欲的普通读者，那么文学就的确可以成为一门考试课程，来由学生加以辨别和批评。要之，利维斯主义最大的贡献就在这里，它为语言和文学的应试教学提供了一种审美基础，即将有价值的文学和没有价值的凭空虚构区分开来。如前所见，前者是高高在上的少数人文化，后者是大众文明即大众文化。

其次，利维斯的历史主义，被认为是试图将英国过去三百年的历史描述为分崩离析的堕落史，罪魁祸首就是工业化。在这样的背景中，文学可以说是大有作为的。原委是它提供了判然不同于工业化文化逻辑的道德目的和启蒙使命。要之，英国文学对于解救青年使其摆脱畅销小说和商业广告恶劣影响的神圣使命而言，就是一个举足轻重的思想库。

其三，激进主义。F. R. 利维斯每每是以"左派"自命的。这是就这个词的传统意义而言。但我们从利维斯对工业化带来的大众文化所持的敌视态度，以及对文学甚至是不切实际的过高期望来看，他的"激进"的文化主义其实是形左实右的。这也是 T. S. 艾略特的保守传统。但是利维斯的"激进"有他的特定目标，这就是英国政坛的保守主义，亦即利维斯本人很不屑一顾称之为"技术逻辑—边沁主义"的功利主义。换言之，当代保守派殚精竭虑予以维护的资本主义文明，正是利维斯也是艾略特的攻击对象。由是观之，英国文学同样成为人文价值的一个意识中心，用穆勒恩的话说，它可以提供一种资产阶级文化事实上一无所知的知识形式，一种摆脱了每一种现存社会利益的知识形式。

最后，民族主义。利维斯的民族主义毋宁说是他英国文学中心主义的一个副产品。而如佩里·安德森在《英语问题》中所言，利维斯对外国文学惘然不知所措的态度，导致偏见和迷茫是意料中事情。这一偏见甚至见于利维斯本人的语言理论。如他相信英语词汇清晰透明，少有歧义，不像拉丁文和希腊文中的词汇疲于奔命。故此《再评价》中他对弥尔顿拉丁化的英语不以为然，认为弥尔顿是情感跟着语词在走,而不是情感通过语词得到表达。拉丁文其实有它独到的好处,弥尔顿对拉丁文的偏爱人所周知,他甚至感慨《失乐园》如果用拉丁文来写,会是一部更伟大的史诗。公元4世纪圣哲罗姆的《圣经》拉丁通俗译本,其典雅和滔滔雄辩令人肃然起敬,没有人怀疑这些话是上帝亲口所出。以至于后来一切民族语言的译本,即便是詹姆斯王本或其他什么古色古香的权威译本,在虔诚的教徒们看来,都不像是上帝自己的声音。可是上帝原本不说拉丁文。但是现在利维斯要说,英语优于拉丁语,即便不是他那个时代多少已被败坏的当代英语,至少也是父辈们的古朴英语。所以没有疑问,利维斯的声音中回荡着阿诺德时代中的最好的东西,但是它们不属于上流阶级,不属于布卢姆斯伯里精英圈子,它们属于英国民族。

如果说少数人文化在阿诺德是代表了"所思所言的最好的东西",在F. R. 利维斯是特别体现在英国文学的伟大传统上面,那么在F. R. 利维斯的妻子,英国女批评家Q. D. 利维斯,则更多体现了一种传统文学的危机感。在她1932年出版的《小说和阅读公众》一书中,作者说,在大众文化的冲击下,文学的前景已经变得非常渺茫。诗歌和文学批评一般读者不屑光顾,戏剧就它同文学重叠的那一块来说,已经死了,独有小说在苟延残喘,但是小说看来同样已时日无多。Q. D. 利维斯发现文学的传统读者们现在在电影院里消磨时光,要不翻翻报纸和流行杂志,或者就听爵士音乐。就是有意去重新培植读者的阅读兴趣,多半也是徒劳无功。故18和19两个世纪是阅读的世纪,20世纪是阻碍阅读的世纪。电影、流行杂志、报纸、舞厅、流行音乐,这一切对人的诱惑力是太大了。读书俱乐部不是在提高读者的趣味,而是在将读者的趣味标准化。只有具备非凡克制力的人才能抵御环境的引诱,皈依到正统艺术的门下来。所以在20世纪,Q. D. 利维斯说,阅读公众不再接触过去和它那个时代最好的文学,究其原委,则是因为大众传媒成功地传播了固定化了的、标准化了的思想和情感模式。

两相对比，Q. D. 利维斯说：

> 一代又一代过得有声有色的乡村的居民们，除了《圣经》没有任何书籍相助。但是他们拥有真正的社会生活，他们追随着大自然节奏的生活方式，赋予他们真正的……兴趣：乡村艺术、传统手工艺、游戏和歌唱，完全不似那些打发和消磨时光的兴趣诸如听收音机和留声机，一字不漏读报读杂志，看电影和商业足球赛，以及泡在汽车和自行车上，这是现代城市居民懂得的唯一消遣方式。①

《小说和阅读公众》的序言中，Q. D. 利维斯介绍了她该书中有意采用的方法。她指出《小说和阅读公众》不是一部严格意义上的文学批评著作，因为文学批评要研究文学，而她这本书所要讨论的小说，大都还当不上文学这个称号，特别是与利维斯主义以细读闻名的那些文学，相去甚远。她愿将她的方法称为人类学的方法，向许多流行作家发放问卷，然后分析他们答卷中的文化态度。同时，她还要像人类学家一样，展开野外调查，一边参与，一边观察。为此她偶尔也去光顾那些巡回图书馆和报摊，看看大多数英国读者是通过什么渠道在获得他们的读物。可以说，Q. D. 利维斯所说的这一人类学的方法，未始不是后来文化研究中风行不衰的"民族志"方法的一个先声。

Q. D. 利维斯发现她那个时代的英国公众，趣味之所以变得野蛮粗陋，罪魁祸首还不是社会条件，而主要是他们的阅读，是小说加上好莱坞电影。大多数英国读者不是到书店里去买书，而是到各式各样的街道和捐赠图书馆里去借书或者租书来看。他们读得最多的是小说，特别是侦探小说、恐怖小说、爱情小说。而这

---

① Q. D. 利维斯：《小说和阅读公众》（Q. D. Leavis，*Fiction and the Reading Public*），London: Chatto and Windus，1932年版，第209页。

类读者当中,妇女又是占了绝大部分。报摊也是英国公众频频光顾的地方,热销的是故事杂志和电影杂志。总而言之,最畅销的不是别的,就是侦探小说。

Q. D. 利维斯追溯了英国文化的"衰落"过程。她支持她丈夫 F. R. 利维斯的看法,认为在任何时代,艺术和文学的趣味判断,总是仰仗那一个由极少数人构成的高雅文化圈。反之大众文化从廉价小说到电影,从爵士乐、广告到摊头小报,总是鄙俗粗野的,是次等的心智制造的廉价思想,贫乏而又庸俗,只能取悦无知的耳目和情感。对这一现象的解释,Q. D. 利维斯也接过《大众文明与少数人文化》中的观点,主张文化的走向是金字塔式自高向下流淌,而现代社会不啻是文化的一场灾难。她举例说,在16和17世纪,大众到剧场去看《哈姆雷特》,对于他们来说,这出戏不过是跌宕惊险,钩心斗角,杀来杀去格外好看罢了,可是他们毕竟同样熟悉莎士比亚的无韵诗,懂得把他的戏文当作诗来欣赏。所以,他们的耳朵和心灵在无意识中熏陶下来,达到的境界,足以叫后世的伦敦公众永远望尘莫及。

就是18世纪,Q. D. 利维斯发现也是值得缅怀的好时光。18世纪不失为文化史上的另一个高峰。比如有一个统一的阅读公众,大家生活在同一个精神世界之中,一部小说出版,马上就成为阅读的中心。知识分子遍布英国各地而不是挤在大城市里,由此形成一个个小小的文化中心,恪尽职守,寓教于乐,晚上集中唱歌,朗读最近的新书,讨论政治,交流思想。这类小小的文化中心,一定程度上正是我们今天叫做公共空间的东西。特别是这一世纪初叶斯蒂尔创办的《闲话报》和后来他与艾迪生合办的《旁观者》,所用的语言清新流利,文质彬彬,是建立了趣味和行为的普遍标准。而此一标准,从理查生到司各特再到简·奥斯汀,后来的作家事实上也受惠不浅。个中的清教文化意识,应当说是相当明显的。

Q. D. 利维斯认为问题出在19世纪后半叶。她拿夏洛蒂·勃朗特和她认为最好不过体现了 18 世纪传统的简·奥斯汀比较。指出奥斯汀趣味高雅,理智清楚,同她描述的情感场面,总是恰到好处保持了一种微妙的距离。可是夏洛蒂就一头钻进此类情感里边,结果就是完全听凭这肆无忌惮的情感摆布。所以《简·爱》不过是一个白日梦异想天开竟成为真的寓言。后来维多利亚时代的小说家多多少少都有这样返老还童的毛病,包括狄更斯和萨克雷。如她认为狄更斯发现的那一种带泪的笑,正也是后来畅销小说和好莱坞电影用来吸引读者观众的招数,而具有批判眼光的心灵,理当厌恶,拒绝流泪。此外,她判定狄更斯是把情节剧模式引入了小说,所以他的趣味既没有修养,也有欠成熟。那么多的奇遇巧合,舞台式的对话,迎合的不消说都是识一点字,却没有受过良好教育的底层读者。就是从没有节制的《简·爱》和炮制廉价情感的狄更斯开始,Q. D. 利维斯认为,大众趣味和高雅趣味开始见出了明显的分别。

但是真正的小说不是这样。用 Q. D. 利维斯的话说,真正的小说可以"深化、延伸,以及提炼经验,因为它让读者来体味一个不同寻常睿智且敏锐的心灵,引导他接近一种较他自己的更要优雅的代码"①。唯其如此,大众的心智才能得到正常发展。但诚如上文所见,进入 20 世纪,杂志、报纸、电影、爵士乐,总而言之,消闲文化的泛滥阻碍了心灵的"正常发展"。不仅如此,处于文化等级顶端的"少数人"由于不再是文化评价的唯一权威,其向来被人尊崇十分高高在上的地位,也变得摇摇欲坠起来。在大众文化的冲击下,少数文化精英差不多就是濒临着灭顶之灾。这一切在 Q. D. 利维斯看来,同样是深可忧虑的。

澳大利亚学者约翰·道克尔在他的《后现代主义与大众文化》一书中,对 Q. D. 利维斯《小说和阅读公众》里面的观点有过条分

---

① Q. D. 利维斯:《小说和阅读公众》,London: Chatto and Windus,1932 年版,第 64 页。

缕析的概括。举其大端我们可以看到以下立场:

流行小说和大众文化总体上说是给底层公众提供了种种廉价且便当的快感,由于社会条件的限制,这些居住在大城市肮脏贫困区域的人们,需要此种伸手可得的官能娱乐来给凄惨的生活点色。

大众文化不值得当作真正的文学或文化来作分析,相反,它是一种大众心灵状态的反映,故而批评家必须深入一种大众读者和观众的心理学或者精神分析,来对它作出解释。

大众文化的廉价且便当的快感,其最主要形式是言情小说、情节剧和侦探小说,由于它们非但自身没有审美价值,而且在同提倡节制和理性的审美标准背道而驰,所以无论怎样评价,都是位居很低的层次。

大众文化不同于现代主义文学作品,它堵塞了现代工业社会至为重要的批判思想。拿畅销小说同现代主义文本比较的话,现代主义文本会在读者的情感世界种下焦虑,使他不安。但是畅销小说压根不去触动陈规陋习,让读者的情感在舒舒服服之中,一口吞下这等伤感点心。要之,畅销小说和电影打动的就是一种"类群本能"(herd instinct),总是沉溺在社会的、民族的和类群的偏见之中。如畅销小说都有一个大团圆的喜剧结局,显然就是鼓励对现存秩序的认同,这与现代主义作品悲观的和悲剧的,因而也是骚动不安的风格,是判然不同的。

畅销书、流行报刊、广告以及电影,是由大批量生产的商业方式运作而出,结果是导致一种可怕的非人化。唯一的希望便是清醒的少数精英武装起来,坚决抵制,全盘否定。

就教育来说,必须永远反对大众文化。此类教育重点在于培养"少数尖子",培养他们以一种"传教士的精神",锲而不舍组织"清醒的抵抗"。而此一抵抗的靶的,一部分也是针对美国的影响。它不但包括大众文化,也包括美国人对民主的态度,因为这态度挑战了欧洲许多世纪以来对权威的无条件认同。

应当以审美判断来反对文化多元化和相对主义，即不光是一种阅读和观赏公众的存在。由于新的文化标准的设定不能依靠别的力量，它只能是少数文化精英的使命，少数文化精英喜欢的东西，如先锋派艺术，就必然也为世界所喜闻乐见。

如此等等，不一而足。

纵观 Q. D. 利维斯的上述立场以及统而论之的利维斯主义，道克尔认为可见出文学现代主义对大众文化的典型的抵制态度。概言之，"差不多之后文学现代主义对大众文化的所有分析，不过就是《大众文明和少数人文化》以及《小说与阅读公众》的注脚而已。"① 从阿诺德的《文化与无政府状态》到 F. R. 利维斯的《大众文明与少数人文化》再到 Q. D. 利维斯的《小说与阅读公众》，恪守现代性理念的精英文化传统与预演了后现代忤逆的大众文化或者说流行文化现实之间，我们可以看到已明显构成了一个二元对立。清醒的少数精英被认为成了大众文化广泛流行的牺牲品。但是反过来，在今天大众文化理论家的视域中，利维斯主义目光盯住过去的怀旧忧思，亦几成为众矢之的。F. R. 利维斯念念不忘自己是把握着英国或者说欧洲种族最优秀意识的"极少数人"，居高临下指导大众怎样阅读才符合人文传统，才是文化而不是文明，与阿诺德的贵族意识显而易见是一脉相承的。其实即便就趣味本身而言，F. R. 利维斯的示范也绝非无可挑剔。《大众文明与少数人文化》中他讥嘲同时代的流行小说家阿诺德·本内特将无名小辈 R. H. 莫特拉姆与 D. H. 劳伦斯并提，是叫人笑掉大牙的事情。可是他本人在《英国诗歌新方向》最后一章中赞不绝口的一位同时代青年诗人罗纳尔德·玻特拉尔，后来证明压根儿也是一个无声无臭的人物。此外他对雪莱的偏见，即使在他圈定的"少数人"

---

① 约翰·道克尔：《后现代主义与大众文化》（John Docker, *Postmodernism and Popular Culture*), Cambridge: Cambridge University Press, 1994 年版，第 35 页。

中，恐怕也是为大多数读者不齿的。

  但是从阿诺德到利维斯主义，文化理论正在精神和现实、精英和大众的二元对峙中趋向成熟。阿诺德和利维斯的名字足以代表一个传统，这个传统的名字叫做大众文化批判。很快，它将要目睹英国文化研究在自己母胎中如何兴起了。

第四章 CHAPTER 4
文化工业批判

第一节 SECTION 1
法兰克福学派论文化工业

　　法兰克福学派得名于1923年在德国莱茵河畔城市法兰克福成立的法兰克福社会研究所。它的第二任所长就是德国著名哲学家马克斯·霍克海默。霍克海默创办了《社会研究》杂志，他的名字本身也成了嗣后影响深远的批判理论的代表。1933年希特勒执政后，社会研究所先后迁到日内瓦、巴黎和美国，1949和1950年间社会研究所迁回法兰克福。法兰克福学派的形成，基本上是二战以后社会研究所从美国返回德国后的故事。1976年，英国新左派史学家佩里·安德森在他的名著《西方马克思主义探讨》一书中，已经注意到他在此书中予以命名的"西方马克思主义"，其典型的研究对象并不是国家和法律，而是文化。而在文化的领域内，最引人注目的无疑是一种强烈的批判精神。安德森把柯尔施、卢卡契、本雅明、葛兰西、马尔库塞、阿多诺、萨特、戈德曼、阿尔都塞等人都列在了这个名单之中，我们可以发现，其中的本雅明、马尔库塞和阿多诺，都是法兰克福学派的核心人物。

第四章 文化工业批判

法兰克福学派的文化工业理论,历来被视为文化特别是大众文化分析的一个理论基点。以至于不乏有人说,不读法兰克福学派的著作,就没有资格来谈大众文化。从总体上看法兰克福学派对文化工业持坚决批判的态度,而且这一批判的传统经结构主义、符号学、阿尔都塞意识形态理论等等,像葛兰西的霸权理论一样明显已经影响了今日方兴未艾的女权主义和后现代主义文化理论。

从历史上看,法兰克福学派批判理论的诞生有它特定的社会基础。二战期间,迁居美国的法兰克福社会研究所相当时间是扎营在纽约,它的另一些成员则去了洛杉矶,包括好莱坞。战后,一方面研究所同它的一些领袖人物如霍克海默和阿多诺等一起迁回了德国,一方面一些成员留在美国,或者同研究所的理论和政治立场分道扬镳,或者是进一步拓展了社会研究所的理论批判传统。后者最明显就是马尔库塞,他将研究所对现代社会的分析批判,用到了战后美国的资本主义社会上面。这样来看法兰克福学派为文化工业批判,纳粹德国的法西斯社会和战后美国的垄断资本主义消费社会,就是提供了两个最为典型的语境。

1944年出版的霍克海默和阿多诺合著的《启蒙辩证法》,堪称后现代主义风行之前,对现代性最为激烈的批判之一。霍克海默和阿多诺接过了韦伯的悲观悖论,即判定合理化的过程既导向自由和解放,同时又导向束缚和物化。两人重申文明进步必然伴随着退步,文明的历史就是绝望的历史,这是因为启蒙精神不仅包含着从神话到科学、从野蛮到文明的过程,而且包含着由文明再次进入野蛮的过程,这就是启蒙辩证法。所谓启蒙辩证法,也就是说启蒙精神由于自身逻辑而转向了反面:启蒙退化为神话,文明倒退为野蛮,自由走向了奴役。这说明,启蒙精神走向了自我毁灭。霍克海默和阿多诺对启蒙精神的批判,由是观之,归结起来是批判以征服、支配自然为出发点,以科学知识万能、技术理性至上为特征的工业文明主导文化精神,其核心就是强调韦伯一咏三叹的工具理性即技术理性。它的锋芒所向不是别的,就是科学主义独大的资产阶级现代性。

但是阿多诺和霍克海默对资本主义文化的追根溯源,远较韦伯久远得多,而一直上推到荷马史诗《奥德赛》里的神话故事。两人指出,启蒙哲学和科学的目标是社会生活的世俗化、祛魅化和去神话化,用科学知识来替代偶然的灵感洞见。但两人同样表明,神话和启蒙其实是盘根错节,纠葛难分,《奥德赛》的神话世界,就蕴含着启蒙意识。《奥德赛》构成欧洲文明的一个基础文本,显示了主体凭借计谋和理性,而从神妖世界中解放出来的途径。故在阿多诺和霍克海默看来,荷马的这一部史诗虽然是植根于神话时代,却是展现了俄底修斯怎样毁灭神话的心路历程,俄底修斯就是一个鲁滨孙式的人物,敢于冒险,冷静面对严酷的环境,体现了资本主义的个人主义精神。《奥德赛》以还,启蒙便见于个人通过理性原则,以图从自然力量中解放出来的努力。但阿多诺与霍克海默比较韦伯,还没有止步于仅仅将启蒙作为现代性而一分为二。两人认为,启蒙运动就它把计算、量化、形式主义、实用和效率等各种因素组合一统而言,同任何体系毫无二致,一样是极权主义的。启蒙运动的秩序、控制、支配和体系的原则,祛除了一切神话、一切主体性和一切价值,而以它自己的观念为至高无上的体系,一个人人必须无条件追随的体系。工具理性由此给启蒙提供了"规划世界的宏图"。而启蒙的这一极权性质,最是淋漓尽致的表现,就体现在文化工业这个概念上面。

文化工业是大众文化,霍克海默对大众文化已抱明显的批判态度,如收入 1967 年出版的霍克海默著名文集《批判理论》中的《现代艺术和大众文化》一文,就集中阐述了艺术同大众文化的不和谐关系。作者指出,资本主义社会强加给人的束缚既然必定要引起反抗,这反抗同样见于已经变得个人化的艺术领域。艺术作为超越现实世界的精神产品,具有一种乌托邦性质,它能够唤起人对自由的回忆,而使流行的标准显得褊狭和粗俗。反之大众文化不过是工业社会的快感文化,对于儿童而言,它是用"顺应"

的原则替代了恶名昭著的俄狄浦斯情结,个人生活转变成为连最细微处也受到管理的常规程序。故大众文化使人丧失对艺术的理解能力,因为艺术表现的是另一个世界,就像乔伊斯和毕加索的作品所示。这也可以解释现代艺术的怪诞和不和谐形式,因为内中的意识是从社会中分离出来的意识。总之,文化产业依靠技术的发达模式化、大批量地生产出各种艺术形式,人们只有在这些规定好的、标准化的框架内进行并无本质区别的有选择的接受,在现代资本主义条件下,大众性与艺术生产的具体内容和真理没有任何联系了。

但法兰克福学派中对大众文化批判最为激烈、影响也最为深广的是阿多诺。在阿多诺看来,在现代社会里文化丧失了它的批判功能,它已经不能通过抵制形式理性即工具理性来彰示真理,反之日益堕落为商品法则的产物。文化由此一分为二,一面是抵制商业化的高雅文化,是现代主义和先锋艺术,一面是追随商品交换法则的低俗文化,这就是文化工业。"文化工业"是阿多诺用得最多的术语,在法兰克福学派的批判理论中,它基本上是大众文化的代名词,理由是大众文化整体上是一种大杂烩,它是自上而下强加给大众,所以是一种文化工业。阿多诺认为,文化工业在大众传媒和日益精巧的技术效应的协同下,大事张扬戴有虚假光环的总体化整合观念,一方面极力掩盖严重物化的异化社会中主客体间的尖锐矛盾,一方面大批量生产千篇一律的文化产品,来将情感纳入统一的形式,纳入一种巧加包装的意识形态,最终是将个性无条件交出,淹没在平面化的生活方式、时尚化的消费行为,以及肤浅化的审美趣味之中。文化工业由是观之就是一场骗局,它的承诺是虚伪的,它提供的是可望而不可即的虚假的快乐,它是用虚假的快乐骗走了人们从事更有价值活动的潜能。阿多诺这样描述文化工业的后果:

> 文化工业的整体效果是种反启蒙的效果,就像霍克海默和

我注意到的那样,其间本应是进步的技术统治的启蒙,变成了一场大骗局,成为束缚意识的桎梏。它阻碍了自主的、独立的个性发展,这些个性本来是很明智地为自己作出判断和决断的。①

反启蒙指的是启蒙运动倡导的科学和理性进步的信仰,在文化工业的时代已经变成了一场噩梦。科学和理性反过来成为扼杀人类自由的帮凶,它使本来是仿佛近在眼前的人类解放,一下子变得遥遥无期起来。因为说到底,文化工业乃是一种商品拜物教的结果,其产品从一开始就是为了交换和销售而生产,并不考虑到真正的精神需要。

《启蒙辩证法》中,阿多诺强调说,他所说的文化工业概念,是指它的所有分支,所有仿佛是为大众贴身制作的产品,都是有计划在先的。这些分支千篇一律,至少彼此之间契合紧密,共同构成了一个差不多是天衣无缝的总系统。而使这一切成为可能的是当代技术的飞速发展,以及经济和管理的长足进步。文化工业是处心积虑在将消费者纳入它的统一框架。它没有疑问是在悉心探究千百万大众的意识和无意识状态,但大众在文化工业中占据的其实不是主位而是客位,他们不是机器的主体而是附件。消费者并非如文化工业鼓吹的那样焕然就是皇帝,他们不是主体而是对象。两人进而指出,文化工业生产什么商品,取决于这些商品能够实现什么市场价值。利润的追逐决定了文化形式的性质。文化工业的过程是一种标准化的过程,其产品就像一切商品那样同出于一个模式。另一方面,这些产品又有一种似是而非的个性风格,仿佛每一种产品,因此也是每一个消费者,都是适得其所。结果很自然就是遮掩了文化工业的意识的标准化控制。这是说,

---

① 阿多诺:《文化工业》(T. Adorno, *The Cultural Industry*), London: Routledge, 1991年版,第92页。

第四章　文化工业批判

文化产品标准化的程度越高,它似乎就越能见出个性。个性化的过程反过来反倒蒙住了标准化的过程。

值得注意的是阿多诺时而还强调他的文化工业概念不完全相同于大众文化的概念,认为后者当中大众对他们所消费的文化到底还是有所反应,所以可以根据自己的趣味所好,来作取舍定夺。相反,文化工业则是从上到下强加给大众,表面上看把大众款待得仿佛专为他们贴身制作,实际上是在灌输统治阶级意识形态的标准化了的形式和情感。往前看,我们还不会忘记利维斯对民间文化和大众文化的对照分析。有意思的是当初利维斯派定给民间文化的自足性、自主性的那些特征,现在阿多诺是多多少少转派给了大众文化,同样利维斯认为大众文化所带有的强制性和压迫性的霸权特点,则由阿多诺更为痛心疾首地发现在文化工业之中。两相比较可以发现一些耐人寻味的东西,这并不仅仅是理论批判中经常出现的厚古薄今的故事。

阿多诺认为文化工业的作用是麻木心灵,强制推行资本主义的秩序。而这被强制灌输给大众的秩序,总是无一例外就是现存社会的秩序。这就是文化工业的意识形态,它替代了大众的意识乃至无意识,容不得任何出格的、不同的、反对的思想方式。故而文化工业是用谬误替代真理,用虚假的需要和解决办法替代真实的需要和解决办法。就这样它俘获了大众的心灵和意识。在渗透着权力结构的文化工业面前,阿多诺发现大众实在是无能为力的。文化工业因此毫无疑问就是削平个性、腐蚀大众意识的东西。阿多诺复举例说,他听说美国心怀叵测的制片商讲过这样的话,他们的影片必须将十一岁孩童的水平考虑进去。如是,阿多诺讥嘲说,他们完全就有可能把成人的智力降低到十一岁孩童的水平。

文化工业因此在法兰克福学派看来,是向大众提供了一种"虚假的需要"。对此马尔库塞在他1964年出版的《单面人》里有专门分析。人本来是有真正的需要的,这需要是创造的需要、独立和自由的需要、把握自己命运的需要,也是实现自我和完善自我的需要。而这些真正的需要之所以无以在现代资本主义社会中实现,作者指出,是因为虚假的需要反客为主,由特定的社会利益集团强派下来,施加在个人身上,否定了真正的需要,由此造成压抑和痛苦。虚假的需要是物质的需求,它们不是人的本性,就像被无限刺激起来的消费欲望,表面上看是投其所好,实际上却是束缚了大众的创造力和辨别力,使人们无以发觉自己是身患痼疾,从而错过治疗,终而沉溺在郁郁寡欢之中。大多数流行于世的需要,休闲、享乐、广告、消费,等等,都可以归入虚假需要的类型,其被当成真正的需要而无止境追逐的结果,是个人在经济、政治和文化等各个方面都为商品拜物教所支配,日趋成为畸形的单一维度的人。

马尔库塞强调虚假需要的满足,是以牺牲不得满足的真正的需要为代价的。这是因为人们没有意识到他们真正的需要没有得到满足。虚假的需要仿佛是凡有所求,便有所得。就拿自由来说,资本主义社会中的人们以为自己无比自由,其实却是自欺欺人。就自由这个词在法兰克福学派的视域中来看,他们并没有得到自由,换言之他们并没有成为具有独立人格的自由人。相反,他们的自由是限制在选择不同的消费品或是同一商品的不同品牌之间。当然还可以自由选择看似不同,实质上如出一辙的政党。这些由广告和议会民主提供的虚假需要的满足,压抑了对真正有用产品和真正政治自由的需要。如是,工人阶级将不复对资本主义制度的稳定和延续构成威胁。而在这些虚假需要的生产和满足中,罪魁祸首便是文化工业。

第二节 SECTION 2
阿多诺论流行音乐

阿多诺(1903—1969)出生在法兰克福一个文化教养深厚的犹太家庭,是独生子,母亲是歌唱演员,可以说音乐和母爱从他生命的一开始，就在为他孕育着一个美好的乌托邦世界。阿多诺本人是个训练有素的音乐家，1986 年出版完毕的二十余册《阿多诺全集》中，他论述音乐的著述几近半数。他不但在理论上多有建树，而且作曲，可以说当仁不让是 20 世纪最有资格评论音乐的哲学家。

公元 6 世纪，哲学史上有"最后一个罗马人"之称的波爱修，在他后来对中世纪音乐理论影响深远的《音乐原理》(*De Institutione Musica*) 一书中，提出过感官作为音乐的载体虽然不可或缺，真正能够欣赏和音奥妙的，还非理性莫属。他故此是真正的音乐家不是演奏家，甚至不是作曲家，而是理论家，因为唯有理论家熟谙音乐的数理法则。至于真正的音乐家何以必然是理论家而不是演奏家和作曲家，波爱修也有独到的解释：演奏家有技巧，有本能，然于音乐本身理解无多，是以只是亦步亦趋的仆人；同理，作曲家生来会唱，却不是依凭思考和理性，而靠一种自然本能，他无异于工匠，领略不到音乐为理论方能企及的那种难以言喻的美。理论家不消说就是他本人，这有他自信必能流芳百世的著作为证，无需多加说明。但显而易见阿多诺不是波爱修一类学者，他的钢琴演奏具有专业水准，年轻时曾在勋伯格及其弟子贝尔格指导下学习当时极有先锋意识的无调性作曲技巧。1990 年代他的无调性作品还灌制过 CD 出版发行，虽然对于受众而言，这些肯定不是悦耳动听的作品，而多半已是明日黄花了。

纵观阿多诺的音乐文字，他对流行音乐的批判立场是毫不妥协的。阿多诺认为流行音乐纯然是文化工业的商业制作，它有两个特点，一是标准化，二是伪个性化。比如说，流行歌曲外表上五花八门，实质上却是千篇一律，其唯一的追求就是挖空心思玩弄所谓的技术效应。总之，它们愈益变得就像某个核心结构的彼此间可以相互替换、相互替代的不同部分。故标准化是指流行歌曲如出一辙的相似程序，伪个性化是指它们之间偶尔出现的一些差异。标准化显示的是文化工业如何在它生产的音乐中挤干一切挑战的、独创的和原生的成分。伪个性化则是埋下一个陷阱,将本质上毫无个性的东西用竞新斗奇的外观给包装起来,玩的说穿了就是些改头换面的把戏。阿多诺认为流行音乐的这两个特点很大程度上是归咎于文化工业的拜物教性质,其结果必然导致听众鉴赏力的退化,这与日常生活中文化工业教授给它们的顺从态度,毫无二致。

1936年阿多诺流亡英国时撰就《论爵士乐》一文,日后成为阿多诺爵士乐批判的代表作,被人反复论证、阐释和批判的程度,恐怕连阿多诺自己也不会想到。阿多诺承认爵士乐在节奏、即兴演奏和调性实验上都有突破,但这些突破都是勃拉姆斯以还的严肃音乐发展和创造出来的。尽管爵士乐利用切分对调性进行修正,可是主要的节奏还是保留下来,并借低音鼓被一再强化,所以爵士乐并没有颠覆调性,它在本质上依然是有着固定的程式。此外,那些时常为贫困、酗酒、暴力和性所困扰的黑人爵士乐家,不但没有意识到他们的苦难与市场机制的本质有直接关系,反而还处心积虑去迎合市场的需要,这也是个莫大的悲哀。说到底,由于缺乏自觉的革命意识和真正具有革命性的技术支持,渴望解放和个性化的爵士乐最终走向自己的反面,一样成为一种伪个性。唯其如此,爵士乐方为白人上层社会所接收,跻身于流行音乐之列。概言之,它不是在鼓吹解放,而是在鼓励异化的个人去认同他的文化现实。

阿多诺称他对爵士音乐甚至有一种恐惧感。他说,jazz(爵士)这个词使他想起德文中的 Hatz(追猎),叫人联想到张开血盆大口的一群猎狗在追逐一只在劫难逃的小动物。他指出爵士音乐不是在表达解放,相反是鼓励被异化的个人认同他的文化现实。它没有超越异化,而是强化异化,是严格意义上的商品。它是用集体代替个人幻想的假民主,其即兴式的演奏亦不过是在重复一些基本形式,是一种道地的伪个性化。如果说爵士乐中还存在什么否定因素的话,那么只可能存在于其中含含糊糊的性的含义之中。就是爵士乐透露出来的性的消息,阿多诺讽刺说,也是经过阉割了的。

第四章 文化工业批判

流行音乐之流行不衰,阿多诺认为这是因为它的生产和消费是携手并进的。而大众对标准化产品的消费,说到底也是源出于他们所从事生产活动的标准化、机械化和重复化的枯燥性质。对此阿多诺说:

> 生产过程的力量跨越了表面上显得"自由"的时间空隙。大众需要标准化和伪个性化的货物,是因为他们的闲暇固然是工作的一种逃避,与此同时又是如出一辙,为工作日世界无一例外造就他们的那类心理态度所支配。流行音乐对于大众来说,永远是种公交司机的假日。因此,讲今日流行音乐的生产和消费之间早有默契在先,并非言过其实。①

不但标准化,还有伪个性化。两者双管齐下的结果,便是听众向生产过程拱手交出他们宝贵的闲暇时光,在五光十色的伪个性中牺牲创见和创意,导致听觉的衰退。再往深看,艺术鉴赏力的衰退还是小事,文化工业的典型产品如流行音乐和好莱坞电影,在阿多诺看来,还是一种麻醉剂和调和剂,调和大众对社会的不满和怨愤,使之屈从命运,屈从于现存社会的既定秩序。据阿多诺的分析,这并不是说流行音乐和电影直接蒙蔽了大众对自己现实处境的不满,它们也展示出幻想中花花绿绿的世界,叫人很清楚自己的生活与之相隔有十万八千里。但与此同时它们是一种宣泄渠道。这里用得上亚里士多德悲剧宣泄怜悯和恐惧两种情感的著名理论,流行音乐和好莱坞电影由是观之,便变相成为一种发泄场所,听众和观众的不幸和悲哀在此得到排遣,反抗的意志于中消磨殆尽。所以毫不奇怪,流行音乐乃至整个文化工业,就是资本主义制度的御用工具。

在《论音乐中的拜物主义和听觉的倒退》《新音乐哲学》和

---

① 阿多诺:《文化工业》,London: Routledge,1991 年版,第 310 页。

《音乐社会学导论》等一系列著述中,阿多诺明确阐述了他的音乐社会学思想。在阿多诺看来,音乐并不像人所以为的那样是一个完全自足的整体,它就像一切艺术现象一样,是自律和他律的统一,在它的结构中始终包含着社会冲突。他的判断是传统音乐在贵族庇护下,固然体现了更多的自律性,但现代社会音乐生产既然受到市场的支配,就表现出了明显的商品特征。音乐与市场体制的关系,成为判断音乐进步与否的试金石。适因于此,阿多诺推崇勋伯格,而对斯特拉文斯基不以为然。他认为勋伯格的无调性音乐体现了对压抑主体的现代社会的反抗,体现了对工具理性独大的社会秩序的叛逆,即便不能被听众接收,它依然是进步的。他甚至承认勋伯格的作品是紊乱的,是一些断片,但是它们表现了社会中应当存在而没有存在的那些东西。反之斯特拉文斯基没有否定精神,对现实和传统音乐一并肯定,热衷古代题材,所以是因袭而不是创新。以斯特拉文斯基为代表的新现实派恰恰是接受了最发达工业经济中的自我异化,客观主义音乐的作曲方式体现的是音乐之外的技术化和理性化的社会倾向,是对自由的压制。理由是它纵使再具有破坏性,由于它没有将破坏的锋芒指向市场体制本身即传统音乐的调性,所以还是不足一道。具有批判精神的艺术不应当以市场为导向,反之应当向物化社会的知识标准提出挑战。在阿多诺看来,勋伯格的无调性音乐,就是一个绝好的范例,因为它迫使我们思考观察世界的新方法。我们可以发现,这里阿多诺关注的恰恰是形式而不是内容,正是先锋艺术背离现实主义的离经叛道形式,为阿多诺营构了一个"否定乌托邦"的解决之道。

第三节 SECTION 3 >

现代艺术 vs. 大众文化

与流行音乐形成对照的是阿多诺称之为严肃音乐的古典音乐

第四章 文化工业批判

特别是现代前卫音乐。后者他认为每一个细节都表征出作品完整的音乐意味,又在整体中占有它自己的独特的地位。这与流行音乐和轻音乐,是判然不同的。反之流行音乐中曲子的开端可以为无数其他曲目的开端替代,它的每一个细节也都可以为其他细节替换,因为它的功能不过就像机器上的一个齿轮。但是说到底,严肃音乐和流行音乐的区别,还在于它们的标准化和非标准化。用阿多诺的话说,在贝多芬和优秀的严肃音乐中,细节事实上包含了作品整体,而且把人引向整体的展现,是根据整体的观念演绎出来。而在流行音乐中,整体和细节的关系是偶然的,细节并不带有整体的印记,整体就像一个外加上去的框架。正因为严肃音乐超越了文化生产和消费的标准化特点,不屈从于文化工业的商品拜物教,在阿多诺看来,它就成了难得几种向文化工业提出挑战的态势之一。

  阿多诺特别钟情于现代前卫音乐。1949年出版的《新音乐哲学》堪称阿多诺的音乐理论代表作,作者开篇就说,此书应视为《启蒙辩证法》的一个补充。这可见阿多诺是把他的音乐理论看作其社会哲学探讨的组成部分的。诚如阿多诺社会哲学的母题是拯救人对现实的绝望,《新音乐哲学》中他一脉延承这个母题,明确提出现代音乐可以作为一个中介,拯救人对现实的绝望。他认为传统音乐正在具有文化工业特征的音乐消费中衰亡,代之崛起的则是对音乐与听众之间的病变现实作坚决否定的前卫音乐,如以勋伯格、韦伯黑和贝尔格等人为代表的维也纳乐派。前卫音乐之所以具有拯救绝望的作用,是因为它展示了一种现实尚无,但被期待着出现的幻想图式,使人类真实的理性在作品中得到实现。这理性是种超越的精神理性,与工业社会中主宰日常生活的实用理性判然不同,它超越了异化的现实,挽回了失去的希望。1929年阿多诺在评论贝尔格的歌剧《沃伊采克》时说,这部歌剧给每个人带来真正的痛苦,但痛苦指向那超越痛苦的世界,人们正是通过进入这一痛苦,才有望摆脱漫长现实中无可避免的眼前的烦恼。换句话说，前卫音乐的表现语汇具有双重意义，一方面它表现了现实的异化和烦恼，一方面同时又表现了现实背后的超验图式。这样一种审美经验，显而易见与流行音乐给人的坐享其成的快感，是大不相同的。

很显然，现代主义的前卫艺术在阿多诺看来是同文化工业格格不入的东西。盖因传统艺术已被现实同化，只有现代主义拒绝同化现实，因而是真正的艺术。奥斯维辛之后，写诗是野蛮的。如果说以奥斯维辛为标志的现代资本主义文明是一个彻底反人道的社会，个性在这个现代性一统天下的社会中已被完全肢解和扭曲，那么，零散、断裂、畸形、不和谐也许就是现代艺术所应能采取的最恰当的、最合理的形式。但阿多诺本人十分清楚，现代艺术尽管具有审美救赎的功能，但它也仅仅是"一个范例"，并不能取代政治解放：

> 今天，在与社会的关联中，艺术发觉自个处于两难困境。如果艺术抛弃自律性，它就会屈就于既定的秩序；但如果艺术想要固守在其自律性的范围之内，它同样会被同化过去，在其被指定的位置上无所事事，无所作为。①

阿多诺称这是一个两难困境，现代艺术拒绝交流沟通是艺术摆脱意识形态的必要条件却不是充分条件。由是观之，阿多诺十分看重的现代艺术的社会批判功能，更多的只是一种形式上的颠覆能力。这是说，现代艺术具有颠覆能力却不具有启蒙能力。前卫艺术作品消除了执行意识形态保守职能的理性条件，却是高高在上，与日常生活中大众的需求渐行渐远，这就使它们失去了任何实际的影响。这是现代艺术的困顿，同样也是阿多诺本人批判理论的一个困顿。

---

① 阿多诺：《美学理论》，四川人民出版社，1998年版，第406页。

第四章 文化工业批判

那么大众的需求又是什么？阿多诺发现大众沉溺在文化工业提供的消费文化和低俗娱乐之中，在给乐此不疲地洗脑而忘却了他们的阶级使命，磨平了他们的革命斗志，或者至少是将他们在经济上和政治上的翻身愿望丢到九霄云外。因此，大众文化同现代艺术恰是一个二元对立，它的要害在于以迎合大众的形式，事实上则是通过颠覆大众，阻断了历史的正常路径。1954 年阿多诺写过一篇题为《电视与大众文化模式》的文章，就大众文化进行了激烈批判：

> 严密的制度化将现代大众文化转化为一种梦想不到的精神控制媒介。现代大众文化的重复性、同一性以及它之无所不在，导致生成自动化的反应，削弱个体的抵制力量……而观众社会学结构之中的变化，更是为现代大众文化火上浇油。旧时的文化精英不复存在；现代知识分子只是部分同它相关。与此同时，以前对艺术一窍不通的庞大人口，成了文化的"消费者"。①

因此不用说，大众文化就是统治阶级的隐蔽的御用工具，是让个体自动化地认同现存秩序。其结果是大众不光是无以为能见出现实真相的能力，甚而自己的生活能力，都变得岌岌可危起来。

《电视与大众文化模式》是此一时期难得的电视专论。阿多诺认为电视与他和霍克海默致力于抨击和批判的大众文化其他形式没有什么两样，审美上贫乏不足道，或者说显示的是一种审美野蛮主义，而对于观众的人格，产生了非常邪恶的影响。他把当今大众文化的基本特征或者说原型，上推到两个世纪之前的 17 和

---

① 阿多诺：《电视与大众文化模式》，见罗森堡等编：《大众文化：美国的流行艺术》(Theodor Adorno, "Television and the Patterns of Mass Culture", in B. Rosenberg & D. M. White eds., *Mass Culture: The Popular Arts in America*), New York: Free Press, 1957 年版，第 476 页。

18 世纪之交的英国。理由是小说家如笛福和理查生,已经开始将文学生产推向市场。商业化生产的文化产品,铺天盖地冒将出来,差不多就占据了艺术表现的所有媒体。即便从表面上看,大众文化形式各各不同,如爵士乐和侦探小说,几无比较可言,但是在基本结构和意义上面,它们是如出一辙的,简言之,它就是"我们时代的流行意识形态"。

阿多诺认为这一"流行意识形态"对社会和道德价值的损害,是显而易见的。他举证美国大卫·雷斯曼 1950 年出版的《孤独的群众》一书中的资料说,早期的美国人,特别是在 18 世纪,都是潜移默化中心领神会父辈的价值观,特别是中产阶级的清教价值如执着、智慧以及博学,等等。现代大众文化似乎是保存甚至传布了这类价值,但是人们越来越清楚看到的是,早期中产阶级社会的这些价值,只是流于表面,而潜在的信息则是大相径庭,是趋之若鹜迎合一种愈见等级化和独裁化的社会结构。这信息要人调整自我,不作思考无条件服从社会。所以对于现代大众传媒来说,社会总是赢家,个人不过是被社会规则摆布在手心之中的一个傀儡。而说到底,它就是对现状、对现存秩序的无条件认同。

在这样的文化工业框架中来看电视,阿多诺发现,电视的产品是经过精心设计而拥有多重结构的,目的就是从不同的心理层面上来麻醉观众。比方说,一出电视节目表面上看甚至可以是反专制主义,可是表面之下总是具有"潜在的信息",非意识所能控制。所以,专制性质的政治和社会趋势,总是在无意识层面上向观众灌输,叫他不知不觉之间中了毒害,还自鸣得意,最好心甘情愿就成为专制主义的帮凶。这可见,电视是和大众文化的其他形式一样,已经成为心理控制的一个意想不到的好工具。阿多诺发现,电视的欺骗手段主要是一种"伪现实主义",让观众身不由己陷入其中,常常会身临其境自比为节目的主人公。比方说犯罪片,它创造了一种逼真的犯罪氛围,与其说是在警戒犯罪,莫若说是在诱导犯罪。即便节目的主题是惩恶扬善,不知不觉还是把罪恶种进了观众心中。所以毫不奇怪，犯罪片中的主角，时常悄悄之间就转化成了故事里的头号英雄，即便他们给描述为十恶不赦的坏蛋。

关于电视怎样改变了社会里的传统价值模式，阿多诺举过妇女贞操的例子。他指出，在18世纪，比如理查生小说《帕美拉》中，我们可以看到贞洁和肉欲的剧烈冲突。但是在今日的大众文化中，这一类内在冲突已不复可见，漂亮的女孩子都是无一例外要结婚，结婚就是一成不变的模式。迷人的女孩子可以可劲地盘剥她的男朋友，盘剥她的父亲，咄咄逼人，一如18世纪总是色迷迷锋芒毕露采取攻势的男人，但是她在道德上面，总是无可指责。阿多诺借用精神分析的术语评价说，这其实是婴儿情结在作祟。

至此可见，阿多诺的时代虽然电视远不似今日发达，所以没有占据他文化工业批判的中心地位，但是他对电视的看法，没有疑问是相当悲观的。对此约翰·道克尔的《后现代主义与大众文化》总结说，在阿多诺看来，"电视的目标因而就是一种伪现实主义。它充满了形形色色的原型和程式。它有一个一成不变的深层结构，这就是意识形态意义。它让观众身不由己认同屏幕上的东西，束缚他们令其'婴儿般地寻找保护'，就像孩子那样，寻求和期盼精神分析可以解释的安全保障。"[①] 换言之，电视体现的是典型的大众文化意识形态。

文化上，阿多诺被认为是在依依不舍留恋19世纪。与利维斯可谓异曲同工。《启蒙辩证法》中他和霍克海默强调，文化工业推波助澜营造资本主义社会的极权倾向，导致现代社会个体的消亡。即是说，19世纪显见的那种无产阶级和资产阶级、个人和社会、高雅文化和大众文化之间的矛盾，悉数消失不见了。比较

[①] 约翰·道克尔：《后现代主义与大众文化》(John Docker, *Postmodernism and Popular Culture*), Cambridge: Cambridge University Press, 1994年版，第45—46页。

欧洲和美国,两人认为,前法西斯的欧洲并没有达到文化垄断的地步,而正是这一滞后给了思想和创造力某种程度上的独立,即便是十分凄惨的独立。如德国的教育体制、大学、剧院、交响乐团和博物馆等,都还没有被已经侵入西方国家的市场机制所吞噬。而美国则是地道的资本主义,它没有那种前资本主义的直接交流的民间文化可以缅怀,所以资本主义的商业崇拜和技术崇拜逻辑,是发挥到了极致。现代工业社会呈现的是虚假的同一,个体被资本主义同化,公正和不公正的界限消失不见,反抗变得不复可能。这可见,阿多诺基本上是将欧洲文化和美国文化看作大相径庭的两种文化的极端理式,这是法兰克福学派的传统,也是一个时代的传统。

大众文化模式给大众需求所提供的,因此是种虚假的满足,与现代艺术自主自律的反抗策略,不可同日而语。文化工业参与了消灭个体性的过程,它在"满足"人的同时实际上是把人痴呆化了。一如两人指出,"从根本上看,虽然消费者认为文化产业可以满足他的一切需要,但从另外的方面看,消费者认为他被满足的这些需求都是社会预先规定的,他永远只是被规定需求的消费者,只是文化产业的对象。"①

可悲的大众文化。可悲的文化工业。

第四节 SECTION 4 >
对文化工业理论的反思

对法兰克福文化工业理论进行质疑是比较晚近的事情。即便质疑,法兰克福学派对文化工业所抱的敌视和忧虑态度中,那一种对晚期资本主义文明的深刻批判精神,以及强烈探求以文化救赎人生的使命感,每每思量下来,也难叫人等闲视之。应当说这

---

① 霍克海默、阿多诺:《启蒙辩证法》,重庆出版社,1990年版,第133页。

批判许多方面并非言过其实。因为即使在今天，法兰克福学派文化工业批判的现实意义，也是显而易见的。仍就阿多诺耿耿于怀的好莱坞话题来说，2000年囊括奥斯卡最佳影片、最佳导演、最佳男主角、最佳原创剧本和最佳摄影五项大奖的《美国丽人》，表现的丝毫不爽就是当年法兰克福学派极不以为然的人性扭曲主题。男主人公的唯一快乐是在浴室中手淫。他一看到与女儿同台演出的漂亮女同学，目光就不能转移，其终日想入非非的畸念，比起当年纳博科夫引起轩然大波的《洛丽塔》，却显得少了一分激情。妻子的虚荣同样令人瞠目。如果说她的外遇多少还是情有可原，那么可是当丈夫难得有一天显出改邪归正的温情时，她因为沙发价值三千美元而坚决不能在上面做爱的本能反应，却无论如何令人瞠目了。忧悒的女儿是个典型的后现代式少女，其同邻家青年仿佛尽是真情流露的爱情，观众于中体味到的更多还是怪异。诚如吸毒复又敲诈的男主人公眼看在功德圆满之际，突然中弹毙命，这部故事片中展示的即便是充满怪异的美，也只能是镜中之花、水中之月。假如说这怪异的扭曲的人生，就是今日美国后资本主义社会的如实写照，这写照莫若说是文化工业的一种误导。

　　但法兰克福学派的文化工业批判公认存在一个很大的局限，这就是他们的批判限制在意识和精神领域，而很难说就具备了实践性。就阿多诺来看，这与他的否定辩证法应有直接关系。阿多诺认为工业文明高度发展的现代资本主义社会已无可能再产生19世纪下半叶无产阶级革命运动那样的革命实践主体，故物质的武器的批判已失去意义，对现代资本主义社会的否定，只能采取意识革命和精神批判的形式。值得注意的是阿多诺已经注意到文化工业主流中同样也蕴含了某种批判潜力。如他曾经指出，文化工业的意识形态本身在操纵大众的企图中，已经变得与它想要控制的社会一样包含了内在的对抗性。故文化工业的意识形态不但有它自己的谎言，同样也有它自己的解毒药。

　　其实在法兰克福学派内部我们也听到了不同的声音。比较来看，本雅明对文化工业的态度就大不相同。关于20世纪的大众文化特征，本雅明在写于1936年的《机械复制时代的艺术作品》一文中有清楚描述。文章判然不同于利维斯传统和法兰克福学派对大众文化的悲观主义立场，本身可视为对阿多诺和霍克海默文化工业理论的一个答复。本雅明指出，人民大众所喜爱的艺术，是一种自然而然的集体经验。这种集体的快感可见于公共建筑、前资本主义时代的史诗，以及当代的电影欣赏之中。他认为技术的进步直接关牵到艺术的进步，技术促进艺术直接参与阶级斗争，成为政治斗争工具的各种手段、媒介、形式、技巧，如对报纸、广播、摄影等大众媒介的利用，和布莱希特叙事剧中的间离技巧，以及电影的蒙太奇手法，等等。所以对于作为生产者的艺术家来说，技术的进步也就是他政治进步的基础。这些观点，使他成为法兰克福学派中难得对大众文化持肯定态度的理论家。进而论之，本雅明反对所谓大众文化的快感是种被动的娱乐，读者和观众无以进行思考的流行观点。他指出，大众观众并不纯然是无意识的，不是麻木不仁、对银幕上的东西不作分析全盘接受。对于电影、观众反应和心理分析三者之间的关系，本雅明表明了他毫不掩饰的肯定态度，认为电影是开拓了无意识的深层次感知，而不是令这感知空空洞洞。这些看法，在20世纪20年代起对大众文化基本上是一面倒的声讨中，尤显得卓尔不群。

　　对法兰克福学派文化工业的反思之一，是质疑它的批判局限在意识和精神领域，其理论缺乏充分的实证依据。事实上阿多诺以上对文化工业的种种批判，基本上是拘囿于理论分析，很少伴以具有说服力的经验证明。比如，就流行音乐导致听力衰退的结论来看，其中涉及的与其说是真正的听众，不如说是一种理论主体。这样从理论到理论一个圈子兜下来，经验的领域被忽略不计终而是一件遗憾的事情。甚至有人说，真正的听众在阿多诺眼中或许是退化过头了，是回到了婴儿的水平，所以他们的看法和见解实在不足一道。这样一种傲慢的态度未必是阿多诺的初衷，但是对于大众文化的批判理论而言，它同样不是空穴来风。

另外阿多诺对文化工业的分析明显是依据他所观察到的产品特征而为，他没有将文化工业的出现和盛行看作一种历史的必然。文化工业固然是后期资本主义的产物，但是单就文化自身的发展，以及产业自身的发展来看，两者的交汇是不是有一种必然性？这一点恰恰是阿多诺的批判理论所忽略的。进而论之，阿多诺认为资本主义社会的文化生产和消费势所必然是标准化的，是一种组织生产。但是这标准化达到了怎样一种程度？比方说，高雅文化如古典和前卫音乐，前工业社会的文化如传统的民间音乐，又在怎样程度上受到这标准化的影响？事实上更进一步分析的话，我们可以发现大众文化的口味和标准，未必一定是筹划在先的文化工业尽能把握，要之，流行音乐和好莱坞电影势将百发百中，战无不胜。但实际上文化工业惨淡经营，难以为继的例子大有所在。所以不妨说大众文化的标准就在它的生产者和消费者之间那一并不平衡的关系之中。而将这一关系摸索清楚，恐怕较之理论建树更是叫人殚精竭虑的事情。

关于马尔库塞的真假需要批判理论，引来的非议更多一些。判定文化工业提供的都是虚假的需要和满足，在许多批评家看来，较阿多诺涉嫌的傲慢态度有过之而无不及。像英国批评家麦克因特尔干脆就说，"马尔库塞哪儿得到的权力这么说话？别人的真假需要他有什么资格说三道四？"[①] 文化工业的消费特征究竟有哪些负面效果，说起来似乎也是一言难尽。至少对现代社会的大众文化和娱乐形式取全盘否定态度，绝不是一种无懈可击的哲学立场。认定电视、微波炉、洗衣机、汽车、音响和时装之类是虚假的需要，是不是显示了种好为人师的作风？另外消费者是不是对大众广告毫无保留照单全收下来，多半也还是个问号。

---

① A.麦克因特尔：《马尔库塞》(Alasdair MacIntyre, *Marcuse*), London: Fontana, 1970年版，第64页。

进而视之,"虚假的"需要和"真正的"需要区别何在？真正的需要又如何加以确定？为什么消费品如洗衣机被界定为虚假的需要？洗衣机可以节省时间，便捷生活，因此可以说是满足了非常真实的需要。大众固然需要知识的精神的追求，但是他们同样也需要洗衣服。或许可以说，正因为有了洗衣机，大众才有更为充裕的时间和精力投入到精神生活中去。这样来看，马尔库塞视角中的文化堕落，换一个视角来看恰恰是提供了现代社会中必不可少的效率保证。所以有人说，也许人应当提醒马尔库塞一类思想家们，一台洗衣机就是一台洗衣机……此外，马尔库塞指责文化工业是制造虚假的需要，一个前提是大众倘使不把时间悉数消耗在虚假的需要上面，比方说看电视，可以去从事更有意义、更有价值的活动以满足他们真正的需要。但真正的需要又是什么？它们是不是就同使用洗衣机和看电视势不两立？是不是大众不明白什么是自己的真正需要而唯有听从理论家的教导？这里又涉嫌到一种居高临下的教师爷态度。

马尔库塞真假需要理论同样是忽视了大众自己的辨别力，这一点连赞同马尔库塞观点的批评家都有感受。如道格拉斯·凯尔纳 1983 年刊于《理论、文化和社会》杂志的《批判理论、商品和消费者社会》一文，就认为把一切商品看成是资本主义操纵大众的诱惑工具，认定凡人屈服于消费文化，就必然是虚弱的、逆来顺受的、有所缺陷的，是摩尼教和清教徒的禁欲主义传统。凯尔纳注意到马尔库塞《单面人》中给他所说的"真正的需要"也下过定义："唯一我们无需多作说明就可以声称是必要的需要，都是事关紧要的一些需要，如营养、衣物和文化水准所许可的居室。"[①] 对此凯尔纳解释说，这里的真正的需要并不似经常有人误会的那样，是圈定得太为严格苛刻，而是显示它们没有受到意识形

---

① 马尔库塞:《单面人》(H. Marcuse, *One-Dimensional Man*), London: Abacus, 1972 年版，第 19 页。

态的操纵,所以是人无需多加说明的基本生理需要。事实上凯尔纳有意维护马尔库塞真假需要的区分,但这区分建立在什么标准上面?凯尔纳建议可以对个别的、具体的商品逐一检验,如果它确实有助于改善生活,真正是有用的,而且制作良好,价格适中,那么,这样的商品就可以说是显示了真正的需要。反之,如果商品名不副实,无益于改善生活,制作不良,可有可无,价格也偏高,那么,这样的商品就可以说是虚假的需要。

凯尔纳为马尔库塞所作的进一步区分看似简单,认真实施起来,很难说没有流于纸上谈兵。对于"有用"和"改善生活"一类概念的确证,说到底都牵涉到价值判断的问题,仍然需要主体来做出是或不是的决定。它并没有提供一个客观的标准,来说明什么是文化满足的基础。如此一步一步推究下去,最终将涉及什么是现代性的理性基础这一类大得没有边的元命题,已非大众文化的话题可以涵盖。

总的来看,法兰克福学派对文化工业的批判与理论背景大不相同的利维斯可谓不谋而合,都把大众文化看作审美上的堕落,政治上的腐朽。此外两者都侧重文本分析,是为其所谓的"内在批评",即是说,批判文化产品的"内在"意义,认定受众是消极被动的接受群体。但事实上受众未必就是阿多诺想象的那样愚不可及的群氓。而生产/文本的意义生成理论既出,批评者则可指出,当音乐、电影、电视和时尚的文化生产为跨国公司主掌的时候,意义即在消费群体的层面上被生产、调整和经营,而消费大众的主动意识,远超过理论家的想象,他们就是意义的积极的生产者。

第五节 SECTION 5 >
本雅明的文化现代性

法兰克福学派中,瓦尔特·本雅明(1892—1940)是一个独树一帜的文化人。说他独树一帜,是指他呼应了波德莱尔的文化现代性思想,在对文化工业几乎是一面倒的声讨中,独有他保持了一份冷静,继而以他无可挑剔的趣味,来对文化工业何以流行做了相当客观的分析。本雅明是犹太人,在纳粹上台、社会研究所被迫迁出德国之前,有一阵他为《社会研究》杂志频频撰稿,与研究所关系密切,算得上是研究所的一个"边缘"成员。1930年代本雅明侨居巴黎。纳粹入侵法国后,他想逃往西班牙,再穿过葡萄牙,漂洋避难美国。不料西班牙迫于法西斯压力,刚好在那一天关闭边境。就在边境小镇上,走投无路的本雅明吞下十五颗吗啡制剂,自杀身亡。这一天是1940年9月26日。

　　本雅明的巴黎经验很大程度上在呼应波德莱尔,换言之,对波德莱尔为之着迷的巴黎本雅明有了切身体验。波德莱尔的文化现代性主题,其不衰的影响力很大程度上当归功于本雅明的独到阐释。本雅明本人不但出版了专著《波德莱尔:发达资本主义时代的抒情诗人》,还撰有《论波德莱尔的若干主题》《波德莱尔与十九世纪的巴黎》等多种文章,差不多将波德莱尔视为先知一类人物。相应波德莱尔倡导的现代性,本雅明认为波德莱尔的抒情诗是抛弃了传统的单纯而加入了反思,且将反思提升到主导地位,从而在晦涩费解中见出强烈的惊颤效果。此惊颤正可呼应现代都市中现代人的惊颤体现,同样它也是马克思《资本论》第一卷里议及"商品拜物教"时所涉及的话题。本雅明指出波德莱尔不但是以一个"游荡者"(flâneur)的眼光,隔开一段距离来对资本主义城市生活作寓言式的观察,而且他的体验和表现方式,也是典型的寓言方式。这有波德莱尔本人的诗《天鹅》为证:"脚手架、石块、新的王宫/古老的市郊,一切对我都成为寓言。"波德莱尔笔下现代生活的典型环境是拱廊街和市场,本雅明指出,波德莱尔通过对出没于这类场景的人群的描写,揭示了商品麻醉灵魂的现代都市景观。"游荡者"隐身于人群之中,却不同流合污,他是英雄而不是乌合之众。

故此，巴黎的流浪汉、阴谋家、政客、诗人、乞丐、醉汉、妓女、人群、大众、商品、拱廊街、林荫道等目不暇接的现代都市形象，就是波德莱尔也是本雅明的寓言。艺术的使命即是表现此一现代生活的节奏，表现现代生活的"英雄们"怎样将他们的生活转变成为艺术作品。这样一种寓言如本雅明本人所言，它在思想的国度里有如废墟在物质的国度里。它显得遥远，但是它足以揭示艺术并不是知识精英周旋在象牙塔里的专利。

本雅明在他的著名文章《机械复制时代的艺术作品》里，提出对艺术作品的接受有两种不同的侧重方面：一种侧重于艺术品的膜拜价值，这是传统艺术；另一种侧重于艺术品的展示价值，这是现代艺术。而现代艺术的展示价值意味艺术实践从早期的仪式中解放了出来，通过机械复制而为大众所有。即是说，在机械复制时代，艺术作品的展示价值开始整个儿压倒膜拜价值，艺术作品不再笼罩在神秘光辉里高不可攀，而越来越接近日常生活，满足大众展示和观看自身形象的需要。摄影和电影便是最好的例子。本雅明对照相的描述很可以见出艺术作为大众文化的一些特点：

> 世界历史上，机械复制第一次将艺术作品从它对艺术的寄生依赖中解放出来。更进而言之，被复制的艺术作品成为构思出来以供复制的艺术作品。比如说，一张摄影底片，可以冲印出无限数量的照片，要确定哪一张是"权威的"照片，已是毫无意义的事情。①

---

① 本雅明：《机械复制时代的艺术作品》，见《光照》(W. Benjamin, "The Work of Art in the Age of Mechanical Reproduction", in *Illumination*), London: Fontana, 1973 年版，第 226 页。

概言之，传统艺术的"光晕"(aura)正在消失，机械复制艺术更符合现代人的要求，仅此而言，美学现代性的前景就是乐观而不是悲观的。本雅明的看法是复制技术恰恰是满足了现代人渴望贴近对象，通过占有对象复制品来占有对象本身的欲望。如是众多的摹本代替了独一无二的存在，被复制的对象恢复了青春。所以传统的大崩溃是势在必然的。

同摄影相似的还有电影。事实上在机械复制时代的艺术中，本雅明最为推崇的就是电影这门新兴艺术。他认为电影展示了异样的世界和视觉无意识，电影的特征不仅在于人面对摄影机如何表演，而且在于人借助摄像机表现了客观世界。电影以弗洛伊德心理学可加解释的方法，丰富了大众的观照世界，不但在视觉，而且在听觉方面也导致了对感官的深化。电影展示的场面较绘画精确得多，而且可从多种视角来加以分析。特别是它表现出艺术和科学两相结合的特点，对此他甚至上溯到文艺复兴，认为现代技术给艺术带来的进步，正像达·芬奇绘画中渗透了解剖学、透视学、数学、气象学和色彩学。总之，电影不失为人类艺术活动中的一次革命。

波德莱尔熟悉的现代都市生活也是本雅明没有写完的《拱廊街研究》中的主题。在此一"光晕"消殒的"大众文化"语境中，绘画演变成广告、建筑演变成技术工程、手工艺和雕塑演变成机械复制艺术，这一切现代生活的新场景在巴黎这个大都市都有最好的见证。对于此，巴克-莫斯在他题为《本雅明的〈拱廊街研究〉》的著名文章中，认为如洪水猛兽扑面而来的资本主义工业文明，是导致了"现实"和"艺术"的一个有趣逆转：

> 现实变成了艺术，新的工业过程使商品和建筑结构的千奇百怪成为可能。现代城市不是别的，就是这类东西的繁荣昌盛，它们密密层层创造了建筑和消费品的艺术景观，无所不在一如先前的自然景观。事实上，对于像本雅明那样出生在都市

第四章 文化工业批判

环境里的孩子们来说,它们简直就是自然本身。本雅明对商品的理解不仅仅是批判的理解。他肯定它们形象上的乌托邦性质,它"把创造性从艺术中解放出来,就像十六世纪科学挣脱了哲学的束缚"(《拱廊街研究》:1236,1249)。这一工业化生产的物质大厦和大道的壮丽景色,从导游手册到盥洗用具的形形色色的商品,对本雅明来说,就是大众文化,它是《拱廊街研究》的核心内容。①

逆转的结果未必是悲观的。20 世纪的机械复制艺术,特别是包括好莱坞电影、广告工业和电视在内的大众传媒,是不是能够一路畅通复制这个商品世界,本雅明相信即便机械复制是千篇一律取代了传统艺术的独一无二,但由于它能使受众在自己的环境中欣赏作品,从而赋予所复制对象以现实的活力,所以它肯定前景看好。与波德莱尔相仿,本雅明的艺术趣味是现代的而不是传统的。即便机械复制艺术扫荡了文化遗产的传统价值,那也是更多体现了现代性对传统的破坏和宣泄的一面。而这并不意味对现代社会"机械主义"的认同。同样是在《机械复制时代的艺术作品》中他说,机械文明的每一点进展都排除掉了行为和情感,安逸把人们隔离开来,更使醉心安逸的人们进一步机器化。就是对于他最为推崇的电影,他也不无微词,认为电影应当不仅仅是复制幻相,反之应揭示现实就是幻相。概言之,这里生活和艺术的边界,无疑是进一步模糊了。

本雅明可以说是一个典型的文化现代性的倡导者。他不但一生颠沛流离,著述也扑朔迷离,很难定性。他推举过无政府主义和超现实主义,赞扬布莱希特的剧作又反对布莱希特对现代派文

---

① 巴克-莫斯:《本雅明的〈拱廊街研究〉》,见《新德国批评》(Buck-Morss, "Benjamin's Passagen-Work", *in New German Critique*),1983 年第 29 期,第 29 页。

学的保守看法,此外从犹太神秘主义到法兰克福学派的主流思想,他的文字都曾经卷入其中。对于进步、文化传统、技术和大众社会,等等,本雅明亦经常有出人意表的不同看法。所以毫不奇怪,自20世纪50年代起经阿多诺等人编辑出版了本雅明的好几本文集和书信集后,很快本雅明就声名大振,形成了相当持久的"本雅明复兴"。

第五章 CHAPTER 5
文化研究的兴起

第一节 SECTION 1
伯明翰学派

文化研究是伯明翰中心的传统。它上承利维斯主义和法兰克福学派的文化批判理论，往下则蓬勃发展，穿过现代性与后现代性的一路纷争，成为当代学术的显学。进入21世纪，文化研究继续成为学术圈内外的热门话题。不仅大学院系各部门重组设文化研究专业，聘请导师，培养研究生，对出版界来说，文化研究也是个很活跃的领域。有关著作和刊物如雨后春笋，迭出不穷。2003年9月，本书作者王毅在英国剑桥大学图书馆电脑输入"文化研究""英文""过去五年出版"三个关键词查询，出现的有关书目竟达三千六百零一本之多。文化研究一词出现在包括艺术、人文科学、社会科学、政治科学，甚至科学技术学科的各种学术和非学术著作之中。研究课题从大众文化到全球化，从身份认同到同性恋，从文学到文化帝国主义，从工人阶级到女性主义，从追星族到互联网，从种族到实验室文化，它几乎无所不在，无所不包。但是什么是文化研究？它是一个学科吗？它是怎么兴起的？有什么特点？文化研究是不是关于文化的研究？它跟其他学科有什么关系？这些将是本章要做交代的内容。

"文化研究"（Cultural Studies）在西方学术界有特定内涵。它不同于"文化理论"和"文化批评"，在英文里与"文化的研究"（the study of culture）也不是同一个概念，更不等同于传统的文学、社会学和人类学的"文化分析"。更重要的是，它的研究对象还不仅仅限于文化。

有关文化的研究在19世纪就开始了。英国人类学家爱德华·泰勒1871年的文化定义被认为是最早的关于文化的现代定义。但这不是如今风靡一时的"文化研究"。"文化研究"是英国伯明翰大学当代文化研究中心建树的传统。伯明翰大学当代文化研究中心1964年成立，1972年中心发表第一期《文化研究工作报告》，宣布"将文化研究纳入理性的地图"，从此拉开了文化研究的序幕。其研究方向和学术成果被后人称为"伯明翰学派"或曰"英国学派"。伯明翰中心的影响后来从英国扩展到北美、澳大利亚以及其他国家，在世界范围的学界掀起了一股研习风潮。一批人打破学科界限，集合在"文化研究"的大旗下，使文化研究渐渐成为"合法的"学术研究领域。我们今天所说的文化研究，指的就是这一领域的研究方向和成果。

伯明翰大学当代文化研究中心的第一任主任是理查·霍加特。雷蒙·威廉斯更是中心的灵魂人物。霍加特和威廉斯都是工人阶级出身，与中心长期从事成人教育的其他研究人员相似，对社会中下层阶级的熟悉程度，非一般知识分子可以比肩。伯明翰中心公认是秉承了英国式的马克思主义传统，致力于沟通英国知识分子与工人阶级，故研究工人阶级的生活，就是首要的使命。理论上，伯明翰学派除了鼎力倡导文化主义的研究方法，受法国理论的影响也较为明显，如结构主义、后结构主义，特别是拉康的理论，以及很快开始流行起来的后现代传媒理论。威廉斯提出文化是日常生活的全部方式，文化研究的意义由是观之，无论如何强调亦不为过。生产与消费由此成为伯明翰学派理解文化的两个主要方面，其结果是文化生产最终被看作生产方式之一，这样就把文化从上层建筑拉回到基础中来，与社会经济生产和结构相联系。而注重消费研究，则将英国的中产阶级和下层阶级一并收入研究对象，不但是资本主义，主要以跨国公司和媒体带动的后资本主义消费和剥削模式，一样进入了细致分析和批判的视野。

中心在霍加特的继任者斯图亚特·霍尔主持下，特别是在20世纪70年代，成为举世瞩目的新理论中心。霍尔和受他影响的保罗·威里斯、理查·约翰逊、安吉拉·麦克洛比、迪克·海布迪基等人，继承了霍加特对工人阶级文化的民族志研究兴趣。但是，70年代伯明翰中心面对的战后世界，已大不同于霍加特当年《文化的用途》中描写的50年代。这个世界见证了如火如荼的学生抗议和激进批判，还有妇女解放、同性恋解放、反种族歧视。这是《文化的用途》中的世界闻所未闻的。这类抗议和批判登峰造极，便是1968年5月巴黎风起云涌的学生造反运动。

即便时代不同，伯明翰中心依然能感受到下层阶级文化生活中的抵制情绪，著名的例子有迪克·海布迪基1979年的《亚文化：风格的意义》，以及它给出的一系列黑人宗教、时尚、颓废男孩、摇滚乐手、光头、朋克，等等。这一类亚文化诚如霍加特呼唤昔年的工人阶级文化，引发的是活生生的文本，便于做细致分析。但海布迪基和伯明翰中心如今重视的是符号学的文本分析方法，将目光投向索绪尔、俄国形式主义和罗兰·巴特。海布迪基认为这类抵制性的亚文化，总是受到市场生产的商业娱乐的威胁。它吸收了抵制的模式和风格，由此将它们融合在主导意识形态之中。商业主义稀释并且摧毁了亚文化的真正反抗抵制。

比较来看，传统的"文化的研究"包括许多在伯明翰学派之前就存在的思想运动及学术传统，如马克思主义、心理分析、社会学、人类学、文学等。这些理论和学科相对独立，有各自的学科理论、研究方法和范围，但都涉及广义上的全人类文化研究的某一部分。"文化研究"则吸收了各种学术传统，综合各种理论为我所用，同时也借助和改造其他领域的术语和概念，如性别政治、全球化、权力、快感、意识形态、文本、表征、霸权，等等。这也决定文化研究没有单一的学科来源，不仅研究文化，也探讨跟文化有关的不同问题，势所必然涉及政治、经济、传媒及科技等领域。其研究常用不同的方法，研究者的政治立场也极不相同，从极左派到极右派都不属罕见。

文化研究跟社会意义的生产、流通和消费有关，因此也跟权力、表征和身份认同（identity）有关。英国学派即伯明翰学派的"文化研究"是"文化的研究"的核心和动力。而马克思主义文化社会学和法兰克福学派的美学理论，则构成伯明翰学派文化研究的史前史。在这个意义上，"文化的研究"跟"文化研究"的学科关系，颇似学术界的老贵族和新发达户的关系，以至一些传统的研究"文化"的学者常常不得不加以区别。如英国社会学家克里斯·任克斯在他的《文化》一书中声明道：

> 这本书不是"文化研究"（Cultural Studies），而是"文化的研究"（the study of culture）。二者并非不可调和，但是后者包括前者，都来自我在这本书中进行梳理的各种哲学先哲和社会理论传统。"文化研究"虽然也明确地或含蓄地来自这些传统，它是一个相对的新来者，声称自己与众不同。①

文化研究的很多混乱似乎都是由"文化"一词所引起。"文化"在英文中被认为是最复杂的词语之一。历史悠久，定义种类繁多。有人认为文化是社会行为；有人认为文化是导致社会行为的抽象价值观念；有人认为它有物质形式，如音乐美术、陶罐瓷碗、时

---

① 克里斯·任克斯：《文化》（Chris Jenks，*Culture*），London: Routledge，1993 年版，第 151 页。

装服饰；也有人认为文化只存在于思想意识之中。美国的人类学家米德说，"文化是一个社会或附属团体的后天行为"。而文化人类学家则说，"文化是我们关于自身的故事的集合"。英国文学批评家特里·伊格尔顿指出文化向来有美学的和人类学的两种定义。人类学的定义几乎包括了一切生活方式：发式，衣着，习惯，亲戚，朋友；美学的则包括文学、艺术、音乐等，如斯特拉文斯基，但是不包括科幻小说，盖后者属于大众文化范畴。伊格尔顿认为这两种定义都有问题：美学的定义太模糊，而人类学的定义又太难懂[①]。

归结起来，我们看到文化大体呈现为三类相互之间多有矛盾的定义：其一，文化是一种价值标准即一种文明：包括著名的哲学家、思想家、诗人、作家和艺术家等。也被称作"图书馆里的文化"，盖名家的著作深藏在图书馆里，这是高雅文化。英文里常写成首字母大写的文化（Culture）或加定冠词的文化（the culture）以示跟大众文化（popular culture）不言而喻的区别。这是传统的文化概念。其二，文化是一种生活方式：包括娱乐休闲、体育比赛、宗教、民间节日（如圣诞节和春节）等。这是人类学和社会学的文化概念。其三，文化是一种艺术创造：包括诗歌小说、音乐舞蹈、绘画雕塑等。这是文学和艺术领域的文化概念。

正由于文化一词定义的复杂性，文化研究的性质也很难定义。学者们的研究自然便是各行其道，互不相同。在米歇尔·德塞都，文化研究可以是日常生活的文化形式和实践。在雷蒙·威廉斯，文化却是生活的全部方式。更为晚近则有文化研究者甚至与地理系合作，致力于研究文化和空间的关系。文化的概念由此也引发了一场知识界的危机。现代社会的变革、传媒娱乐的工业化，给社会的特殊阶层尤其是精英阶层带来了一些根本性的困惑。例如，

---

① 特里·伊格尔顿：《文化的概念》（Terry Eagleton, *The Idea of Culture*），Oxford: Blackwell, 2000 年版，第 35 页。

如何面对大众文化？将之纳入学术领域抑或排斥在外？时至今日，看来排斥已是不复可能了。

往上看，伯明翰中心对文化研究的兴趣可以上溯到20世纪50年代。第二次世界大战后英国社会发生了巨大变化，战后现代化重建加快了社会发展的步伐。大众传媒开辟了新的文化视野和文化空间，为社会绝大多数人提供文化产品。但是美国的大众文化"入侵"英国，在这个时代尤显得变本加厉，这使得一些知识分子们忧心忡忡，担心文化商品化会使英国社会美国化，从而影响英国公众的文化生活和大众意识，对英国的传统文化构成威胁。1956年，苏联入侵匈牙利，左派阵营中反对苏联入侵的"新左派"脱颖而出，英国的文化研究深受"新左派"影响。"新左派"在理论上和政治上挑战传统马克思主义，认为马克思主义无法满意解释资本主义后期的一些社会现象，如殖民主义和帝国主义在新的经济和政治条件下的新发展、民主社会中的种族主义、与权力相关的文化和意识形态问题，以及消费资本主义对工人阶级及其文化的影响问题等。伯明翰学派的奠基人大多数是"新左派"成员。"新左派"中还有很多人来自前英国殖民地，即第三世界知识分子。一个原因是彼时非英国的知识分子很难进入英国左派的主流阵营。所以没有前英国殖民地知识分子，就没有新左派，也许就没有英国的文化研究。这可见，文化研究从一开始就具有边缘性和国际性。

伯明翰传统的奠基人主要有四位：理查·霍加特、雷蒙·威廉斯、E. P. 汤普森（1924—1993）和斯图亚特·霍尔。他们在伯明翰大学当代文化研究中心不同时期的研究为文化研究打下基础，在这个领域里，他们今日都已是大名鼎鼎、如雷贯耳。霍加特、威廉斯和汤普森都是出身于工人阶级家庭的知识分子，都在成人大学任过教，政治上都属于新左派阵营。他们自觉地认可与精英文化相对的据信是"真正的"工人阶级的大众文化，都关心英国的阶级社会的文化问题，关心不同社会集团的文化支配权。这也可以说明他们的研究，何以具有相当多的共同点。

理查·霍加特是伯明翰大学当代文化研究中心的第一任主任，英国文学教授。他1957年发表的《文化的用途》开创了文化研究的雏形。他认为社会精英通过他们的文化形式和实践的合法化来表现他们的权力。因此研究文化就应该研究美国的大众传媒和进口的美国文化产品，如何将英国工人阶级变成了美国的文化"殖民地"。

雷蒙·威廉斯也是英国文学教授。他的《文化与社会：1780—1950》（1958）是文化研究的经典著作。他的一个广为引用的著名观点是，世上根本不存在"大众"，只存在将人们看作是"大众"的各种观念和手段。在《文化与社会：1780—1950》中，威廉斯一反传统，将"文化"定义扩大成四个方面：一、精神的个别习性；二、全社会的理性发展状态；三、艺术；四、生活方式。特里·伊格尔顿认为，前两个定义太狭隘，后两个又过于宽泛。但是作为工人阶级知识分子的威廉斯这样定义文化有他自己的政治动机。因为如果仅仅将文化定义为艺术和理性生活，就有可能将工人阶级排除在文化之外。所以，"如果将制度风俗也包括进去，如工会和集团等，那么就可以说工人阶级也生产出了丰富的、复杂的文化，尽管不是艺术性的文化"[①]。威廉斯后来的《关键词》一书中文化的定义长达六页，从此开始了文化定义的"战国时代"。

汤普森是英国历史学家，激进的社会活动家。他的《英国工人阶级的构成》至今仍是文化研究的经典读本。汤普森认为阶级是一个历史现象，是社会和文化的构成。大众文化不是消费社会的创造，而是历史。汤普森区别了由工人阶级创造的文化和为工人阶级创造的文化。这个区别非常重要。由此而发展的文化研究相当可观。他还强调来自不同的特定历史时期的重大社会变化，相信"在英格兰失败的事业可以在亚洲和非洲赢回来"。

---

① 特里·伊格尔顿：《文化的概念》，Oxford: Blackwell, 2000年版，第32页。

斯图亚特·霍尔大概要算文化研究中最著名的人物。有人甚至以为文化研究的全部精华就集中在霍尔的几篇重要文章之内。他出身于牙买加的一个中产阶级的家庭。1951年获奖学金进牛津大学,是"新左派"成员。后担任伯明翰大学当代文化研究所所长,对该所的文化研究方向有重大影响。霍尔强调文化既是经验又是实践,认为社会是由性别、种族、宗教以及地区和阶级的冲突推动的。文化像经济一样,是构成人们身份认同的重要因素。

概言之,伯明翰学派的文化研究在一个特定的历史时期内,为研究工业化资本主义社会的当代生活及文化现象提供了新的理论思路,也为世界范围的文化研究提供了一个全新的研究模式。

第二节 SECTION 2 >
文化研究的特点与发展

与文化研究紧密联系的一般认为有四大学科,它们是文学、人类学、社会学和传媒学。英语国家的文化研究也大多设在英文系、社会学系和人类学系内。但是文化研究涉猎的领域则广泛得多,几乎横跨全部人文学科和社会学科,诸如心理学、语言学、政治学、政治经济学、历史学、音乐学、哲学、地理学、教育学,甚至工商管理学,都为文化研究波及,已是不争的事实。

分别来看,文化研究的基础学科是文学,后来渐渐向社会学和人类学靠拢,相互之间的界限亦日渐模糊。文本解读则是文化研究的重要工具,尤其对大众文化的研究。但后殖民研究在文学领域同样显得硕果累累。对于文化研究的特点,不同的理论和学科取向有不同"版本"。以下是颇有代表性的本·阿格尔、萨德尔和任克斯的三种归纳模式。

美国学者本·阿格尔在他《作为批评理论的文化研究》一书中,从文化取向出发,发现伯明翰学派文化研究具有以下四个主要特点:

首先是跨学科。传统学科研究文化是孤立的、分门别类的。现代学科的精细分类,只有那些置身其中的学者和大学招生的管理人员才分得清楚。本·阿格尔认为,在美国,很少有社会学家运用话语分析的方法研究文化。通常是文学批评家将电影作为文本来阅读,而社会学家则研究大众文化的制度机制和社会结构。他们都缺乏将大众文化作为意义的生产、流通和消费来研究的理论取向。文化研究打破传统学科分类的界限,形成一个多学科的研究领域。跨学科由此成为文化研究恪守的信条。其实伯明翰研究中心的早期代表人物,就来自文学、历史学、社会学等多种研究领域。

其次,强调广义而不是狭义的文化定义。文化研究强调广义的文化概念,主张文化是"人类生活的全部方式"。这一立场接近人类学的文化无好坏高低之分的文化概念。文化研究抵抗英国主流文学界的文化精英主义,将传统文化理论不屑一顾的一些文化表现领域如电视、大众文化纳入研究领域。在研究这些文化表现的同时,肯定其文化价值,从而将这些文化实践合法化。有鉴于此,文化研究与大众文化研究被等而视之的趋势,已日见明显:

> 文化研究是一个人们用来将他们对大众文化的迷恋合法化的技术性词汇。这个词给他们以某种学术权威,以避免这个词更激进的内涵,如"意识形态批评"。后者在马克思看来是专门的文化分析和干涉的事务。①

再次,拒绝高雅和低俗的文化二分论。文化研究企图建立一个包括所有文化的共同领域,所以拒绝高/低文化的二分论,将所有的文化都看成是"连续统一"(continuum)的文化表现。对熟悉

---

① 本·阿格尔:《作为批评理论的文化研究》(Ben Agger, *Cultural Studies as Critical Theory*), London: The Falmer Press, 1992年版, 第5页。

卢卡契和法兰克福学派的人来说，这是伯明翰学派最值得注意的挑战。传统马克思主义美学，如被认为是20世纪最杰出美学著作的阿多诺的《美学理论》，就只分析高雅文化。法兰克福学派的文化工业批判理论，固然将大众文化提上严肃的学术论坛，但是他们并不喜欢大众文化。故从研究取向看，法兰克福学派的理论支柱不妨说是弗洛伊德的人类需要，而文化研究的理论支柱是葛兰西和阿尔都塞的理论。

最后，文化既是实践又是经验。文化研究最重要的特点之一是将文化定义为既是经验又是实践，强调经验和理论的结合。所以文化研究不仅研究艺术品如电影、小说、音乐，同时也研究艺术品的生产、流通和消费的过程，研究人们如何创造和体验文化。伯明翰学派强调工人阶级对霸权文化的对抗，与主流人类学和社会学居高临下的文化观念不同，很显然从下到上观察世界，这也为后来的女权主义、认同政治和大众文化研究等打开了理论的门扉。

作为"两栖人"的巴基斯坦学者，近年著有《后现代主义与他者》(1998)、《东方主义》(1999)和《后现代生活A到Z》(2002)等著作的扎奥丁·萨德尔，则立足于政治取向，在其与人合著的《文化研究入门》一书中归纳了文化研究的五个特点：一、文化研究的对象是文化实践跟权力的关系，目的是暴露权力关系，以及研究这些关系如何影响文化实践。二、文化研究不仅仅是研究文化，其目的是从文化的复杂形式来理解文化，分析文化实践本身的社会和文化背景。三、文化研究中的文化有两种功能：既是研究的对象，又是政治批评的场所。文化研究既是理性的学科，又是实用的学科。四、文化研究既暴露又调和知识的不同领域，寻求知者和被知者、观察者和被观察对象的共同兴趣和认同。五、文化研究对当代社会进行道德评价，政治上采取激进的道德立场。文化研究的传统是对社会结构进行政治批评。所以文化研究的目的是理解和改变一切支配性的社会结构，尤其是在工业化的资本主义社会①。

英国学者克里斯·任克斯参考了本·阿格尔和其他学者的观点，在《文化》一书中进而总结出文化研究的如下九大特点②：

第一，文化研究运作于扩展的文化概念之中。它企图建立一个包括所有文化的共同领域，所以拒绝将文化神圣化，主张将文化的意义和实践"去中心化"和"去经典化"(decanonizing)。这也是一种政治立场，否定传统的文化批评的中心主义，是对支配秩序的挑战。第二，文化研究重新定义大众文化、传媒和日常生活的文化，将大众文化合法化、政治化、独立化，充分肯定大众文化本身的价值。第三，文化研究的倡议者，作为他们时代的代表，通过他们理解的大众传媒，承认他们本身认同的社会化。第四，文化不是静止的、固定的、封闭式的系统，而是流动的、充满活力的、"前仆后继"的过程。第五，文化研究基于冲突而不是秩序。不仅研究面对面的冲突，更重要的是意义的冲突。文化研究跟各种具体或抽象的"权力"现象有关。第六，文化研究是一种平民"帝国主义"。几乎所有的社会生活都被"文化化"。研究对象包括几乎所有生活的方面：歌剧，时装，黑社会暴力，酒吧聊天，超市购物，恐怖电影。它们不再被局限于一个中心的意义系统。第七，文化研究认为文化的表现存在于各个不同的层次：发送、中介和接受，以及生产、流通和消费。第八，文化研究是多学科的，没有单一的学科来源，鼓励学科相交处的研究。第九，文化研究拒绝绝对的价值观念。

伯明翰文化研究传统的课题多样化和具有强烈政治倾向的特点，对文化研究的发展颇有影响。前者尤其凸显了对青年亚文化和电视新闻节目的研究，后者则充分关注文化在社会阶级关系再

---

① 扎奥丁·萨德尔、鲁恩：《文化研究入门》(Ziauddin Sardar & Borin Van Loon, *Cultural Studies for Beginners*), Cambridge: Icon Books, 1998 年版，第 9 页。
② 克里斯·任克斯：《文化》, London: Routledge, 1993 年版，第 157 页。

生产中扮演的角色，强调文化和权力的关系。迄至20世纪60年代，大众传媒的作用已日渐明显。不仅提供娱乐，本身且成为阿尔都塞说的"意识形态的国家机器"的一部分。因此文化研究的注意力转到传媒的意识形态功能方面，尤其是与政治有关的新闻和纪录片。社会中各种亚文化的兴起，亦同时引起文化研究的强烈关注，如工人阶级青年文化的崛起，对文化研究就产生了重大影响。亚文化属于非传统的政治领域，有争议性，与大众文化有着千丝万缕的联系。青年人的穿着、发式，以及跟他们关系密切的摇滚乐、披头士、朋克族等被普遍视为对主流社会及文化的象征性抵制。

20世纪70年代法国马克思主义理论家阿尔都塞被文化研究迎入厅堂。阿尔都塞的意识形态理论强调社会的意识形态工具如法律、宗教、教育、家庭跟经济基础一样重要，既不依赖也不完全独立于经济基础。意识形态并不构造虚假的意识。但是霍尔和汤普森更喜欢葛兰西。葛兰西是意大利共产党发起人之一，他的"霸权理论"强调统治阶级通过知识和道德的领导权而获得经济权力。这一样是突显了文化的决定作用。

70年代文化研究有两个重要发展。一是性别研究（gender studies），女性主义成了文化研究最重要的组成部分。二是由于资本主义内部种族主义即新右派而引发的对黑人、移民以及"后殖民文化"的研究。自此以还，文化研究对性别和种族的关注超过了阶级。80和90年代以来的认同政治、侨民散居、同性恋研究，以及全球化理论等问题基本是70年代文化研究的继续发展。无怪乎特里·伊格尔顿《文化的概念》认为当代西方对文化研究的兴趣，大部分是得益于民族主义和殖民主义，以及替帝国主义势力为虎作伥的人类学的兴起。

但英国的文化研究路子也每招致一些批评，批评意见主要是狭隘和盎格鲁中心主义，强调阶级而忽略性别和种族，强调大城市而忽略其他地区，过度关注大众生活范式和青年亚文化，以及对音乐录像带的研究过多。文化研究的代言人几乎都是清一色的男性、白人（霍尔除外）和中产阶级。文化研究在以后的发展中，聚集了一批像出生于牙买加的霍尔那样大名鼎鼎活跃于西方学术界的第三世界知识分子。他们的共同特点是，生在第三世界，受西方教育并且生活在西方国家，即所谓的东方血统、西方教育的"两栖人"。如巴勒斯坦裔美国学者艾德华·赛义德、印度裔美国学者霍米·巴巴和盖娅特里·斯皮沃克，出生在印度的华裔澳大利亚学者洪美恩，以及从香港移居美国的周蕾等，他们的文化研究都跟个人的经历和文化认同有关，认同政治的口号就是"个人的就是政治的"。

20世纪80年代以来，文化研究传播到其他英语国家，但大多数研究不似英国的政治气氛来得浓厚。以下就文化研究在各国的发展分而述之。

其一，美国的文化研究。20世纪40和50年代美国社会学界曾掀起过一阵文化研究的热潮，出现了一批有影响的学者，如玛格丽特·米德、露斯·本尼迪克、大卫·麦克利兰、爱德华·班菲尔德、阿列克斯·因克里斯、加博里奥·埃尔蒙德、西德尼·维巴和鲁西安·派依。50和60年代最时髦的是政治文化研究，如同90年代的大众文化研究一样风行一时。随着大量有影响政治研究著作的出现，学术界对文化研究的兴趣在60和70年代进入了低潮。但是，80年代后，在英国文化研究的影响下，对文化研究的兴趣开始复苏。其中，最早向美国介绍伯明翰的是伊利诺伊大学传媒学教授劳伦斯·格罗斯伯格，他本人曾在伯明翰文化研究中心学习，是霍尔的弟子。他的《文化研究的构成：一个美国人在伯明翰》一文，对文化研究的理论取向进行了精辟的概括。

美国知识界缺乏英国式的左派知识分子，像弗雷德里克·詹姆逊那样的马克思主义理论家在美国究属少数，故文化研究大多与政治和文化运动无关。阶级、政治和权力等在英国学派看来最重要的文化研究基本问题，在美国失去了它们的意义。美国更关心文化的美学分析和文本分析，关心社会认同和文化形式的表现，关心传媒文本和大众文化的效果以及强调民族志的观众研究。研究术语亦大多来源于符号学和文学理论。美国对文化研究的兴趣大多集聚在传媒系和英文系。如本·阿格尔就认为美国受实证主义的影响太深，因此除少数人外，美国人对英国的文化研究不太买账。社会学和传媒学界似乎也不太愿意去了解伯明翰学派的研究，原委是理论味太浓重了些。比较来看，倒是澳大利亚、新西兰和加拿大比美国更具理论取向，因此也更能接受伯明翰的研究。此外，与当代一些文化研究言必称伯明翰不同，美国的"文化的研究"中，有许多理论来自古典社会学传统，跟伯明翰学派不相交。如 M. 汤普森、厄利斯和维达夫斯基的《文化理论》(1990)一书，书中详细叙述蒙田、孔德、涂尔干、马克思、韦伯、马林诺夫斯基、帕森斯等传统社会学理论家，完全不提英国的伯明翰[1]。这些文化研究无论是理论上还是方法上都有别于伯明翰学派。

其二，澳大利亚的文化研究。澳大利亚是"亲英派"，工会势力强大，左派传统跟英国很接近。由于两国大学间学者"跳槽"很多，学术来往密切，所以澳大利亚的文化研究有很多英国的特点，被认为是最得伯明翰"真谛"。批评者则指责澳大利亚是英国的"回声"，或"英国帝国主义征服的原版地图"，甚至"左派学者在澳大利亚漫游，谈的却是伯明翰"[2]。在澳大利亚传媒系和英文系的许多文化研究的学者本身就来自英国，如约翰·费斯克、托尼·本内特、约翰·哈特里、约翰·弗柔等。约翰·哈特里 90 年代中期到英国卡迪夫大学，2000 年又回到澳大利亚，担任昆士兰

---

[1] 汤普森、厄利斯和维达夫斯基：《文化理论》(Michael Thompson, Richard Ellis & Aaron Wildavsky, *Cultural Theory*), Boulder: Westview Press, 1990 年版。

[2] 萨德尔、鲁恩：《文化研究入门》, Cambridge: Icon Books, 1998 年版, 第 63 页。

科技大学人文学院院长。托尼·本内特曾是澳大利亚格利夫士大学（Griffith University）人文学院院长，在霍尔退休后回到英国，接任原霍尔的开放大学（Open University）社会学教授一职。如果说美国的文化研究跟社会学关系密切，澳大利亚的文化研究则偏重于传媒以及传媒政策，强调研究澳大利亚电影的民族特点，关注当地的文本、体制和特点，以及有澳大利亚特色的大众文化现象。

澳大利亚大学的文化研究开始较早。20世纪80年代已有大学开设文化研究专业，90年代达到高潮，成立了全国性的澳大利亚文化研究协会。该协会拥有定期出版的专业刊物《连续统一：澳大利亚传媒与文化》(*Continuum: The Australian Journal of Media and Culture*)。刊名"连续统一"（Continuum）一词来自伯明翰。文化研究在大学兴盛的另一个原因是，单一学科就业的可能性越来越低，跨学科如双专业和双学位大大增加就业的可能性。文化研究因此常常成为第二专业的首选。文化研究与通常设在英文系的"澳大利亚研究"有共同的学术兴趣，如文化和民族国家的关系、澳大利亚的国家文化政策等。但是两者理论取向不同。澳大利亚研究关心澳大利亚主流社会，关心什么是"真正"的澳大利亚文化。而文化研究继承70年代以来后现代和后殖民的认同理论，更关心澳大利亚社会的边缘群体，如女性、亚洲移民、土著居民，以及澳大利亚和亚洲邻居的关系。比较起来，澳大利亚研究偏重于文学和历史，而文化研究偏重于日常生活、传媒和大众文化。

其三，加拿大的文化研究。加拿大文化研究关心的许多问题与澳大利亚相似，如民族性、文化认同、文化政策和经济发展等。文化研究的发展也主要是在传媒系。但是加拿大也有自己的特点。加拿大的文化认同涉及三个种族之间的权力之争：英语族群、法语族群与本地土著族群。因此文化研究关心的问题通常是：什么是加拿大的民族性？什么代表加拿大的文化特点？如何定义加拿大?面对来自美国的电影、电视、音乐和其他大众文化消费品,加拿大如何保持自己的特点?这肯定不光是加拿大一个国家面临的文化问题。

其四,法国的文化研究。法国的文化研究可以分为两方面:法国对其他国家的影响以及法国本土的文化研究。对文化研究有影响的法国理论家可以开出一个长长的名单:罗兰·巴特、路易·阿尔都塞、布尔迪厄、鲍德利亚、德塞都,以及被称为"昨日英雄"的列维-斯特劳斯、德里达和福柯。其中社会学家和教育学家布尔迪厄对文化研究最有影响,他的"文化资本"理论以及对社会各阶层文化品位的分析影响深广。托尼·本内特、麦克·艾默生和约翰·弗柔的《品位解析:澳大利亚日常文化》一书,就完全采用布尔迪厄的方法研究澳大利亚的日常文化和品位。但批评者也指责布尔迪厄不区分高雅文化和大众文化,不区分女性主义和阶级,没有工业化的理论以及对女性和族群无多兴趣①。

法国结构主义人类学和路易·阿尔都塞的马克思主义理论引发过伯明翰文化研究的一系列理论问题。霍尔在他的《文化研究:两种范式》一文中指出,文化研究有两种不同的理论取向,一是文化主义,一是结构主义。前者注重人的经验、人的作用及文化意义生产的积极性,反对文化被动的消费。这一立场肯定大众文化对创造社会意义及身份认同的积极作用。后者即是阿尔都塞的结构马克思主义传统,不重视经验和连贯的社会整体,拒绝支配理论,而强调语言和意识形态条件的决定性作用以及社会构成,即社会各相对自主的部分如何结合成一个结构的、差异的整体。文化主义和结构主义两种理论取向没有互相取代,也没有互相结

---

① 托尼·本内特、麦克·艾默生、约翰·弗柔:《品位解析:澳大利亚日常文化》(Tony Barnnett, Michael Emmison & John Frow, *Accounting for Tastes: Australian Everyday Cultures*), Cambridge: Cambridge University Press, 1999年版,第12页。

合，而是在与其他理论如马克思主义、女性主义及种族与族群研究的结合之中，得到进一步的修正和发展。

法国本土的文化研究主要围绕法国的文化身份认同问题展开。法国在60年代经历了一系列政治振荡：作为殖民者被赶出越南，殖民地阿尔及利亚于1962年独立，1968年又迎来了举世瞩目的学生运动。来自非洲前殖民地、东欧以及地中海法语地区的移民，给法国带来的问题是"什么是法国"以及"谁是法国人"这样的根本的问题。如法国籍的阿尔及利亚人，他们的非洲文化，尤其是音乐，是否是法国文化的一个组成部分？法国的文化研究也探讨如何将少数民族同化成为共同的法兰西民族的问题。如学校的教学大纲中，是否应承认少数民族的语言和文化，等等。法国在定义自己的身份认同时总是面临一个"他者"问题。法国的他者曾是德国，二战后又变成美国。美国大众文化和经济对法国的强有力影响，一直是法国文化研究的主要课题。

其五，南亚文化研究。印度的文化研究始于60年代初期，甚至早于伯明翰。但是由于印度不是西方国家，所以尽管也占尽英文的天时地利，却没有得到国际社会的重视。这种现象本身就可以成为文化研究的课题。南亚文化研究派别很多，有研究文化和社会发展的，也有研究文化和科学关系的。其中最著名的是德里大学的"次要研究派"，主要研究印度的殖民地历史和文化。该学派的主要影响是1982年创刊的年刊《次要研究：南亚历史和社会文选》，作者来自世界各地。"次要"（subaltern）一词源出葛兰西1934年的一篇文章：《论历史边缘：次要社会群体历史》，葛兰西的"次要群体"原词指各种缺乏阶级意识的被支配和被剥削群体。"次要研究派"则用这个词来指反抗英国殖民者的印度人民，尤其是农民。"次要研究派"最有影响的是女性主义者、匹茨堡大学英文系教授盖娅特里·斯皮沃克。斯皮沃克生在印度，在印度受教育，任教美国大学多年。她是最早将德里达介绍和翻译到印度的人。斯皮沃克综合西方的马克思主义、女性主义和解构主义理论，形成一种独特的方法分析印度殖民地文化,号称"女性主义的马克思主义解构主义者"。在1987年出版的《在别的世界:文化政治文选》中,斯皮沃克分析西方和非西方背景下的语言、妇女和文化的关系,为文化研究提供了一个女性主义的分析模式和新的文化理论范式。

第三节 文化研究向何处去

如上所见,文化研究是靠在其他学科的边缘打游击战起家的。伯明翰学派当年挑战传统学术界,取得突破,终于修成了正果。但是正所谓成也萧何,败也萧何。当年从边缘挣扎出来的文化研究,一旦扶正,成为正统和"霸权",同时也就开始面临被颠覆的命运。在被"入侵"的学科如社会学和人类学中,如今越来越多的学者进入文化研究,将之纳入自己的学科范围。可以毫不夸张地说,文化研究面临着消失在这些学科之中的命运。

今日的"文化研究"与昔日不可同日而语,涵盖面甚广,从古老的传统学科到新近的政治运动几乎无所不包。由于没有明确的领域及学科界限,优势逐渐转为劣势。文化研究对文化的定义如此广泛,以至霍尔也承认缺乏足够的专门化术语决定什么不是"文化"。从严格的意义上说,文化研究实是一个不是学科的学科。在西方大学里也常常"居无定所",有的在英文系,有的在传播系,有的在社会学系,有的干脆独立出来,由来自不同学术背景的人组成一个研究中心。文化研究拒绝一切经典法规,它没有传统学科的严格性,既没有自己的基本理论和研究方法,也没有研究范围的限制。它借助人文科学和社会科学的理论和方法也有很大的随意性。常常根据其目的和需要从一个学科跳到另一个学科,从一种方法跨到另一种方法。这种随意拈来,为我所用的研究方式,在一些人看来,就是典型的"反学科"(anti-discipline)作风。

由于什么都可以冠以文化研究的美名,文化研究正在失去自己。在大众文化研究方面,对大众音乐的文本分析又多又滥。批评者抱怨一些"次品"一经研究就获得了学术名声。另外,大量的借用使文化研究日益失去自己的理论焦点和理论传统,以至于被形容为"一个毫无安全感的孤儿,在绝望地寻找一个父亲的形象"①。特里·伊格尔顿 2000 年出版的《文化的概念》,就认为文化研究如今用得太泛滥了。言者不知所云,听者不知所以。应该让它回到它自己的领域。

问题是,文化研究的领域在哪儿?

社会学正在缩小与文化研究的距离。传统社会学的文化理论的基本前提是生活方式,包括支撑各种社会关系的价值观念和信仰的模式,如平等的或等级制的社会关系模式。生活关系受到社会关系模式的限制。社会学文化理论的目的是去解释这些模式以及支撑这些模式的过程:"生活与人们有关,重要的是人们如何与他人交往以及如何期望别人与自己交往。"②社会学理论重点在于个人和集团如何通过政府和市场得到他们想要的东西。社会学的文化理论则着重解释为什么人们要他们想要的东西,以及他们如何去得到。但是 1978 年,英国社会学学会第一次召开有关"文化"研究的讨论会,目的是将社会学的文化理论跟人类学和文学社会学的文化概念拉开距离。文化被认为是"与存在的物质条件和作为意义生产表现的作品二者有关的文化产品和实践"③。这是社会学第一次将文化和"意义生产"联系起来。

人类学对"文化"的定义与文化研究最接近。文化也是人类

---

① 本·阿格尔:《作为批评理论的文化研究》(Ben Agger, *Cultural Studies as Critical Theory*), London: The Falmer Press, 1992 年版,第 1 页。
② 汤普森、厄利斯、维达夫斯基:《文化理论》, Boulder: Westview Press, 1990 年版,第 97 页。
③ 大卫·切尼:《文化转向》(David Chaney, *The Cultural Turn*), London: Routledge, 1994 年版,第 20 页。

学的传统研究领域。有的人类学家甚至认为文化研究"劫持"了人类学的"文化"。但是文化研究的"文化"超出了人类学的文化定义范围，因此人类学家对文化研究模糊的学科界限不满。通常认为人类学家感兴趣的是农村、社区，如穷人或移民的社区。而文化研究关注的是经验型的文化现象，如足球、百货商场、主题公园、旅游以及电视、传媒、大众杂志和广告等大众文化形式。这些大众文化在传统的人类学家看来不够真实可信（authentic）[①]。但是另一方面，越来越多的人类学家进入文化研究领域，研究电视、主题公园、消费工业等。传媒的民族志观众研究，本身就来自人类学。

也许，文化研究可能消失在文学研究之中吧？我们发现今天文化研究的风云人物许多都是文学出身，文学领域的文化研究，更是硕果累累。文化研究最早是来自文学研究，或许最可能也回归到文学研究。因为文学研究从来就是一门独立的学科，它的旁征博引，海阔天空，何曾又稍逊于文化研究呢。

最后，文化研究作为一门学科，它又意味着什么？托尼·本内特在他《文化：一门改革者的科学》一书中大体给出了如下界说：首先，文化研究是一门交叉学科，其间汲取了许多不同学科的视野，以审度文化和权力的关系。其次，文化研究探讨的权力形式是形形色色的，包括性别、种族、阶级、殖民主义，等等，不一而足。文化研究则是旨在探讨这些权力形式之间的联系，以摸索思考文化和权力的新方法，且使这方法具有可操作性，最终的目标是追求变革。最后，从事和推进文化研究的机构，最主要是在大学，就此而言，文化研究的学科地位应无异于高校设置的其他学科。而与其他学科不同的是，文化研究在尝试走出学院，建构与社会的种种联系，包括与政治权力的联系，与文化机构员

---

① 帕内罗珀·哈维：《现代性的混合性》（Penelop Harvey, *Hybrids of Modernity*），London: Routledge，1996年版，第17页。

工的联系,以及与文化管理的联系,等等。所以:

> 文化研究关注所有这些实践、机制和分门别类的体系,而通贯其间,是在谆谆诱导,普及那一些特定的价值、信仰、资质、日常生活和习俗行为形式。①

这还是伯明翰的传统:文化是我们的整个生活方式,文化是普通人的文化。虽然,文化研究迄至今日,还很难说是边界清晰的统一的学科,可以归纳在它名下的亚学科及其概念和方法,同样盘根错节,界限模糊。但这并不意味文化研究什么都是,比如说它不是社会学,不是语言学,不是人类学,当然也不是文学,虽然它从这些学科里汲取了许多东西。也许,文化研究与其他学科一个最大的不同的地方——这一点恰恰是本内特没有说到的——可以说,当是它自觉和不自觉的政治意识了。

第四节 文化研究若干术语

近年来文化研究的术语不断增多,其内涵亦不断变化。如彼得·布鲁克的《文化理论词汇》一书中,文化研究术语就按学科倾向分成女性主义,电影、传媒与大众文化,信息理论,文学批评与美学理论,马克思主义理论,后现代主义与后殖民主义,心理分析学七大类。有不少术语横跨好几类。此分法虽是一家之言,但对理清文化研究术语的乱麻颇有参考价值。以下以汉字笔画为序,我们列出三十四个文化研究术语,内容上大多与大众文化和传媒以及信息理论有关,理论阐述上亦偏向"伯明翰学派"的文

---

① T. 本内特:《文化:一门改革者的科学》(T. Bennett, *Culture: A Reformer's Science*), St. Leonards, NSW: Allen & Unwin, 1998 年版,第 28 页。

化研究理论。限于篇幅和学识,所选难免挂一漏万,仅供参考①。

1. 大众(popular)

跟"文化"一样,"大众"(popular)是一个意义复杂的关键词。"大众文化"(popular culture)原指大众的文化或劳工阶级的文化,同时亦可包括民俗文化、青年文化、亚文化,甚至流行的小说和电影。其含义包括两个矛盾的方面:"由"大众生产,或"为"大众生产。一般认为民俗文化及许多青年文化如街头时装、音乐、艺术等都是"由"大众创造的,而大批量生产的快餐文化则是"为"大众(消费者)而生产。因此大众文化研究面临一系列定义与价值观的问题:如何看待大众文化,消费者的作用是积极的还是消极的,如此等等。目前最通常意义上的"大众文化"指大众传播或大批量生产的文化。其研究可分为两个主要方面:一是大众文化的生产,包括文化工业的角色、体制及文化政策、媒介的产权及控制权等;二是大众文化的消费,包括消费者的角色、大众产品(文本)的接受与使用(消费)等。但具体的研究要复杂得多。

2. 大众主义(populism)

得名于美国20世纪30年代的政治运动。主旨为代表"大众"反对官僚体制和大商家政治。伯明翰学派的斯图亚特·霍尔认为80年代的撒切尔主义是一种"独裁大众主义"或"大众的独

---

① 本节参考资料为:
布鲁克:《文化理论词汇》(Peter Brooker, *Cultural Theory: A Glossary*), London: Arnold, 1999年版。
奥苏利文等:《传媒与文化研究关键概念》(Tim O'Sullivan, John Hartley, Danny Saunders, Martin Montgomery & John Fiske, *Key Concepts in Communication and Cultural Studies*), London: Routledge, 1995年版。
托尼·斯韦兹等:《文化研究工具》(Tony Thwaites, Lloyd Davis & Warwick Mules, *Tools for Cultural Studies*), Melbourne: Macmillan, 1997年版。
雷蒙·威廉斯:《关键词》(Raymond Williams, *Keywords*), London: Fontana, 1976年版。

裁主义"。霍尔引用葛兰西的霸权理论，提出政治意义与文化意义相接合（articulation）的接合理论。意谓权力只能通过"同意"才能赢得和保持。撒切尔通过象征意义上的对个人和民族国家的认同，才得到大众的支持。文化研究方面，大众主义多指费斯克和保罗·威里思等人的研究方向。他们强调消费者对象征意义的创造性生产和大众文化的积极意义。

3. 文化（culture）

文化的定义多达几百种。旧的定义尚未理清，新的定义又源源不断。在大众文化的意义上，最言简意赅的定义如下：文化是意义被生产、流通、交换的社会过程的集合。

4. 文化研究（cultural studies）

"文化研究"是一个新兴的学科，尤指起源于20世纪60至70年代的英国伯明翰大学当代文化研究所（Centre for Contemporary Cultural Studies at the University of Birmingham）的研究方向及学术成果，即后来常被人引经据典的"伯明翰学派"。其代表人物有理查·霍加特、雷蒙·威廉斯和斯图亚特·霍尔。伯明翰学派的影响后来扩展到西方其他国家尤其是澳大利亚和美国。在这些国家的代表人物有约翰·费斯克、托尼·本内特、约翰·哈特利、洪美恩等。80年代以来，伯明翰学派的研究方向及兴趣在世界学术范围内掀起了一股学术风潮，并逐渐形成气候。"文化研究"为许多新兴研究，尤其是为当代生活及文化现象的研究提供了新概念、新方法，以及新的理论思路。

5. "文化的研究"（the study of culture）

"文化的研究"与"文化研究"在英语里不是同一个概念。"文化的研究"包括许多思想运动及学术传统，如马克思主义、女性主义、心理分析、社会学、人类学、文学等。这些学科都涉及广义上的全人类文化研究的某一部分，一些术语，如性别、全球化、权力、快感、意识形态、文本等都包括在文化研究之中。英国学派即伯明翰学派的"文化研究"是"文化的研究"的核心和动力。

但这并不意味着所有的文化研究都来源于这一传统。后现代主义的文化研究取向如法国的鲍德利亚及美国的弗雷德里克·詹姆逊就与伯明翰学派有所不同。但二者都跟当代生活和社会现象理论化有关。

6. 文化研究的研究领域

文化研究与传统学科不同，没有明确的领域及界限。其研究领域横跨下列各学科：传媒研究、文学研究、传播研究、文化社会学、社会地理学、女性主义、心理分析、解构主义等。最早的文化研究始于20世纪60年代英国一些激进的人文知识分子如伯明翰学派等对传统学术界的挑战。他们常在不被其他学科注意的边缘打游击战，并取得重大突破。文化研究原来的学科基础是文学研究。伯明翰学派早期的代表如雷蒙·威廉斯等都来自文学研究领域。文化研究的方向后来转向社会学、人类学和民族志（ethnography）。近年来，"文化研究"的兴趣从原来的大众文化与传媒转到意识形态、权力、性别、种族及族群等问题。目前的热门课题包括文化身份认同及文化表现等方面的理论问题。文化研究借助和改造不少其他领域的术语和概念。同时也吸收了各种学术传统，尤其是马克思主义、女性主义、后结构主义及后现代主义。但许多概念和术语的内涵和内容在不同学科内有不同的理解和运用。当今的文化研究范围已超出原来伯明翰学派的范围。

文化研究偏向理论上的探索。在研究策略上偏向折中主义，即尝试综合各种理论从中找出研究最佳途径。文化研究的一些关键术语，如文化、大众（the popular）、共同文化（common culture）、流行（popular）、表征、霸权、接合（articulation）等（多见于雷蒙·威廉斯的《关键词》一书以及斯图亚特·霍尔的有关文章）影响深远，流传范围极广。总的来说，文化研究跟社会意义的生产和消费有关，因此也跟权力、表现和身份认同有关。尽管学术界对这些问题还有争论，有人认为这些问题不属于文化研究的范围，如文学研究就是一个独立的学科，不附属于文化研究。

7. 文化主义（culturalism）

文化主义关心文化与社会的关系，源于早期英国文学理论家马修·阿诺德和 F. R. 利维斯对文化影响的强调。后超出文学研究范围，发展到对当代大众文化、体制与社会实践的总体研究，主要见于理查·霍加特和斯图亚特·霍尔的著作，以及雷蒙·威廉斯的早期著作。文化主义对 20 世纪六七十年代霍加特及霍尔担任伯明翰大学当代文化研究所所长时该所的文化研究方向有重大影响。步霍加特及霍尔后尘，担任伯明翰大学当代文化研究所所长的理查·约翰逊，认为理查·霍加特与雷蒙·威廉斯的理论取向都是文化主义，与当时的马克思历史学家 E. P. 汤普森有共同之处，都认为社会群体的价值观念可以通过分析活生生的文化过程与民众自己生产和消费的文化文本来获得。霍尔在他题为《文化研究：两种范式》的著名文章中解析了文化主义和结构主义的分野。文化主义不等同于整体上的文化研究。文化主义和结构主义两种理论取向没有互相取代，也没有互相结合，而是在与其他理论如马克思主义、女性主义及种族与族群研究的结合之中得到进一步的修正和发展。

8. 文化工业（culture industry）

指直接生产、资助、展示、发行文化产品与文化服务的国家或私营的艺术和传媒机构，包括音乐、艺术、体育、新闻、书籍报刊、电影电视、录像等行业。术语原来自法兰克福学派的阿多诺。法兰克福学派认为大众文化的形式和效果都为商品化的目的服务。其观众是被动的消费者，文化工业在意识形态领域内复制资本主义的社会关系。但文化工业近年来发生全球性巨变。西方各国政府对保护性传媒政策的解禁，有线电视、卫星电视及数码图像工业的崛起，传媒与娱乐工业的日益商业化，产权的集中，世界市场的扩张等，形成了一个跨国的、运作于各国政府国界之外的、以盈利为目的的全球性传媒工业网。于是文化工业成了传媒社会学的热门话题。

近年来主要的研究方向有媒介的政治经济学以及媒介的所有权和控制权等问题。这些问题不仅与传统的传媒工业有关,同时也与新兴的信息工业如互联网有关。一些新型文化工业的兴起,如将传统的矿山及船舶工业变成文化遗产教育业或旅游业,即所谓的"后现代经济",也为研究文化工业史上文化、科技和商业三者的关系带来新的研究课题。

9. 代码（code）

指规范符号系统并使之产生意义的一套预定规则。如语法是语言的代码,莫尔斯电码（Morse code）是电报代码,二进制数字系统是计算机编程代码,左手拿叉、右手拿刀是吃西餐的代码。把信息变成信号是为编码,将信号重新排列使之成为有意义的系统是为解码。代码通常在解读符号之前预设,是自觉自然的过程。如不懂语法的人照样说话,常常没有意识到语言代码的存在。

代码用于文化研究来自结构主义与符号学。结构主义认为所有的交流系统,从最简单的手势到最复杂的电影电视叙述系统,都能通过类似的语言基本规则来理解。早期两位代表人物为法国的文化人类学家列维-斯特劳斯与文化符号学家罗兰·巴特。他们的研究模式后被用于解码70年代好莱坞的大众电影,如西部片和警匪片中善与恶、东部与西部、法律正义与自然正义的对立代码等。当代符号学研究转向对广告、新闻图片、电视图像及时装等的研究。一般认为图像通过编码后具有伪装性。常被认为是直观的、客观的,不可能做假。同时图片和形象的意识形态性比语言更难察觉。一般政府和民众都对语言比较敏感,对形象敏感性较低。研究取向旨在打破代码,将意义释放出来。

10. 公共领域（public sphere）

公共领域指资本主义国家和社会之间的一个公共空间,市民们假定可以在这个空间中自由言论,不受国家的干涉。传媒运作的空间之一,就是公共领域。这个词来自德国著名社会理论家、法兰克福学派的哈贝马斯。哈贝马斯在《公共领域的结构转型》一书中以社会学和历史学为切入点,探讨了18世纪自由主义模式资产阶级公共领域的产生、发展、瓦解的历史及其社会结构、政治功能、观念与意识形态。哈贝马斯认为,在私人领域,人们的角色是父母、夫妻、兄弟姐妹和朋友;在公共领域,人们的角色是公民,按公民的权利和义务行事。公共领域理论要回答的问题是:人们在什么地方作为公民相遇?什么因素加强或阻碍了他们在这些空间的交流?公众舆论如何产生?如何保证公民的民主权利?如此等等。又如什么叫做"公众",哈贝马斯坚持公众是关于市民的广泛的互动,即"公众"不是滞止不前的概念。"公众"只存在于公民之间的积极意见、观点和信息的交流和交往之间。正是在这些交往之中,形成了公共领域里的公众舆论。

11. 发话人 / 受话人(addresser/addressee)

交流的双方,发话的是发话人(addresser),对方是受话人(addressee)。在作品中发话人指作者,受话人是读者。

12. 发送者 / 接受者(sender/receiver)

在大众文化和传媒研究中,有必要区分发送者/接受者与发话人/受话人的关系。前者就实际上发生的情况而言,后者就文本的立场而言。举例来说,电视的经典镜头之一:美国前总统克林顿在记者招待会上说:"我跟那个女人(莱温斯基)没有发生过性关系!"这个镜头(电视文本)的"发话人"是克林顿,"受话人"是记者们;但实际上克林顿讲话的内容可能由他的秘书或律师起草。所以秘书或律师才是真正的文本的"发送者"。而文本的真正的"接受者"是正在观看电视的美国及全世界的观众。同样的例子有《实话实说》等脱口秀节目及中国央视的春节联欢晚会。主持人或演员们对演播厅表演,真正的接受者在演播厅之外、电视机之前。

13. 网络(network)

人们进行非面对面空间联系的交流渠道。原来多为广播通讯,现指以电脑为主体的信息和娱乐网络，尤指互联网。网络可大可小，小至社区、单位，甚至会议，大至全国及全世界。20世纪70年代以来信息技术革命带来的"信息资本主义"导致对资本主义的重构及"网络社会"或"信息社会"的产生。"网络社会"有以下特点：跨国公司及网络产业崛起，后现代经济的发展依赖信息科技，市场、服务、传媒系统网络化，全球化，高科技化，等等。如此网络社会改变了人们的就业方式，加深贫富悬殊，同时集中传媒权力，创造受传媒影响的政治话语。一些社会弱势群体也将信息网络"为我所用"，如电脑软件盗版问题。

网络革命对全球政治、经济、文化有重大影响，给文化研究带来全方位的新研究课题。尤其是"网络社会"的所有权、控制权，及其民主化管理等问题，如谁有权进入，网络属于谁，由谁控制，等等。这是一块正在开发的处女地。

14. 守门人（Gatekeeper）

在西方国家指传媒信息在播出前把持选题、编辑、审稿各筛选环节的专业人士。这些专业人士的职业代码，如他们如何理解传媒的公正性、新闻性、个人及媒体的品位、媒体间的竞争等组成一道道关卡，决定传媒意义的生产。斯图亚特·霍尔认为英国电视生产，尤其是BBC代表"中产阶级的政治"表现。由于守门人研究单一研究传媒信息的生产，被称"单行线"研究。90年代后这一研究多转向信息生产的消费，即观众的接受研究。

15. 观众（audiences/viewers）

所有交流形式的对象。常指区别于写作形式的读者（readers）及体育比赛的观众（spectators）。Audiences直指剧场和音乐会的观众，亦可指电影和电视观众。Viewers在传媒研究中专指电视观众。电视观众与电影观众的区别在于其接受环境是私人的、个体的、非公共性的、非集合性的。

电视观众研究最著名的理论文献是伯明翰学派斯图亚特·霍尔的《电视话语的制码解码》（1973）。它打破美国传媒学派传媒过程中观众被动的传统模式,提出意义不是传送者"传递"的,而是接受者"生产"的。传播不仅仅是一个从传送者到接受者的直线行为。传送者本人的解释,并不相等于接受者的解释。信息的发出不能保证它的到达,在传播的过程中,观众始终扮演积极的而不是被动的角色。

16. 传播 / 通讯（communication）

传播原指 20 世纪 40 年代末由沙农和维弗提出的将信息有效地从一点传到另一点的基本技术模式,包括信息源 / 发送者（information source or sender）、发送媒介（media）、信息（message）、接受者（receiver）等因素。此模式很快被早期大众传播（mass communication）研究采用。但不久即发现不少问题,如传播只是单向的传播,忽视信息的"反馈"及接受者的积极作用等。同时,信息的内涵也过于狭窄,仅限于意指的内容而排除非意指的内容及形式。

这些问题激发了大量对信息文本的符号结构及意识形态结构意义的研究,从而拉开了以大型文本和大规模的观众为研究基础的文化研究中的传媒研究（cultural studies on media）与对传媒系统、传媒所有权和控制权更感兴趣的传播学研究的分界线。由于当代传播的日益庞大及理论上的复杂性,很少有传播研究能够面面俱到,并达到一定的理论深度。拉斯维尔 1948 年提出的传播学研究模式——"谁说的？说了什么？通过什么方式？对谁说的？有什么样的效果？"半个世纪后仍是传播学的基本研究方向。

17. 权力（power）

当代文化研究中最具影响力的"权力理论"来自法国哲学家福柯。福柯的"权力理论"强调以往的理论将权力看作一种抑制性力量,权力就是禁止或阻止人去做某事,故权力从根本上说是一种压抑。但权力实际上要复杂得多。权力是关系性的。从权力的关系来看,权力是始终处在循环过程中的一种链状结构,像网络一样四面八方延伸开去,从来就不固定在一处或者是某个人手中。权力可以来自任何方向,可以自上而下,同样也可以自下而上。福柯的权力定义影响到每个人作为个人的概念以及和社会的权力关系,也影响到对大众文化的看法和研究方法。福柯的著名论断"权力来自下面"为大众文化研究以及日常生活中的权力关系提供了启发性的理论。

18. 优先阅读（preferred reading）

文本可分开放性和封闭性。高雅文化和精英文化文本多为开放性文本,具有多种阅读可能性；大众文化文本多为封闭性文本,常有明显的优先阅读导向。优先阅读来自作者或读者的社会立场和文化经验。

霍尔认为电视文本可有三种优先阅读方式,即三种解码立场。第一种立场跟权力密切相连,是从葛兰西霸权理论中生发下来的"支配-霸权立场",它假定观众的解码立场跟电视制作者的"专业制码"立场完全一致,这意味着制码与解码两相和谐。第二是"协商代码或协商立场"。这是大多数观众的解码立场,既不完全同意,又不完全否定。一方面承认支配意识形态的权威,另一方面也强调自身的特定情况。观众与支配意识形态始终处于一种充满矛盾的商议过程。第三种立场为"对立码"。观众能看出电视话语的"制码",但选择的是自己的解码立场。这一类观众对电视信息有自己的读法,每每根据自己的经验和背景,读出新的意思来。

19. 形象（image）

指客体或现实的精神或视觉的表现。电影电视、绘画照片中的现实就是形象之一。形象有相当的虚假性,常与现实脱节。如学者常讨论的中国传媒"媚外"与西方传媒的"妖魔化"中国等问题,就是形象与现实脱节的例证。

美学方面关心的问题主要是形象如何反映现实,是真实地还是虚假地反映,故研究问题多与意识形态有关。后结构主义和后现代主义则提出"表征的危机",尤其在当代传媒研究方面。鲍德利亚认为当今世界是一个超现实（hyper-reality）世界,无论是政治还是娱乐都乐此不疲于无实质内容的"形象"游戏。形象更多地与广告、时装、知名度有关而不是与现实有关。市场、利润以及造型和包装则是左右形象的关键因素。女性主义者更关心的是传媒和政治是否加强或批判女性形象的类型，如"贤妻良母""女强人"，或女性形象是否为男人们所"看"（gaze）而创造等。

20. 怀旧（nostalgia）

怀旧是对过去时间的一种情感，一种责任感或失落感。也有学者说怀旧跟历史记忆有关，"渴望现实如同逝去的一样，是一种无用行为"。当代文化的怀旧现象颇受后现代理论关注，尤其在文学电影电视作品方面。美国文化批评家弗雷德里克·詹姆逊分析包括电影《星球大战》在内的后现代文本，指出三种怀旧方式：50年代失落风格的历史重构，青少年影迷的早期经验，有选择地重现过去以至忽略当代历史参照系。怀旧还跟想象中真实历史感的失落有关，也是与移民身份认同、人类自我意识及自我批判有关的课题。

21. 身体（body）

身体成为文化理论的热门话题主要来自四个方面：女性主义的崛起、消费主义的盛行、后殖民主义的挑战，以及生物科学基因工程的发展。女性主义不仅关注色情、堕胎、女性对身体的选择权与大众文化对女性身体的消费等问题，而且关注女性身体被赋予的性别，性以及种族的意义，以及由身体引发开来的权力结构和对身体及其表现的控制。

女性身体与消费主义有密切关系。以妇女身体为市场的工业，如时装、美容、健美、皮肤保养等不仅影响广告及媒体的兴趣和口味，也通过其构造的"美女神话"影响着人们的理想对象和消费模式。但女性主义者认为妇女的身体从不是天生和自然的，而是各种社会压力下的产物。对女性身体的控制是传统的权力话语。

后殖民理论认为殖民主义下身体被赋予种族主义的意义。身体跟性别、种族及族群的身份认同有密切关系。种族主义对皮肤颜色、各种人体外形造型的种族化旨在维护正统的权力结构。这些问题影响到身体作为物质、生理和资本的现象如何作用于社会话语及意识形态等理论问题。同时目前生物学基因工程的发展提出了身体外形对身份认同的发展以及理论上"后人类"身份认同的科技与道德等问题。

22. 表征（representation）

表征是一种象征性的将世界赋予意义的实践。大众文化里，意义的生产和消费通过一定的媒介和方式，如电视剧，得以表征。表征研究跟民族国家的身份认同、女性主义研究等方面有关。

23. 拟像（simulation）

原词来自古希腊哲学。当今为电脑术语，指电脑将非现实环境再现成虚拟真实环境的能力。法国哲学家让·鲍德利亚借用此词于文化理论来描绘形象跟生活所指对象的变化关系，即能指和所指的关系。他认为形象即能指首先"反映基本现实"，其次"掩饰和歪曲基本现实"，再次"掩饰基本现实的缺席"，最后进入"纯拟像领域"，跟现实不再有任何关系。他所举的例子有迪士尼乐园和1991年的海湾战争。人们电视图像所看到的是实际上并没有发生的虚拟的媒介战争。

24. 城市（city）

自20世纪二三十年代芝加哥学派开启市民心理研究之先河以来，市民的生存环境及心态一直是社会学家及大众文化研究的研究课题。如果说具有汽车、电灯电话是20世纪初城市现代性的主要特征，那么电脑化、传媒化、消费文化的扩张、市民构成的变化（移民）、城市建筑与环境（大型购物商场等）等改变是20世纪末后现代城市的特点。当代就业方式、致富方式的变化都来自城市，跟城市的变化有关。

目前的研究课题有全球化及社区和生存空间的问题，包括市区建设、市民认同、移民、性别、族群等。这些研究跟"表现的世界"，如文学、电影、电视、照片、绘画、建筑及广告等有密切关系。媒介及艺术如何表现城市的变化，变化如何影响市民的心态，市民如何利用城市的空间布局抵制主流文化等，都是近来大众文化研究的课题。

25. 流行（pop）

原词来自英国50年代兴起的"流行艺术"运动（Pop Art），后泛指与严肃音乐相对的"流行音乐"（pop music）。"流行音乐"不是单一的音乐形式。可等同于"摇滚乐"（rock and roll），亦可指每周销售榜上商业性的"快餐"音乐。其显著特点是消费性。但早期艺术运动中"严肃音乐"和"流行音乐"的划分如今受到后现代的挑战。连英国皇家也喜爱的"辣妹"音乐应归于何类，"严肃音乐"还是"流行音乐"，学者们至今未有一致的结论。

26. 偶像（icon）

icon一词来自宗教绘画中的圣像及圣物。现多指大众文化中被追星族崇拜的大众偶像，如电影电视明星、歌星等，同时也包括一些政治人物。所有的视觉形象包括身段、外型、发型、时装等都具有偶像性。现代传媒具有速成的"造神"功能。一个文化的大众偶像反映这一文化的审美观念与价值取向。

27. 消费主义（consumerism）

如果说现代性的时代是生产的时代，生产经济也生产理论，那么后现代的时代就是消费的时代。如法国哲学家鲍德利亚所说，消费是一种积极地与集体和世界保持关系的方式。消费主义是一种现象，也是一种时尚，与西方社会日益增长的商业化和大众消费有关。消费主义不仅影响商品的性质与商家生产政策，也影响到个人、集体和性别在购物和消费（如音乐）等方面的身份认同，同时影响到文化理论的变化。消费文化研究常被包括在传媒（观众）接收研究、认同政治及快感研究之中。在更广泛的层次上，涉及后现代与全球化的研究。

28. 旅游（tourism）

旅游是当今世界最重要的大众工业，在一些西方国家已成为首选三大消费之一,因而进入休闲历史学、休闲社会学、文化地理学和后殖民理论的研究视野。研究的主题有文化身份认同、游客带来的文化流动与交流、游客"异"的快感、游客的"看"与"被看"的权力关系(无论是第一世界的游客还是第三世界的游客),以及全球化与第一世界和第三世界的关系等。例如,随着纪念品和手工艺品市场的发展,西方游客以他者身份到第三世界寻找过去的文化,流连于非工业化和非城市化的"场景",在某种意义上重构或模糊了西方和后殖民国家中心与边缘的界线。

29. 被看(to-be-looked-at-ness)

"被看"来自福柯的权力理论。原是医学话语,指18世纪病人被诊断、治疗和监护时一种被剥夺、被威胁的感觉。现多用于大众文化的电影和电视研究,常与"看"(gaze)相对而用。如女性主义批评50年代好莱坞电影的女性形象就是为"被看"而作,即女性是供男人"看"的对象。而赵本山的农民形象,似乎也是一种中国农民的"被看"和被消费形象。"被看"和"看"的人之间被认为有一种权力关系。

30. 虚拟现实(virtual reality)

虚拟现实实为数码现实,指电脑创造的现实环境或非现实环境拟像。电脑的这种生产虚拟经验的功能常被用来作宇航、飞行以及外科手术的模拟训练,同时也运用于建筑设计、电影和娱乐工业。生活方面,家庭电脑和互联网将人们引入虚拟现实,并将虚拟经验变为日常经验。

大众文化研究关心的问题包括虚拟现实和真实现实的关系,虚拟现实对人们尤其是儿童认识现实社会的影响,以及美国虚拟文化的全球化影响。以瞬息万变的信息网络为特点的当代传媒技术具有生产速成跨国文化经验的能力。这一能力使得美国廉价的大众文化遍布全球,成为当代音像世界的中心。美国文化的虚拟现实变成主导现实,而真正的现实则消失在传媒的虚拟现实之中。参见"赛博空间"及"拟像"条目。

31. 道德恐慌（moral panic）

传媒社会学术语。研究大众心态的变化以及传媒反映大众心态的运作过程和所扮演的角色。道德恐慌既指个别突发事件（如江西芳林小学爆炸案），经过传媒爆炒后放大成全国甚至全世界的轰动事件，由此带来大众对社会道德的关心和担心，也指传媒的暴力表现对青少年的影响引来家长和社会的担忧。最新道德恐慌研究课题包括互联网的"黄毒"及对青少年的影响和控制。

32. 媒介（media）

使交流得以发生的中介力量。表情手势、衣着打扮、写作表演等都可称作媒介。大众文化研究中指通过技术手段达到交流目的的媒介，如电影电视、广播报纸等大众传媒。加拿大学者麦克卢汉认为媒介是人类五官的延伸，并提出媒介有冷热之分。"热"媒介延伸人类单一感官，信息丰富，观众容易接收；"冷"媒介则全面调动观众感官，要求观众参与信息解码过程。照片、电影、广播等是热媒介，而卡通、电视、电话则是冷媒介。然观众的参与和解读过程一直是传媒研究的难解之谜。例如，如何区别电视观众的"冷"和电影观众的"热"？他们是否有区别？区别在哪儿？这些问题都需要更进一步的研究。

33. 赛博空间（cyberspace）

电脑屏幕后的空间世界。来自科幻小说家威廉·吉伯逊1984年的科幻小说《纽罗曼瑟》(*Neuromancer*)。作者目睹青少年着迷于游戏机房的世界而生造此词。现常被信息科技界与商业界用作互联网、拟像世界或虚拟现实的同义语。赛博空间现象为当代大众文化研究带来许多新课题：如何划分互联网的公共空间与私人空间，如何解决互联网的政治与道德问题，青少年文化的走向与赛博空间有什么关系等。这是一个有待学者们开发的处女地。

34. 噪音（noise）

传播理论和信息理论术语，指制码器和解码器之间的障碍。这些障碍使得解码困难重重。噪音可分为技术噪音与语义噪音。

技术噪音包括汽车驶过引起电视上的雪花点和无绳电话的串线等。语义上的噪音指由于文化或社会差异而带来的制码和解码的差别(如中国电影在外国播放或反之),从而导致信息不能得到准确的解读。对大众传媒而言,技术噪音与语义噪音都会影响收视率。语义噪音的解决要比技术噪音困难得多。

第六章 CHAPTER 6 >
文化主义

第一节 SECTION 1 >
伯明翰花开花落

伯明翰大学当代文化研究中心声誉如日中天之际,在全球范围热得无可复加的文化研究中,这里就是发祥地和精神源泉,套用《圣经》上的语式,完全可以说,太初有伯明翰,伯明翰与文化研究同在,伯明翰就是文化研究。但是伯明翰中心今已不存。20 世纪 80 年代中心与社会学系合并,改称文化研究与社会学系,这在关心伯明翰的人看来,似乎已经是一个鼎盛期过后的衰退征兆。但就是这个改头换面,或者说去中心之后的"中心",如今也已风流云散。2002 年 6 月 27 日,放假留校的学生们,发现文化研究与社会学系的大门上贴出一张再简单不过的通知:本系已被撤销,别无他事。当天出版的《卫报》上,刊登了一篇署名记者的报道,称伯明翰大学已于当天上午证实,在国际上广为承认的文化研究诞生地正在重组。尽管尚未有确切消息,很可能有十一名教师将失去职位,留下大约二百一十名学生 9 月开学后对他们的学位不知所措。

教师和学生们其实并非无家可归,他们大体被分散到了英语、欧洲研究、社会政策等系科。但是一个明确无误的事实是，文化研究的发源地历经合并重组，在三十四年后，终于寿终正寝了。学生们的反应一开始激烈，他们不愿意接受这个可悲的事实。8月1日，伯明翰大学学生就关闭事件召开公开大会，会后发表声明称他们正在经历的时刻，是支配人的意志变成被支配人命运的时刻。在经济需要和高效率研究的名义下，批判性质的社会科学面临市场化的逻辑，正危机重重，或者丧师失地，或者被迫"重组"。因为市场逻辑视批判思想为绊脚石，恨不能将它一脚踢开。但是愤怒毕竟只是愤怒而已，它消失在了时间的流逝之中。相对来说比较容易适应市场机制的社会科学尚且如此，那么同市场缘分更要疏薄的传统人文科学，即文史哲加上艺术，前景只怕当是更要悲观。

悲观其实不必。伯明翰中心的终结毋宁说只是一个局部的事件，中心对于文化研究的正本清源和理论建树做出的贡献，是无论如何估价，也不为过的。一个显见的事实是，伯明翰中心开启的文化主义的研究传统，无论是作为高校课程，还是方方面面的研究本身，都不但水到渠成，而且正方兴未艾。"文化主义"一词系斯图亚特·霍尔1992年在他《文化研究及其理论遗产》一文中提出的概念，用以指理查·霍加特、爱德华·汤普森和雷蒙·威廉斯的人类学和历史主义的文化研究方法。当然这一研究的语境是现代的而不是古代的语境。所谓人类学，主要是指威廉斯的文化概念聚焦在了日常生活的意义上面，抽象的价值和具体的规范，物质的和精神的产品，都被纳入了文化研究的视野。这一点霍尔后来在他1997年题为《表征的运作》的文章中，这样描述道：我们说两个人属于同一文化，即是说，他们大致是以相同的、彼此熟悉的方式解释世界。人类学模式的文化研究被认为具有批判意义和民主精神，比如，威廉斯将文化理解为整个生活方式，事实上就将文化的概念与"艺术"分离开来，给大众文化的崛起开辟了理论空间。电视、报刊、体育、娱乐等与日常生活密切相关的活动，由此进入学院理论的视野，友善的分析很大程度上替代了过去一面倒的严厉批判。

文化主义强调文化是普通人的文化，这是伯明翰中心标举的传统。虽然后来不少当年曾在中心工作过、日后成长为文化研究巨擘的重要人物，如安吉拉·麦克罗比和约翰·费斯科等，都还明显见出受到法国后现代主义的影响，在理论上认同文化和意识形态的相对独立性，但是在反对经济决定论，倡导大众文化方面，他们同文化主义是一脉相通的。从理论上看，文化主义主要是从两种批判性对话中产生，其一反对利维斯主义的精英文化路线，其二是不满对马克思主义的机械理解，特别是经济决定论的理解。利维斯倡导教育，这是威廉斯等人深有同感的，但是后者最终是向利维斯主义的许多基本立场，发起了全面挑战，而坚持认为，通过分析一个社会的文化，分析一种文化的文本形式和实践记载，有可能重现该社会的行为和观念模式，而这些模式，是为此一社会中生产和消费了这些文本和实践的男男女女所共享的。

文化主义强调文化的"日常生活性"，关注大众积极建构共享意义和实践的能力，还可以见出英国经验主义传统的遗风。但这里的经验是活生生的日常生活的经验，它对文化的定义更多涉及文化广义上的人类学定义，即把文化视为日常生活的过程，而不是仅仅局限于"高雅"艺术。这也是英国人类学家泰勒的遗产。泰勒《原始文化》中将文化与文明并提，称就其广泛的民族学意义上言，是包括知识、信仰、艺术、道德、法律、习俗和一切作为社会成员而获得的能力和习惯在内的复杂整体，一定程度上在消解两者精神和物质层面上的分野，这同样也可视为文化主义的一个特征。

进而视之，文化主义在伯明翰传统的表述中，更可视为一种历史的文化唯物主义形式，这在威廉斯和汤普森的著作中，尤其明显。文化主义注重在历史流程中追踪意义的展开，即是说，在物质条件的生产和接受的语境中，来探讨文化的意义。文化的阶级基础，因此成为文化主义关注的一个重要对象，让沉默的底层阶级发出自己的声音，进而探究文化在阶级权力中的地位，这都很快成为文化主义的重要目标。文化主义的这些左翼倾向，与后来风起云涌的"少数人话语"（minority discourses）有许多相似处，也有明显不同的地方，其中一个差异就是文化主义的视野局限在英国内部，它是民族的国家的文化研究，而不是全球化的文化批判理论。同时即便在英国工人阶级文化内部，对于种族问题的关注，与后来如日中天的后殖民主义等思潮，也不可比肩而语。

这就是伯明翰中心留给我们的悠长传统。

第二节　SECTION 2
霍加特论工人阶级文化

阐明文化主义的来龙去脉，殊有必要从理查·霍加特（1918—2014）说起。霍加特的《文化的用途》面世是在1957年。他是个训练有素的文学批评家，受利维斯传统影响，但没有利维斯保守。但是霍加特有似《文化与社会》中的雷蒙·威廉斯，有心使用利维斯文学批评的文本细致分析方法，却不局限于文学作品。这一方法后来叫做"左派利维斯主义"。具体说，《文化的用途》中，霍加特使用了《小说与阅读公众》中 Q. D. 利维斯倡导的民族志（ethnography）方法。所谓民族志是一种实地调查研究方法，又译为人种学，主要来源于人类学研究。民族志的方法试图进入一个特定群体的文化内部，"自内而外"来展示意义和行为的说明。这当然需要付出艰辛的劳动。

《文化的用途》分为两个部分，前一部分描述霍加特青年时代的工人阶级文化，时为20世纪30年代。后一部分描述此一文化如何面临种种大众娱乐新形式，特别是美国文化的威胁，这时候是50年代。霍加特没有像利维斯那样，视工人阶级为统治阶级操纵大众文化之下被动且无助的牺牲品，他有声有色回忆了工人阶级生活的往昔时光,以自己的童年和家庭予以重构。霍加特说,这是一种家庭和邻里的文化,侧重口头传统,有最好的英国清教风习,感知世界突出个人和具象事物。这样一种文化属于工人阶级,而不属于那些凌驾于他们之上的人,如雇主、公务员、教师和地方长官等。

霍加特说,他并不是意在把过去理想化,例如他提出,工人阶级的宗教和政治观念充满偏见,一半是真,一半是假。但是在工人阶级大众自得其所的领域,他们个人的、感性的世界中,他们的交谈就像小说家,每一种逸闻都给描述得绘声绘色,一大串的明知故问,加油添醋,故作停顿,抑扬顿挫。换言之,工人阶级文化是一种极具韧性的文化,它不但能够抵制商业性大众文化的媚俗风习,而且能够改变大众文化,使之为我所用。霍加特虽然没有明确说明,但是他的意思很清楚,这就是大众文化是普通工人大众使之为通俗流行的文化,文化不是对日常生活的一种逃避,相反,日常生活本身是趣味盎然的。如霍加特描述了30年代他少年时工人阶级的城市中心:

> 就像有一个中产阶级的城市中心,也有一个工人阶级的城市中心。它们在地理上是联成一体的,它们互为重叠,具有相互协调的生活;可是,它们同样具有互不相似的独特气氛。工人阶级的中心属于所有的群体,每一个群体各取所需,所以形成了它自己的小中心——有声有色的街道、流行小铺(诸如 Wooley, Woolworth, 都是工人阶级民众所爱)、电车站、大小市场、娱乐场所,以及形形色色喝茶小憩的地方。①

对于50年代工人阶级的文化生活,霍加特发现它堕落又光彩

---

① 霍加特:《文化的用途》(Richard Hoggart, *The Use of Literacy*), London: Chatto & Windus, 1957年版,第144页。

夺目，野蛮又魅力非常，道德上则一无是处。不仅如此，事实上它还威胁他年少时代的那一种更要积极生动、更多合作精神，付出多少也得到多少的娱乐传统。对此霍加特举了是时如雨后春笋冒将出来的奶吧（milk bar）的例子，指出它就是现代种种花里胡哨小玩意的大杂烩，在这里审美品位彻底崩溃，比较起来，顾客们虽然贫困，却不乏齐整的家居，倒还显出了18世纪的那个均衡文明的城镇房宅格局。这些奶吧说穿了就是快餐式咖啡馆，但是在这里吃一顿饭，不见得就比有餐桌服务的咖啡馆更快一些。霍加特说他特别关注了北方凡一万五千人口以上的小镇，都可见到一家那种奶吧，它已经成为许多年轻人晚间的出没之地。女孩也有出现，不过顾客大都是男孩，年岁在十五和二十之间，长上装，瘦裤腿，花领带，一副美国式的懒散派头。他们当中大多数人都买不起一套加冰淇淋的泡沫牛奶，就坐着喝茶消磨一两个钟点，一边往投币唱机里一个一个塞进硬币。唱机差不多全是美国货，里面的歌听起来比较通常BBC娱乐节目播放的音乐，要前卫得多，是为典型的流行音乐，年轻人就神不守舍，迷恋其间。

霍加特指出，哪怕比起街角的酒吧，这里也是实足的放浪形骸的颓废之地，在煮沸牛奶的香味里，弥散着萎靡不振的精神，许多顾客，包括他们的衣着、发型、面部表情，全都显示他们是恍恍惚惚沉溺在一个神话世界里，这个世界就是美国式的生活。对此霍加特同样表示忧虑，深深叹惜年轻人没有志向，没有信仰，也没有人来保护他们。由此可见，霍加特对50年代流行文化的忧虑，主要也是忧虑美国式的大众文化将会侵害年轻人的精神面貌。他认为这是一种漫无目的的享乐主义，它导致的与其说是将趣味低俗化，不如说是将它过分刺激起来，从而麻木它，最终是扼杀了它。利维斯《大众文明与少数人文化》中那个"过去的好文化"/"现代的坏文化"的二元对立，以及因先者为后者所吞噬而来的忧虑和怀旧情绪，故此我们看到，大体上是给霍加特沿承下来。利维斯主义倡导教育以提高文化识别力，从而抵制堕落的大众文化无边蔓延的信念，也一样影响了霍加特的思想。但是霍加特和利维斯有一点不同，这一点不同是举足轻重的。这就是霍加特对工人阶级文化的一片热诚。就"过去的好文化"和"现在的坏文化"这个二元对立来看，利维斯将先者定位在17世纪英国的"有机社群"，霍加特则是把"过去的好文化"定位在20世纪30年代的工人阶级文化。换言之，霍加特追缅的"好文化"，恰恰是利维斯大事声讨的"坏文化"。仅此而论，霍加特的《文化的用途》就是对利维斯主义的一种明显批判了。

第三节　威廉斯文化再定义

雷蒙·威廉斯（1921—1988）是文化主义当仁不让的灵魂人物，对文化研究产生的举足轻重的影响，非一般人可以比肩。阿伦·奥康诺1989年出版的《雷蒙·威廉斯：著述、文化、政治》一书，编订威廉斯著述目录，就达三十九页之巨。威廉斯在文化理论、文化史、电视、出版、电台、广告等领域，都做出过巨大贡献，而思及他出生在威尔士边境一个普通人家庭，是一个普通铁路信号员的儿子，这贡献就尤显得非同寻常。

威廉斯十四岁就参加过工党的活动，十八岁进剑桥大学三一学院学习，是剑桥为数极少的工人阶级出身的学生。1939年他加入英国共产党，1945年主编《政治与文学》杂志时，开始关注文化问题，杂志本身的宗旨即是以现代人的视野来重新阐释"文化"一语所述之传统。威廉斯后来的《文化与社会：1780—1950》（1958）、《漫长的革命》（1961）、《电视、科技与文化形式》（1974）以及《文化社会学》（1983）等，都堪称文化研究里程碑式的作品。他一度成为与卢卡契、萨特并驾齐驱的马克思主义文化批评家。而与大多数文化研究的中坚人物相仿，出于利维斯门下的威廉斯，首先表露的也是对文学的浓厚兴趣，他本人就写过小说和剧本，在剑桥大学他的教职,也是戏剧教授。他无论是早年的《阅读与批评》(1950)、《戏剧:从易卜生到艾略特》(1952)等还是后来的《英国小说:从狄更斯到劳伦斯》(1971)和《马克思主义与文学》等,都可以发现利维斯的影子,然而旨趣终而是与利维斯的精英主义趣味大相径庭。

《文化与社会》导论中威廉斯开篇就说,一些今天举足轻重的语词,是在18世纪末期和19世纪前期开始成为英语常用词的,这些语词普遍历经了变迁,而其变迁的模式可视为一张特殊的地图,其间可以见出更为广阔的生活思想的变迁。威廉斯认为这张地图里有五个关键的语词,它们分别是 industry(工业)、democracy(民主)、class(阶级)、art(艺术)和 culture(文化)。

就艺术和文化而言,威廉斯指出,诚如 industry 这个词在工业革命之前含义是勤劳刻苦,18世纪之后则衍变为工业生产,"艺术"的本义原是技艺,可以指人类的任何技术,而不是专门指今天意义上创造性的艺术。"艺术家"(artist)的原意是技术熟练的手工业者,是工匠,然终于修成正果,演变为今日展示"想象性真理"的特殊人等。由此 aesthetics(美学)这个词也被发掘出来,用来形容艺术判断,文学、音乐、绘画、雕塑、戏剧等,则被统称为艺术,意思是它们本质上有共通之处,"艺术家"不复是过去的"工匠","工匠"有了新的名词 craftsman,两者的意蕴,自不可同日而语。总之,艺术一语的流变是记录了艺术的性质和目的、艺术与人类活动之关系,以及艺术与整个社会之关系等观念上的显著变化。

同样是文化。威廉斯提醒人 culture(文化)一语在工业化时期之前,基本上是指作物的培育,由此引申为心灵的培育,而后一用法,在18世纪到19世纪初叶自成一统,是为今日意义上的"文化"。对此威廉斯指出文化具有五个层面的意义:第一是心灵的普遍状态或者说习惯,与人类追求完美的理念密切相关。第二是整个社会中知识发展的普遍状态。第三是各种艺术的普遍状态。然后是威廉斯本人最看重的第四种意义,这就是文化是物质、知识与精神所构成的整个生活方式。这一定义事实上也是伯明翰文化主义传统的圭臬所在。但文化据威廉斯言还有第五层意义,这就是它渐而成为一个经常引发敌意,或是令人困惑的字眼。

威廉斯强调在上述五个关键词中,最引人注目的或许还是"文化"一语的发展变迁史。而"文化"这个概念的变迁,又与"工业""民主""阶级"等概念所表征的历史巨变息息相通。"艺术"一词今昔的天地之别,即是此种变迁的结果。所以文化概念的演变,对于探究人类社会、经济及政治生活的历史演变,具有纲领性质的意义。对此威廉斯指出,文化不只是新的生产方式、新的"工业"的反应,它也是新的政治和社会发展的反应,是"民主"的反应,涉及各种新的人际关系和社会关系。故而,承认道德与知识活动游离于实际社会而自成一统,是为文化一语的早期意义,而逐渐用以肯定一种作为整体的生活方式,是为文化一语的当代意义。如是文化终而从意指心灵状态抑或知识、道德、习俗,转而指涉整个日常生活的方式。

威廉斯对于文化的上述分析,意味着文化将是普通人的文化而不是少数人的专利。它与利维斯主义的分歧是显而易见的。首先文学和艺术失去了它们在传统文化中的特权地位,艺术不过是无数文化实践中的一种,与其他的人类活动没有质的差别。而文学和艺术在文化中的特殊地位,在威廉斯看来说到底是反民主的资产阶级文化观使然,资产阶级文化看重的是个别的观念、体制、方式、思想习惯和意向,反之工人阶级看重的则是集体的观念、体制、方式、思想习惯和意向。他这样描述工人阶级文化的成就:

> 工人阶级因其地位的缘故,在工业革命以来,并没有生产出哪一种狭义上的文化。我们必须认识到,他们无论是在工会、合作运动,还是政党之中,生产出的文化是集体的民主的机制。工人阶级在其历经的阶段中,首先是社会的(在于它产生了各种机构),而不是个人的(在于特定的知识性或想象性

作品)。放到它的语境中来思考,工人阶级文化可被视为一个非常具有创造性的成就。①

可以说,正因为威廉斯将文化定义为普通男男女女的日常经验,由此而进入日常生活的文本和实践,终而使他同以文学为上的利维斯主义分道扬镳。威廉斯指出,利维斯的文化观点主要来源于马修·阿诺德,而阿诺德的观点又可上溯到柯勒律治。但在柯勒律治看来"少数人"是一个阶级,即受国家资助的知识阶级,其使命是普及一切学科,而到利维斯,"少数人"本质上就成了文学上的少数派,其使命相应成为保持文学传统和最优秀的语言能力。威廉斯承认利维斯称许多"传统中最精致、最容易毁灭的部分"都包含在文学与语言之中,是言之成理的。但是可以借鉴其他经验的道路还是很多,不单是文学一端,比如,我们同样可以借鉴历史、建筑、绘画、音乐、哲学、神学、政治和社会理论、物理和自然科学,以及人类学。同样还可以借鉴以其他方式记录下来的经验如习惯、礼仪、风俗和家族回忆,等等。威廉斯甚至愿意承认文学具有特殊重要性,承认每部文学作品,都是以不同方式保存下来的共同语言的契合点。故认可文学是为一切人文活动的主体,是为保存这些活动并使之进入我们共同生活方式的主体,当是可贵且适当的认识。但问题在于,利维斯主义的以上观点有一个致命伤:让文学的批评来独自承担个人和社会经验的全部责任,它承担得起吗?利维斯为之奠立基础的以文学为中心的英语教育固然是所有教育中的一个中心,但是英语教育并不等于整个教育。同理,无论正规教育多么高尚,也不是过去和现在社会经验的全部。

威廉斯表达了他对利维斯的敬意,指出利维斯对 20 世纪流行报刊、广告、电影等的批判已为他人接手,并且早已形成了一个

---

① 雷蒙·威廉斯:《文化与社会》(Raymond Williams, *Culture and Society*), Harmondsworth: Penguin, 1963 年版,第 314 页。

传统；他对社会现实忧心忡忡，同样对俄国社会主义形式抨击不断，这一切使他四面树敌，但是他依然勇往直前。利维斯的真正成就是他那些极为可贵的教育方案，以及他的一些发人深省的局部判断，但是他的成就与失误并存。将一个有教养的"少数人"阶层与一个被判定是毫无创造力的群氓阶层对立起来，那是种有害的高傲和怀疑主义。将一个含情脉脉的有机的过去与一个分崩离析不知所云的现在对立起来，则可能导致忽视历史而且否定真实。而文化的训练，本质上应该是民主素质的训练。利维斯的神话由是观之，往糟说已导致一种伪贵族的集权主义，往好说也只是种对当代社会的一切都极不宽容的怀疑主义。威廉斯的结论是，利维斯是无可置疑的杰出的批评家和同样杰出的导师，但是人更应该明白，利维斯所谓的"少数人文化"，其实是流弊无穷的。

第四节　文化唯物主义

文化作为日常生活的意义和价值，毫无疑问其本身就是社会关系的一种总体表述。《漫长的革命》中，威廉斯因此将文化理论界定为一个总体生活方式中诸成分之间的关系研究。为此他区分了文化的三个层次：

> 有一个特定时代和地域的活的文化，只有生活在彼时彼地的人，才能充分享有它。有各种各样的记录下来的文化，从艺术到大多数日常生活的事迹，那是阶段文化。还有选择性传统的文化，那是连接活的文化和阶段文化的因素。①

---

① 雷蒙·威廉斯：《漫长的革命》(Raymond Williams, *The Long Revolution*), London: Penguin, 1965 年版，第 63 页。

《漫长的革命》的出版,据斯图亚特·霍尔《文化研究与伯明翰中心》的文章称,是战后英国思想生活中一个具有开创性意义的事件。这一开创性的意义毋宁说集中见于威廉斯的文化唯物主义思想。在威廉斯看来,文化研究就是探讨和分析一个特定时代和地域的文化记录,以重建它的"情感结构",以及共享的价值和世界观,当然要时时牢记在心,这类记录是有选择保留且阐释过来之"传统"的组成部分。不仅如此,威廉斯坚持文化的理解,必须在物质生产和物质条件的背景中,通过日常生活的表征和实践来进行。对此威廉斯将之命名为"文化唯物主义",倡导在历史唯物主义的语境中来研究特定的物质文化和文学生产。威廉斯认为文化唯物主义概念的提出,是对马克思主义机械庸俗理解的一个反拨。他强调上层结构的各种活动,并不仅仅是经济基础的反应或者结果,而本身就是物质性而且是生产性的。这意味着意识形态不复是一个高高在上的独立的信仰和观念系统,而被视为鲜活生动的总体社会过程的组成部分。故而威廉斯看好葛兰西的霸权观念,认为用它来框架文化理论,是再好不过突出了文化本身的生产性和能动性。

视文化唯物主义是在意义生产的物质手段及条件中来分析一切意义传达的形式,那么,文化研究的内容就将包括:一、艺术和文化生产的机制,即艺术和文化生产的工艺和市场形式;二、文化生产的形构、培育、运动以及分类;三、生产的模式,包括物质手段和文化生产的关系,以及产品显示的文化形式;四、文化的身份认同以及形式,包括文化产品的特性,它们的审美目的,以及生成和传达意义的特定形式;五、时间和空间上的再生产,一个特定传统的意义和实践的再生产,它所涉及的是社会秩序和社会变革。进而在一个特定表意系统的物质基础上,来组构那个特定的传统。

由是观之,文化在威廉斯看来就是由普通男男女女的意义和实践所构成。文化是鲜活的经验,作为文化研究对象的文本,是所有人的生活实践以及意义。文化不可能脱离我们的物质生活条件,恰恰相反,文化实践无论服务于什么目的,它的生产意义永远无可争辩是物质性的。故此,在生产条件的语境中来探讨活的文化的意义,即是文化作为"一种整体的生活方式"的形构过程所在。威廉斯的此一类策略,被认为完全可以用来分析当代大众文化,比如当代音乐以及它的有关形象和实践。如是 Rap、Hip-Hop 和 Rave 这些风格和作品,可理解为流行音乐在音像公司和广告商机制内部的形成过程。流行音乐的模式可以包括录音棚的技术设施,以及这类作品生成其中的资本主义社会关系。当然,Hip-Hop 和 Rave 这类音乐形式关牵到特定的声音、语词和形象结构,而此一结构背后是特定的社会集团,特定的社会身份。故此这里音乐和符号作为指意系统的分析,就是再现了美国黑人的音乐形式和价值观在历史文化语境中的变化,这文化当然是活的文化,具体说,它们就是年轻一代美国黑人精神面貌的写真。

第五节　汤普森:英国工人阶级的形成

爱德华·汤普森(1924—1993)1963 年以他的大著《英国工人阶级的形成》,与霍加特和威廉斯一道,成为前期文化主义鼎足而立的代表人物之一。汤普森本人反对给他的著作贴上文化主义标签,但是他关切人文活动,关切文化的历史情境,关切工人阶级的经验以及文化的多元性,这一切都使他的态度和方法成为当仁不让的文化主义模式。《英国工人阶级的形成》提出的一个主要观点是,阶级是一种关系,而不是一样东西。序言中他开篇就说,这本书的标题虽然笨拙,但是它适得其所。之所以说形成,是指它研究的是一个鲜活生动的过程。工人阶级并不是像太阳一样,准时升起在地平线上,它是在自己形成的过程中展示自身的。汤普森特别强调他所说的"工人阶级"是单数而不是复数。因为复数的"工人阶级"是一个描述性词语,是许多互不相干的现象联合在一起的松散联盟,所以很难界定。至于"阶级",汤普森说他的理解是一种历史现象,而不是一个结构,甚至一个范畴。它是发生在人类关系之中的历史现象。

既然是关系,那么它就是流动不居的东西,任何将它钉死在哪一个点上,对它作结构解剖的意图,指定就要遭到挫败。这里汤普森显示了他同文化研究结构主义方法的明确分歧。关系必然总是表现在活生生的民众和活生生的语境之中:"当有一些人,出于继承或者分享的共同经验,感觉到相互之间有共同的利益,并且把这些利益结合起来,而来抵抗其他人的与之不同(通常是相反的)利益形式时,阶级便告诞生了。"①

故此,阶级经验很大程度上取决于人们诞生其中的生产关系。而阶级意识,由此便是以文化手段来处理这些经验的方式所在,它表现在传统、价值系统、观念以及制度形式之中。汤普森反对把阶级视为"一种东西"(a thing)的流行看法,仿佛它具有一种实体的存在,甚至可以用数学的精确来加以界定。他认为在马克思本人的文字中,这并不是马克思的本意,而后代的"马克思主义"著述,则乐此不疲。而假如我们记得阶级是一种关系而不是一种东西,那么阶级就不是实体,就没有理想的阶级利益和阶级意识。汤普森说,他坚信不疑除非视阶级为一种社会和文化结构,是诞生在一个特定历史阶段的过程之中,阶级就不可能被人理解。故此,英国工人阶级的生机和活力,就在它的形成本身之中,而工人阶级的经验,必须在历史理解之中得到阐释。对此《英国工人阶级的形成》中有一段有名的话:

> 我意在拯救那些织袜工、那些破坏机器的修剪工、那些"老掉牙"的手织机纺织工、那些"乌托邦"式的工匠,甚至

---

① 汤普森:《英国工人阶级的形成》(Edward Thompson, *The Making of the English Working Class*), London: Victor Gollancz, 1963 年版,第 8—9 页。

乔安娜·索思各特那些晕头转向的追随者们,使他们的子孙后代不再妄自菲薄,自暴自弃。他们的手艺和传统可能正在消失。他们对新的工业化的敌意可能是倒行逆施。他们的社群理想可能只是幻想。他们的暴动图谋可能只是匹夫之勇。但是,他们走过了这些激烈的社会动荡时代,而我们却没有。①

这就是英国工人阶级的形成。他们的自身的经验证明了他们理想的合理性。即便他们成了历史的牺牲品,他们的形象也是长存不朽的。这里多少也能见出汤普森不同于霍加特和威廉斯等人之处,这就是汤普森坚持文化总是存在于冲突和斗争之中,从而奠立"各种特定的生活方式"(particular ways of life)。比较威廉斯文化构成一种"特定的生活方式"的说法,这里"方式"一语威廉斯用的是单数,汤普森用的则是复数。

第六节 霍尔解构"大众"

斯图亚特·霍尔(1932—2014)本人也是文化主义的一个领军人物。他出生在牙买加一个会计家庭,1951年跟随母亲来到英国,就学于牛津。作为社会学家,50年代他与 E. P. 汤普森等合编《新理性人》和《新左派评论》两本激进杂志时,已经初露头角。1964年他与人合著《大众艺术》(The Popular Arts),该书得到理查·霍加特赏识,结果便是应霍加特之邀,霍尔加盟了伯明翰当代文化研究中心。1968年霍尔接替霍加特,出任伯明翰中心第二任主任,直到1979年离任执教开放大学社会学系。这是伯明翰中心最为红火的一段时光。霍尔著述繁多,相当一部分是探讨

---

① 汤普森:《英国工人阶级的形成》,London: Victor Gollancz,1963年版,第12页。

马克思的政治和社会思想,与现代性和文化研究有关的著作主要有《通向复兴的道路》(1988)、《现代性及其未来》(1992)、《现代性的形构》(1992)、《文化身份问题》(1996)、《文化表征与指意实践》(1997)、《视觉文化》(1999)等。

作为伯明翰中心70年代的顶尖人物,霍尔与霍加特和威廉斯有所不同,他的名声不是基于他自己的哪一本书,而是在于交织在热烈论争之中的文章和文集序言。这一时期霍尔关注最甚,产生影响也最大的是在大众文化与大众传媒领域。如题为《文化、传媒与"意识形态"效果》的著名文章中,霍尔充分肯定了大众传媒的重要性,这一点与他的前任霍加特是不尽相同的。他指出,大众传媒的现代形式最初出现在18世纪,是随着文学市场的发展兴起,艺术产品成了商品。霍尔这里给了利维斯保守传统当头一棒,认为它是把18世纪理想化,而不是把它看作开启了市场王国的魔鬼力量。到20世纪,大众传媒对文化和意识形态领域的殖民是如此成功,它一举奠立了领导权、霸权和统治地位。传媒现在的责任是向集团和阶级提供关牵到他们自己的生活和其他集团生活的形象、信息和知识。如是它交织在我们仿佛是眼花缭乱的现代生活总体之中。

但不同于法兰克福学派的一般作风,霍尔非常敏感于观众之有可能用他们自己的方式给"统治话语"解码,认为观众的反应未必一定是机械的,就像阿多诺和霍克海默判定的那样。统治意识形态用选定的意义来编码,将往来事件的解释公布于世,仿佛它们是自然的、理性的。观众本可以反抗霸权的方式来解码。但是霍尔审度下来,发现观众并没有这样做。他们通常不知不觉就接受了统治阶级派定下来的意义。观众确实感到在以自己的方式解码,但是这类解码通常不过是统治代码内部的谈判协商而已。传媒因此是一个结构有序的意识形态领域,一个复杂的统一体。霍尔说,在葛兰西看来,各种统治意识形态固然亦会互相抗衡和竞争,但是总体上看,借用阿尔都塞的话说,传媒是被结构在统治支配之中的。

《解构"大众"笔记》一文中,霍尔围绕"大众"(popular)一语的定义,逐个分析大众文化的不同定义。他开篇就说,在"大众"问题上他遇到的问题几乎与在"文化"上遇到的一样多,两个概念放到一起,则困难尤会大得惊人。在阐述了大众文化的分期问题后,霍尔就"大众"一语做了三个层次的解构。他指出,拿最常用的含义来说,事物被称为"大众的",是因为成群的人听它们、买它们、读它们、消费它们,而且似乎也尽情地享受它们,这是这个概念的"市场"或商业定义。其次,大众文化指"大众"在做或者曾经做过的一切事情。它接近大众概念的"人类学"定义:"大众"的文化、社会习惯、风俗和民风,总而言之,所有那些标志他们"特殊生活方式"的东西。最后,也是霍尔本人看好的定义:用关系、影响、抗衡等延绵不断的张力来界定"大众文化",集中探讨大众文化与统治文化之间的关系。换言之,它把文化形式和文化活动的领域看成是变动不居的,然后考察使统治文化和附属文化之间的关系得以表出的那个过程。这里的焦点就是文化间的关系和霸权问题。

很显然霍尔解构"大众"使用的是自觉的马克思主义的方法,具体说是从阶级的角度阐释统治阶级意识形态文化控制和被统治阶级反抗此一文化控制的斗争和妥协,这正是葛兰西霸权理论的文化认知。适因于此,霍尔反对法兰克福学派单纯把文化工业看作精神鸦片的观点,而强调文化霸权控制和反控制的双向运作。就"大众"的第一个定义即商业的定义而言,霍尔指出,如果说20世纪文化工业的文化产品果真如人所言,是为大众所广泛消费,那么毋庸置疑这大众里面是有着广大的劳动人民。问题是包括广大劳动者在内的消费群体是不是一定就如法兰克福学派判定的那样完全是被操纵被欺骗的"文化傻瓜",沉溺在统治阶级派定下来的"虚假意识"之中呢?霍尔表明他的立场说,他并不认为以上观点作为对文化关系的一种全面描述,可以维持很长时间。而如果将它视为对于工人阶级和社会主义的大致描述，它就更加短命。因为归根到底，把大众视为完全被动的外围力量，根本就不是社会主义的观点。

那么，大众文化是否与商业无关？是不是可以绕过商业，来谈大众文化？霍尔认为这也不是实事求是的看法。恰恰相反，霍尔说，他赞成没有什么完整的、真正的、自足的"大众文化"，可以成为一块飞地，游离于文化权力和统治关系网之外。他承认这是一个微妙的问题。所以大众文化研究是一直摇摆于完全"自治"和完全管制这两个叫人很难接受的立场之间。如是我们看到了霍尔所谓的文化斗争的辩证法：对抗、接受、拒绝、投降，这样迂回曲折前进下来，就使文化领域变成一个持续的战场。

霍尔对大众文化的以上描述可以说是在文化主义语境中，改写了威廉斯文化是整个"生活方式"的定义，如他所言，他更愿意把它表述为"斗争方式"，认为唯其如此，方可解释文化相互交织的斗争状态，如18世纪一面是上流社会"君主与恐怖"的传统，一面则有资产阶级追求普适公正的传统，两者的激烈交锋，就是18世纪的文化现实。所以任何人试图单纯从文化形式和文化实践的起源点出发，建立某种普遍的大众美学，这根本就是走错了方向。他认为大众说到底是与阶级的概念密不可分的：

> "大众"这一术语与"阶级"这个术语有着非常复杂的联系。我们知道这一点，却常常苦心地去忘掉它。我们谈论工人阶级文化的特殊形式，却用"大众文化"这个更有包容性的术语指称研究的一般领域。十分明显，我所说的一切如果不与阶级的视角和阶级斗争联系在一起的话，将没有任何意义。①

---

① 霍尔：《解构"大众"》，陆扬、王毅选编：《大众文化研究》，上海三联书店，2001年版，第55页。

但是霍尔也承认，在阶级和特定的文化形式之间，并不存在一对一的对应关系，阶级和文化更多是在同一战场上互为交叉重叠的。霍尔的结论体现了典型的伯明翰文化主义的左翼马克思主义立场和作风：大众文化是被压迫者文化和被排斥之阶级反对权力支配的竞技场，它不是简单表现出成熟的社会主义文化的场所，但是社会主义却可望在这个领域里建树起来。大众文化之所以重要，正是在这一点上，否则，霍尔强调说，他是根本就不屑一顾的。

第七节 SECTION 7 >
电视话语的制码和解码

斯图亚特·霍尔的《电视话语的制码解码》(简称《制码解码》)一文，堪称文化与传媒研究中一篇至关重要的文献。它打破美国传媒研究的模式，为电视的文本研究及电视观众的民族志研究，提供了一个符号学范式。故它一方面是文化和传媒研究从消极走向积极的转折点，一方面也为后来对法兰克福学派和文化帝国主义理论的批判，打下理论基础。英国文化研究学者约翰·斯多雷甚至认为霍尔的《制码解码》是一个里程碑，标志着西方文化研究的新起点："如果我们要寻找一个文化研究从利维斯左派、'悲观的'马克思主义、美国传媒模式及文化主义与结构主义脱颖而出的奠基时刻，那恐怕就是霍尔《电视话语的制码解码》的发表。"[①]

《制码解码》一文原写于 1973 年，是伯明翰当代文化研究中心的一篇油印文章，修改后收入 1980 年出版的《文化、传媒、语言》一书中，后被人援引转载不计其数。霍尔文章的中心内容是电视话语"意义"的生产与传播，其理论基础来自马克思主义政

---

① 斯多雷：《文化研究与研究大众文化》(John Storey, *Cultural Studies & The Study of Popular Culture*), Edinburgh: Edinburgh University Press, 1996 年版，第 9 页。

治经济学理论的生产、流通、使用（包括分配或消费）以及再生产四个阶段。霍尔提出，电视话语"意义"的生产与传播也存在同样的阶段。就电视话语的流通而言，可划分为三个阶段。每一阶段都有相对独立的存在条件。

第一阶段是电视话语"意义"的生产，即电视专业工作者对原材料的加工。这也是所谓的"制码"阶段。如何加工（加码），加工成什么样子，比如拍什么题材，怎么拍，镜头比例如何，镜头时间长短，用不用特写等，取决于加工者的知识结构以及生产关系和技术条件等因素。这一阶段占主导地位的是加工者对世界的看法，如世界观、意识形态等。这里的关键是理解什么叫作代码（code）。代码是解读符号和话语之前预设的，已经存在于加工者脑海之中，就像作为语言代码的语法，被看作是自觉自然的过程。适因于此，人们常常没有意识到它的存在。就像不懂语法的人照样说话，不懂文化代码的人也知道眼镜要戴到鼻梁上，衣服穿在身上，早餐食品不能用来晚餐请客。意义的产生公认取决于代码系统，一如没有语法句子就不能产生意义。但文化代码虽然很早就被结构入文化社区之中，它却常常想当然被认为是自然的、中立的、约定俗成的，没人会怀疑代码系统本身的合理性。故文化研究的任务之一，即在于如何打破代码、将意义释放出来：

> 毫无疑问，字面的误解的确存在。观众不懂使用的术语，不能跟随争论或展示的逻辑，不熟悉语言，觉得概念太陌生或太难，被阐述的叙事所欺骗。但更常见的是广播员担心观众不懂他们作为广播员所预期的意思。他们真正要说的是观众未能运作于"支配"或"建议"的代码之中。①

---

① 霍尔等：《文化、传媒、语言》（Stuart Hall，D. Hobson，A. Lowe & P. Willis eds., *Culture, Media, Language*），London: Hutchinson，1996年版，第135页。

第二阶段是"成品"阶段。霍尔认为，电视作品一旦完成，"意义"被注入电视话语后，占主导地位的便是赋予电视作品意义的语言和话语规则。此时的电视作品变成一个开放的、多义（polysemy）的话语系统。传统电视理论认为电视信息的代码是高度约定俗成的。电视图像被认为是直观的、客观的，不可能做假。所以尽管观众不同，不可能有与制码者不同的解读。但霍尔认为电视的信息是"多义的"，却不是"多元的"（pluralistic），因为由于图像话语将三维世界转换成二维平面，它自然就不可能成为它所指的对象或概念，而且：

> 现实存在于语言之外，但又不断地由语言或通过语言表达：我们所知所言必须由话语或通过话语产生。各类"知识"不仅产生于"真实"语言的清晰表现，同时又是语言对真实关系和条件的表达。因此，没有代码的运作，就没有明白易懂的话语。①

如此看来，电视图像越自然，越有伪装性。这是因为图片和形象的意识形态性，比语言更难察觉。所以意义并非完全由文化代码预设，意义在系统中是由接受代码决定的。这是说，电视文化提供的产品是"意义"。"意义"可有多种解释，符号的意义跟所给事实不一定符合，观众完全可以解读出不同的意思。各人得到的意义并不相同。关于这一点，约翰·费斯克在他的《电视文化》一书中，对"多义性"概念有创造性发挥，尤其是电视文本的"多义性"②。

第三阶段也是最重要的阶段，是观众的"解码"阶段。这里

---

① 霍尔等：《文化、传媒、语言》，London: Hutchinson，1996年版，第131页。
② 详见费斯克：《电视文化》(John Fiske, *Television Culture*) 第六章，London: Routledge，1987年版，第84—95页。

占据主导地位的，仍然是对世界的一系列看法，如观众的世界观和意识形态等。观众面对的不是社会的原始事件，而是加工过的"译本"。观众必须能够"解码"，才能获得"译本"的"意义"。换言之，如果观众看不懂，无法获得"意义"，那么观众就没有"消费"，"意义"就没有进入流通领域，而最终是电视"产品"没有被"使用"。用霍尔的话说，如果意义没有在实践中清楚地表达出来，意义就没有效果。不过，如果观众能够解码，能看懂或"消费"电视产品的"意义"，其行为本身就构成一种社会实践，一种能够被"制码"成新话语的"原材料"。这样一个过程，斯多雷解释为：

> 通过话语的流通，"生产"成为"再生产"然后又成为"生产"。这个周期从"社会的"开始，结束到"社会的"，结束又成为新的起点。换言之，意义和信息不是简单被"传递"，而是被生产出来的：首先产生于制码者对日常生活原材料的编码，其次产生于观众与其他话语的关系之中。每一阶段都举足轻重，运行于自身的生产条件之中。①

霍尔解码理论批判的是美国传媒学派对传媒过程经验与行为的经典解释。他提出传播不仅仅是一个从传播者到接受者的直线行为。信息的发出不能保证它的到达，在传播的过程中，从信息的原始创作即制码，到被解读和理解即解码，每一过程都有其自身的决定因素与存在条件。即是说，信息生产的权力关系与消费的权力关系并不完全吻合。传播周期亦为支配模式再生产周期。

从这一理论立场出发，同时也受到社会学家法兰克·帕金《阶级不平等与政治秩序》一书的启迪，霍尔提出三种假设的解码

---

① 斯多雷：《文化研究与研究大众文化》，Edinburgh: Edinburgh University Press，1996年版，第11页。

立场，此即著名的"霍尔模式"：其一跟权力密切相连，是从葛兰西霸权理论中生发出来的"支配-霸权立场"（dominant-hegemonic position）。它假定观众的解码立场跟电视制作者的"专业制码"立场完全一致，这意味着制码与解码两相和谐，观众"运作于支配代码之内"。

其二是"协商代码或协商立场"（negotiated code or position）。这似乎是大多数观众的解码立场，既不完全同意，又不完全否定。一方面承认支配意识形态的权威，另一方面也强调自身的特定情况。观众与支配意识形态始终处于一种充满矛盾的商议过程。霍尔举的例子之一是观看电视新闻的工人。工人也许会赞同新闻称增加工资会引起通货膨胀，但这并不妨碍他们坚持自己拥有要求增加工资的罢工权利。

第三种立场霍尔称之为"对立码"（oppositional code）。观众能看出电视话语的"制码"，但选择的是自己的解码立场。这一类观众对电视信息有自己的读法，每每根据自己的经验和背景，读出新的意思来。如对于电视中针对是不是应当为"国家利益"而限制工资的辩论，观众将"国家利益"一律读成"阶级利益"。故霍尔称的电视文本可以从对立的立场来读。唯其如此，可望推翻制码的意识形态。

"霍尔模式"初看简单，但这个简单的模式解决了一个重大问题，即意义不是传送者"传递"的，而是接受者"生产"的。意识形态的被传送不等于被接受。因为传送者本人的解释，并不相等于接受者自己的解释。阅读文本是一种社会活动，是一种社会谈判的过程。观众/读者可以同意也可以反对。这一理论模式总的来看是为文化和传媒研究带来了乐观的一面，改变了美国传媒理论中观众被动的传统模式。

进而视之，霍尔还为文化的生产和接受提供了一套新理论和新的分析话语。一方面，他使文化研究从文本分析转向民族志方法的观众研究，开启对观众作为积极角色研究的先河，由此出现民族志观众研究的代表学者如英国的大卫·莫利和从荷兰移师澳大利亚的洪美恩等;另一方面,霍尔的理论同后现代理论结合,又为文化批评家提供了对付他们自身的武器。如文化批评家口口声声自称在为大众说话,但是他们究竟能否代表大众?这一理论转变的直接结果,是强化了对少数民族、女性和日常生活的研究,以及反思60年代以还文化研究中占据统治地位的文化帝国主义理论。

第七章 CHAPTER 7
结构主义与意识形态理论

第一节 SECTION 1
结构主义与文化研究

在文化研究的方法上，如前所述，理查·霍加特、雷蒙·威廉斯和爱德华·汤普森是"文化主义"的早期代表人物，但"文化主义"这个术语本身是同"结构主义"方法形成对峙后的产物，是以厘清结构主义和与此密切相关的意识形态理论与文化研究的关系，以及阐明结构主义文化研究的特征，将是本章的主要内容。

如果说文化主义以意义为它的核心范畴，将之视为社会生活中人文活动的产物，那么结构主义则是更侧重生成意义的指意（signifying）实践，而这一实践将显而易见不带有任何个人的色彩。就结构主义将作为文化主体的人从研究中心向边缘消解而言，它应无疑问是反人文的。结构主义垂青分析形式，主张一个系统结构内部，现象唯有根据它同其他现象构成的关系，方才见出意义来。故此，结构主义的文化研究，目标即是探究现象之下潜在结构的关系系统，这个系统就是使现象见出意义的语法所在。

结构主义的文化研究传统,被认为至少可以追踪到法国社会学家涂尔干。涂尔干在他的名著《自杀:社会学研究》和后来的《社会学方法规则》中,便是旨在探究外在于一切个案的文化及社会生活的普遍性模式。涂尔干称他反对认为知识可以来源于直接经验的经验主义方法,相反他是要找寻由社会所建构、文化所变革,自成一统、独立于任何特定意识的"社会事实"。即是说,这些"社会事实"存在于一切个体之外。例如,信仰、价值和宗教规范,特别是天主教和新教之间的恩恩怨怨,被认为便可解释形形色色不同模式的自杀行为。换言之,即便是自杀这一个体意识再强烈不过的行为,也是可以从信仰结构和社会规范中寻找答案的。

一个例子是涂尔干在其名著《自杀:社会学研究》中发明的"失范"(anomie)概念。顾名思义,它指的是规范的丧失。规范一旦丧失,道德、法律,乃至社会的一般行为守则悉尽不在话下,这无论是在个人还是在团体,都形似一种无法无天的悲哀。"失范"的概念可以从涂尔干对两种团结的区分说起,一种是"机械的"团结,一种是"有机的"团结。机械团结见于原始社会,在家庭之中,其间的成员有一种归属感。反之有机的团结见于现代社会,其特征不是对于某物的归属感,相反在于体现合约和立法关系的一个复杂系统。据涂尔干观之,人类社会的历史,大体就是从机械模式走向有机模式的历史,虽然它体现了进步,但是也付出了代价。代价之一即是"失范"。在以机械团结为基本特征的社会中,涂尔干指出,社会关系是支离破碎、转瞬即逝的,人们少有集体意识,共通意义不为人识,是非善恶的共通标准也无从谈起。这样,就导致个人和亚文化创建他们自己的规则,或在走向有机社会的过程中导致走向失范行为。一个例子便是年轻人的狷傲不逊和老年人那种被社会抛弃的孤独感,事实上就都成了失范的温床。故此,失范是一种影响被及个体的社会行为,它不是特定个体不能够适应他们的社群,而是起因于社会结构,在于社会对年轻人、老年人和其他亚文化集团的关心程度。就对个体的整合能力而言，导致失范行为频频出现的社会，便可被视为是其功能失调了。

但是涂尔干没有怎么论述指意系统，所以严格来说还算不上是结构主义者。结构主义致力于探究文化意义的产生，以及认为文化的结构相似于语言的结构，都可追根溯源到索绪尔的《普通语言学教程》。索绪尔提出了后来被认为是结构主义模式的一系列原则，如共时和历时的区分，主张意义产生于差异，在语言中没有肯定项，只有差异，而正是各项之间的差异关系，产生了意义。故语言作为一个符号系统，应把它看作一个特定时间内的完整体系，是这个特定体系的语言总系统（langue）决定着日常生活中个别语言行为即"言语"（parole）的意义。对此他指出，传统语言学忽视语言和言语的区分是一个错误，结果要么是只见树木不见森林，要么是同时从几个方面去研究言语活动，这样，语言学的对象就像是乱七八糟的一堆离奇古怪、彼此毫无联系的东西。故而，要解决这些困难，只有从一开始就站在语言的阵地上，将其视为言语活动的准则。索绪尔认为语言的特征可以概括如下：其一，它是言语活动事实的混杂总体中一个十分确定的对象，是言语活动的社会部分，个人以外的东西。其二，语言和言语不同，它是能够分离出来加以研究的对象，我们完全可以掌握它的结构。其三，言语活动是异质的，语言却是同质的，它是一种符号系统。其四，语言这个对象在具体性上比之言语毫不逊色，语言符号不是抽象的概念，而是实在的东西，它们就存在于我们的心里。

索绪尔就能指（signifier）和所指（signified）作出的区分，同样影响了文化研究的结构主义模式。《普通语言学教程》中，索绪尔反对名称和事物之间有铁定的必然联系，称语言符号连接的不是事物和名称，而是概念和声音形象。他建议保留用符号这个词表示语言整体，用所指和能指分别代表概念和语音形象。这样既能表明所指和能指彼此对立，又能表明它们和它们所从属的整体之间的对立。索绪尔这一区分是要说明词与物之间没有固定不变的对应关系，意义只是约定俗成的产物，因为能指和所指的联系是任意的，并无动机在先，或者说是自然而然的。能指和所指之间的这一任意的、随机的关系，意味着意义是流动不居的，具有它特定的文化的和历史的语境，而不是一成不变、万试不灵的什么东西。正因为符号的随机性，它同历史和社会的关系，就被凸显了出来。由是可见结构主义的一个基本前提，这就是一切文化活动及其产品，甚至感知和思想本身，都是建构的而不是自然的。结构故此便是建构的原则、分析的对象。一个结构，如童话故事中的传统情节序列、中世纪之后艺术透视中的几何学，乃至我们打算吃什么、何时吃、怎样吃这样一些稀松平常的事情，都不纯然是一种没有意义的机械秩序，而具有一个特定系统中的索绪尔意义上的"价值"。

索绪尔语言学理论对于文化研究的影响在于，文化产品必然传达意义，而一切文化实践，有赖于符号所生成的意义。它揭示意义不是来自自然或上帝，而是任意的、人为的。要之，视文化的运作有似语言，一切文化实践向语义学分析敞开着大门，就不是夸张之辞。在葛兰西霸权理论流行之前，文化研究，特别是大众文化的研究，相当一段时间内是文化主义和结构主义的两分天下。在结构主义的视野中，大众文化经常被视为一种"意识形态机器"，其炮制俨如法律的规则，专横统治大众的思想，一如索绪尔专横统治具体言语行为的"语言"总系统。文化主义则是相反，赞扬大众文化是真实表达了社会受支配阶级的兴趣和价值观。进而视之，结构主义研究似乎是集中见于电影、电视和通俗文学，文化主义则趋向于在历史和社会学内部独霸天下，特别是关涉到工人阶级"生活方式"的研究，诸如体育、青年亚文化一类。

第二节 SECTION 2 >
罗兰·巴特解码文化

罗兰·巴特（1915—1980）1957年出版的文集《神话学》，是文化研究结构主义传统的一个先驱。该书收入的文章涉及角力、玩具、广告、肥皂粉、清洁剂、牛排、旅游，乃至对科学的流行看法，等等，五花八门，不一而足。序言中巴特告诉读者说，他这里各式文章的起点，是忍无可忍报纸、艺术和常识本身如何将现实视为自然而然的东西，仿佛它不是为历史和意识形态所形构。故他将追踪这类意识形态的泛滥，探究当代资产阶级社会如何通过大众文化，来将"历史"表征为"自然"。他的指导原则是永远怀疑虚假的表面现象："我讨厌看到'自然'和'历史'方方面面都纠葛在一起，我要追踪溯源，就用铺陈摆设述而不论的方法，来揭示在我看来潜藏在那里的意识形态虚谬。"①

罗兰·巴特在《神话学》里展示的是索绪尔的结构主义符号学传统。其细致的文本分析方法，是先时利维斯的文化批评反之专献给"高雅"文学的专利，两相比较起来，《神话学》就具有毋庸置疑的开拓意义。巴特指出，他是采用了索绪尔能指加所指等于符号的模式，但是在此基础上，他又添加了一个第二层面的指意系统。这个系统诚然是罗兰·巴特推陈出新的成果，但是它的渊源起码可以追溯到中世纪《圣经》阐释的传统。什么是这第二层面的指意系统？如人所知，能指"狗"产生了所指"狗"，即一四足犬类动物。但是巴特指出，这一公式中产生的符号"狗"，可以在指意系统的第二个层面上，再一次成为能指"狗"：一个恶人，小人。如是第一个指意层面上的符号，是为第二个指意层面上的能指。第一个层面是以言示物，第二个层面则是以物示物。

---

① 罗兰·巴特：《神话学》(Roland Barthes, *Mythologies*), London: Paladin, 1973年版, 第11页。

这与托马斯·阿奎那《神学大全》解析《圣经》时提出的以言指物的字面义和以物指物的精神义的区分,又可以联通起来。

巴特称,正是基于这第二层面的指意系统,神话被制造出来以应消费之需。他认为神话可被视为是一种言语,即是说,神话的构成五花八门,然门门可以类比语言。神话由此即成为他所谓的"第二阶次的符号系统"。当然巴特莫若说是项庄舞剑,意在沛公。他的目标是在政治,神话同样可以是意指或挑战意识形态和观念形态的实践,在这一方面,巴特表明了他对当代社会资产阶级价值观念多存疑问,反过来对不登大雅之堂的大众文化显示出浓厚的兴趣。收入《神话学》第一篇的《角力世界》,就是一个很好的例子。

巴特讨论的角力经常是在巴黎一些脏兮兮的厅堂中举行,生龙活虎,却与资产阶级紧紧包裹起来的形象似有千里之遥。巴特一开始就向装模作样的资产阶级人士显示义愤,他们看不起大众角力,因为它没有能够像拳击和柔道那样跻身于体育之列。但巴特反击说,角力不是体育但是它是好戏。它具有极大的观赏性,让情绪毫无保留地发泄出来。每一个角力士都是一出戏中的一个人物,每人都代表一个夸张的符号。比如福樊(Fauvin),一个五十岁的胖子,诡计多端,残忍又懦弱,用他的一身肥肉展示了一种没有固定形态的卑鄙。他就是"坏蛋",是杂种、章鱼,招致厌恶,令人作呕。公众叫他 la barbaque,臭肉。巴特注意到,有一些角力士是伟大的喜剧家,用他们夸张极度的戏剧技巧,叫观众乐不可支。巴特认为,在符号解密的过程中,大众角力表征了一种道德宇宙的理解,这宇宙没有矛盾,没有冲突,每一个人物都被修饰为一种"单一意义的"自然,不含沙射影,仅仅是表征一个符号。巴特说,这就是公众的神话学,永远是在回归道德的确定性和简明性。

但《角力世界》同《神话学》的其他篇章类似,在更晚近的文化批评家看来,是在展示居高临下的结论,是突然重申了主流文学即现代主义的神话观,一如既往确信大众观众总是从大众文化中期望什么,需要什么。比较阿多诺和霍克海默的文字,《神话学》中的巴特并不觉得更有必要来验证他自己的确信无疑,来研究大众观众的反应和价值,而不是难得偷听到些什么。对此约翰·道克尔即作如是说:

> 文学现代主义总是自命可以判定大众观众的心理状态。但是《角力世界》中的矛盾,对现代主义批评家的心理状态提出了疑问。一如既往重申大众观众的能力局限,是不是在现代主义主流中揭示了一种婴孩式的保护需要,以及确定、重新肯定距离安全感和优越感的需要?撇开巴特的现代主义自我不谈,他果真迷恋角力,并且从中得到快感了吗?这一快感是不是作为一种严厉的判断即意识形态滥用,而给压抑了,位移了?①

1971年出版的名著《S/Z》中,巴特进而提出了五种文化代码的理论,以此来逐词逐句分析巴尔扎克的中篇小说《萨拉辛》。该书标题据巴特本人解释,也是意味深长,远不只是以 S 代表萨拉辛,以 Z 代表巴尔扎克。巴特在《S/Z》中,将文本中的所有能指归纳为五种代码,它们分别是解释代码、语义代码、象征代码、行动代码和文化代码。关于文化代码,巴特给予它的定义是:文化代码是对一种科学或知识的指称,当目光转向它们的时候,我们只是指出这知识的类型,如物理的、生理的、医学的、心理的、文学的、历史的等等,而不更进一步去建构或重构它们表现的那一文化。如《萨拉辛》中的这一段文字:"'哪管它是魔鬼,'几个青年政客说,'他们到底是办了场无与伦比的舞会。''哪怕朗蒂伯爵抢了银行,我也随时愿娶他的女儿!'一个哲学家高声说。"巴

---

① 约翰·道克尔:《后现代主义与大众文化》,New York: Cambridge University Press,1994年版,第54页。

特把这些文字归于一种道德心理的文化代码,指涉玩世不恭的巴黎。又如"图上画的是阿都尼躺在一张狮皮上面"这句话,是指向一种神话和绘画的文化代码。巴特称他的五种代码并不相互排斥,有时候数种代码可以同时作用于同一语义单位。如小说中"罗马舞台上有过女人吗?你对天主教国家中那些唱女人角色的家伙就一无所知吗?"这样一句话,就既是解释代码,婉转破译了悬念,又是文化代码,指涉了天主教国家的音乐历史。比较巴特的前期著作,《S/Z》以潜在的代码结构来释文本字面义的深层走向,诚然还是见出结构主义的余风,但五种代码与其说是在整合文本,不如说是在分解文本,禁止对象呈现任何一种统一的意义。很显然,此时的巴特已经是在经历他的后结构主义转向了。

第三节 SECTION 3
列维-斯特劳斯的文化人类学

结构主义人类学大师列维-斯特劳斯(1908—2009)对于文化研究产生的影响,亦是有迹可寻。列维-斯特劳斯运用语言学模式来研究原始部落中的制度、惯例、习俗、婚姻以及信仰等文化现象,显得游刃有余。如早在1949年出版的《亲属关系的基本结构》中,他就称亲属系统有如语言,即是说,家庭关系是为内在的二元对立所结构。一个例子是乱伦禁忌,是乱伦禁忌将原始人分成了可婚和不可婚两种类群,人类由此进入了文明社会。列维-斯特劳斯对于食物的分析,更被认为是结构主义方法的范式。食物不光是可食,同样可思,即是说,食物一样是表征意义的能指。《生食与熟食》中,列维-斯特劳斯指出,是文化惯例告诉我们什么可食、什么不可食,以及是什么意义附着在食物上面。像生食和熟食、可食和不可食、自然和文化这些个二元对立,其中每一项的意义无不见于它与其对立项的关系之中,是烧、煮、蒸这些烹饪手段将生食转化为熟食,其人文意义,由此也由自然而转化成了文化。他认为很多例子可以表明，可食与不可食的对立不是为营养所定，而是文化意义使然。例如犹太人禁食猪肉，且烹饪食物中有其特定的洗涤洁净文化程式。如是可食和不可食这个二元对立，就进而推进到了自家人和外人这另一个二元对立。

在其名著《结构人类学》中，列维-斯特劳斯更指出，所有的文化，都表征了人类心灵中与生俱来的那些二元对立结构的逻辑转化，其运行基理的一种逻辑转化。以亲属关系为例，列维-斯特劳斯指出，一个特定地域的亲属系统，其总体特征相仿于该地域语言结构的总体特征，所以理解社会生活的基本特征，其实是不如我们想象的那样艰难：

> 我们应当来了解社会生活形式，诸如语言、艺术、法律、宗教等等之间基础层面上的相似性，虽然它们表面上大相径庭。与此同时，我们应当抱有这一希望，希望能够克服文化的集体性质与其个体显现之间的二元对立，因为所谓的"集体意识"最终分析下来，不过就是普遍法则的特定的时空模态，在个体思想和行为层面上的表现，正是这些法则构成了心灵的无意识活动。①

文化研究按照这一思路挺进，目标应无疑问当是一种科学主义的人文建构。列维-斯特劳斯始终认为，自然科学和人文科学的基本差异，并不在于一般认为的那样，所谓只有前者可以做实验，可以在不同的时间和空间中予以重复。人文科学同样可以做实验，至少如语言学的例子所示。而人文科学的困境说到底是在于它每每是粗枝大叶，反复无常，由此而陷入软弱无能的境地。所以，如果说人文科学可以借鉴于自然科学，列维-斯特劳斯的感慨是，

---

① 列维·斯特劳斯：《结构人类学》(Lévi-Strauss, *Structural Anthropology*), New York and London: Basic Books, 1963 年版，第 21 页。

那么人们向往理解世界，必须首先来弄清楚表面现象。这也是结构主义可以提供的启示。

《结构人类学》题为"人种与历史"的第十八章中，列维-斯特劳斯进而分析了文化差异的问题。他指出，人类文化的数量远较人种为多，故在心智上、美学上和社会学上呈现文化差异，是为必然。事实上人类文化的差异比我们所知道的要多得多、丰富得多。但文化差异既有空间上的差异，也有时间上的差异，对于不同的文化，我们应当去理解些什么呢？列维-斯特劳斯对此还是举荐他的结构主义方法，指出有些文化在发展的过程中从来没有过彼此接触，有些文化则是源出于同一个主干，所以它们之间的差异程度是不一样的。如秘鲁古代的印加帝国与非洲达荷美之间的差异，就比当代英国和美国之间的差异要显著得多，虽然后两个社会同样必须认可它们之间的差异。进而视之，不但是文化与文化之间存在差异，文化的内部也存在差异，比如构成一个社会的所有群体之间的差异：种姓、阶级、职业或宗教的群体，等等。这一类内部的差异同样不可以等闲视之。列维-斯特劳斯的结论是，人类社会绝不是孤立的，当它们看上去像孤立时，也还是处在群体或群落的形式之中，所以文化差异的启示也就是求同存异的启示，与其说它是在分隔人群，不如说它是在团结人群。这样一种求同存异的原则，对于结构主义文化研究产生的影响是巨大的。

第四节　SECTION 4
阿尔都塞和意识形态理论

路易·阿尔都塞（1918—1990）对文化研究的影响是多方面的，并不限于结构主义一端。阿尔都塞的一个头衔是结构主义的马克思主义理论家，虽然他本人否认自己是结构主义者。阿尔都塞主要著作出版面世是在20世纪60和70年代，这一时期的法国几为结构主义和马克思主义的一统天下。60年代，阿尔都塞时任巴黎高等师范学院哲学系主任，该系在他主政时期，名流荟萃，号称红色大本营。阿尔都塞对马克思的阅读是他鼎力倡导的所谓"症候阅读"，其结构主义的科学主义作风相当明显。如他认为马克思的思想发展经历了从意识形态到科学主义的认识论决裂，即以1845年为界，前期为非科学的意识形态时期，后期为逐步走向科学主义的时期，认为此一成熟期的马克思主张结构因果性和多元决定论，是反经验主义、反历史主义和反人道主义的。如是来看，被彼时学界普遍认为代表真正的人道主义的马克思主义的《1844年经济学哲学手稿》，据阿尔都塞所见也不过是见证了马克思的思想发展的黎明前的黑暗。阿尔都塞反对一切人道主义命题，认为人道主义的概念总使人想起意识形态的无意识，且容易同小资产阶级的思想命题混淆不清。故马克思的思想的精粹是科学，而不是人道主义，马克思主义不存在人道主义的内容。

阿尔都塞认为意识形态与科学有质的区别。1965年出版的《保卫马克思》一书中，他给予意识形态的描述是，意识形态是具有独特逻辑和规律的表象的体系，如形象、神话、观念或概念体系等，是历史地存在于特定的社会之中，并作为历史而起作用。而作为表现体系的意识形态之所以不同于科学，是因为在意识形态之中，实践的和社会的功能较之理论即认知的功能更为重要。即是说，意识形态一方面确指一系列存在着的现实，一方面因其不同于科学概念，并不提供认知这些现实的手段，故此也并不说明这些存在的本质。

阿尔都塞视意识形态为人类依附于人类世界的关系，称它是人类对其真实生存条件的真实和想象的多元决定的统一。所谓"多元决定"（over-determination），本是弗洛伊德精神分析术语。《梦的解析》中，弗洛伊德称他发现任何一梦皆为多种因素决定，通过自由联想，人可发现梦里任何一个细节都可以引向中心情节，没有哪个细节有什么特别之处。由此弗洛伊德引出结论说，梦是由一系列事件所多元决定。阿尔都塞借用弗洛伊德上述概念来阐释马克思的历史观,认为马克思既指出了生产方式的最终决定作用,又指出了上层建筑的相对独立性和特殊作用力,故经济基础和上层建筑都是决定的,又是被决定的。他认为这是马克思历史观中的一个矛盾,它本身是多元决定的产物,即是说,是为被它所促成的社会形态的各个方面和各个层次所决定。阿尔都塞的这一多元决定论,曾被弗雷德里克·詹姆逊称作当代西方一个最为成功的概念,因为它意味那些看起来极不相关的东西,常常可以具有举足轻重的结构的力量。

"症候阅读"是阿尔都塞《读〈资本论〉》中提出的概念,它同样显示了精神分析的影响。阿尔都塞注意到弗洛伊德坚持可在日常生活和说梦中的错讹、疏忽和荒唐事中,看出无意识的复杂的隐藏结构的症候,而拉康进而提出,可根据这些症候进行语义分析,从而发现没有明白说出的无意识话语。阿尔都塞由此提出他"症候阅读"的概念,认为写《资本论》的马克思在阅读、征引和批判亚当·斯密和李嘉图的经济学著作时,有如精神分析学家,把作者有所忽略和错讹的地方,视为"无言的论述"症候,由此将埋藏在文本深处的无意识理论构架发掘出来。或者更确切地说,是通过阅读这一"劳动",将此一构架生产了出来,从而形成新的真理。阿尔都塞本人读《资本论》和马克思的其他著作,用的即是此一结构主义和精神分析的综合方法,即以见之于文字的马克思著作为表层结构,而致力于发掘出文字底下马克思未予直接言说的深层的无意识结构,盖唯有这一无意识的深层结构,方是科学的,判然不同于为人津津乐道的马克思早期著作中的主体、人道主义、异化等主题。

阿尔都塞对文化研究影响深广的是他的意识形态理论。阿尔都塞认为他是在发扬光大马克思奠定的科学传统,由此来解决这个传统中一些悬而未决的问题,其中的一个核心问题,就是马克思著述中意识形态理论的缺失。关于意识形态的定义,流行的看法如恩格斯《致弗·梅林》所言,它是一种虚假的意识,是由所谓的思想家偷偷塞给劳动阶级的,总而言之是统治阶级的思想工具。但是阿尔都塞的意识形态定义并不承认意识形态仅仅是阴谋权力集团的产物。相反意识形态无处不在,它包含了对现实的一切再现和一切社会惯例。一般认为阿尔都塞的意识形态理论,具有以下四个方面的核心内涵:

意识形态具有构建主体的普遍功能。

意识形态作为生活经验是对的。

意识形态作为存在之真实条件的错误认知是错的。

意识形态牵涉到社会构成及其权力关系[1]。

以上四个方面的内涵基本上都是反人道主义的。如《意识形态与意识形态国家机器》一文中阿尔都塞指出,意识形态具有将具体的个人建构为主体的功能。这意味主体不复是在自我建构,而是为意识形态使然,因为我们的一切实践都是在意识形态的影子里面。而由于意识形态的多元结构性质,致使于其中构成的主体不可能是完整的、统一的个体,而必然是分裂的、游移于多元立场的主体。例如,阶级就不是一个客观的经济事实,而是一种多元形构的集体主观立场。故此,阶级意识既不是不可避免的,也不是统一的现象。至少,像性别、种族和年龄的影响,就会侵入其中。但是,社会构成诚然是一系列复杂的实践,各有各的经常是相互矛盾的特殊性和独立性,它们同样也是统一的,统一在一种主导的意识形态之下。

阿尔都塞指出,意识形态存在于一系列机构及其相关的实践之中,更具体说是存在于像家庭、教育制度、教会、大众传媒这些"国家机器"之中。他认为在前资本主义时期,教会是占主导地位的意识形态国家机器,而在资本主义社会里,教会的地位则

---

[1] 见克里斯·巴克:《文化研究:理论与实践》(Chris Barker, *Cultural Studies: Theory and Practice*), London: Sage Publications, 2000 年版,第 56 页。

为教育和家庭所替代，学校和家庭，故此是为维持主导意识形态的关键机构所在。虽然阿尔都塞有关文化的直接论述不多，但是他关于学校的意识形态功能的论述值得注意。正是学校传输了生产关系中所需的技术和文化技能。他这样描述学校：

> 从孩提时代起，然后一连数年，这都是孩子们最为"脆弱"的时期，抓住每一个阶级的儿童，压榨在家庭国家机器和教育国家机器之间，向他们灌输……大量包裹在统治意识形态里的"学识"……形形色色学识的求知包含在统治阶级意识形态的反复充填里，就是通过这样一种求知，资本主义社会形构（社会）的生产关系，即被剥削者和剥削者、剥削者和被剥削者的关系，被大规模地再生产了。①

可见，在阿尔都塞看来，学校作为意识形态的典型机构，其功能就是通过传输必要的技能，来保证资本主义生产关系的再生产。这也是现代社会里国家扮演的功能。但资本主义意识形态的具体内容又是什么？我们发现阿尔都塞语焉不详。这其实很符合他本人给意识形态设定的语境，即从功能上而不是从认知上来给它下定义。就功能而言，在阿尔都塞看来，教育不光是传输了为资本主义辩护、使其合法化的统治阶级意识形态，它同样也为劳动阶级再生产了态度和行为模式。意识形态教导工人接受并服从剥削，教授管理人员代表主导阶级的支配技能。所以每个阶级在意识形态里是各得其所。个人被揪出来又被安置进去，打造成为意识形态之中的主体。如是宗教将所有宗教活动的参与人打造成它的主体或者说信徒，他们只服从于一个主体，这就是上帝。同样政治民主的意识形态将所有人打造为它的主体，使他们成为只

---

① 阿尔都塞：《〈列宁与哲学〉及其他著述》(Louis Althusser, *Lenin and Philosophy and Other Essays*), London: New Left Books, 1971 年版，第 148 页。

服从议会霸权的公民。父权意识形态将个人打造为高高在上的男人和低声下气的女人。同理,当代社会的大众文化意识形态,便可以说是将个人打造成为消费者,其主体地位则就需要根据他们的消费模式而得界定了。

阿尔都塞意识形态理论对于文化研究的影响是巨大的,它将对于意识形态的辩论和思考,推向了文化研究的前台。阿尔都塞关于社会构成是一个复杂结构、系一系列相关又相对独立层面组成的思想,在伯明翰学派特别是斯图亚特·霍尔的著作中,都有迹可循,这可以说明文化主义和结构主义的分歧,常常并不似霍尔自己描述的那样清楚明白。但是另一方面,阿尔都塞的许多思想在今天看来,似乎也是很可商榷。英国学者克里斯·巴克在他的《文化研究:理论与实践》一书中,就对阿尔都塞意识形态理论提出了以下三点疑问。

首先,巴克指出阿尔都塞的意识形态国家机器的运作描述,具有太多功能主义的倾向。意识形态似乎是为某种没有人性的系统驱动,推着人身不由己一路前行。另外阿尔都塞意识形态的构成,似乎也是太为统一,即便他承认主体是来自四面八方,是四分五裂的。以教育系统为例,它莫若说是意识形态矛盾和意识形态冲突的一块场地,而并非如阿尔都塞叙述的那样是铁板一块再生产资本主义意识形态。事实上,阿尔都塞本人在巴黎高等师范学院哲学系讲授的,主要就是马克思的哲学,包括《资本论》。

其次,阿尔都塞将一个社会构成中的意识形态的地位描述成相对独立,然后又最终为社会现实所决定,被认为是并不确切的,而且有可能回到经济还原论的分析上去,而后者恰恰是前者有意避免的。

最后,阿尔都塞的著作被认为存在一个很重要的认识论问题,即真理和知识的问题。倘若我们所有的人,所有的一切都是为意识形态所形构,那么,如何有可能生成一种非意识形态的立场,由此我们可以出发来解构意识形态,或者退一步说,即便是来对它做客观的认知？阿尔都塞认为这里可以求诸科学，科学的严谨可以揭露意识形态，事实上他也努力想把他的意识形态理论建构为一种科学理论。但是在大多数人看来，他的科学主义在这里与其说是曲高和寡，不如说是精英主义的遗风，同样也是站不住脚的。

第五节　SECTION 5
反思意识形态理论

近年学界对意识形态理论的质疑主要围绕在两个方面，一是范围问题，二是真理问题。就早期马克思和恩格斯的论述以及社会学的观点来看，意识形态一语的使用与统治阶级密不可分，被认为是维持统治阶级权力的上层建筑。但是逐渐意识形态的概念有所扩张，一些问题如性别、种族、年龄等受重视的程度乃与阶级问题等量齐观。对此安东尼·吉登斯给予意识形态的说明很有代表性。他认为意识形态的要害是"如何调遣指意结构来将支配集团的各部门的利益合法化"[1]。这里的支配集团是复数而不是一个单一的阶级，底下部门利益的多元状态自不待言。换言之，意识形态意在维护的是上升集团的权力，这些权力包括阶级的利益，同样也包括根据种族、性别、年龄等因素组成的社会集团的利益。但另一方面，诚如前文阿尔都塞的例子所示，意识形态所指还可以并不仅仅是权力阶层的观念，阿尔都塞就认为意识形态是将所有人、一切集团的行为模式尽收囊中，即是说，边缘和从属集团一样具有自己的意识形态，正是这些意识形态排定了他们在世界秩序中的位置。这是意识形态的范围问题。

就真理问题而言，它涉及意识形态与真理和知识的关系，即

---

[1] 吉登斯：《社会理论的中心问题》（A. Giddens, *Central Problems in Social Theory*), London: Macmillan, 1979 年版，第 6 页。

意识形态的认识论地位。意识形态传统上被它的所有集团设定为真理，不论这设定究竟具有多大的普遍意义，或者被归结为真理一类东西，如阿尔都塞就将意识形态与科学比较，只是他判定前者是虚谬的认知模式，反之科学才是生产可靠知识的可靠程序。但几乎可以肯定的是，在后现代怀疑思潮流行的今天，没有谁再会把意识形态看作至高无上的知识形式，指望它生产出无可争辩的客观真理。对此福柯知识和权力处处结盟的思想，可谓是从根本上解构了意识形态的真理基础。1972年他在与德勒兹合著的《知识分子与权力》一文中说，那东西如此神秘，可见又不可见，在场又不在场，无所不至，无孔不入，这东西就叫做权力。而权力作为一种无所不在，故而也无法摆脱的社会罪恶，又总是同知识携手并进，利用知识来扩张社会控制，如权力和知识是"共生体"。在《尼采、谱系学、历史》中福柯则说，即使在今天知识所呈现的极大扩张了的形式中，它也没有达成一种普遍性的真理，没有给予人类正确地、平静地把握自然的能力。相反知识的无休止扩展不是旨在建立和肯定一个自由的主体，而是制造出一种与日俱增的奴性，以屈从它本能的暴力。由是而观意识形态，它与其说是真理，不如说是假道知识，拉过真理来做虎皮罢了。在它的核心处不是别的，而是权力。

那么，什么是意识形态？假如不是把意识形态圈定在阶级的框架里，克里斯·巴克在他的《文化研究：理论与实践》中指出，那么意识形态大体即可作如下理解：

它是主导集团的世界观，目的是将这些集团的权力合法化，并且把它们维持下去，在这里意识形态被比附为真理。

它是任何社会集团的世界观，目的是将它们的行为合法化，在这里意识形态同样被表征为真理。

它是主导集团的世界观，目的是将这些集团的权力合法化，并且把它们维持下去，但是它在这里不可能被表征为真理，反之可以不断做重新表述，所以人并非迫不得已一定要接受它。

它是任何社会集团的世界观，目的是将它们的行为合法化，但是它在这里不可能被表征为真理，反之可以不断做重新表述，所以人并非迫不得已一定要接受它。

这样来看，暗示哪一种意识形态是"正确的"，甚至暗示哪一种意识形态是文化研究中最常用的一种，都将不是明智的做法。反之意识形态这一概念毋宁说同样面临着肃清命题的必要，即有必要澄清它在特定语境中的特定含义。对此巴克表示他的看法是：

> 将意识形态比附为真理是站不住脚的，反之一切社会集团都有它们的意识形态。就此而言，唯一可以接受的意识形态概念，应是能和福柯权力/知识概念互为置换的概念。作为这样的概念，意识形态就不能被视为单纯的统治工具，而应被看作具有特定后果的话语，牵涉到社会关系所有层面上的权力关系。①

这些关系中自然包括上升集团的合法性辩护和长治久安的努力。约翰·费斯克1992年撰写的题为《英国文化研究》的文章中，强调文化研究框架中的文化概念，说到底是一个政治的概念，方方面面牵涉到权力的问题。权力、知识、意识形态、霸权以及诸如此类的命题，在文化研究对象还大体限定在广义上的文学的初创阶段，恐怕是很难想象它们会热火一致于此的。

斯图亚特·霍尔则在他同样是发表在1992年《文化身份问题》一文中提出，文化研究最引人注目的地方，即是它与权力和政治问题的密切联系，确切地说，它的目标就是旨在代表和改变边缘社会集团的利益和现状，这里面既包括阶级、性别、种族压迫的问题，同样也包括对老年人、残疾人和移民们的关切。故此，

---

① 克里斯·巴克：《文化研究：理论与实践》，London: Sage Publications，2000年版，第64页。

文化研究的理论知识，很大程度上就是一种政治实践。诚如福柯所言，知识从来就不是中立的、客观的，而总是代表了一种立场，代表了谁在说话，向谁说话，要表达什么意愿。文化研究的立场，由是观之，便是力图在代表普通大众的立场。这里我们毋宁说是见出了文化主义和结构主义合流的趋势。

　　要之，文化研究的意识形态问题何去何从？霍尔当初发现的是葛兰西。葛兰西的"霸权"理论经霍尔阐释，一时风行而几成文化研究意识形态的霸权理论。虽然葛兰西的文字面世远较阿尔都塞要早，但是正是在阿尔都塞等人的结构主义和威廉斯等人的文化主义争讼不清之际，文化研究经历了声势可观的"葛兰西转向"。

第八章 CHAPTER 8
文化"霸权"理论

第一节 SECTION 1
文化在马克思哲学中的地位

葛兰西的霸权理论重振雄风,是20世纪70年代后期的事情,它有别于更为强调经济基础的一般西方马克思主义文化理论,也有别于法兰克福学派的文化工业批判理论,而在当代西方文化理论的建树中,成为引人注目的一面最是强调文化自身功能的旗帜。这使它一时成为文化研究意识形态论争的主导理论。述清这一理论的来龙去脉,有必要从文化在马克思哲学中的地位说起。

马克思没有留下系统完整的文化理论,直接论述文化地位、功能的文字,也寥寥无几。但是迄至今日,无论是东方还是西方,举凡建构任何一种文化理论,马克思主义永远是必须用浓墨重彩书写的一个重要篇章。别的不说,法兰克福学派的文化产业批判理论、葛兰西的文化霸权理论,以及英国伯明翰学派的文化研究,这三个当今文化理论中影响最大的思潮或者说传统,就都清楚明白直接受惠于马克思主义创始人的有关学说。要之,探讨文化在马克思本人的哲学中究竟占据怎样一种地位,对于评价葛兰西的建树乃至文化研究本身的正本清源,其重要意义就是不言而喻的了。

马克思本人对后代文化理论影响最大的思想,公认是他的意识形态理论。其中被人引证最多的,集中见于《〈政治经济学批判〉序言》和《德意志意识形态》中的两段文字。马克思1859年《〈政治经济学批判〉序言》中,这一段话相当引人注目:

> 生产关系的总和构成社会的经济结构,即有法律的和政治的上层建筑竖立其上并有一定的社会意识形式与之相适应的现实基础。物质生活的生产方式制约着整个社会生活、政治生活和精神生活的过程。不是人们的意识决定人们的存在,相反,是人们的社会存在决定人们的意识。①

问题在于,马克思哲学中经济、政治和文化力量盘根错节的复杂关系,很大程度上被后代马克思主义理论家忽略了。如从普列汉诺夫到考茨基的第一代马克思主义理论家开始,论者大都把马克思对社会科学的独特贡献,首先定位在他对资本主义生产方式"内在运动"的分析,认为其间运作的规律决定了历史发展的结构,也决定了这一发展的方向。从苏联到我国改革开放前的理论界,长期以来继承的基本上就是对马克思的这一阐释传统,都曾经把"基础"和"上层建筑"的关系,理解为近乎机械的关系。经济对于上层建筑的决定作用,很大程度上被绝对化下来,马克思主义由是成为一种宏大叙事,牢牢确立了经济和政治的中心地位。这样,文化作为上层建筑的一个部分或者干脆说它的代名词,每每就被视为一个决定一切之潜在经济结构的反映,它是物质生产的副产品,是果而不是因。

但实际上文化并不光是一种结果,它同样是我们人类生活生

---

① 《马克思恩格斯选集》,人民出版社,1995年版,第2卷,第32页。

生不息的动因。显而易见，如果对马克思上文做我们太为熟悉不过的机械理解，文化作为上层建筑，包括观念和意识的产品，就将失去它的独立自足性，它就失去历史，失去发展，只能反映或者呼应物质生产的过程，只能反映其他的社会力量。如果观念的生产取决于经济力量和阶级利益，那么文化本身对于社会变革，就不能产生直接的作用。所以，再清楚不过的事实是，对于马克思主义的这样一种刻板理解，毫不奇怪是不足以把握文化自身的复杂性的。

但事实上问题远非如此简单，我们看到，紧接着上文马克思又说：

> 社会的物质生产力发展到一定阶段，便同它们一直在其中运动的现存生产关系或财产关系（这只是生产关系的法律用语）发生矛盾。于是这些关系便由生产力的发展形式变成生产力的桎梏。那时社会革命的时代就到来了。随着经济基础的变更，全部庞大的上层建筑也或慢或快地发生变革。在考察这些变革时，必须时刻把下面两者区别开来：一种是生产的经济条件方面所发生的物质的、可以用自然科学的精确性指明的变革，一种是人们借以意识到这个冲突并力求把它克服的那些法律的、政治的、宗教的、艺术的或哲学的，简言之，意识形态的形式。①

这里马克思将意识形态和经济基础区分开来，特别指出当社会变革发生的时候，必须把物质生活的变革和精神生活的变革区分开来。这里我们关心的不再是谁隶属于谁的问题，恰恰相反，是两者各司其职，不可混为一谈的问题。耐人寻味的是，马克思指出可用自然科学旁证的仅限于物质生产的变革，精神即文化的

---

① 《马克思恩格斯选集》，人民出版社，1995年版，第2卷，第32—33页。

生产不在此列。即是说，文化的变革不似物质生产的变革，它是无法用自然科学的精确性来表示的。

但是很显然，马克思这段文字揭示了法律的、政治的、宗教的、艺术的或哲学的生产，简言之，精神文化的生产具有它自己的逻辑和规律，不必对自然科学亦步亦趋。比较可以用自然科学的精确性来指明的经济，作为意识形态的文化完全不必自惭形秽，它并不比前者短缺什么，两者的变革是并驾齐驱的。说到底，两种文化的互相对话和互相渗透，有它的必要性也有必然性，这不是任何个人的意志可以左右。事实上这一点也是近年后现代哲学所鼎力鼓吹的信念，诚如理查德·罗蒂所言，"道德和政治的进步有待于艺术家、诗人和小说家，一如其有待于科学家和哲学家。"①

上层建筑和基础的关系，远不是一种机械刻板的关系。马克思虽然没有创建系统的文化理论，但是他的著述中涉及文化问题不在少数。一方面马克思将文化形式视为社会和阶级利益的直接表现，如他暗示列奥纳多·达·芬奇的作品完全取决于佛罗伦萨达到的物质生产状态。拉斐尔的作品则有赖于前人艺术中技术发展达到的水平，有赖于一切有关国家的社会组织和劳动分工。《德意志意识形态》中，马克思和恩格斯也再次强调了艺术的历史生成，必然是源出于劳动分工的发展，以及于中而出的人类文化达到的状态。但是另一方面，通览马克思本人的著作，他多次谈到过上层建筑怎样微妙地反作用于社会生活的生产和再生产。如《资本论》中他谈到，通过将几乎所有的传统节日改成工作日，新教在资本主义的产生中扮演了一个主要角色。观念形态这里如何积极作用于作为物质力量的社会再生产，表现得再清楚不过。马克斯·韦伯的《新教与资本主义的兴起》，我们发现，其实也是这一思路。

---

① 理查德·罗蒂：《哲学和自然之镜》中译本序，生活·读书·新知三联书店，1987年版，第16页。

马克思本人对希腊艺术的论述，雄辩地阐释了文化在现代资本主义经济和社会力量的运作中，可以具有一种潜在的自足性。我们不妨再一次来读《〈政治经济学批判〉导言》中的这一段我们熟悉的话：

> 关于艺术，大家知道，它的一定的繁盛时期决不是同社会的一般发展成比例的，因而也决不是同仿佛是社会组织的骨骼的物质基础的一般发展成比例的。例如，拿希腊人或莎士比亚同现代人相比。就某些艺术形式，例如史诗来说，甚至谁都承认：当艺术生产一旦作为艺术生产出现，它们就再不能以那种在世界史上划时代的、古典的形式创造出来；因此，在艺术本身的领域内，某些有重大意义的艺术形式只有在艺术发展的不发达阶段上才是可能的。如果说在艺术本身的领域内部的不同艺术种类的关系中有这种情形，那么，在整个艺术领域同社会一般发展的关系上有这种情形，就不足为奇了。困难只在于对这些矛盾作一般的表述。①

马克思这里阐明的不是别的，正是物质生产的发展同文化生产的不平衡关系。它比较经济基础在社会生活中发挥的决定性作用，可视为马克思辩证唯物主义互为矛盾的两个方面，实际上也是缺一不可的两个方面。任何非此即彼、偏执一端的做法，不但在理论上片面不可取，对于文化建设的实践，更会带来种种始料不及的恶果。而且或此或彼的经验我们肯定都不陌生。极具有讽刺意义的是，在我们基础决定论喊得最响的那一段时光，我们的文化政策其实恰恰是反其道行之，将文化的精神作用捧到了令人胆战心惊的吓人高度。微言大义、含沙射影、毒草香花，这一套我们太为熟悉的语汇，涉及的都是文化产品的精神内涵，同作为

---

① 《马克思恩格斯选集》，人民出版社，1995年版，第2卷，第28页。

决定因素的物质生产条件其实没有干系。其实即便在今天，脱离或者更确切地说，与物质基础脱节来"发扬光大"所谓的民族文化精神的笑剧，似也屡见不鲜。诸如数十张整牛皮做成的"中华第一鞋"、重达数吨的"中华月饼王"等，这很难说不是一个民族的悲哀。

　　这并不意味应当投靠经济决定论，不遗余力发展文化建设的物质基础，而忽视它的精神价值。一个显见的事实是，文化作为一种意识形态，本身就对基础结构具有能动的形构作用。今天假市场经济和全球化势头，反客为主将高雅文化挤在一边，焕然成为我们这个时代主流文化的大众文化，是一个绝好的例子。事实上，马克思发现资本主义的生产方式，并不十分适合于文化的发展。或者说，它不见得就是产生优秀文化的良好土壤。如紧接上文马克思又不无讽刺地反问道，在罗伯茨公司面前，武尔坎又在哪里？在避雷针面前，丘比特又在哪里？在动产信用公司面前，海尔梅斯又在哪里？武尔坎是罗马神话中的火神，丘比特是最高神，海尔梅斯是神使。时过境迁，物是人非，至今还是一种规范和高不可攀范本的古代希腊艺术，随着作为它的武库和土壤的希腊神话流行不再，终而是一去不返了。因此马克思感叹阿基里斯不能同火药和弹丸并存，《伊利亚特》不能同活字印刷并存。马克思说，希腊艺术的魅力是永久的，今天回过头来看希腊艺术，有一种成年人返顾儿童天真的愉快。希腊艺术的魅力即是希腊文化的魅力，再现儿童的天真是魅力的一个原因而不是全部原因，但是有一点可以肯定，这就是文化的自足性于此得到了精彩的表达，它具有超越历史和超越国界的层面，它的魅力并不仅仅在于反映了一个时代，一种社会生活。

　　马克思的文化观因此是辩证的而不是机械的。比如，"生产"作为马克思社会理论的一个核心概念，就不应该仅仅定位在"基础"之中，仅仅把它看作一个物质范畴。精神生产由是观之，它不是一种比喻义，而是具有文化创造的一切含义，涉及知识、思想、想象、技能、判断等多不胜数的人文因素。马克思关于蜜蜂和建筑师的比喻人所周知。马克思指出,劳动的形式就是人文的形式。蜘蛛织网有似织工,蜜蜂修筑蜂房让许多建筑家自叹不如。但是最蹩脚的建筑师盖出的房子,也胜过巧夺天工的蜂房,因为建筑师在盖起房子之前,心里就有了一个蓝图,所以它是自由的创造。这里马克思蜜蜂和建筑家的比较,灵感很可能是来自他的本国同胞、文艺复兴时期德国著名人文主义者埃拉斯莫斯。埃拉斯莫斯的《愚蠢颂》里有这样一段话:"难道不是最快乐的生物也就是那些最少做作、最合自然的生物吗?有什么比蜜蜂更加快乐,或者说更加奇妙呢?它们感觉不全。但是哪一位建筑家比得上它们的营筑技巧,哪一位哲学家构想出的共和国可与它们相匹?"①埃拉斯莫斯称与蜜蜂适成对照的是马,马因为与人为伍,所以也传染上了人的毛病。它输掉一场比赛,就感到羞愧,得胜则趾高气扬,一如它的骑手。可是马得到什么?马嚼子、马刺、鞭子、棍棒和皮带!马克思对本国文艺复兴这部无出其右的伟大著作,肯定是娴熟于心的。但是马克思哲学的核心是作为社会和文化构成的人,与埃拉斯莫斯用喜剧手法推出的自然主义人生哲学,旨趣自不可同日而语。

要之,文化固然反映了特定的社会生活,但是就像建筑师心里的蓝图,它积极参与了社会生产更进一步的发展。可以说,没有文化就没有生产。文化并不是存在于社会物质生活过程之外的什么东西,而是层层渗透进了它的基础结构。物质生产作为一种生产活动,总是发生在一个特定的文化框架内部。它永远不是孤立的。而文化框架本身亦是一种过程,它所促生的价值和目的,对于物质基础的生产,其重要性应当说无论如何强调,也不为过分。

---

① 埃拉斯莫斯:《愚蠢颂》,见《诺顿世界名著选》(*The Norton Anthology of World Masterpieces*, ed. Maynard Mack, 2 vols., 4th ed.), New York: Norton, 1979 年版,第 1262 页。

第二节 SECTION 2
马克思论意识形态批判

意识形态理论作为马克思对文化理论的最大贡献，除了上面我们讨论的基础和上层结构模式，它的另一个命题是统治阶级的思想在每一时代都是占统治地位的思想。虽然这里使用的术语都是人们久已熟悉的，但是思想本身是焕然一新的。它集中见于马克思、恩格斯《德意志意识形态》中的这一段话：

> 统治阶级的思想在每一时代都是占统治地位的思想。这就是说，一个阶级是社会上占统治地位的物质力量，同时也是社会上占统治地位的精神力量。支配着物质生产资料的阶级，同时也支配着精神生产的资料，因此，那些没有精神生产资料的人的思想，一般地是受统治阶级支配的。占统治地位的思想不过是占统治地位的物质关系在观念上的表现，不过是以思想的形式表现出来的占统治地位的物质关系；因而，这就是那些使一个阶级成为统治阶级的各种关系的表现，因而这也就是这个阶级的统治的思想。①

这段文字的理解同样困惑了我们很长时间。过去一个流行的看法，包括法兰克福学派和阿尔都塞的结构主义马克思主义等，倾向于认为不论是意识形态还是阶级统治的概念，都是一元性的，故统治意识形态就是铁板一块，内部没有矛盾。文化作为支撑资产阶级阶级规则并将其合法化的意识形态，意味着维持社会整合性的那些为人普遍接受的共通价值，不是来自"下面"，而是来自"上面"，来自生产并且传布意识形态的机制和制度，如教会、国家和教育等等。就此而言，资本主义社会的主流文化是一个高度

---

① 《马克思恩格斯选集》，人民出版社，1995年版，第1卷，第98页。

集中、统一的社会概念,意识形态价值即从此一中心中流出。多元的、对抗的,以及自足的文化领域,在这里都没有市场。文化由此被吞没在社会和经济力量之中,被视为一种被动的反映,是为"意识形态黏合剂"。这样一种观点,就把意识形态还原到阶级利益的辩护上来。马克思的意识形态批判理论,最终被还原到资本主义经济利益动因的批判上面。

但马克思本人著作中频频出现的辩证模式,足以澄清一切把这段话看作统治阶级内部思想铁板一块的误解和曲解。如马克思在他的历史研究中,就充分认识到统治阶级内部的重重矛盾和利益分歧,可以导致物质资源、思想和文化上的严重冲突。互为冲突的不同思想并存在社会之上,即便一种思想占据统治地位,并不排除其他不同观念的活跃存在。这意味控制物质生产的社会阶级可以同样控制精神生产,但未必能够直接控制一切文化形式,这不但因为统治阶级内部的矛盾从来没有平息过,而且占据统治地位的意识形态,时时面临来自外部的挑战。诚如紧接上文马克思指出,如果把统治阶级的思想和统治阶级本身分割开来,如果完全不考虑这些思想的基础即个人和历史的环境,那么就可以说,例如,在贵族统治时期占统治地位的是忠诚信义,等等,在资产阶级统治时期占统治地位的则是自由平等,等等。总之一个显见的趋势是统治阶级的思想愈来愈抽象且普遍化。即是说,虽然每一个企图取代旧统治阶级的新阶级,为了达到自己的目的,不得不把自己的利益说成是社会全体成员的共同利益,赋予自己的思想以普遍的形式,但是在抽象化和普遍化的表象之下,实质永远是分歧而不是同一。

把意识形态限制在阶级或经济利益的范域之中,应当说并不是马克思的本意。意识形态包括理论、思想和文本,它是一种多元文化。马克思的基础/上层结构理论和他的统治思想理论,作为他文化思想的核心,两者并非互不相容。两者都没有否认文化一方面是种具有创造力的正面价值,一方面又是资本主义文明的拜物教。同时两者都坚持文化是一种意识形态,它受物质现实所制约，但是反过来看，它对经济基础的影响和作用，是无论如何强调，也不为过分的。故此可以说，文化在马克思哲学中占据着至为重要的地位。

因此，如果我们说生产永远是在文化框架的内部进行，这并不言过其实。生产如此，政治和权力亦然。马克思在他的早期著作中，即已看到资本主义生产方式具有一种革命性动力，因为它打破旧传统，把刻板僵硬的社会关系转化成更具流动性和开放性的形式。这也就是所谓的现代性。人类社会的历史发展产生了新的制度、新的阶级和新的政治，在这一过程中，文化对于应财产和权力分配等之需形成的国家机器的构成，发挥着至为关键的作用。一个存在不稳定因素、存在潜在危机的社会，必然需要一种统治意识形态模式来对社会起到整合作用。此一意识形态模式提供的价值系统，其主要的功能就是维护社会统一和社会稳定。故此，人类社会的历史发展之中，文化是一个势在必行、举足轻重的机制，是社会整合的基础所在。所以，文化不仅是一个意义和价值的领域，同样它也是意识形态的领域。没有文化就没有生产，没有文化也就没有社会的稳定和整合性。

第三节　葛兰西论文化霸权

安东尼奥·葛兰西（1891—1937）是意大利共产党的创始人之一。1911 至 1914 年在都灵大学读书的时候，他就积极投身革命，1913 年参加意大利社会党，1921 年 1 月和陶里亚蒂一起创建意大利共产党，1924 年任该党总书记。1926 年被法西斯政府逮捕，次年被判二十年徒刑。狱中葛兰西广泛阅读，写就大量笔记和书简，1937 年因身体状况极度恶化暂时获释就医，数日后即与世长辞。

葛兰西留下的三十四本笔记被他的妻妹取出寄往莫斯科，成为今人看到的葛兰西《狱中书简》和《狱中札记》两卷的大部分内容。这些著述大都是在他十一年铁窗生涯中撰成,其间他不但常常为疾病所困,而且写作不能引起监狱当局的注意。这使他的文字,公认带有一种与众不同的独特风格。对此英国新左派史学家佩里·安德森在他1979年出版的《西方马克思主义思考》中指出,正是葛兰西的政治活动和政治斗争生涯,造就了他独树一帜的理论家地位。这是因为一般理论作家,包括马克思主义理论作家大多在大学里谋有职位,其知识分子背景,也至为明显,即便他们偶尔也写一点政论。但是葛兰西不同,就算葛兰西自视为知识分子,一个工人阶级的知识分子,他的理论观点却是直接源出于他的政治经验和他饱受无度的政治压迫。对于葛兰西来说,马克思主义因此并不仅仅是种科学,其概念和范畴须有严格的界定和逻辑的发展;亦不仅仅是解释世界的方法,而首先是一种为工人阶级谋求解放的政治理论。马克思主义在此一意义上言,归根到底便是种激励、引导和建构社会主义革命的理论。

葛兰西认为马克思统治阶级的思想在每一时代都是占统治地位的思想的论点,并不一定是意味资产阶级文化和意识形态试图取代工人阶级的文化和意识形态,因而直接制定框架,来约束工人阶级的经验。反之资产阶级可以成为霸权阶级、领导阶级,其前提是资产阶级意识形态必须在不同程度上能够容纳对抗阶级的文化和价值,为它们提供空间。资产阶级霸权的巩固不在于消灭工人阶级的文化,而在于联系工人阶级的文化形式,并且在此一形式的表征中来组建资产阶级的文化和意识形态,从而它的政治属性,也在这一过程中发生了改变。换言之,一个社会的主流文化,永远是在"谈判"之中,永远是在接纳新的成分。

由此葛兰西提出了对文化研究影响深远的"霸权"(hegemony)概念。他认为在一定的历史阶段,占据统治地位的阶级为了确保他们社会和文化上的领导地位,是利用霸权作为手段,劝诱被统治阶级接收它的道德、政治和文化价值。倘使统治阶级在这方面做得成功,就无须使用强制和武力手段。葛兰西认为这正是 19 世纪资本主义自由社会的特征。霸权由此便是社会统治集团可以使用的各种社会控制模式，它的产生背景是社会冲突。霸权观念的关键不在于强迫大众违背自己的意愿和良知，屈从统治阶级的权力压迫，而是让个人"心甘情愿"，积极参与，被同化到统治集团的世界观或者说霸权中来。霸权并不是资本主义功能之必须，而是被两相认可的一系列观念，源起于阶级和其他社会冲突，如葛兰西所言：

> 一个社会集团的至尊地位以两种方式展现自身，其一是"支配"，其二是"知识和道德领导权"。一个社会集团支配着它的对抗集团，而后者是它有意甚而是使用武力来肃清或征服的。这导致利益亲近的集团加盟进来。一个社会集团能够，事实上也必须在夺得统治权力之前，就已先来施行"领导权"（就赢得这类权力来说，这确实是一个主要条件）。当它实施权力的时候，因而便占据了支配地位，但是即便它牢牢将权力握在手中，它也必须继续来"领导"下去。①

可见在葛兰西看来，这领导权之于霸权是至为重要的。利益亲近集团加盟进来的结果，是阶级霸权联盟，或者说权力集团的形成。反过来被支配和被"领导"的社会集团，其对自身的理解，其同社会乃至世界发生的关系，莫不已是身不由己屈从了支配集团的话语权威，是与支配集团意识形态同流合谋的产物。当然从外表上看，它与统治阶级强加下来的社会控制形式，究竟还是有着明显的区别。

霸权理论被认为是力图表明日常的意义、表象和活动，如何被精心营构了一番，而将支配"集团"的阶级利益表现为自然而

---

① 葛兰西：《狱中札记选集》（A. Gramsci, *Selections from the Prison Notebooks*），London: Lawrence and Wishart, 1971 年版，第 57—58 页。

然、势所必然且无可争辩的大众利益,为人人所欲。如是研究文化的霸权方面,首先需要分析的便是"机制"(institutions)的概念,机制历来被认为是不偏不斜的,是中性的,对人一视同仁,并不特别偏向于哪个阶级、种族抑或性别。这类机制具体来看,就是国家、法律、教育制度、传媒和家庭。它们大量生产着知识、感觉和意义,其作为文化载体的重要性不但体现在它们自我标举的方方面面功能,同样也体现在它们作为个人和社会意识的组织者和生产者的身份上面。虽然,这些文化载体具有相对的独立性和自足性,其组成的人及其专业特征和意识形态的特点,也多有不同,但是它们一起构成了霸权实施和推广的大本营。简言之,它们可以被某个权力集团"殖民化",这个集团不仅仅是由经济上占据主导地位的阶级构成,同样也包括了它的"联盟"和它的下属阶级。奥苏利文等人的《传播与文化研究中的关键概念》,称霸权的概念是运作在意识和表现的领域,故而当社会、文化和个人经验的总体性可以被权力集团的术语解释之时,常常也是霸权概念得到淋漓尽致表现的时候:

> 霸权是将历史上一个阶级的意识形态自然化了,赋予它以常识的形式。这里的关键在于,霸权可以不依凭武力推行,而被表现为生活的"权威"和"文化"方面这个事实,是被非政治化了。那些唾手可得并且得到官方鼓励的阐明个人和世界意义的策略,似乎不是策略而是"人性"自然而然、毋庸争辩的属性。筑基于反抗政治或反霸权意识的不同策略,在此一语境中不光是显得"不正宗",而且有可能被表征为完全就是胡说八道、无法想象、无以表达的东西。①

---

① 奥苏利文等:《传播与文化研究中的关键概念》(Tim O'Sullivan, J. Hartley, D. Saunders, M. Montagomery & J. Fiske, *Key Concepts in Communication and Cultural Studies*), London: Routledge, 1994年版,第134—135页。

但是很显然工业生产组织和所有制的不同形式,源源不断再生产着阶级利益冲突,这就使霸权永远无法牢牢坐稳它的一统天下。由于不断有可被纳入反霸权轨道的意识和表征形式冒出头来,致使意识形态之中霸权和反霸权的斗争,从来就没有间断过。从长远看,这一斗争足以发展成为政治和经验权力本身。

葛兰西强调霸权从广义上来说,其广被接受牵涉到社会中的主导集团对它的下属阶级做出的一系列让步和妥协,只要让步不对它大一统的支配构成威胁。对此他说过这样一段话:

> 霸权的事实是假定采取步骤照顾到了蒙受霸权集团的利益和倾向,假定是做出了某种妥协平衡。换言之,领导集团应当做出经济方面的一些牺牲。但是没有疑问这些牺牲妥协不能触及本质的东西;因为霸权虽然是伦理的政治的,它必然同样也是经济的,它的基础必然是领导集团在经济活动的关键内核中所发挥的、举足轻重的功能。①

葛兰西并不完全赞成马克思将经济基础视为社会最终决定因素的观点,但即使就上面这段话看来,他并没有否定经济对上层建筑发生的作用,是较伦理和政治一类意识形态尤要显得举足轻重。社会支配集团的权力最终可由经济地位说明,那么很显然,霸权的基石就是资产阶级。葛兰西提到霸权背后的让步和妥协主要是经济上的,这指的当是福利提供和增加工资一类。但假如说霸权也包括了观念的斗争,那么让步无疑同样涉及观念的妥协,霸权所波及的集团远非仅仅是与占支配地位的观念形态同流合谋,相反即便是在流行的霸权之中,也在寻求发出自己的声音。这可

---

① 葛兰西:《狱中札记选集》,London: Lawrence and Wishart,1971 年版,第 161 页。

见让步和妥协其实永远是冲突的产物。

英国影视批评家A.克拉克在他1992年发表的《"你被捕了！"：警察电视剧和法律与秩序的虚构表征》一文中，以70年代英国的电视剧为例，阐述过葛兰西的霸权理论。他谈的是当时流行的警察和犯罪电视系列剧，认为这些片子可以见出社会上的支配集团是处心积虑、意欲通过制造一种"法律和秩序"的道德恐慌，来重建他们的霸权地位。克拉克指出，英国社会是时支配集团的流行霸权，是建立在一种社会民主改良主义上面，随着阶级、种族和产业冲突的不断尖锐化，它已经摇摇欲坠，实际上面临着崩溃的危险。在这一背景之下，支配集团不遗余力在政治、文化和意识形态领域中施展身手，以恢复他们的霸权，是很自然的事情。问题在于支配集团的这些重建霸权的努力，都被表现为人们喜闻乐见的大众文化形式。如1977—1983年间风靡英国的电视系列剧《职业阶层》(The Professionals)，就对社会上让人愈益担心的犯罪问题，表现出了前所未有的关注。克拉克认为这正可见出支配集团是通过加强法律和秩序的呼吁，来恢复他们在政治和文化上的统治地位，虽然这样做仿佛是迎合了大众要求社会安全稳定的基本愿望。

霸权可以理解为处于上升地位的社会集团，为维护自己的世界观和统治权力的不同策略。社会集团在这里的意义不光是阶级，同样包括性别、种族和民族。但是霸权从来就不是稳定的。它只是一个暂时的解决办法，不断需要更新、需要继续谈判，故此文化便是围绕意义的控制权的一块冲突和斗争不断的领地。霸权不是一个稳定的实体，而是一系列不断变化的话语和实践，盘根错节纠结着社会权力。用葛兰西本人的话说，霸权是那些不稳定均势的一系列持续不断的形成和替代过程，均势一方是基础集团的利益，另一方是各隶属集团的利益，均势中获胜并且流行的当然是支配集团的利益，但是也有一个限度，即支配集团不可能随心所欲，为所欲为。有鉴于霸权必须不断被重新确定、重新确立，被统治集团和阶级，就有了可能组成一个反霸权联盟。葛兰西将这样一种反霸权斗争限定在市民社会（civil society）内部，包括家庭、社会团体、新闻传媒、休闲活动，等等，唯独在市民社会内部得势以后，方有可能问鼎国家权力。

故此葛兰西强调，霸权的生产、再生产以及转化都是市民社会的产物，反之国家采用的则是强制和压迫的手段。由是观之，大众文化和大众传媒是通过市民社会涵盖了文化生产和消费的种种机制，来为霸权的生产、再生产和转化服务的。市民社会的特征是他标榜的自由和民主，但是教育、家庭、教会以及大众文化和大众传媒等这一切自由民主的社会机制，无不是为霸权以文化和意识形态的形式畅行其道，洞开了方便之门。正因为霸权在葛兰西看来与市民社会有着密切联系，所以他提出革命力量在夺取国家之前，必须首先夺取市民社会，然后组成被压迫集团的某种联盟，团结在一面霸权的大旗之下，对占据主导地位的现时霸权取而代之。没有这一霸权的斗争，一切夺取国家政权的努力都将是徒劳的。葛兰西认为这是市民社会的性质使然：

> "市民社会"成了一个非常复杂的结构，一个抵御着直接经济因素如危机和衰退等等灾难性"入侵"的结构。市民社会的上层建筑好似现代战争中的战壕系统。战争中时常有这样的情况，猛烈的炮火轰击似乎摧毁了敌人的整个防御系统，然而实际上它仅仅摧毁了外部周边，一旦挺进和攻击启动，攻击者会发现他们面前依然是一道牢固的防线。在经济大萧条中，同样的情况发生在政治领域。①

---

① 葛兰西：《狱中札记选集》，London: Lawrence and Wishart，1971年版，第235页。

市民社会作为上述这样一个非常复杂的结构,足以表明它的产物之一霸权不可能是一个一成不变的观念系统,同样不可能永远高枕无忧稳坐在支配席位上面。这是说,即便霸权在以"常识"的形式帮助社会上最有权力的阶级和集团坐稳江山,它毕竟是源起于社会和阶级斗争,并且反过来影响到这斗争的发展方向。这可见霸权是社会支配集团为确保对其被支配集团的领导权,而不断变换手法予以推广的观念系列,其错综复杂的特点,使它有别于统治阶级的意识形态功能,后者带有更多的强制性特征。

霸权理论另一个不容忽视的方面,是葛兰西认为霸权主要是知识分子所作所为的结果。就此而言,大众传媒文化的生产者、传输者以及阐释者都是在市民社会的机制内部,参与霸权创建和霸权斗争的知识分子。而机制本身的运转,也取决于知识分子出演的角色。但葛兰西这里所说的知识分子(intellectuals)并不限定在艺术家、作家和学者这些所谓的社会精英,相反它的含义要广泛得多,泛指一切生产和传播观念以及知识的人。用他自己的话说,所有的人都是知识分子,只是并非所有的人都在社会中起到知识分子的功能。后者更大程度上也是一种职业功能,这自然就是指同霸权难分难解的文化、观念、知识和话语等的生产、传播和阐释了。

另一方面,葛兰西还强调知识分子在霸权建立和推广的过程中,轻重还有不同。并不是所有的知识分子对霸权都有举足轻重的影响力。有些知识分子是直接在生产霸权观念,有些可能是对之进行阐发加工,还有一些知识分子则是将上方权威下派的使命付诸实行。但是所有这些人都出演了某种知识分子的角色,这是说,举凡意识形态的活动,必然牵涉到市民社会有关机制的霸权问题。现代大众媒介内部大众文化的生产、传播、消费以及阐释,用葛兰西的观点来看,就应当作如是理解。

第四节 SECTION 4 >
从霸权角度看大众文化

随着霸权理论的流行,"葛兰西热""葛兰西转向",一时成为文化研究中的时新名词。葛兰西热很大程度上受惠于60和70年代伯明翰中心的研究成果。霍尔在他《文化、传媒与"意识形态"效果》一文中,就提出过葛兰西的霸权概念是文化研究的枢纽所在,高屋建瓴。霍尔解释说,葛兰西的霸权是指自由资本主义社会中,统治阶级通常不是通过直接强迫,而是通过被认可的方式,将权威加诸其他阶级。如此统治阶级试图将一切异端都框架在他们自己的思想视野内部。霸权即意识形态的领导权,是通过诸如家庭、教育制度、教会、传媒和其他文化形式,而得以运行的。进而视之,霸权不是一种永恒的状态,而总是必须由统治阶级来主动争取并且巩固。因此,它同样也可能丧失。这就意味文化话语势必永远是一个流动不居的纷争领域。

葛兰西的文化霸权学说充分强调了意识形态对经济基础的反作用,与因误解和曲解马克思而得出的经济决定论,多有不同。因此不奇怪在当代西方文化研究中,成为影响最大的西方马克思学说之一。有相当一部分学者认为,假如葛兰西的霸权理论结合更侧重于经济制约因素的经济政治学来释大众文化,差不多就是一种最好的理论选择。由是而观大众文化的生产和消费过程之间,就有了一种辩证关系。而且这一关系的基础所在是历史现实,而不仅仅是空洞的理论抽象。

关于葛兰西霸权理论对大众文化意味着什么,澳大利亚文化研究学者托尼·本内特他与默塞尔等1986年主编的《大众文化与社会关系》一书写过一篇题为《大众文化与"葛兰西转向"》的序言,比较系统地阐述了霸权理论对大众文化研究产生的影响。本内特认为70年代后期以来,文化研究领域的论争,经常是被锁定在结构主义和文化主义所代表的两极周围,先者是"外来输入",后者是"土生土长"。在结构主义的视野中,大众文化经常被视为一种"意识形态机器",其炮制俨如法律的规则,专横统治大众的思想,一如索绪尔为结构主义提供组构范式的纲领,即专横统治具体言语行为的"语言"总系统。文化主义恰恰相反,经常是不做辨别一味浪漫,赞扬大众文化是真实表达了社会受支配集团或阶级的兴趣和价值观。进而视之,这一看法是来源于本质主义的文化观,即是说,文化是特定阶级或性别本质的化身。总之,大众文化的研究要么是落入结构主义,要么是落入文化主义套数。

进一步看,大众文化的结构主义研究集中见于电影、电视和通俗文学,文化主义则趋向于在历史和社会学内部独霸天下,特别是关涉到工人阶级"生活文化"或"生活方式"的研究。这样两分下来当然没有什么好的结果:仿佛根据我们的兴趣领域,我们要么就是结构主义者,要么就是文化主义者——如果我们研究电影、电视或通俗文学,就是先者;如果我们的兴趣在于诸如体育、青年亚文化一类,就是后者。好像文化世界给分隔成两个不相干的半球,各自展示着一种不同的逻辑。虽然这状态很难叫人满意,可是同样清楚明白的是,这两个传统是无法强扭成一桩婚姻的。如何走出这一困境,本内特指出,葛兰西霸权理论事实上就成了彼时唯一的一条超越路径。

本内特强调葛兰西著作的批判精神全没有大众文化批评家叫人忍无可忍的傲慢态度,同时又丝毫无意去鼓吹一种大众主义,既避免也否定了结构主义和文化主义的二元对立。在葛兰西的理论框架中,大众文化既不是大众的文化扭曲,也不是他们文化的自身肯定,或者说他们自己的自我创造;相反,它是一块角力场,体现的是那些互为冲突的压力和倾向构成的关系。这样一个新的视野,就使我们重构大众文化研究中当务之急的理论和政治问题,成了可能。

就结构主义和文化主义模式的政治内涵来看,本内特发现两者对文化和意识形态领域的结构和组构,所持观点其实相差不离。文化和意识形态处在社会阶级之间与之相对的经济和政治的关系之中。虽然彼此之间大有不同,两种范式都认为文化和意识形态实践的领域是为一种主导意识形态所支配,此意识形态实质上和整体上都是资产阶级性质,作为一种异化力量,系从外部强加给被支配阶级,尽管成功程度有所不同。从这一视角来看,两种视野的主要差异,很大程度上就在于名称和方向的不同。于结构主义,"大众文化"和"主导意识形态"除了定义上略有变化,通常可以等量齐观。因此,大众文化研究的主要政治使命,便是通读大众文化形式和实践,以揭开运行其内部之主导意识形态的晦暗不明的机制,从而武装读者,在有关实践中反对类似机制的发生。文化主义则是相反,大众文化被认为等同于下层阶级"土生土长"的文化,判然不同并且针锋相对于以大众文化形式出现的主导意识形态。故文化主义的大众文化研究,目标是去发现大众真实的声音,阐释其意义,发扬其文化价值。但两者尽管有此差异,两种方法共享的文化和意识形态观念,是维持在两个对立的文化和意识形态阵营中间:资产阶级和工人阶级,两者锁定在一场零和游戏之中,一方有所得,另一方必有所失。

由此可见葛兰西霸权理论的独特意义。以霸权的概念替代统治的概念,本内特指出,并非如一些评论家所言,只是术语的差异。对于文化和意识形态斗争的认知,它带来了完全不同的方法观念。资产阶级霸权的巩固既然不在于消灭工人阶级的文化,而在于联系工人阶级的文化形式,并且在此一形式的表征中来组建资产阶级的文化和意识形态,这样接纳对抗阶级的文化因素下来,一个结果便是"资产阶级文化"将不再是资产阶级的专利。本内特这样概括葛兰西霸权理论对大众文化研究的影响:

> 此一理论的结果,将是否定大众文化领域结构主义和文化主义视野非此即彼的选择,或者视其为原汁原味的资产阶级意识形

态，或者视其为大众真实文化的场所，激发潜在的自我觉醒。或者是肆无忌惮的坏蛋，或者是一尘不染的英雄。恰恰相反，葛兰西的理论牵连到卷入争夺霸权的斗争，对于葛兰西来说，即是争夺那一被认为是天经地义的角色。这意味日常生活文化积淀下来的方方面面，深深卷入争夺、赢得、丧失和抵制霸权的过程中——统治阶级建构大众文化领域，企图赢得霸权，同时又以反对这一企图的形式出现。因此，它不仅仅是包含了自上而下、同统治阶级步调一致的大众文化，而更像是两者之间的一块谈判场所，其间主导的、从属的和对抗的文化与意识形态价值，以大众文化形态各异的特定类式，"混合"在不同的队列里了。①

本内特承认葛兰西的霸权理论并不是百试不爽的灵丹妙药，可以应对大众文化分析领域的一切问题。因为事实是电视和电影分析、流行音乐、生活文化以及通俗文学的研究，都有其独特且具体的技术和理论问题，非泛泛的理论说明可以解决。同样，涉及文化与阶级、文化与性别以及文化与国家的关系，这一类问题依然也还是复杂难辨，叫人头痛，需要不厌其详，分别对待，才能有所成就。但是葛兰西霸权理论提供了一个整合框架，在其中以上两类问题都可提出，并且可以在相互之间的关系之中来求解答。就此而言，它的意义是其他理论无以替代的。

但是应当说葛兰西的霸权理论同样存在一些问题和局限。一个最明显不过的困难就是尽管葛兰西再三强调霸权和强制不是一回事情，可是实际上人很难在两者之间划出一条明确的界线，因为霸权同样可以是强制性的。反过来看，强制亦可以通过霸权的形式一路下达。从历史上看，纳粹法西斯几近狂热的意识形态扩

---

① 本内特：《大众文化与"葛兰西转向"》，见约翰·斯多雷：《文化理论与大众文化读本》(Tony Bennett, "Popular Culture and the 'Turn to Gramsci'", in John Storey, *Cultural Theory and Popular Culture：A Reader*), Hertfordshire: Prentice Hall, 1998 年版，第 222 页。

第八章 文化"霸权"理论

张,究竟是霸权还是强制使然,这个问题并不好回答,或许不如回答说是两者共同使然。再看现实,今天发端于经济的全球化大潮,其势不可挡的锐利锋芒借助的是霸权策略还是强制手段,看来也是两者兼而有之。

进而视之,葛兰西以霸权为市民社会的产物,强制为国家手段的产物,之间的分野应当说同样不是容易澄清的。实际上葛兰西自己就承认市民社会的机制亦可以通过强制的方式来贯彻自身,反之国家机制同样可以假借霸权的形式来运转。霸权可以说是阶级斗争的产物,但这一产物我们看到,偏袒的始终是斗争的一个方面,即牺牲被支配集团的利益来满足支配集团的需要。以至有人说,霸权的概念有时候就像一场足球赛,双方都想把球踢进对方的球门,可是结果只能是一赢一输。而且它无一例外总是以支配集团获得新的霸权形式赢出告终,虽然在这一霸权的新形式中,被支配集团的利益多少是有了些微进展。这个新的形式,不妨说就是统治阶级的意识形态。

再就葛兰西以阶级斗争作为霸权理论的还原点来看,它一方面是为其他方方面面的矛盾和斗争提供了理论说明的一个出发点和阐释框架,但是另一方面,将文化和意识形态的解释一概还原到它们的社会基础以及阶级斗争,这固然是一种很有说服力的方法,但是很显然并不是所有的文化现象都可以在阶级斗争中得到解释,也并不是所有的大众文化都在阶级斗争的关系中出演着什么角色。特别是在今天西方号称后工业的当代社会中,随着工人阶级无望地变成少数,传统意义上的阶级斗争将被顺利地消除。或者我们可以说,这样一种还原分析法,多少是忽略了文化和意识形态本身独有的特点。事实上文化和阶级的关系不论多么错综复杂,文化的发展总是有它自己的规律,葛兰西霸权理论的提出,实际上应是他充分注意到这一规律的一个结果。而伯明翰中心对葛兰西霸权理论赞赏有加,看中的也正是这一理论充分突出了文化自身的动力和活力。

第九章 CHAPTER 9
后现代文化

第一节 SECTION 1
后现代与文化研究

"后现代"一语作为区别于"现代"的一种当代意识，似最初见于1917年德国哲学家鲁道尔夫·潘维兹的《欧洲文化的危机》一书，指称的是20世纪西方文化的"虚无主义"，我们发现这正是尼采的传统。再往前看，19世纪70年代，英国画家约翰·查普曼就率先提出过"后现代"油画的口号，它所指称的是对彼时法国印象派前卫意识的超越和批判。1934年，西班牙文学批评家奥尼斯在他编选的一本诗集里再一次使用了"后现代"一语，表示对文学现代主义的强烈不满。到1939年，两个英国人又使用了"后现代"一词，一是神学家伯纳德·贝尔出了本名叫《生活的宗教：后现代主义者必读》(Religion for Living: A Book for Postmodernists)的书，以"后现代"指世俗的现代主义无以为继，故此回归宗教是为正道。另一位便是著名史学家汤因比，在其《历史研究》第五卷中，汤因比以"后现代"喻第一次世界大战之后大众社会的兴起，在这个新近兴起的社会中，工人阶级占据举足轻重的地位，资本家阶级反而退居其次。很显然，这里在神学家贝尔和史学家汤因比笔下，"后现代"一语的含义是大相径庭的。

20世纪50和60年代是"后现代"一语开始流行的二十年，它指的是对美学现代主义的一种反动。70年代中此一术语进入建筑领域，以回归传统来挑战现代主义建筑的几乎是千篇一律，追求明快简洁高节奏的"国际主义风格"。它进入哲学领域是在80年代，主要是指法国后结构主义哲学，同时也表示对现代性的一种总体批判态度，被批判的传统是理性主义和乌托邦主义，这个传统不用说也是笛卡儿，甚至可以直溯柏拉图。对于后现代进入哲学，一个标志性的事件，就是1979年法国哲学家利奥塔（1924—1998）出版的《后现代状况》一书。该书的副标题是"关于知识的报告"。作者开门见山，表明他所说的"后现代"，就是当代文化的现实状态：

> 我们的研究主要对象是高科技社会中的知识状况，我决定用"后现代"来描述这一状况，缘于它正在美洲大陆的社会学家和批评家中间流行。十九世纪后，我们的文化经历了一系列的嬗变：科学、文学、艺术的语言游戏规则全变了，"后现代"一词，恰好标示出当今文化的方位和状况。①

利奥塔将后现代性定义为对"元叙事"的不信任，而现代性则被他界定为任何依赖"元话语"（metadiscourse）使自身合法化的学科，与源于启蒙的正统叙事学说有着显而易见的一致性，换言之，真理通过理性，在叙述者与聆听者之间，将能最大程度上达成共识。利奥塔将精神分析、阐释学、理性和应用科学以及物质财富的独立，都归在"现代"名下。反之后现代则是伴随晚近各种科学的发展，对"元话语"提出批判质疑，盖因后者的一整套合法化设置体系，都已经时过境迁。诸如英雄圣贤、宏灾巨难、

---

① 利奥塔：《后现代状况：关于知识的报告》，湖南艺术出版社，1996年版，第28页。

伟大和崇高,全都消失不见,代之而起的是多元异质的话语"语用学",它的基础是维特根斯坦的语言游戏规则。在话语多元异质的语用学中,有些语义是叙述的,有些是指代的,有些是规范性的,有些是描述性的,这些语用特征不必非要连接成为一个整体,而且互相之间不必非要沟通,概言之,众声喧哗将要取代牛顿式的人类学模式,一如结构主义、系统论,等等。所以,后现代性也是破解现代性合法化的过程。

利奥塔对后现代的定义,已经与"后工业社会"的概念密切关联。第二次世界大战之后,发达工业国家高科技的突飞猛进、高福利的普遍推广,极大地改变了传统的工业概念,也改变了工人阶级本身。与此同时,"后现代"一语开始进入社会科学,甚至自然科学领域,显示一种反传统、反权威的方法论。当然它并非一路畅通,尤其是在自然科学领域。一个令人啼笑皆非的例子便是1996年发生的索卡尔事件。

20世纪90年代以后,所谓的后现代性通过传媒的扩张,很大程度上同文化研究结成了亲家。文化研究的主要对象是大众文化。为什么研究大众文化?早些年对这个问题的答复多半是负面的:在于揭露大众文化道德上的腐朽、美学上的贫乏,以及甘做统治意识形态的代理人。但是历史开了一个玩笑,我们发现,在过去的四分之一世纪中,电影、摇滚乐、流行音乐、体育、青年人的亚文化,以及其他诸如此类的研究一路发展下来,如今都堂而皇之登堂入室,理论和方法均有神速进展,论争已不复纠缠在现代主义乌云密布的预言之中。更不容忽视的是,文化研究还是一种政治参与姿态。约翰·费斯克,这位昔年文化研究的当红理论家,在他题为《英国文化研究与电视》的文章中,开篇就说:

> "文化研究"中的"文化"一词,侧重的既不是审美,也不是人文的含义,而是政治的含义。文化不是被视为伟大艺术中形式和美的审美理想,或者用更有人文意味的话说,是超越时间和民族边界之"人文精神"的声音,听众假定是一个普遍

的人（这里性别是经过深思熟虑的，在这一文化概念中，女人是无足轻重的）。因此，文化不是人类精神的审美产品，用来抵挡如潮汹涌的工业物质主义的粗鄙污秽，而是工业社会内部的一种生活方式，它包括了此种社会经验的所有意义。①

这里所说的"文化研究"（cultural studies），很显然不是以致力于启蒙的"大写的文化"，即美学的文化传统为主要对象的。所以诚如费斯克所言，文化研究关注的是工业社会内部，意义的生产和流通。意义不光来自社会经验，同样来自社会的个体成员，即是说，每一个人正是通过社会身份的建构，得以在工业化和后工业化社会中确立自己的位置和社会关系。简言之，文化研究的对象是工业社会内部的特定生活方式，它是此种生活方式一切社会经验的意义生产和流通。

以政治生活来解释文化，那么以阶级、种族、性别为资本主义社会的三大轴心，来作为早期文化研究的主要对象，该是顺理成章的事情。虽然随着跨国资本的急剧膨胀，阶级的概念业已今非昔比。60年代威廉斯鼎力推崇工人阶级文化。可是如今工人阶级安在？它还是威廉斯时代的那个模样吗？肯定不是。种族问题有赛义德一马当先的后殖民主义，但是赛义德去世之后，后殖民主义就像其他一时风靡的"少数人话语"，本身也面临着深重危机，诚如它之被哈罗德·布鲁姆与"多元文化主义、族裔研究以及关于各种性倾向的奇谈怪论"②并提而弃之如敝屣。性别本来是女权主义的旗帜，但是包括男性性心理描述、酷儿理论等在内的"性别研究"后来居上，大有取而代之的趋势。此外，照费斯克的说法，国家、年龄集团、宗教、职业、教育，以及政治效忠，等等，都也还是新的轴心。故此，作为文化研究对象的现代社会生活，与被认为是有机

---

① John Fiske, "British Cultural Studies and Television", in John Storey ed. *What is Cultural Studies? A Reader*, London: Arnold, 1996, p.115.
② 哈罗德·布鲁姆：《西方正典》，江宁康译，译林出版社，2004年版，第2页。

完整的传统社会判然不同，可以说是不同集团组成的一张错综复杂的网络，其中每一个集团都有不同的利益，根据同主导阶级的权力关系，确立彼此之间的关系。故而是社会权力决定社会关系，也使社会集团之间的权力关系，永远处在对抗和协调的动态之中。而社会权力，用葛兰西的术语来说，归根到底也就是在于使本阶级或集团的利益，被社会结构当作全民的利益尊奉推广。据费斯克看来，无论是女权主义还是后殖民主义的抗争，都带有此一性质。而假如从马克思主义的视野来看，它们不妨说就是阶级斗争的后现代形式。

美国后现代理论家易哈卜·哈桑认为后现代性的根本特征之一是不确定性。不确定性就导致了模糊性、间断性、弥散性、多元性和游戏性等一系列解构而不是建构的特征。他曾经列表比较过现代性和后现代性的特点，虽然他用的术语是"现代主义"和"后现代主义"：

现 代 主 义	后现代主义
形 式	反形式
目 的	游 戏
等 级	无政府状态
艺术客体/完成的作品	过程/行为/发生
距 离	参 与
中 心	弥 散
范 型	语 段
深 度	表 层
阐释/阅读	反阐释/误读
所 指	能 指
叙 述	反叙述
确定性	不确定性
超验论	内在论 ①

---

① 据哈桑:《走向一种后现代概念》，见道切提编:《后现代主义读本》（I. Hassan, "Towards a Concept of Postmodern", in T. Docherty ed., *Postmodernism: A Reader*），London: Penguin Books, 1993 年版。

哈桑的比较被认为也是历时态和共时态两种思想和文化模式的比较。哈桑以先锋模式、现代模式和后现代模式这三种模态，涵盖了20世纪艺术特别是文学走过的路程。即是说，20世纪初叶的先锋派以无政府主义的艺术创作、艺术宣言崭露头角，冲击了中产阶级，但他们所奉行的怪诞作风自由过度，到头来反而成为自我毁灭的行为。接踵而来的现代主义显然更稳定、更超然也更神圣。只要想一想瓦莱里、普鲁斯特、乔伊斯、艾略特和福克纳这些如雷贯耳的名字，他们就足以成为现代主义的标识。另一方面，后现代主义艺术则是以其游戏的、平面的和解构的风貌同现代主义艺术的深度模式形成鲜明对照。它少了热情，多了冷漠。当然也少了现代性对大众文化和电子社会的轻蔑。艺术与生活的界限消弭不见了。概言之，哈桑是从历时态角度展示现代性和后现代性的时间联系，从共时态展示了现代性和后现代性的不同特征。

那么，后现代对于文化研究意味着什么？它势所必然涉及文化研究的价值问题。对此约翰·斯多雷在他的《文化理论与大众文化导论》一书中作如是说：

> 围绕着文化价值问题，后现代主义颠覆了许多旧的信念。诚然，如今我们普遍承认价值和价值评估无处不在，即便忽略它，也无法抹杀它，但文化研究对于价值问题饶有兴趣，并不代表回归价值论的标准术语，诸如"内在的""客观的""绝对的""普遍的""超验的"，等等。文化研究并不热衷顶礼膜拜固定价值的永恒文本。①

不复膜拜"固定价值的永恒文本"，何以言价值？斯多雷解释

---

① 约翰·斯多雷：《文化理论与大众文化导论》(John Storey, *An Introduction to Cultural Theory and Popular Culture*), London: Prentice Hall/Harvester Wheatsheaf, 1997年版，第196页。

说，一个文化文本或一种文化实践，其生命力在于满足特定文化权力语境中的大众的需要，唯其如此，它可望代代不绝，薪火相传，进入经典的行列。这里有两层意思。首先从文本的多义性出发，毫无疑问有价值的经典的文本可以不断读出新的内涵来，由是观之，价值就是读者和文本在历史中不断碰撞的结果。但是这里出现一个疑问，这就是权力关系是被忽略了，换言之，它没有能够解答这一问题：是谁在读，阅读发生在什么权力语境之中？总而言之，阅读作为一个过程，总是由把握着权力和文化权威的某一部分人主掌着文化文本的再生产，所以多义性和多元性肯定不仅仅是文本使然。其次从权力出发，视文化权力像价值一样是为一种建构。这其实也是当前各方文化研究更愿意采用的路数，这样经典就是源起于各种特定的利益关系，产生在特定的社会和历史语境之中。文化可以和权力结盟，同样也可以成为反抗权力的阵地，这无疑是福柯的传统。

后现代主义改变了文化研究的理论和文化基础，这是没有疑问的。仅就以上围绕价值和意义的论辩而言，它所涉及的不光有快感的关系，更有权力和权威的关系。是谁在决定意义？谁拥有阐释的权力？悲观的看法如詹姆逊的理性主义立场，当是跨国资本，诸如音像、电影、时装、电视剧之类。而如鲍德利亚一类的非理性主义阐释，则是包围着我们的符号自身，所谓假作真时真亦假，"拟像"的怪诞"真实性"足以叫我们现实世界的真实观念不知所从。但是文化研究的主流将给出相当乐观的答案。是谁在决定意义？谁拥有阐释的权力？决定意义的不是别人，拥有阐释权力的也不是别人，它们就是文化特别是大众文化的消费者自己。

第二节 SECTION 2
后现代文化的若干特征

但是比较现代性，后现代的概念要模糊得多，以至于时有人说，给后现代主义下一个定义，不但是困难重重，甚至根本就没有可能。一个原因是被贴上后现代标签的理论家们众说纷纭，众声喧哗，远不像现代性永远是在标举理性和科学。此外一些后现代主义者根本就否定他们同现代性有任何联系。就国内熟悉的名字来看，比如说，有一些大家是公开使用后现代术语的，如利奥塔、詹姆逊和有"后现代大祭师"之称的鲍德利亚，而另一些被认为更能见出后现代精神的大师则从来没有承认过自己是后现代主义者，如当年号称巴黎后结构主义三巨头的拉康、福柯和德里达，以及美国的后分析哲学家理查德·罗蒂。就此而言，后现代与其说是我们可以选择的一种主义，一种思潮，不如说就是我们当今的文化语境，缘由如利奥塔所言，在于我们的文化经历了嬗变，我们科学、文学、艺术的语言游戏规则有了改变。要之，不管我们喜欢或者不喜欢后现代，我们今天已经毫无选择地生活在了后现代的文化方位和状况之中。所以并不奇怪，哈贝马斯伸张现代性、抵制后现代性的批判理论，几乎没有例外被收入了各种后现代文集。它本身不失为后现代话语的一个组成部分。

那么，后现代文化有什么特征？劳伦斯·卡胡恩在他编订的题名为《从现代主义到后现代主义》的文集中收集了从笛卡儿一直到当代的四十二篇著名文献。文集序言中他认为后现代主义虽然面貌一片模糊，但是大体可以辨析出五个主题。这就是批判在场、批判本原、批判统一、批判范式的超验性，以及建构"他者性"。

首先，批判在场（presence）意味着表达（presentation）将要被表征（representation）取而代之。"在场"是直接的、当下的经验，直截了当向我们的意识呈现，传统上它的对立面是表征和建构。表征是语言、符号、概念的领域，建构则是人类发明的产物。标举在场，意味感觉和知觉材料便是直接从现实而得，比较被思想和语言修正了的精神内容更要可靠和确凿无疑。但是后现代性质疑这一区分,它否定任何东西能够"直接呈现",因此能够独立于符号、语言、阐释和分歧。所以德里达否定有"知觉"这样一种东西,所谓可以直接地、透明地接受给定的对象。而表征畅行其道的一个结果,便是德里达人所周知的名言:"文本之外一无所有。"

其次,批判本原意味现象将要取而代之。本原经常是理性思考追根溯源的目标,追溯本原即是试图追索现象背后的东西,追到现象的根基上面。后现代主义坚决否定认知有此追根溯源的可能,否认现象背后有任何本原,甚至所谓的深层现实。故一定程度上说,后现代性是有意识浮浅化了。浮浅本身就可以自立,它不需要深层的根基。尼采说,古代希腊人深刻而达浮浅,这句话差不多可以成为后现代主义者的口头禅。福柯"作者死了"的口号,意味每一个作者都是死去的作者,所以作品也没有权威和本原可以追寻,作者的意向对于文本的意义变得无关紧要,它不过是无数种读解模式中的一种,既不是本原,也不见得比其他阐释更有特权。

再次,批判统一意味多元性将取而代之。后现代主义者试图表明,人所谓的统一的、单一的、完整的存在或者概念,其实是多元的。统一的概念被认为一定程度上是结构主义的遗风。结构主义视一切文化要素,诸如语词、意义、经验、自我、社会,等等,都是在与其他要素的关系之中形成,而我们知道,这些关系无一例外是多元的。所以单一的、统一的东西,其实并不存在。比如,一个文本可以无限次阅读,而没有一次阅读担保可以提供完整的真正的意义。同理,人类的自我也不是统一和单一的,它应当是复数而不是单数。

第四,批判范式的超验性意味内在性将取而代之。这一点至为重要。范式如真、善、美、理性,等等,不复被视为独立于它们得到或予以说明的过程,反之是这些过程的产物,是内在于这些过程。比如,大多数哲学家使用公正的概念来判断某种社会秩序时，后现代主义则视公正的概念本身为它意在判断的各种社会关系的产物。即是说，此一概念本身是特定的时间和地点的产物，服膺于某种利益，有赖于某种知识和社会语境。这就使社会关系的公正问题，大大复杂起来。这实际上是否定了一切声称物（范式）可以独立于自然、符号生产、经验或社会利益的二元论。强调内在性，使思想、写作和协商的过程凸现出来。当然后现代主义者未必不可以提出自己的范式来，但问题在于，他们的批判分析模式一经出笼，便意味一切范式认同，包括他们自己的范式，无不变得疑云密布了。

最后，建构他者性说到底也是上面四种策略的综合运用，它被认为适用于任何一种文化单元的分析。在后现代文化看来，人类存在、语词、意义、观念、哲学体系、社会组织以及诸如此类的文化单元，完全是通过排斥、压制、等级化等过程，而得到它们表面上的统一的。其他现象和单元必须在一个等级鲜明的二元对立中，被表征为异类或"他者"。一如真理相对于谬误确立自身，男人相对于女人建树起自己的男子汉形象。如此等等，不一而足。在这里，他者总是被贬低、被贬值了。而在哲学体系中，真实和外观这个二元对立，后现代主义者说，仿佛就是去编织一只废纸篓，将这体系不愿尊之以"真实"而高高供奉起来的"现象"，弃之如敝屣。唯其如此，特权项原始的有机统一性，方可得到维持。建构他者性意味着什么？卡胡恩指出：

> 用比喻的说法，这可以称之为恰恰是"边缘构成了文本"。表面上的统一是因为压抑了它们对他者的依赖及其同他者的关系，而得构成的。故此，见多识广的分析家会关注一切系统或文本中明显被排斥或"边缘化"了的因素。特别是在文学研究中，后现代主义者将注意力从文本中众所周知、公开明示的主题上转移开去，转向鲜有提及、几乎是无从寻觅，以及或隐或显被贬低贬值的内容上去。因为在场系由缺场构成，真

实系由外观构成,理想系由现实构成。①

这一他者性、边缘性反仆为主的解构策略,当然并不限于主题,它同样适用于文体。所以比喻修辞不再是可有可无的辅佐,而成为显示主题的关键所在。这一切我们听起来应当不算十分陌生,因为如前所见,文化现代性已经预演了后现代的批判精神。解构宏大叙事、平面化、琐细化、去深度,这些后现代作品分析上触目皆是的词语,我们发现用在20世纪前半叶如火如荼的西方现代主义作品的阅读上面,正是适得其所,比如《尤利西斯》和《等待戈多》。这个耐人寻味的事实,也决定了后现代性文化在文学和艺术的创作上面,已经不大可能形成太大的气候了。

后现代并不是对现代性的纯粹反动,无论是利奥塔还是吉登斯,事实上都更乐于将后现代表述为现代性的一个全新的阶段,一个对现代性本身进行深入反思的阶段。同现代性做一比较的话,后现代的特征毋宁说是就文化和知识获得的特征。其不同的认知、表征和认同的方式,与现代性在传统物质生产方面显示出来的特征,差异也为明显。所以,说后现代文化当是更为"道地"的文化,它以观念和主体性为其对象,文化在这里替代经济,出演了中心角色,并不言过其实。而照詹姆逊的说法,后现代主义不是别的,它就是"后期资本主义的文化逻辑"。

第三节　SECTION 3
拉康论漂浮的能指

雅克·拉康(1901—1981)生前似乎同后现代没有结下什么缘分,不过他的漂浮的能指理论,当仁不让是后现代的经典学说

---

① 劳伦斯·卡胡恩编:《从现代主义到后现代主义》(Lawrence E. Cahoone ed., *From Modernism to Postmodernism: An Anthology*), Cambridge: Blackwell Publishers, 1996年版,第16页。

之一。拉康在哲学、文学批评、电影理论里，都是大名鼎鼎、如雷贯耳的人物。他自己的身份是心理学家，是精神分析学在法国的主要代表，以对弗洛伊德作创造性阐释而蜚声于世。拉康似乎从来没有自喻过哲学家，虽然他的哲学素养其实很丰厚，哲学家们也乐于引他以为同道。

巴黎当年号称拉动后结构主义的三驾马车中，福柯思想虽然离经叛道，文风还称得上差强人意。德里达的晦涩艰深已经令人望而生畏，一连串典型的德里达式新造术语和旧词新用法，加之迂回曲折、峰回路转的解构策略，足以让读者如同飘荡在云里雾里。可是即便德里达，比较拉康也还算得上是在传情达意，拉康的艰涩根本就是不知所云。这使他的读者相当一段时间里也不知所云。待到知晓该说些什么，人们发现，拉康一方面是在倡导回归弗洛伊德，认真探究弗洛伊德对自我、无意识和性欲望的开拓，以此为精神分析正途，一方面恰恰也是以他玄之又玄、不知所以的文风，将读者引向了晦涩艰深的物质形式，这就是语言本身，据拉康言，它是我们一切思想的来源。拉康声名大振是在1966年出版了汇总他一系列论文与讲演的《文集》（*Écrits*）之后。他以语言为无意识心智的镜子，有意将现代语言学、哲学与诗学中的语言研究引入精神分析理论。除了特别重视语言及其功用外，拉康还以特别喜好演讲出名，《文集》即多为他的演讲文字。但是拉康的演讲亦以晦涩难解闻名，其对象被认为是一群智力超群的法国精英听众，其他国家的普通听众，就每每只能望洋兴叹了。

拉康不满后精神分析与弗洛伊德渐行渐远的作风，以回归弗洛伊德为口号，提出要把精神分析学发展成为一门独立的、自成一统的科学理论。而达成这一目标，他认为只有借助结构主义语言学，用科学术语对位居此一理论中心的无意识作出描绘。为说明主体如何身处在错综复杂的指意领域之间，拉康分析索绪尔的《普通语言学教程》说，索绪尔以语言符号为能指和所指两个部分组成，判定其间的关系是任意的，不仅如此，能指还不能单独界定所指，因为意义是见于能指与能指的差异之中，如此能指环环相衔，构成了一个没有穷尽的过程，就像项链上的环节，而项链本身又是另一个项链的环节。拉康的项链譬喻被认为适如能指链的特征，它既是封闭的，又是向无限开放的。但是拉康独对能指情有所钟，认为索绪尔能指和所指两相结合以为符号的理论，远不足以解释意指活动的复杂性，反之能指和所指永远不可能在绝对的意义上结合一体。那么，能指处在何种地位？拉康1953年秋在罗马国际精神分析学大会上的发言，即人所谓的《罗马话语》中有明确答复。《罗马话语》被认为是新旧精神分析学的分水岭。这篇冗长的宣言事隔三年发表后，先后有过两种英译，分别被易名为《自我的语言：精神分析中语言的功能》和《精神分析中言语和语言的功能及领域》。其中拉康对索绪尔的结构主义理论，作了许多意味深长的修正，关于能指与所指，他提出这样一个公式：

$$\frac{能指}{所指} \quad \frac{S}{s}$$

据拉康解释，这个公式就是"能指与所指作为两种不同秩序的位置，从一开始就被一道抵制意指的屏障阻隔开了"[①]。如是分别作为声音和概念的能指与所指，其关系远非如索绪尔所言，犹如一张纸的两面那样幸福地结合在一起。其间据信是从初始阶段即已出现的那一道裂缝，将使能指与所指事实上无法顺利交通，两者在索绪尔符号学中的那一种和谐关系，至此已经荡然无存。能指与概念之间的纽带既经切断，它就成了一种独立的存在。于是我们见到一种"滑动的所指"和"漂浮的能指"。能指什么也不表征，它自由了，自由地漂浮。

能指自由地漂浮，无限地漂浮，它无可救药了吗？未必尽然。

---

① 拉康:《文集》(J. Lacan, *Écrits*), New York: Tavistock, 1977 年版, 第149 页。

为此拉康求诸一个叫作"菲勒斯"(Phallus)的概念,这也是拉康理论中引来争议最多的部分。"菲勒斯"是什么?"菲勒斯"是男人的阳具。拉康以"菲勒斯"为一个超验能指,认为它可以中断能指的无限漂浮,保证指意活动具有一种稳定性。用拉康自己的话说,便是:"'菲勒斯'是意在设定全部所指效果的能指,这个能指以呈现为能指而限定它们。"① 如果说这些话读起来好似猜谜,那么我们不妨看他接下来的解释又能清晰多少:

> 菲勒斯是那类标记的特权能指,在那类标记中,逻各斯与降临的欲望同在。
>
> 可以说,选择这个能指是因为它是性交领域中最实在的因素,也是这个术语的字面意义中最具象征性的东西,因为在逻辑上它相当于交媾。可以这么说,当它被发落到生殖行为之中,它挺立起来,就是生命之流的形象。
>
> 所有这些命题不过是遮盖了这个事实,那就是只有当它被遮蔽之时,才能发挥它的功能。即是说,当它被抬升(黑格尔意义上的"扬弃")为这个能指的功能时,它自身是作为一个任何意指尽收罟中的潜在的符号。②

这些话读起来依然叫人糊涂,不过用心下来大致能揣摩出拉康的意思。首先,菲勒斯神圣一如上帝之言,这就是逻各斯。太初有逻各斯,逻各斯与上帝同在。就菲勒斯布定指意秩序而言,正好似上帝之言。有似弗洛伊德解剖学上的阴茎,拉康的菲勒斯对于主体如何一面应对阉割焦虑,一面应对俄狄浦斯情结,可谓是游刃有余。但是有鉴于拉康的兴趣在于语言而并不在于生物学上的思考,菲勒斯便成为一个纯然的文本因素,我们指意链中最

---

① 拉康:《文集》,New York: Tavistock,1977 年版,第 285 页。
② 同上书,第 287—288 页。

举足轻重的成分。有似阴茎用于性交，菲勒斯便也可被视为一种语言学上的交媾即系动词，将互不相干的语词连接起来，守护漂浮的意义之链。而菲勒斯的这一神秘功能，指意活动中它永远是处在遮蔽之中。唯其永远处在遮蔽之中，它便表现为永无止境的欲望的追踪，是为其他一切能指、一切客体的众望所归。

　　拉康"漂浮的能指"和"滑动的所指"，诉诸精神分析实践又是何种景象？拉康认为他的能指好比弗洛伊德理论中的意识，所指好比无意识。无意识是语言的总体结构，精神分析由此便成为通过能指来对无意识所作的修辞解释。具体地说，当我们在幼儿进入语言的阶段，先于我们而生成的语言和文化系统，便将其秩序和结构加诸我们身上。我们进入的因此乃是一个先已存在的能指网。因为如索绪尔所言，每一个单独能指的行动，只能发生在一种语言系统之内。但诚如前文所述，从一个能指的符号到所指的概念中间，由于受到整个文化及语言系统影响，必然存在隔阂且无从消灭，能指与所指之间的那一道屏障，便构成能指追索所指即意义过程中的结构迂回，进而形成符号理论的核心所在。这样看来，无意识亦只能说是能指的不断运行和活动，它们的所指往往是无法接近的，因为这些所指受到了压抑，这便是"滑动的所指"一语的含义：无意识作为所指是从能指下面滑落了。这意味着自我即意识只有对这一滑落过程进行压抑，且暂时把语词牢牢钉紧在意义上，它才能工作。日常生活中经常有某个我并不需要的语词从无意识中偷偷溜进我的言语，这就是弗洛伊德理论中著名的口误行为。然而据拉康观之，人类的整个话语都是口误，由于能指和所指之间那一层原始的隔阂，说出的话永远不可能准确表达要说的意思。正是在此一语言学来解释精神分析的背景中，拉康在弗洛伊德看出心理"扭曲"的地方，看到了"漂浮的能指"，并进而将弗洛伊德释梦理论中的"移置"解释为"转喻"，"凝缩"则被释为"隐喻"，等等。

　　后弗洛伊德精神分析家视弗洛伊德为明日黄花，但是拉康

"回归"弗洛伊德的立场是非常鲜明的,虽然这立场似乎是有过之而无不及。弗洛伊德梦的形成过程在于拉康变成为修辞学的隐喻。无意识由此成为一种文字系统,做梦人以言释梦到无意识中梦的产生,修辞过程结构了它们的全部运作环节。弗洛伊德的梦的过程到拉康这里,变成了各种修辞格的运行方式。无意识即是一种文字系统。一如精神分析由做梦人口述梦境转入无意识中梦因的探究,语言文字的修辞特征也栩栩如生构出了无意识中的图像。弗洛伊德的精神分析,因此成为拉康的语言分析,虽然其宗旨依然还是晦涩难解的无意识,而不是秩序有定的意识。拉康认定每一个能指都为无意识欲望浸染,认为唯其如此,无意识的结构才能被人真正了解。无意识不但像语言一样具有结构,而且还是语言的产物。此一思想背景,即是拉康"无意识结构有如语言"(L'inconscient est structrue comme un langage)这句名言的由来:无意识作为被压抑的欲望,其行径一似语言,不停地从一个对象转向另一个对象,从一个能指转向另一个能指,永远无以到达终点,一如意义永远无以被充分完全地把握。

第四节　福柯:书的终结和考古学的开始

　　福柯(1926—1984)的离经叛道使他很像后现代文化的精神上的父亲。围绕他的《癫狂史》,福柯和昔年他的学生德里达展开过一场论争,争论之一便是他不满德里达鼓吹文字不过是白纸黑字,是能指通向能指,远不足以表情达意的解构主义逻辑。但是与《论文字学》中的德里达相似,《知识考古学》中福柯也对书的概念作过无情解构。比较两人这一异曲同工的对"书"的发难,于领略后现代文化倡导互文性和众声喧哗的阅读策略,无论如何是意味深长的。

　　《知识考古学》题为"话语的规律性"的第二章中,福柯提出，像书和作品这样的概念，非用极端的手段不足以消解。那么，书是什么？福柯指出，书是有个体的物质形态，占有一个特定的空间，具备一定的经济价值，同时还用一些数量符号，来标示它的开端和结束，人们就是这样通过赋予作者以一定数量的上述文本，来认定和界定作品的确立。但是，福柯提醒他的读者，当我们作更进一步审视时，困难就来了。书的物质单位假如说是一部诗选、一部古代著作的残本，或者说《圆锥曲线定理》，或者是米什莱《法国史》的哪一卷吧，它们的单位难道是一样的吗？换言之，书的物质单位同它所支撑的话语单位相比，它难道不是一种微不足道的形态吗？那么反过来，再来考察话语单位，话语单位是不是有种可以统而论之的同质结构呢？很显然事实并不是这样，福柯说，一部司汤达的小说、一部陀思妥耶夫斯基的小说，与巴尔扎克《人间喜剧》中的作品就不相同。而《人间喜剧》中的篇章又大不同于《奥德赛》和《尤利西斯》。它们之各有所别，诚如书的界限从来就是模糊不清的。此外，在书的标题、开端和结尾之外，书还身置于一个其他的书、其他文本和其他句式的涉连网络之中，其中关牵到的数学著作、文本批评、历史叙事以及叙事故事等等，中间又有多少相似性可言！所以，书是无能为力地蜷缩在这个将它封闭起来的小小的平行六面体之中，它的形态是可变的且是相对的。它无以表述自身，它只能建立在话语的复杂关系之中。

　　同样的是作品，作品提出的问题甚至更为困难。传统以作品为归结在一个作者名字之下的文本。但福柯强调，作者的名字并不具有同质的功能：它可以以同样的形式既表示作者自己以真名发表的文本，又表示他以笔名发表的文本，还表示作者身后留下的草稿，或者甚而是一些涂鸦的东西，一个笔记本，以至于一张"纸"吗？作品是不是应当包括书的所有诸如草稿、原始意向，以及被改动和被删除的内容？对于信件、笔记、谈话、演讲中听众记下来的只言片语，以及这位作者留下来的关于他的一大堆彼此交错或者是互不相干的言语，又当何论？简言之，作品同书一样，不能被看作是一个直接的、确定的或者是同质的单位。福柯的上述观点可以比较德里达《论文字学》中的书的概念不同于文字的概念的看法。德里达反对柏拉图《斐德若篇》中文字有好有坏的说法，即以自然而然写在灵魂中的神圣的文字为好的文字，以人为的、技巧的文字为流放到身体之外的邪恶的文字。他指出，柏拉图所谓的好的文字，中世纪所谓永恒的普遍的神学文字，以及所有被认为是同真理直接交游的文字，据信总是按其本然被人理解，而理解总是发生在一个永恒的现时之中，因而也是在一个整体、一个框架之中。这个"好的文字"的理解发生其中的整体和框架，德里达强调，就是书。书是纳定一系列能指的一个人为的整体，它的前提是某个先于它存在的所指，作为它的理式，监督着它内部的符号运动，由是观之，书的概念是假设意义存在于文字之先，它只能被认为是逻各斯中心主义的御用工具。故建立他"文字"的科学，毫无疑问就要扫清这一障碍。对此他说：

> 总是指涉自然的整体的书的概念，完全相异于文字的涵义。它是神学和逻各斯中心主义的一把百科全书式的保护伞，用来防范文字的堕落，控制它百无忌惮的胡作非为，而且如我后面还要谈到，防止普遍意义上的差异发生。假如我把文字和书区别开来，我将会说，书的毁灭，如今天在一切领域中已悄悄发生的那样，是揭去了文本的表层。①

书的概念当然没有这么容易被摧毁，别的不说，《论文字学》本身就是一部同一般的书毫无二致的书籍，所以德里达这里其实也面临着一个两难选择。一方面强加于文字之上的束缚既经移去，文字的自由游戏就有了一个更为广阔的天地，故"文字学"必须

---

① 德里达：《论文字学》(Jacques Derrida, *Of Grammatology*), Baltimore: Johns Hopkins University Press, 1976年版，第18页。

为它的通途扫开书的概念。另一方面，皮之不存，毛将焉附，德里达对他上述显然是太为激进的反传统立场，多少也有所顾忌，《论文字学》同一章题为"作为实证科学的文字学"一节中，他一开始就说，文字学的可能条件是什么？它的根本条件当然是逻各斯中心主义的解体。但这个可能条件反过来又成了不可能条件，因为它冒着同样摧毁科学这个概念的风险。这意味对传统的批判，必须满足于在传统的内部进行，由此也可以解释一系列诸如异言、补充、踪迹、删除号下书写等典型的"德里达式"术语和作风的由来。

书的框架消解下来，福柯的目光落在话语实践之上。"话语"于福柯理论的重要性或者正可相当于"文字"之于德里达。诚如德里达的文字概念不同于传统的文字观念，福柯的话语实践也不同于传统的语言实践。因为在福柯看来，话语分析受制于却并不限于语言学的惯例，亦不局限于语言学的基本单位，而只有在与政治、文化、经济和社会等结构的相互联系之中，话语的分析才能见出它的意义。这就是意义必须从语境中见出的道理。但福柯更愿意强调话语的断续性特征。他指出他反对两种流行的话语分析动机，其一是追根溯源，令话语的历史分析去寻找并且重复某一个跳出一切历史规定性的本原。其二是阐释既往的故事，如是令话语的历史分析环环延伸下去没有穷尽，因为既往的故事当中总还是潜伏着其他又其他的无穷故事。福柯认为这两种话语分析法都是旨在保证话语的无限连续性：它们使话语被重复，被知晓，被遗忘，最终掩埋在书籍的尘土里边。故他将致力于撼动读者心安理得的阅读习惯，说明话语并不是自然而就，而是某种建构的结果。要考察和验证这种建构的规则，就要运用"考古学"分析的方法。

《知识考古学》第四章《考古学的描述》中，福柯对他就书和作品之类传统话语单位产生疑问而提出的考古学这个新方法，作了详细交代。他指出他的考古学是针对"思想史"提出。福柯自称他是一个自不量力的思想史学家，然而他也是一个决心彻底更新他的学说的思想史学家。固然，描述思想史此类学科的特征殊非易事，因为它的对象既不确定，使用的方法也东拼西凑，没有固定，但福柯发现思想史还是有一些特征清晰可辨，比如它讲述邻近的和边缘的历史，它不讲述化学史讲述炼金术史，不讲述生理学史讲述动物智能史和颅相学史，不讲述文学史而讲述转瞬即逝故而从未得入文学之流的街头作品史，如此等等。总而言之，它在一些话语的重大建树的间隙中间，揭示出这些建树的脆弱地基，它是观点、谬误和心理类型的分析，而不是知识、真理和思想形式的分析。福柯将他的考古学同思想史之间的区别，主要归结为以下四个方面：

首先，考古学所要确定的不是思维、描述、形象和主题等明露暗藏在话语中的东西，而是话语本身。考古学探讨话语但是并不将话语视为材料，视为它的符号和那些本应当是透明的所指。相反考古学要穿透话语的混沌蒙障，直达它的深层本质，故考古学不是一门阐述性质的学科，它无意于寻找隐藏得更为巧妙的"另一种话语"，它不承认自己是一种隐喻。

其次，考古学并不试图发现连续的、不知不觉的话语过渡，即话语怎样在它的不同语境中游刃自如，相反它要确定话语的特殊性，沿着话语的外部边缘追踪话语以便更为清楚地确定它们。换言之，对话语方式作出差异分析。

再次，考古学并不对作品持主宰姿态，它不是心理学，不是社会学，也不是人类学。考古学确定话语实践的类型和规则，而这些通贯着个别作品的话语实践既可以无一遗漏地支配着作品全部的方方面面，也可以仅仅支配着作品的某一个部分。所以，创作主体这一层次，对考古学来说并不相干。

最后，考古学并不想重建人在说出话语一瞬间的所思所想，并不想去搜集这个作者和作品互换身份的瞬间。这是说，考古学并不是旨在通过在已知事物本身中找出这些事物的方法来重复它们，从而让自己消失在阅读的遥遥无期的追根溯源之中。考古学不是别的，它不过是一种再创作，即在外在的固有形式中，对已知事物作调节转换。它不是向哪一种秘密的本原回归,而是对特定的话语对象作系统描述。

福柯自称他从未把考古学当作科学,甚至把它当作一门未来科学的最初的基础来介绍。但是,考古学的分析又同种种科学密切相关,所以它同样也是科学,是对象,就像解剖学、语文学、政治经济学和生物学等已经成为科学和对象一样。福柯这里将他的考古学视为一门新兴科学的信心,同样可以同德里达《论文字学》中以"文字学"为一门新兴学科的信心比较,是时德里达套用索绪尔描述"符号学"的话,称有鉴于这门学科还不存在,所以我们说不出它将会是什么样子。但是它有存在的权利,有一个先已确定了的地位,而语言学不过是这门总体学科的一个组成部分。所以不奇怪福柯提醒我们考古学在它的过程和范围之中同其他学科的联系。如当考古学试图从话语自身当中来确定主体的不同位置时,便与精神分析学提出的问题交叉起来,当考古学试图揭示概念的形成规律,言语的连续、连贯和并存的方式时,就牵涉到认识论的结构问题,当考古学研究对象的形成,研究它们出现和被限定的范围和话语的适应条件时,就沟通了社会形成的分析问题。总而言之:

> 如果说我把考古学置于如此众多的已经构成的其他话语之中,这不是为了通过邻近和接触使它享有它本身无力赋予自己的地位,并不是为了给它在这静止的人类精华中最终地提供一个确定的位置,而是为了通过档案、话语的形成、实证性、陈述、陈述的形成条件来展现一个特殊的范围。①

福柯称这个范围还没有成为文化分析的对象,但考古学也许

---

① 福柯:《知识考古学》,生活·读书·新知三联书店,1998年版,第267—268页。

能起到某种工具的作用,能够承前启后,有助于把主体位置的分析与科学史的理论联系起来。从而最终可以将今日理论领域的某个部分命名为考古学。福柯并没有说语言学是考古学的一个组成部分。比较德里达,福柯理论建构的雄心似乎并不急于彰显自身。有意思的是,就考古学和文字学的方法比较下来,美国文学批评家伦特里契亚在他的《新批评之后》一书中,反复强调福柯和德里达是殊途同归的:

> 也许有必要回过来看德里达和福柯,不是如赛义德最近所概括的那样,是为一对哲学论敌,而是两个互为合作的哲学探究者,他们敢于用认识论的权威来言说他们探究的主题。"快乐""自由"和"活动"(以及生成了它们的天真的自由政治学)不是德里达和福柯信奉的价值……事实是,德里达和福柯的所为,是揭开主导着自柏拉图至今日之意义生产的逻各斯中心的逼迫,它的规则和二元对立。①

换言之,两人将舍弃自我在场的"存在"的视野,从内部发难而来颠覆西方根深蒂固的历史意识结构。这在很大程度上,正是后现代文化肩负的一个历史使命。

第五节 SECTION 5 >
詹姆逊的后期资本主义文化研究

美国后现代和马克思主义理论家詹姆逊(1934—),对于中国的读者来说很有后现代教父的地位。中国的后现代普及很大程度上受惠于他的启蒙。1985年詹姆逊来北京大学讲授后现代文化理

---

① 伦特里契亚:《新批评之后》(Frank Lentrichia, *After New Criticism*), Chicago: The University of Chicago Press, 1980年版, 第208页。

论,讲稿经唐小兵译出于次年出版后,风行不衰。詹姆逊认为资本主义文化经历了三个阶段,第一是国家资本主义阶段。第二阶段是列宁的垄断资本或帝国主义阶段,在这个阶段形成了不列颠帝国、德意志帝国等。第三阶段则是二战之后的资本主义,它的主要特征可概述为晚期资本主义,或多国化的资本主义。艺术和这三个阶段相关联:第一阶段的艺术准则是现实主义,产生了如巴尔扎克等人的作品;第二阶段出现现代主义;而到第三阶段,现代主义便成为历史陈迹,出现了后现代主义。而后现代主义的特征是文化工业的出现。值得注意的是詹姆逊多次声明他这三个阶段的划分是针对西方发达国家而言,而第三世界则多是三种不同时代并存或交叉存在。詹姆逊这一三个时代划分说,在国内一时也蔚然成风。

詹姆逊就现代主义和后现代主义的艺术作品也多有比较,结论是现代主义时代的病状是隔离、孤独、疯狂和自我毁灭,后现代主义的病状则是零散化,已经不复有自我存在。他举例说:

> 现代主义作品,如《尤利西斯》,就强调自己是一部"绝对"的作品,所有的一切都包括在里面,任何读者都没有必要再去读任何其他的书,只消这一本书便足够你去阅读、解释、理解的了,所有的图书馆都是没有用的。这样一本书就像是经文一样,事实上乔伊斯正是相信这一点,他就希望自己的书成为一部《圣经》……后现代主义作品恰恰是不可以解释的,例如品钦的《万有引力之虹》,虽然也是很广阔的画面,也像《尤利西斯》一样有百科全书的性质,但这里并没有什么可以解释的,毋宁说这是一种经验,你并不需要解释它,而应该去体验。这里没有必要去寻找什么意义,因为品钦已将他要表达的全部意义都明确地写进作品中了。①

---

① 詹姆逊:《后现代主义与文化理论》,陕西师范大学出版社,1986年版,第182页。

简言之,现代主义的作品是告诉你怎样解读,后现代主义的作品则是永远无法解读。另外,从现代主义到后现代主义,一个明显的区别就是从语言符号到图像符号的转移。所以后现代文化也是一种视觉文化。但詹姆逊似乎没有充分意识到,后现代文化并不似他断言的那样清楚明白。如他视为后现代主义代表作品的《万有引力之虹》,事实上也更经常被归入现代主义小说一类。乐黛云给詹姆逊上述讲演系列作序应和詹姆逊的看法,称晚期资本主义时期的文化特征是多民族、无中心、反权威、叙述化、零散化和无深度,而"后现代主义"正是对这些特征的概括。中国对后现代的认知大体是由詹姆逊如是定下了基调。

詹姆逊讲演的底本主要是他刊于 1984 年夏季号《新左派评论》上的著名文章《后现代主义,或后期资本主义的文化逻辑》,此文公认是詹姆逊后现代文化和美学理论的代表作。詹姆逊认为后现代的概念最早清楚体现在建筑方面,即它是对高度现代主义和"国际风格派"的严厉批判,与城市规划的审美考虑密不可分。后现代主义认为高度的现代主义建筑破坏了传统上的城市结构和先前的邻里文化,因为它的乌托邦高度鹤立鸡群,从根本上脱离了周围的环境,同时现代运动中预言的杰出人物统治论,也以其专横跋扈的集权主义遗患为人所不齿。

因此,詹姆逊指出,建筑中的后现代主义,顺理成章就是一种美学上的大众主义。他认为这也同艺术史论家文图里等人在《向拉斯维加斯学习》这部谈论后现代建筑的名著里的声音相仿,是体现了利奥塔《后现代状态》中的精神。詹姆逊对建筑的重视被认为是明显的美国后现代语境,这就是 20 世纪 70 年代北美后现代主义的崛起与后现代建筑关系密切,而直接挑战源出柯布西耶乃至 20 年代包豪斯主义的现代建筑运动。这一点詹姆逊在给利奥塔《后现代状况》所写的序言中也有所交代,他指出现代主义建筑大师柯布西耶和赖特都算得上是绝对的革新者,他们支持形式革新和建筑空间的转换,期待建筑空间能整个儿改变社会生活,如柯布西耶所言，取代政治革命。詹姆逊认为这样的观点和席勒《审美书简》中的立场相似，已经显得不合时宜。而后现代主义使现代主义者意识到他们是根本失败了。柯布西耶和赖特的新建筑并没有改变这个世界，也没有能够美化后期资本主义制造出来的垃圾空间。如摩天大楼林立在全世界各主要城市中心，玻璃幕墙泛滥成灾。这可见，现代主义及其高高在上的乌托邦野心，已经回天乏术了。反之"向拉斯维加斯学习"下来，人可以发现后现代建筑则是大众化的，它们尊重原来的城市建筑格局，并不强迫向周围花里胡哨的商业化方言灌输判然不同的清晰的、高雅的乌托邦语言。他举例洛杉矶新下城由约翰·波特曼营造的波拿文都拉大酒店，大加赞赏，认为它是融入周围环境的后现代建筑典范，甚至戏拟海德格尔的话说，此一建筑是"让堕落的城市结构继续保持原样"。但是也不乏批评家指出，波拿文都拉宾馆并不是后现代建筑，它毋宁说是现代主义晚期的建筑。

对于后现代主义的特征，詹姆逊的描述是令人沮丧的。他认为后现代性导致的大众主义虽然形形色色，但是有一个基本特征，这就是取消高雅文化和大众文化或者说商业文化之间的界限，将从利维斯和美国新批评直到法兰克福学派都强烈谴责过的文化工业，灌注进新的文本：

> 事实上，后现代主义迷恋的恰恰是这一完整的"堕落了的"景象，包括廉价低劣的文艺作品，电视系列剧和《读者文摘》文化，广告宣传和汽车旅馆，夜晚表演和 B 级好莱坞电影，以及所谓的亚文学，如机场销售的纸皮类哥特式小说和传奇故事、流行传记、凶杀侦探小说和科幻小说或幻想小说：这些材料它们不再只是"引用"，像乔伊斯或梅勒之类的作家所做的那样，而是结合进它们真正的本体。①

---

① 詹姆逊：《后现代主义，或后期资本主义的文化逻辑》，见詹姆逊：《快感：文化与政治》，中国社会科学出版社，1998年版，第154页。

第九章 后现代文化

詹姆逊强调不能把后现代主义理解成一种风格，而必须理解为一种文化要素，一个一系列大相径庭又彼此牵扯不断的特征可以并存其中的概念。同样詹姆逊也承认美学现代性是预言了后现代性的特征，故后现代主义至多不过是现代主义本身的又一个阶段。因为后现代主义的所有特征，都可以在以前杜尚等人的这种或那种现代主义中找到，这些人物就完全可视为后现代主义这个词出现之前的后现代主义者。

不似利奥塔和鲍德利亚等社会理论家把后现代看作后工业社会的特征，詹姆逊将后现代社会称为资本主义世界系统最晚近的阶段，这同他资本主义三个阶段一道，是受了马克思主义经济学家厄内斯特·蒙代尔《后期资本主义》一书的影响。他认为蒙代尔资本主义三个阶段的划分，同马克思 19 世纪的伟大分析根本就是遥相呼应的。波及美学，詹姆逊以卢卡契传统的现实主义以及现代主义和后现代主义来分别命名市场资本主义、垄断资本主义和跨国或者说消费资本主义这三个阶段的文化逻辑，虽然可能引来许多非议，但是假如用安东尼·葛兰西的文化霸权理论来看，也可以说是比较有代表性地表述出了一个时代占据统治地位的文化范式，而文化特征随着经济特征的改变而改变，我们看到，这正是马克思主义经济基础决定上层建筑的一贯思想。

詹姆逊 1993 年在《社会文本》杂志上刊出专文谈过他对"文化研究"的看法。看法基本上是不以为然的。他开篇就说，文化研究与其把它看作新的学科，莫若从政治和社会入手，视其为社会各群体的大联盟构想。个中的政治不消说首先是学术即大学里的政治，但是也指广义的知识生活和知识分子空间的政治。所以学术问题绝非单单限于"学术"。关于文化研究何以崛起，詹姆逊的解答是文化研究崛起是出于对其他学科的不满，故针对的不仅是这些学科的内容，也是这些学科的局限。正是在这一意义上，文化研究成了后学科，其自身的定义，也取决于同其他学科的关系。

詹姆逊的分析对象是 1990 年春在美国厄巴纳-尚平（Urbana-Champaign）召开的一次文化研讨会上四十一位与会者提交论文的结集。他从群体问题、马克思主义、连接概念、文化与利比多、知识分子作用、大众化、地理政治和乌托邦八个方面，陈述了他谓之诸结盟学科内部对文化研究这个大联盟的不满。就他本人坚持不懈的马克思主义而言，詹姆逊指出文化研究很显然有别于后现代主义，因为它并不鼓吹高雅与低俗间的界限，宣扬弱势群体的多元论，也不鼓吹用图像和媒体文化来取代意识形态里的政治斗争。故若要反击后现代主义，论证文化研究的哲学之必然，殊有必要重新评估文化研究与马克思主义的传统关系。然而这次大会恰恰在这个节骨眼上，居然是个无人问津的空缺。甚至，雷蒙·威廉斯的"文化唯物主义"，这一英国式的马克思主义文化新阐释，事实上也给忽略过去了。詹姆逊感慨说，无论对于威廉斯还是伯明翰学派来说，文化研究或者说文化唯物主义中都蕴含着政治意志，真正是马克思主义的事业。然而当外国理论跨越大西洋，进入美国时，它们的斗争锋芒常常就被改头换面，磨去棱角了。他尤其反对托尼·本内特停止呼喊马克思主义的口号，转而献身更具体、更直接政治思考和政治行动的他所谓澳大利亚式的激进观点，指出似这般抛弃大理论，参与模模糊糊民主化的政府的理念，在有社会主义传统的小国家或许有些意义，而在美国，则根本就是张冠李戴。

引人注目的是詹姆逊还反对约翰·费斯克的大众文化理论，认为他的文化概念含混不清，他的上层建筑概念，则如斯图亚特·霍尔曾经指出的那样，作为客体是脱离了社会生活：

> 费斯克的研究建立在对这种脱节的认识上，强调经济压迫和社会剥削的现象，同时又把文化解读为一整套"反抗束缚的手段"。令人担心的倒不在于反抗纯属想象（马克思对于宗教

说过同样的话），而在于有人认为知识分子也许会把宣扬群众文化当作一种仪式，由此想象出自己特殊的结构"距离"。①

费斯克以鼓吹大众文化可以颠覆既定的权力结构而闻名。詹姆逊同样反对文化研究把权力结构放在中心地位，即便是被解构和颠覆的对象。他承认权力问题韦伯和福柯都有过精辟分析，但坚持研究权力是一个反马克思主义的步骤，是旨在取代对生产方式的分析，这是知识分子应该加以警惕的。

詹姆逊再次表明了他希望在文化研究中同样可以清楚看到的政治意识。对此他作如是陈述：把文化产品当作被纯粹形式化的消费过程淘汰的商品，好像是在贬低它们的形象，降低它们的尊严，忽视它们其他的社会和群体功能。但是，如果分析讲究适当的复杂性的话，情况就不同了。盖消费行为是一种空洞的行为，对物体的具体内容毫不关心，所以不宜于对消费行为做细致深入的分析。那么，分析什么？詹姆逊的回答是分析冲突、异化和再统一，分析谬误和意识形态，分析乌托邦。即便乌托邦被乌烟瘴气的现实窒息得苦，詹姆逊结论说，他是宁可它像星汉灿烂的天空一样，照耀着这本大会论文集的。

第六节 SECTION 6 >
听觉文化和视觉文化

一般认为后现代文化是一种视觉文化，用詹姆逊的话说，就是从现代主义的语词中心，转移到了后现代主义的图像中心。但是对于这一类主导观点，并不是没有异议，比较有代表性的，是德国哲学家沃尔夫冈·韦尔施（1946—　）谓后现代文化是听觉

---

① 詹姆逊：《论"文化研究"》，见王逢振主编：《文化研究和政治意识：詹姆逊文集·第3卷》，中国人民大学出版社，2004年版，第35页。

文化的看法。

韦尔施是德国新生代哲学家，以不遗余力鼓吹后现代主义闻名。他 1997 年出版的文集《重构美学》具有浓重后现代和德国的思辨哲学背景，对于现代性和后现代文化可以在怎样的程度上结合起来，多有深入探讨。他认为当代社会中美学应当消解之后予以重构，应当超越传统上它专同艺术结盟的狭隘特征，而重申它的哲学本质，不但如此，它甚至可以是思辨哲学的基础所在。韦尔施对此的描述是，美学在当代社会中危机深重，是因为审美泛滥无边，到了叫人忍无可忍的地步。美的艺术过剩，所以它不应当继续染指公共空间。相反当代社会中的新的公共空间，艺术应是对全球审美化的中断，应给人以震惊，使我们被花哨的美刺激得麻木不仁的神经，能够重新振作起来。另一方面，如今凡事一旦同美学联姻，即便是无人问津的商品，也能销售出去，原本销得动的东西，则是两倍三倍增色。而且由于审美时尚特别短寿，又使潮流产品更新换代，走马灯般替换，没有哪一种需求可以与之相比。甚至在产品的使用期终了之前，审美上它已经"出局"了。

但韦尔施发现，当今审美化的一路流行不仅仅波及日常生活这一浅表层面，而且它同样渗透进了更深的层次。如果说先者是花里胡哨的物质的审美化，那么后者就是声色不动的非物质层面的精神审美化。要之，美学将不再仅仅属于上层建筑，而且属于基础。它的对象不复仅仅是一种"美的精神"，抑或娱乐的后现代缪斯，再不是偷梁换柱式的经济策略，而且还是对现实的一种新的认知。这认知在本原上发端于一种审美的意识，这里"审美"所指并不仅仅是美，它更多指虚拟性和可变性，我们发现，虚拟性和可变性正是后现代文化的特征所在。

韦尔施对现代建筑特点的分析也建立在这一基础之上。他认为 20 世纪的现代建筑体现的不是本世纪的时代精神，它秉承的是笛卡儿以数学模式统摄人类生活的衣钵，完全是近代精神翻版，并不具有那一种异质和多元的现代性。而建筑与时代的不同步，也从一个侧面说明，所谓现代性，其要义同样应当是多元的而不是铁板一块的。如是牵涉到后现代与现代性的争论，韦尔施的看法是，这一争论之所以会出现，是因为人们并不了解现代性本身内涵歧义纷呈。随时代变迁，"现代性"这个概念具有不同的含义，17世纪和18世纪，它意味以数学的均一性统摄人类生活及精神的方方面面，而到20世纪，它反过来又认肯并重视起多元化与异质性。这样来看，消除边界、面向多元的后现代不仅与现代性前后承续，而且自身就是现代性的一种表现。

韦尔施提出了后现代文化是听觉文化的观点。他指出视觉文化是理性主义的产物，19世纪是它的巅峰时期，往上则可以直溯到古代希腊。比较来看，听觉文化的兴起可以说是电子传媒一路畅行之后的必然结果，它更具有一种后现代气质，固然它没有视觉文化的延续性和同质性，但是它具有电子世界的共时性和流动性。视觉意味什么？视觉意味光明、洞见、证据、理念、理论和理性。关于视觉怎样与理性合谋，支配了现代性的制度，韦尔施举了福柯《纪律与惩罚：监狱的诞生》中的一个例子。这个例子是杰勒米·边沁始建于1787年的"圆形监狱"，一种堪称完美的监视建筑。围着中央一个塔楼，囚室布成一圈。由于它们不同于早期的地牢，从外部充分采光，故中央只消一个观察哨，便足以将所有犯人尽收眼底。囚室中的一举一动，都有影踪可以追寻。韦尔施指出，这类圆形监狱是欧洲惩罚制度的典型范式。视觉与世界的关系，在此得到了淋漓尽致的显现：中央的一个眼睛，是一切形相的主人。不仅如此，发人深思的还有光，这启蒙运动的崇高象征，在这里的功能不是自由的媒介，而成为一个陷阱，一种监视的手段。愈多光明，愈多透明性，愈多监视和控制。这便是本塔姆对视觉辩证法的天才开拓。对于福柯来说，它成了"启蒙辩证法"的头号范例。视觉至上和监视社会携手并进，彻底透明的社会变成彻底监视的社会。

韦尔施这样定义他所说的听觉文化:

> 谈论"听觉文化",可以在两个方面理解。它可以有老大一个咄咄逼人的、哲学上包罗万象的意义,即是说,目标在于彻底调整我们的文化,以听觉为我们在世界中自我规范和行为的新的基础模式。抑或它可以有一个较小的、比较谦虚的,但是同样更为实用的意义。如是它的目标首先也最主要指向听觉领域本身,即我们文明的声音领域的培育。要之,一方面是我们要把听觉作为文化调整的媒介,确确实实要把它当作一个新文化中的主导意义;另一方面则是我们限制在现存的文化内部,来改善听觉的条件。后者对于一个事实上剥夺听觉权利,听觉衰退的文明来说,同样是至为重要的。①

听觉也好,视觉也好,一个显见的事实是我们的感觉,其重要性总是远超越了它们自身。对此韦尔施解释说,如果说传统是视觉形象的一统天下,这并不意味来自视觉的信息是一切事物的定夺标准。它不如说是视像的霸权甚至被刻写进了我们的认知、我们的行为形式、我们整个科学技术文明。视觉根本上就是不容置疑的东西,所谓百闻不如一见。同样,反过来看,努力高扬听觉并不意味未来人们只消使用耳朵。相反它是指世界在微观物理上先已是由振荡组成,指某种隐藏的声学是刻写在了我们的思想和逻辑之中,指我们对他人和世界的行为在总体上更应当专心致志、兼收并蓄。视觉和听觉的纯粹感性意义,这里已经是融入它们意味深长的更深层意义了。

韦尔施称他是从三个方面来探究视觉和听觉的问题:一、视觉为上事实上主导了西方传统以及今日吗?何以它变得疑云密布,反之听觉显示了新的希望?二、视觉和听觉的类型学差异在

---

① 韦尔施:《重构美学》,上海译文出版社,2002年版,第211—212页。

哪里？传统视觉优先的动机是什么？听觉文化如何不同于视觉文化？三、我们有什么充分理由来论证转向一种听觉文化，来将它法理化？这类听觉文化的要求和标准又是什么？从历史上看，视觉至上主义之流行不衰是显而易见的。亚里士多德《形而上学》开篇就称视觉是我们最为高贵的感官，以它为每一种洞见、每一种认知的范式所在。进而视之，韦尔施指出，新柏拉图主义和中世纪对光推崇备至，这一光的形而上学也是再纯粹不过的视觉本体论。基督教的形而上学甚至以视觉隐喻来阐释神言，当然圣人们也都有了一个漂亮的视觉形象。而在后人所谓的"黑暗世纪"的末叶，视觉的优势益发高涨。达·芬奇称视觉为神圣，以它为世界基本真理的知觉。启蒙运动则将光的隐喻推向了极致，我们谁不是在追求光明？视觉同光明结盟，同样渗入了我们日常生活多不胜数的方方面面。倘若某人只能听音，他给送进疯人院；但是倘若他有视野，他便被当作先驱甚至先知。韦尔施发现，我们大多数表达认知的词汇，诸如洞见、证据、理念、理论、反思，等等，都是凭视觉裁定。我们的政治修辞和我们的私心期待同样是为视觉所主导：我们期待开放性，希望看穿某人的灵魂。这无疑也是现代性的传统，现代性迄至今日，依然不是在对"透明"顶礼膜拜吗？

但韦尔施认为近数十年来，视觉至上主义已经成为众矢之的。虽然视觉在我们日常生活里继续扩张，一如广告、电视和各种图像铺天盖地，滚滚而来，但是假如就这个图像世界的操作意图、电子形象操纵的可能性，以及向高度非物质性技术的转移来看，视觉主导文化在繁盛的同时也孕育着幻灭，这是对可见世界的信任危机。韦尔施指出，可见和可闻，其存在的模式有根本不同。可见的东西在时间中持续存在，可闻的声音却在时间中消失。视觉关注持续的、持久的存在，相反听觉关注飞掠的、转瞬即逝的、偶然事件式的存在。因此核查、控制和把握属于视觉，听觉则要求专心致志，意识到对象转瞬即逝，并且向事件的进程开放。去看属于存在的本体论，另一方面，去听属于源于事件的生活。这便是何以视觉也亲近认知和科学，反之听觉则亲近信仰和宗教的缘故。

其实传媒理论的一代宗师麦克卢汉早就标举过听觉文化。麦克卢汉在《理解传媒》等一系列著作中，多次谈到过我们的时代是从视觉文化向听觉文化转移的话题。他指出西方人一直生活在视觉至上的时代，以延续性和同质性为其特点，一切井然有序。相反听觉世界是同时态的电子世界，一切都在变化之中，这就像《艾丽丝漫游奇境》当中穿过了那一面镜子。他注意到海德格尔和尼采都呼吁过听觉文化。尼采就抱怨德国人缺少第三只耳朵，风格笨拙，甚而写作时是把耳朵锁在了抽屉里边。听觉文化的优势似乎是显而易见的，比如它不再居高临下颁布法令，相反加深我们对他人和自然的关怀，比如它意味着理解、含蓄、接纳、开放和宽容，等等，这当然是令人向往的。但是，诚如海德格尔呼吁倾听存在（Sein），到头来疑神疑鬼同鼓吹逆来顺受、倾听"领袖"紧连在了一起，看来我们还是需要辩证的思考而不是矫枉过正。麦克卢汉认为世界上只有一个部分是始终视觉为上的，这就是希腊罗马传统的西方世界，因为西方人使用拼音文字，音素作为它的最小构成单元，本身毫无意义，结果就使人们的感性生活一分为二，视觉部分同运动的、听觉的和触觉的部分分裂开来，故而有形而上和形而下的哲学两分。相反他认为使用词素文字的东方民族，其视觉生活是与听觉生活、触觉生活和运动生活联系在一起的。麦克卢汉特别欣赏中文，称它是统一五官感觉的奇妙的工具，以至于20世纪在西方流行不衰，被许多哲学家视为对西方文化的一种补救之道。这一点可以比较雅克·德里达的有关看法。当然里面有些误解是可以澄清的。

麦克卢汉是韦尔施鼓吹听觉文化的后援。韦尔施说，后现代的听觉文化将是一场伟大的革命构想，它是人所期望的，也是势所必然的。不光出于平等计，在视觉称霸两百年后，听觉理当得到解放；更重要的是只有当我们的文化将来以听觉为基本模式，方有希望。因为在科技化的现代性中，视觉的一统天下把我们一股脑儿赶向灾难，唯有听觉与世界那种以接受为主、不那么咄咄逼人的交流关系，才有力挽狂澜的希望。所以，面临堕落还是得救的选择，张开我们的耳朵吧。

虽然韦尔施最终是强调听觉和视觉文化的两相协调，而不是一味高扬两极中的哪一极，但是很显然这里韦尔施对后现代文化的看法，与詹姆逊谓后现代主义文化是从现代主义的语言中心，走向今日视觉中心的观点大相径庭。到底后现代文化主要是体现在视觉还是听觉上面？似乎不必拘泥于理论的字面意义，韦尔施是用听觉指代感性文化，那是荷马的传统。这和詹姆逊以视觉文化指代声色感性的文化，似乎又有点殊途同归的味道了。

第七节 SECTION 7

鲍德利亚论后现代传媒

鲍德利亚（1929—2007）与他的法国同道利奥塔、德里达、福柯和罗兰·巴特等大家不同，他的盛名几乎与后现代同步崛起。像许多有名的后现代思想家一样，鲍德利亚的学术生涯算来也同文学结下过缘分。早年他在萨特主编的《新时代》杂志上发表过文学评论，1956年他刚进大学的时候，攻读的就是德国社会理论和文学。精通德文的他还将布莱希特等多位德国作家作品译成过法文。1966年他在巴黎第五大学法国新马克思主义名家亨利·列斐伏尔的指导下，以论文《社会学的三种周期》获博士学位后，留校任教社会学。1968年他的处女作《物的体系》问世，此书其后和《消费社会》（1970）、《符号的政治经济学批判》（1972）尝试将马克思主义政治经济学和结构主义符号学两相结合，以此来分析当代社会商品性质的变化，被认为是作者早期消费文化研究的三部曲。

鲍德利亚曾受罗兰·巴特影响,致力于用符号系统来解释当代社会,《物的体系》就是直接在巴特影响下完成。以原始部落礼物交换研究而蜚声国际的法国社会学家、涂尔干的学生马塞尔·莫斯,同样也对他产生过相当影响。1976年出版的《象征交往与死亡》,被认为是他最重要的作品,书中作者近似极端地阐述在符号和代码主宰的当代社会,人们不可能返回到资本主义之前的象征交往时代,所以只能束手待毙。1981年出版的《拟像与仿真》,则进一步论证了后现代社会中的商品文化学说。鲍德利亚70年代起就频频游走欧美讲学,文字被译成多种语言,但是他真正走红还是在80年代全球化日趋成形、后现代语境日见明晰之际。对于学界赐予他的"后现代大祭师"称谓,1991年在同M.阿诺德的一次访谈中,他明确表示反对。他指出大祭师的这个称号并不恰当,因为首先后现代主义这个概念就语焉不详,什么是后现代?鲍德利亚说,后现代是一种表达方式,一种言词方式,但是它并没有实质性内容,它甚至不是一个概念。因为我们无法对目前发生的一切给以确定定义。后现代主义这样来看,毋宁说是一个空洞的术语,是填补了宏大叙事缺场之后的空洞状态。而他不过是一个处在这一状态中的人,而且不是唯一的一个。鲍德利亚感慨他即便再三声明他同后现代主义没有关系,也是无济于事,一旦给贴上后现代标签,这标签似乎就是恰如其分的了。

1967年鲍德利亚给麦克卢汉的《理解传媒》写书评时,还称麦克卢汉的名言"媒介即信息",是把技术社会中的异化特征给自然化了,换言之麦克卢汉是一个技术决定论者。这一不满情绪是和他当时的新马克思主义立场相吻合的。但是不出十年,我们发现麦克卢汉的上述名言成了鲍德利亚本人的思想标识。在鲍德利亚看来,传媒是推波助澜,加速了从现代生产领域向后现代拟像社会的堕落。如果说现代性见于以工业资本主义为特征的生产的时代,那么后现代性则是一个由符号、代码和模型所控制的后工业时代的特征。追随麦克卢汉,鲍德利亚将现代性视为一个产品生产的商品化、机械化、技术化和市场关系的爆炸过程，反之后现代社会所见则是内爆，高雅文化与低俗文化、现象与实在等一切传统的二元对立，其间的边界被悉数清除，而传媒更是一马当先，它滚滚生产出的拟像铺天盖地，形成一个比现实更现实的超现实独立领域，令现实与表征的界限益发可疑起来。不妨来看鲍德利亚的一些尼采式格言，个中不乏文学的反讽和调侃：

> 我们处在生产的尽头。
> 劳工不复是生产力。
> 我们生活在全民公决（Referendum）的模式之中，这完全是因为我们不复有所指（referetials）。
> 模型比真实更为真实。①

媒介如此成为一个比真实更为真实的真实，而现实成为媒介的模仿和表征的结果是，它最终变得可有可无。在《象征交往与死亡》中他说，今天整个社会充满了不确定性，每一种现实都被包容到"代码""仿真"的超现实之中。而今主宰我们的是"仿真"原则而不是已成明日黄花的现实性原则。意识形态不复存在，只有"拟像"（simulacra）。关于拟像，鲍德利亚认为人类历史上是出现过三种拟像秩序。其一是从文艺复兴到工业革命时期，是为自然的"仿造"。其二是工业资本主义社会中市场价值的产物，是为"生产"。其三则是当今代码控制之社会的主导因素，是为"仿真"。值得注意的是，鲍德利亚强调这三种拟像秩序都不是现实的反映，相反都是建构使然。第一种拟像有如灰泥做的天使，是人工材料的一次性艺术作品。第二种拟像则表现为工业化带来的形象和表征的多元化，本雅明《机械复制时代的艺术》，就是最好的

---

① 见福斯特编：《鲍德利亚文选》(M. Poster ed., *Jean Baudrillard: Selected Writings*), Cambridge: Polity Press, 1988年版，第129、130、142、186页。

写真。第三种拟像秩序则是电子复制使然,这是一个全新的阶段,"控制论的控制、模型间的启动、差异调制、反馈、问和答,如此等等……这是全新的'操作性'建构,而工业化的拟像不过是纯粹的'操作'"①。第三种拟像畅行其道的结果是一片终结。劳动终结了。生产终结了。政治经济学终结了。促成知识和意义积累的能指和所指的辩证终结了。使积累和社会生产成为可能的交换价值和使用价值的辩证终结了。总而言之,生产的时代终结了。

媒介作为较真实更为真实的超现实,意味现实反过来已经成为表征和媒介的一个分支。《媒介意义的内爆》一文中鲍德利亚指出,在传媒信息社会中,大众传媒吞噬了信息,消除了意义。一个例子是大众传媒将火热的体育比赛、战争、政治动乱和灾难,等等,冷却成了媒体事件,使之失去现场的热情。这样来看,麦克卢汉提出的要求较少参与程度的高清晰度"热"媒体和要求较多参与程度的低清晰度"冷"媒体的区别,实际上是已经消失了。用鲍德利亚的话说,这是因为信息在直接破坏意义和内容,它把意义和社会化解为某种模糊不清的状态,堵塞新事物过量出现,反之将信息量在整体上平均分布开来。传媒的上述特征,也使得大众与知识分子之间形成了一种微妙的新型关系。就大众传媒加强了人们思想观念和日常经验的一体化过程来看,诚然,通过迎合大众心理,用娱乐场面来复制大众的兴趣口味和生活方式,大众传媒是从外部来统一大众的意识,但问题在于在这统一的过程当中,故而大众传媒中,观众和听众是处于一种平面的、单向度的经验之中,被动地接受和拒斥意义,而非积极地参与到意义的流动和生产过程中去。这意味大众已被大众传媒塑造成一种漠然无衷的"沉默的多数",他们在接受信息和形象的同时便也消除了这些信息和形象的意义。

---

① 鲍德利亚:《象征交往与死亡》(Baudrillard, *Symbolic Exchange and Death*), London: Sage Publications, 1993年版,第57页。

由此带来的一个结果是，知识分子不复是传统社会中观念的传播者和灌输者，大众也不复是传统社会中被动的观念接受者。鲍德利亚认可大众传媒时代大众已开始用"沉默"来对抗传媒的主宰和知识分子的统治企图。这沉默往好说应是一种权利、一种回应、一种策略，它不是被动的表现，反之恰是终结宏大的政治和信息操纵系统的努力，借此大众以沉默对上面强加下来的政治的、社会的、文化的控制企图，做出了他们自己的回答。这个回答对于当代知识分子的位置和策略调整，应当说无论如何是发人深省的。

鲍德利亚明确宣称他的上述灵感是来自麦克卢汉。《理解传媒》中麦克卢汉说，我们用电缆、电报、无线电和所有的电子手段，织成了一张我们自己的全球范围的网络。又说，传媒的"内容"总是另一种传媒。文字的内容是言语，就像书写的语词是印刷物的内容。这很像是对网络文化的一种预言。麦克卢汉相信在电视时代长大的人们，其五官感觉有一种新的"平衡"，大不同于过去四个世纪印刷术一统天下时的感知特征。现代人更像原始部落人，但是这个新的电子部落是全球范围的，这就是"地球村"。所以，地球村的真正含义，是说人类的交往方式以及社会文化形态，正在向个人对个人的直接交往回归。一定程度上这是一种返璞归真的交往方式，它使人想起《新约》中圣保罗的话："我们如今仿佛对着镜子观看，模糊不清，到那时，就要面对面了。"[①] "到那时"是进入天国之日。无怪有人说，借着电子传媒的突飞猛进，我们今天不但同天使，甚至开始同上帝变得平等起来。诚如麦克卢汉原是教授文学出身，鲍德利亚更进一步推演的近乎耸人听闻的超现实理论，也使他在许多评论家看来无异于在写科幻小说，如道格拉斯·凯尔纳的评语：

鲍德利亚夸大了现代与后现代的断层，把未来的可能性

[①]《哥林多前书》，13：12。

当作现存的实在,给现实描画了一幅未来主义图景,很像反乌托邦的科幻小说传统,从赫胥黎直到赛博朋克。的确,我宁可把鲍德利亚的著作读作科幻小说,它通过夸张现时的趋势来预示将来,从而事先警告假若现实的趋势发展下去,会是何种局面。①

所以不奇怪何以鲍德利亚喜好科幻小说,事实是他的著述实实在在影响了当代社会的相当一批科幻小说家。无论如何,不管是早期作为法国的新马克思主义左派,还是后来成为后现代主义的代表性人物,鲍德利亚思想所显示的挑战性,是罕有其匹的。

第八节 SECTION 8
消费文化

就鲍德利亚早期鼎力阐发的消费社会文化理论来看,明显是以"消费"替代"生产",将之确立为后工业社会的核心概念。消费的文化意味着物质及商品本身的使用价值已经不值一道,更引人关注的是商品背后的符号价值,即商品可以显示的社会地位。他的《消费社会》开篇就说,今天在我们周围,存在着一种由不断增长的物、服务和物质财富所构成的惊人的消费和丰盛现象。富裕的人们不再像过去那样受到人的包围,而是受到物的包围。那么,什么是物?鲍德利亚的回答是,这里的物既不是动物也不是植物,但是它给人一种密密麻麻透不过气来的热带丛林感觉,在这里现代人变成了新的野人,因为很难从中找到文明的影子。只是如今制约这新的物质莽林的,不是自然生态规律,而是

---

① 凯尔纳编:《鲍德利亚:批判读本》(Douglas Kellner ed., *Baudrillard: A Critical Reader*), Oxford and Cambridge, M. A.: Basil Blackwell, 1994年版,第59页。

交换价值规律罢了。

消费文化中的"文化"又意味着什么？在鲍德利亚看来，虽然文化也成为商业中心的一个组成部分，但这不是文化的堕落，不是商品在"糟蹋"文化。事实是商品反过来"被文化"了。这是说，琳琅满目的服饰、餐饮和各式各类的小商品，都披上了文化的色彩，变成一种全新生活方式的有机组成部分。商业中心在空调的调节下冬暖夏凉，焕然就是一个独立的世界，这里凡所应有，无所不有。不仅如此，咖啡馆、电影院、书店、音乐厅，一切有品位的场所在这里聚集，莫不显出城市的情调。概言之，我们的整个生活已经是处在"消费"的控制之下了。鲍德利亚注意到今天我们消费至上的经济活动已经给环境带来了恶果：噪音、空气和水污染，风景破坏不存，特别是汽车拥挤替代行人，成为城市街道的头一号居民，由此引起巨大的技术上、心理上和人力上的赤字。可是这一切又有什么关系？鲍德利亚指出，在国内生产总值和统计的名义下，它们竟然反过来成了增长和财富的指数。

比汽车更能体现后现代消费文化的，是身体，特别是女性的身体。对此鲍德利亚的描述是，在经历了一千年的清教传统之后，身体，特别是女性的身体被"重新发现"。卫生保健学、营养学、医疗学的光环，时时萦绕心头的对青春、美貌、阳刚阴柔之气的追求，以及护理、饮食制度、健身和快感神话，等等，这一切足以证明今天的身体反仆为主，成为灵魂的救赎。进而视之，身体的重新发现，依据并不是主体的自我意识，而是一种娱乐及享乐主义效益的标准化原则，它直接联系到生产及指导性消费的社会编码规则。换言之，"人们管理自己的身体，把它当作一种遗产来照料、当作社会地位能指之一来操纵"[①]。所以美容院、健身房遍

---

① 鲍德利亚：《消费社会》，刘成富等译，南京大学出版社，2001年版，第142页。

地开花,它们给人销售幸福,给人美的希望,身体作为娱乐工具和魅力指数恢复过来后,它成了一个情感投入工程的客体。而这个工程在光鲜漂亮的解放神话背后,无疑较之马克思当年耿耿于怀的对于身体的劳动力剥夺,是异化尤甚了。

根据《物的体系》中鲍德利亚的定义,消费现在既不是物质实践,也不是现象上的繁荣,既不是取决于我们的衣食和出行汽车,也不是由我们所见所闻的形象和信息来做界定,相反消费取决于囊括了上述一切的指意符号系统,它是见于一个特定话语中的所有物品和信息的真实总体。物或商品除了具有马克思所说的使用价值和交换价值外,还有符号价值。要之,后现代文化中的消费概念,就成为一种系统化的符号操作行为,工业社会的物的消费由此转化为后工业社会的符号的消费,它毋宁说是对我们自身存在方式的一种言说。故而,消费文化,成为西方当代社会的一个新的神话。

鲍德利亚肯定不是耸人听闻。即便就以上鲍德利亚表示担忧的后现代社会消费文化两大主角——汽车和身体的消费来看,前者车满为患已经成为一线城市的心腹大患,后者我们或许还在沾沾自喜外科手术和基因工程在如何造福我们的身体幻想,但是相信我们早晚会明白那是更加后患无穷的消费工程。所以我们有充分的理由认可鲍德利亚:消费是用符号价值将消费者牢牢拴住了,符号价值为消费文化立下了丰功伟绩。而符号价值的形成,便是消费模式和其得力助手大众传媒所赐。问题是,消费文化里是不是有一些积极的东西?消费文化的概念,本身能不能做进一步的廓清?英国社会学家唐·斯莱特,在他的《消费文化与现代性》一书中,出人意表地把消费文化同现代性挂起钩来:

> 消费总是而且无处不是一种文化过程,但是"消费文化"这个概念,则是独一无二,专有所指的:它是在西方现代性发展过程中形成的文化再生产主导模式。消费文化在许多重要方

面,都是现代西方的文化,它对于现代世界中的日常生活实践,当然是处在意义的中心。它普遍联系着界定西方现代性的那些核心价值、实践和制度,诸如选择、个人主义和市场关系。①

消费文化的最大特点,斯莱特因此认为,毋宁说它就是通过市场表达出来的一种社会协调,日常文化和社会资源、生活方式和符号及物质资源的关系,莫不奠基于上。诚如作者所言,消费文化不是现代性开张三百年以来的唯一文化再生产模式。就资本主义原始积累阶段来看,如马克思的精辟分析,它的关键词是生产,实际上一直到 19 世纪,纽约曼哈顿市中心还在经营养殖业。即便今日,我们有时候赠送礼物并非旨在商品交换,我们也很清楚有一些文化产品并非金钱能够买到,比方说友谊。甚至我们会宁可自己动手做点什么,而不屑于跑商场解决问题。这一切足以说明,消费文化以前不是,现在也并不是消费实施和日常生活再生产的唯一模式。但同样没有疑问的是,它肯定是我们今天文化现实中的主导意识形态,而且在很大程度上包容了一切其他文化形态。无论是作为传统高雅文化的艺术和文学,甚至教育,还是民间文化、大众文化,或者说法兰克福学派痛心疾首的文化工业,我们发现要么是被纳入了消费文化市场机制的轨道,要么是多多少少在接受它的影响。这一点无论是在西方发达国家,还是在市场经济正在走向成熟的中国,应该说没有多大差别。

照斯莱特的解释,他之认定消费文化总体上是和现代性难分难解,是基于两个理由:其一是消费文化实践的核心制度和基础设施早在启蒙时期就已经开始建设;其二是现代性作为消费文化的纲领,本身具有与时俱进的特征,因为现代性的精义就是不为

---

① 斯莱特:《消费文化与现代性》(Don Slater, *Consumer Culture and Modernity*), Cambridge: Polity Press,1997 年版,第 8 页。

传统所制，而带有不断求知创新的科学精神，故就像一句从利奥塔开始便不断被人重复的名言：后现代不过是现代性的一个阶段。

问题是，消费文化在多大程度上继承了现代性的这一最优秀的传统？将现代性历史上这一实际上多被压抑的价值理性的一面用到消费文化上面，是不是显得刻舟求剑，张冠李戴？回答这个问题之前，我们可以来看约翰·斯多雷《文化研究与大众文化研究》一书中，对马克思政治经济学思想的分析：资本主义社会中，个人制造商品，得到的回报则是工资，工人并没有拥有商品，商品在市场上出售，由此资本家得到利润，工人为了得到商品，必须用货币来购买。故此，工人就变成了"消费者"，"消费者社会"由此宣告诞生。为了保证利润，首先要保证消费。结果就是"异化"，诚如马克思《1844年经济学哲学手稿》所言，异化是起因于这一事实：劳动同工人分离开来，工人只有在不工作的时候，才感到他是他自己。劳动本来是人的全面发展之必需，但是工人的劳动不是追求劳动的快乐，而是为了满足劳动自身之外的养家糊口目的。故此，在资本主义社会中，生产中的男男女女失去了自我，反之不得不在消费中来寻找自我，这就是马克思指责的"拜物教"。

斯多雷的结论出人意表。他认为马克思上述思想表明，既然工人在生产中被剥夺了全面发展的权利，那么反过来，消费就成了工人自我实现的一个领域，虽然是一个多少显得勉强的领域。另一方面，消费主义的意识形态也在推波助澜，它暗示生活的意义在于消费什么，而不在于生产什么。由此消费意识形态在马克思看来，就是给不断追逐利润的资本主义市场提供了合法性依据。但是，假如我们认可市场经济并不是资本主义的专利，它一样可以调节适应社会主义的制度，那么，斯多雷的看法就值得认真重视了。十数年前，中国的市场经济方兴未艾之际，市场经济几为拜金主义、物欲横流和精神堕落的代名词。今天的消费文化牵涉到它和人的全面发展的关系，可以说很大程度上正在遭遇当年市场经济的命运。广告、美容、模特、街心花园、香车豪宅、网吧、酒吧、迪厅、高尔夫球场,以及如火如荼的美女经济,我们的人文理想由是观之,是不是迷失在消费文化的这一"媚俗"经济之中?如果说此一疑问主要是来自老一代人对人文缺失的忧虑,我们发现年轻的"新左派"话语对消费文化同样是义愤填膺,用其典型的法兰克福学派术语来说,便是消费文化与资本合谋形成文化霸权,于遮蔽弱势群体的同时,一笔勾销了人的自由发展空间。虽然,这类话语主体其实大都在消费文化中如鱼得水,游刃有余。但是,断言凡人屈服于消费文化,必蒙蔽受骗,逆来顺受,岂不是太小看了大众的品位?据统计,20世纪80年代美国有百分之九十的新产品因为吸引不到足够的消费者,滞留在商场里。在澳大利亚这一比率则是百分之八十[1]。如果说这些数据不能说明别的,至少消费者的自由个性和趣味,就足够商家苦心孤诣去认真揣摩了。

英国文化批评家保罗·威利斯曾经提出过一个观点,即认为在日常消费文化中,可以发现一种"场地美学"(grounded aesthetics),从而见出一种创造性来。消费者选择再选择,选择的过程中就见出了意义,而此一意义是能动的意义,它诉诸情感,也诉诸认知,从而为美学提供了场地。故"场地美学"也是普通人用文化来认知世界的过程,人在这里体悟到了把握世界的快感,即便程度微不足道。威利斯指出,"场地美学"在消费的感觉、情感和认知活动中表达价值观念,这意味创造力不光是见于生产,一样也可以见于消费。威利斯认为在这里"信息"就不是发送和接收的问题,反之"发送"是被"制造"替而代之。故传统审美活动中可能是索然无味的一个文本和对象,在场地美学中完全可

---

[1] 见约翰·斯多雷:《文化研究与大众文化研究》(John Storey, *Cultural Studies and the Study of Popular Culture*), Edinburgh: University of Edinburgh Press, 1999年版,第132页。

以焕发青春,显示出巨大的文化意蕴来。因为人们是把鲜活的自我带进了文化商品的消费,并且使自我形成于斯。有鉴于他们带进来的是经验、情感和社会角色,所以像在教育、生产等等其他语境中一样,人们也在消费文化中丰富了自我。他用了一个比喻,认为今天消费就像阿拉伯神话里瓶子里释放出来的精怪,现在的问题不是怎样把它给塞回瓶里去,而是来发挥想象,看看它可以满足我们什么样的愿望。所以消费文化实际上也是文化的解放,至少它可以使普通人彰显个性自由,而不再永远给派定在被教育、被启蒙的位置上:

> 假如说现代"消费自我"不过是在市场提供的文本和艺术作品内部重复了"原有身份",那么对于场地美学来说,就是远远不够的了。当然市场没有提供任何完全意义上的文化认同。市场上有选择,但不是非此即彼的选择,我们无以自己来确立文化议程。即便如此,市场也提供了其他地方没有提供的一种矛盾潜能。对于大多数人来说,它可能不是最好的文化解放路径,但是它有可能将人引向康庄通衢。①

我们的人文理想是不是在令人眼花缭乱的消费广告中遭遇灭顶之灾?我们更新不迭的消费欲望是不是倒行逆施,阻碍了人格的健全发展?威利斯上述描述,可以显示的答案应是相当乐观的。文化从精英阶层的专利演绎到广被普罗大众,一个特征便是充分赋予快感本身以自足独立的合法性,它不必亦步亦趋来看理性的眼色。由此来看威利斯在消费文化中读出美学的观点,应当说不是奇谈怪论。当前的一个热门话题是人文精神的失落。可是细想起来,叫人很难回忆起我们究竟哪年哪月享受过充满人文的好时

---

① 保罗·威利斯:《共同文化》(Paul Willis, *Common Culture*), Milton Keynes: Open University Press, 1990 年版,第 60 页。

光。尔虞我诈、阳奉阴违、欺上瞒下、钩心斗角、两面三刀,这些语词在宏大叙事一统天下的时代是我们最熟悉不过的,可是在消费文化的语境中它们似乎风光不再,毕竟,真正的市场机制多半是不会理会夸夸其谈的。

第九节 SECTION 9 >
布尔迪厄论文化资本

文化和资本是后现代的两关键词,这两个关键词结合在一起,就是法国文化社会学家布尔迪厄(Pierre Bourdieu,1930—2002)提出的著名概念"文化资本"。布尔迪厄将资本分为社会资本、文化资本和符号资本三种类型。三者在社会空间中各得其所,各尽所能。一个人的身份不是单独由社会阶级构成,而更多地是取决于他或她通过社会关系,连接着哪一种资本。假如说社会资本是一种契约和关系的资产,那么文化资本的关键,则在于掌握某一些特殊能力。它是一种个人资产,可以像经济资本一样来做交易,虽然未必能够随心所欲还原为经济资本。而且,并不是一个人拥有财富、地产等一应物质资产,就必然拥有文化资本。因为文化资本说到底,是社会地位的一个象征,足以显示你高高凌驾在那些不具有文化资本的芸芸众生之上。

布尔迪厄在他的名著《区隔:趣味判断的社会批判》一书中,通过大量数据分析,得出的结论是:缘因文化资本,导致中产阶级和工人阶级艺术趣味判然有别。所以文化资本也是趣味的资本。《区隔》开篇就给文化下了这样一个定义:

> 除非"文化"一语在其限定的、通常使用的规范意义上,回归人类学意义上的"文化",同时对最精致对象的苦心经营的趣味,重新同美食风味的基础味觉联系起来,我们便无以充

分理解文化的种种实践。①

这里可以见出布尔迪厄的典型的后现代治学立场，即不以文化为图书馆中的高头讲章，要求文化的研究走出殿堂，走入厨房，在食物色、香、味的调配中培养出最基本的审美趣味。很显然，这是宏大叙事消解之后的后现代的方法。

从食物的口味来培养趣味，就算不过是个比喻吧，这听起来也完全是现代美学的一种倒退。美学不就是要求摆脱声色感官的快感，把它们升华到精神的层面吗？这是康德的传统。但是布尔迪厄明确表示反对康德美学的审美非功利观点，反对康德主张艺术快感不涉及任何功利目的立场。反之他认为审美感知必包含两个部分，其一是工人阶级的大众趣味，在不无粗鄙的声色犬马中得到快乐，其二是独立于感官诱惑的那一种冷静快感，那是权贵阶级维护自身特权的手段。故而在文化消费中出现的趣味分歧，追究到底，是现代社会错综复杂的阶级分歧，演绎到了艺术和文化的领域。所以康德美学绝不是一种天真无邪的趣味理论，而是丝毫不爽的阶级斗争的产物。用布尔迪厄本人的话来说，那就是每一个阶级群体，都有它自己的艺术家和哲学家、报纸和批评家，一如它拥有它自己的发型师、室内设计师和裁缝。

但是布尔迪尔还真不仅仅是在比喻。在《区隔》题为"习性与生活方式的空间"的第三章中，作者指出：在食物领域，社会等级的区分通常与收入直接有关。但是收入的差异掩盖了背后另一种更要隐秘的差异，那就是文化资本富足、经济资本稍有不足的群体，同反过来经济资本富足、文化资本稍有欠缺的群体，他们的食物趣味，恰恰相反。布尔迪厄发现，当某人社会地位一路

---

① Pierre Bourdieu, *Distinction: A Social Critique of the Judgement of Taste*, English trans. Richard Nice, Cambridge: Harvard University Press, 1984, p.1.

上升的时候,他收入中食物开销所占的比例,会一路下降。或者在其食物开支中,消费在高脂肪食物,诸如培根、猪肉,以及红酒一类食品上的费用,会有所下降。反之易消化、低脂肪食物,如牛肉、小牛肉、羊肉、羔羊肉,特别是新鲜水果和蔬菜方面的开支,会随之上升。这里面的差别就在于口味。所以领班的工资虽然普遍高于白领职员,他的口味或者说趣味,还是"大众"的工人阶级趣味,反之白领们的口味大异其趣,比较接近教师们的口味。布尔迪厄这里的意思是,当我们高谈趣味判断无标准、非功利的时候,不要忘了,其实它是来源于生活的必然。

文化资本如何获得?在布尔迪厄看来,它应是有赖于从婴儿时代起,在家庭内部不知不觉早早获得的全部知识。这是我们祖辈留下来的最好遗产,非后天的努力可以达成。这样来看,一个人艺术趣味的形成,更多取决于他的家庭和社会渊源,而不仅仅是天长日久的资本和经验积累。换言之,与生俱来的文化资本,要优于后天习得。这当中良好的家庭背景至为重要。比方说,自幼就能得到各类艺术和古典音乐的熏陶,这样一种天成的品位,远不是各式各样的礼仪补习班里可以刻舟求剑地求得。甚至,家庭背景同教育也有着千头万绪的联系。布尔迪厄发现,精英阶层的孩子同这个阶层的老师一样,对高雅生活方式默会在心,显得游刃有余。而低层阶级的师生,教起来学起来都比较吃力。所以,学堂里有钱人的孩子会很快适应行为模式的期待,显得很"乖",反之穷孩子就"笨"。富孩子的温良乖巧仿佛是自然而然,无须费太多力气来逐一学习。这里就见出了"区隔"的意义:文化优势得惠于家庭。家庭高雅氛围的潜移默化,不是学校三两年的努力勤奋可以修炼达成的。

最有价值的文化资本,就是艺术趣味。但是艺术趣味,同样也体现在商品上面。不同趣味的消费群体,可以决定商品的不同地位。对此布尔迪厄说:

根据人们的趣味来做选择,这也是一个鉴别商品的过程。商品客观上是跟人们的社会地位同步的,它们"并肩而行",因为它们在各自的空间里面,大体是处在相同的位置,不论电影还是戏剧,卡通还是小说,服饰或者家具,选择总是由机制来相帮完成的——商店、剧院(左岸抑或右岸)、批评家、报纸、杂志——它们本身是根据其在一个特定领域中的地位,来得到定义的。而这个领域的确定,依据的又是相似的原则。①

艺术资本也是最难获得的文化资本。因为这里面不光涉及教育,同样涉及家庭。比方说,一个出身大家闺秀的全职母亲,自可在闲暇时间里面,从容将自己的禀赋传给孩子。在这样的家庭里,古典音乐是家常便饭,钢琴是必备设施,名家画作和珍稀古董更无须摆显,它们压根就是再普通不过的东西。由此来看家庭影响和后天教育的区别,正好比绅士和学者的区别。先者的气质是自然而然培育而成,仿佛是他的第二天性。后者是迫于生计刻苦造就,具有明显的功利目的性。先者的优雅是超脱淡然的,后者则太多热情和表现欲望,而且容易半途而废。先者是真正的贵族,后者只是造就新贵。

问题在于,新贵一旦钱囊充盈,自会努力学习,假如他勤奋不辍,是不是终有一天也可望文质彬彬来做一个君子?还是真像眼下流行的说法,一个贵族需要至少三代人的培育?或许,布尔迪厄是不是夸大了阶级区分的血缘遗传成分,太过于强调精神,而低估了物质基础?布尔迪厄对此的回答是,假如新贵靠自学可以跻身于"绅士"行列,那么社会等级的流动,对于特权阶级来说,就是一个非常现实的威胁。故而处心积虑维护,甚至深化

---

① Pierre Bourdieu, *Distinction: A Social Critique of the Judgement of Taste*, English trans. Richard Nice, Cambridge: Harvard University Press, 1984, p. 233.

"区隔",就成了特权阶级的不二使命。唯其如此,特权阶级的社会地位,不至于因为经济地位的上上下下,而变得摇摇欲坠。

由此我们可见,艺术趣味作为文化资本的区隔,所涉及的并不仅仅是审美的问题,而且也是一种权力运作策略,它把趣味分成不同的等级,所谓高级趣味和低级趣味的界定,全凭拥有丰厚文化资本的少数精英说了算,下层阶级是望尘莫及的。这里说到底,还是经济、政治的权力在起作用。实际上布尔迪厄本人也没有否认文化资本形成过程中,社会资本和符号资本的重要性。比如,绘画和音乐的才能,不光是显示了艺术世界里长久操练形成下来的禀赋,同样意味着经济手段和闲暇时间。这样来看文化资本,它同样可以被误读为一种暴力。一如学业平平的工人阶级孩子视中产阶级孩子学业优秀为天经地义,心甘情愿自认是天资不够、努力不够。这里面的差距,正可体现经济资源向文化资本的转化过程。

美国观念艺术家索尔·勒维特(Sol LeWitt),1969年曾经让一个工人给他做了个边长二十五厘米的不锈钢盒子,然后将它埋入土中。盒子里装的是一件打算送给土地主人的微型雕塑。可是无论是艺术作品还是包装盒子,都再没有重见天日。假如盒子也算是一件雕塑。事实上它的艺术意蕴或者说作者倾注在上面的心力,至少胜过杜尚的小便器,甚至沃霍尔及其助手用现成包装盒加工的布里洛盒子——那么很显然,这两件作品诚然在理论上来说都是清晰可见的对象,然而实际上,却都是从可见世界中消失了。留存的唯有艺术的概念。问题在于,像勒维特的此地无银三百两,以及杜尚和沃霍尔的鱼目混珠,好像我们大多数人都可以如法炮制。可是,我们有勒维特、杜尚和沃霍尔那样的文化资本吗?

《区隔》的英译者理查·奈斯(Richard Nice)在其译序中指出,该书的形式是"非常法国化"的,即是说,文化生产的典型表达方式,总是取决于它产生于其中的市场法则。这应是打破了知识世界的一个禁忌。但是，当《区隔》将知识产品及其生产者同它们的社会生存条件联系起来，说明它终究还是不敢忽视知识产权的法则，将曾经灵光萦绕的艺术，简单视作科学对象。概言之，布尔迪厄是通过分门别类区隔阶级趣味，殚精竭虑来对康德判断力批判中留下来的老问题，做出科学主义的答复。问题是，当今天过于早熟的劳动分工将人类学与社会学分隔开来，进而又分出知识社会学、文化社会学，甚至饮食社会学、体育社会学，等等，我们是不是更需要一种整体的而不是支离破碎的人文关怀？换言之，背靠社会等级的区分来阐释趣味，是不是在走向有异于康德美学的另一种理性中心主义？

第十章 CHAPTER 10
后现代文化中的现代性

第一节 SECTION 1
后现代哲学中的现代性

多年以后,哈贝马斯这样交代当初写作《交往行为理论》的动因:

> 1977年开始写这本书的时候,我真正的动机是旨在了解对物化的批判,对合理化的批判,可以如何以这样一种方式重新组织起来,能用理论来解释福利国家理念的分崩离析和各种新的批判运动蜂起,而不必放弃现代性的工程,或者把它发落到后或反现代主义、"强硬的"新保守主义,或"狂野的"年轻一代保守主义中去。①

上文中的新保守主义主要是指韦伯的社会合理化理论和美国社会学家帕森斯的社会功能主义理论,哈贝马斯认

---

① 哈贝马斯:《自治与团结》,德维斯编(J. Habermas, *Autonomy and Solidarity*, ed. Peter Dews), London: Verso, 1986年版,第107页。

为它们的要害在于把体现启蒙精神的现代性与现代化脱钩，将人文价值撇到一边来阐述资本主义现代社会的发展。但《交往行为理论》中哈贝马斯对现代性的描述，基本上是接过了韦伯的理论。他提出，现代性的本质问题之一，就是韦伯阐述的现代社会合理化问题。现代社会可视为生活世界合理化和社会体系各各分立之后的结果。但是，生活世界的现代化，导致它分解成为三个领域：科学、道德和艺术。哈贝马斯将现代性的"黑暗面"释为合理化运动扭曲变形一边倒的结果，由于现代社会中科学占据至高无上的地位，一味追求科学和技术的工具理性，障掩了道德和艺术领域。故现代性作为一项未竟的工程，就呼唤一种新的文化传统，它的基础不仅仅是科学一端，而是重归一统的所有这三个领域。所谓年轻一代保守主义，哈贝马斯则是指利奥塔、德里达和福柯，理由是此一类话语彻底毁灭了现代性自我更新的希望，让人无所作为，所以也是一种保守主义。

但是哈贝马斯对法国哲学的阅读被后现代批评家认为是专挑毛病的阅读，如果不是说有意误读，至少没有显示一位大师全面把握理论体系的水准，甚至有强人所难之嫌。如拉吉曼称，"对于哈贝马斯提出的问题，即提出了合法化和无涉传统而自身统一的社会问题，'新结构主义者们'是不是抱有，或者将会抱有同样的观点，还是一个疑问。这并不是他们明确提出的问题。哈贝马斯似乎并没有意识到，他必须首先表明，他们是在回答一个他们自己并没有意识到在被提问的问题，然后再表明他们未能给出完美答案"①。拉吉曼认为哈贝马斯的发难是源出他对20世纪非理性主义的恐惧症，而问题的症结在于，理性和非理性的判然两分，固然是哈贝马斯的立论基础所在，然而对于描述哈贝马斯与福柯和德里达批判哲学风格上的分歧，它未必就是最好的方法。

---

① 拉吉曼：《哈贝马斯的怨言》，见《新德国批评》(John Rajichman, "Habermas's Complaint", in *New German Critique*), 45 [fall 1988]，第167页。

那么什么是最好的方法？最好的办法或应是坚持把现代性的故事讲述下去，在后现代语境中来反思进而推进现代性此一未竟工程。一个人或忽略的事实是，后现代性与现代性之间的壁垒，远不似人想象的那样关山重重，不可逾越。后现代话语的实质与其说是对现代性的反动，不如说是对现代性的反思甚至重构。就后现代哲学来看，詹姆逊虽然有一阵言必称后现代，但学界一般不以他为后现代性的代言人。这一方面是因为他教授法国文学出身，而文学对于虽然被它解构得苦的哲学，多少还是心存一点畏惧；另外詹姆逊的后现代文化理论深度上诚然可嘉，却又是游荡在文化研究正统伯明翰学派之外。国人心目中的后现代性范式，因此没有悬念地投射到欧洲大陆，特别是法国巴黎，这个为世界输送新潮理论的先锋哲学摇篮上。哈贝马斯围绕现代性和后现代性同福柯和德里达的分歧，因此也显得格外引人注目。

就哲学而言，我们今天后现代的鼻祖普遍认为是当年巴黎的三位大师拉康、福柯和德里达，以及美国的罗蒂。拉康逝于1981年，虽然对后现代几无所述，他的漂浮的能指以及将无意识和语言并提的理论，如前所述，没有疑问是典型的后现代作风。福柯谢世在1984年，在他生命的最后一年的一次访谈中，福柯曾不无得意地列数过他曾经拥有过的头衔，这还是仅就涉及政治而言："无政府主义者、左派、一目了然的或改头换面的马克思主义者、虚无主义者、公开的或隐蔽的反马克思主义者、服务于戴高乐主义的专家政治论者，如此等等……这些描述本身都无足轻重，可是集中起来，就有点意味深长了。"① 意味深长的毋宁说是福柯对边缘历史和意识形态表现出的巨大热情，这热情足以使他的学术虽然很难被归纳为哪一种"主义"，却理所当然地成为包括同性恋研究等种种后现代思想的灵感金库。从莫伟民论述福柯哲学的主体

---

① 见拉比诺：《福柯读本》(Paul Rabinow, *The Foucault Reader*)，New York: Pantheon，1984年版，第383页。

性开始，近十年来福柯的著作被大量译成中文。但福柯并非同现代性格格不入。《什么是启蒙》一文中，福柯提出应当将现代性看作一种态度而不是历史的一个时期，且对康德提倡自由思想的启蒙理念推崇备至。福柯甚至讽刺德里达的解构主义是历史上早已碰壁的教条，渺不足道："这教条教导学生文本之外一无所有，而在文本之中，在它的间隙中、空白中和无言的地方，横陈着被颠倒了的本原。因此，没有必要到别地方去寻找，就在这里，当然不是在字里行间，而是在删除号之下的词语当中，在它们的'隔栅'里，人言说着'存在的意义'。"[1]

我们不难发现，上文中福柯对德里达的指责与哈贝马斯如出一辙，认为德里达是抽掉话语实践的实质内容，把它化解为文本的踪迹即白纸黑字，而鼓吹一切都在文本之中，哲学家便是这文本的至高无上的阐释家。这可见福柯提倡在语境中阅读的理论，其实可与哈贝马斯的交往理性进行对话。另外，福柯诚然深恶痛绝近代理性排斥异己，他对理性的本原即希腊的理性，则多有好感。《癫狂史》中他说，苏格拉底固然在《高尔吉亚》和《理想国》中通过推论辩论，显示了以滥用权力为其根本的个人哲学内部就有不协调因素，却没有把他的对立面排除出他的辩论即辩证法。故而苏格拉底的理性和它的对立面之间的分歧，是原封不动地保存在他本人的对话之中。可见希腊人的逻各斯是个好东西，它融会贯通包含了异己。什么是逻各斯？太初有逻各斯，逻各斯与现代性同在。

那么德里达呢？解权威、解中心、解理性中心主义，德里达所向披靡的解构锋芒使他格外得到中国学界的赞许。随着他1967年解构主义的三本开山之作《论文字学》《文字与差异》和《语音与现象》相继被译成中文，解构主义在文学批评界风光红火之后，

---

[1] 福柯：《我的身体、这张纸、这团火》，见《牛津文学评论》(Foucault, "My Body, This Paper, This Fire", in *Oxford Literary Review*), 4: 1 [1979]，第27页。

终于也开始被中国哲学家们视为正途。有意思的是国内欣赏德里达立场最坚定的并不是年轻一代，而是当年的一位九叶诗人郑敏。郑敏凡言解构主义，必举双手叫好，与一般论者遮遮掩掩的作风绝不相同。她指出解构主义不是什么至高的真理，而是态度，认为这态度不但破解了西方中心主义，同样也可以破解中华中心主义，可以让我们消除浮躁情绪，心平气和来看待全球化语境中各种文化的多元并存。她甚至认为德里达是面临人类万古的忧虑，表达了临深渊而不止步，也不将深渊说成是天堂的现代精神。这几乎就是将德里达描绘成圣人模样了。

德里达与现代性缘分并不囿于郑敏所说的那一种知其不可为而为之的"现代精神"。德里达多次强调解构不仅仅是图书馆里做道场，而应面向社会和世界。他本人近年来的一些著作如《电视透视》(1996)、《信仰与知识》(1996)、《论款待》(1997)、《赐予死亡》(1999)、《盲人的记忆》(1999)、《论触觉》(2000)和《无条件的大学》(2001)等，光从书名来看，即可见出是将触角伸向了现代社会的方方面面。德里达曾经指责福柯留恋希腊的理性是没有跳出逻各斯中心主义，但是我们发现，他自己也对希腊这个现代性的源头推崇有加。2001年9月14日德里达在上海社会科学院作座谈报告，开场就给予"学院"一词一个小小的解构。他说，我们都在期待新的法律出现，这是一种可以超越国家、外交、超越公民权利的法律。它是世界性的期待。"学院"académie这个词也即经院，可以追溯到柏拉图，是希腊人教授的学问，它既是一个民族内部的东西，又是超越了民族边界的东西。但是经院主义到后来变成因陋守旧的代名词，因为它总是运作在自己那个封闭的系统里，而不回溯到它真正的源头：具有开放精神的希腊哲学。

回归希腊哲学的源头！德里达这些话听起来不像是解构主义倒像是典型的现代性话语。关于那一超越了一切国家和公民权利的新的法律，这一至高的律令不是别的，就是"公正"。就在座谈会上，德里达重申在一些语境下，解构就是公正。公正不同于法律。法律可以修正,可以改变,但是公正无须修正,也不会改变。法律本来就应当公正,它需要修正,正说明它还不够公正。所以公正高于法律,你能解构法律,不能解构公正。德里达的这一已经为人耳熟能详的近乎乌托邦追求的立场,如果不能说明别的,那么至少可以表明,现代性作为启蒙理想的追求,远没有消失在后现代扑朔迷离的语言游戏之中。

第二节 SECTION 2 >
中国的后现代状况

　　回顾中国的"后现代状况",作为西学东渐的一个阶段,"后现代"进入中国大致是在 20 世纪 80、90 年代之交。自此以还,我们就稳稳坐定在后现代语境之中,不论各种主义推陈出新一如城头变幻大王旗,后现代不动声色将把它们尽收罟中。一个例子可见近年汪民安等人编译的《后现代性的哲学话语》(浙江人民出版社,2000 年),收入其中的作者除了大名鼎鼎的福柯、德勒兹、德里达、克里斯蒂娃、拉康、利奥塔、鲍德利亚、哈贝马斯、罗蒂以及赛义德,甚至还有美国的两位女权主义者。这还仅仅算是"哲学话语"。译者在后记中指出,后现代在中国已经成了一个负荷累累的词语,在它的意义框架里,盛满了各种各样的注释、界定、评述、论证和针砭,此外毫不隐瞒他们对后现代的爱好和认同,声明这认同是出于直觉和感性。可见,后现代已经成为后工业社会的主流话语,负荷再沉重,也大可以不变而应万变。再者,后现代显然更能迎合中国年轻一代的趣味,后者也是今日都市大众文化的主流消费者。随着全球经济一体化的迅速推进,后工业社会对于我们早已不是天方夜谭,像北京和上海这样一些大都市,能够达到的物质水平比较任何一个发达国家,并不逊色。

　　中国的后现代普及如前所述,很大程度上受惠于美国的后现代和马克思主义理论家詹姆逊的启蒙。而后现代文化是以 20 世纪

60年代文化工业出现为标识的晚期资本主义阶段的文化形态，也成为人们的共识。詹姆逊本人是中国的老朋友，与国内学界往来频繁。1997年作者给他在武汉的一次讲演做过翻译，那时他的一些名句，诸如现代主义向后现代主义的转变特征是语言中心转向视觉中心，后现代社会主要是一种视觉文化或者说影像文化社会等，都已经成为国内后现代研究的金科玉律。但是詹姆逊武汉讲演的主题却是后现代语境中现代性的复兴："当前层出不穷、五花八门的后现代主义与后现代性的著作，是用其自己的权利和特点，引发了一场回归或者说复兴：现代性本身探讨的复兴。"① 他讲到现代性的后现代辩护者们是树起了一面大旗，上面写着主体、伦理学、国家机制、个人责任，以及哲学自身，而所有这些后现代的时髦话题，可不都是现代性概念仓库中发掘出来的东西！这或可说明詹姆逊这位后现代大师后来在上海大谈资本主义现代性而触发国内学者众怒，其实不是空穴来风。

国内第一部比较系统的后现代主义研究专著应是王岳川1992年出版的《后现代主义文化研究》，这部著作一方面基本上是以20世纪80年代为界，力求在后现代主义的大纛下把各路诸侯一网打尽，如对阐释学、接受理论，乃至理查德·罗蒂的后哲学文化等都有颇为详细的介绍。另一方面法国学术如德里达和彼时国内还相对比较陌生的利奥塔，明显也占据了主位。作者在引言中称，后现代主义作为一种当代世界性的文化思潮已经来临，波及哲学、社会学、神学、教育学、美学、文学等各个领域，当代世界一流思想家，无不卷入对后现代主义的理论阐释和关注之中。作者对后现代主义表明了他无可挑剔的评价立场：积极的意义上说，后现代主义通过对语言的解拆和对逻辑、理性和秩序的亵渎，使资本主义永世长存的神话归于失效。消极方面呢？"它裹挟着那弥漫

---

① 詹姆逊：《后现代主义中的旧话重提》，《华中师范大学学报》1997年第6期，第40页。

周遭的虚无主义浸渍了人类精神领域……至此,人类对真理、良善、正义的追求不断被语言所消解,生命的价值和世界的意义消泯于话语的操作之中。"①这个评价在国内以后的"后学"中,几乎永远是在众口一词被不断重复。不过该书后记没有忘记加上这样一句话:对后现代主义的研究将在文化的各个方面对我们走向现代化具有启示和反思意义。

与此同时,国内学界很快就意识到,文化现代主义已经预演了后现代的批判精神。詹姆逊以看不懂作为后现代的标识,可以说是高屋建瓴概括了后现代作品的阐释模式。1999年德国的后现代哲学家沃尔夫冈·韦尔施来上海,即称浦江边高耸入云的东方明珠电视塔为后现代的杰作。而我们知道东方明珠原是国人设计,设计的理念是白居易的"大珠小珠落玉盘",它之所以被认为是后现代的作品,没有疑问是因为它与一切电视高塔皆不相似的造型设计。但一如詹姆逊于开后现代文化一代风气的同时,他对具体文学作品的后现代分析鲜有人理会,国内的后现代批评细数起来,恐怕迄至今日也还是叫人一头雾水。解构宏大叙事、平面化、琐细化、去深度,这些后现代作品分析上触目皆是的词语,我们发现用在20世纪前半叶如火如荼的西方现代主义作品的阅读上面,正是适得其所,比如《尤利西斯》和《等待戈多》。这个耐人寻味的事实决定了后现代在国内的文艺领域不可能有太大的气候。盛宁1997年《人文困惑与反思》一书开篇就说,关于西方后现代的讨论,有点像在当今文坛上空划过一道闪亮圆弧的彗星,终于渐渐远去了。盛宁认为中国学界还不具备谈论后现代主义的资格。对此他讥嘲说,对于刚刚把"现代化"确定为奋斗目标的国人来说,这个术语实在是有点费解,然而更令人不可思议的是,就在人们还不太明了这个术语的外延和内涵的时候,已经有那么一些学者,言之凿凿地咬定中国也产生了"后现代主义"。但是,后现

---

① 王岳川:《后现代主义文化研究》,北京大学出版社,1992年版,第2页。

代远去了吗？或者说，中国根本就无缘于后现代主义吗？问题本身是耐人寻味的。过去的二十年里，在文坛上热闹过的是解构主义，然后有昙花一现的新历史主义，那时候它们都不叫作后现代或者后现代主义。但是解构主义并没有远去，后现代也没有远去，它们毋宁说已经影响了我们的日常生活，当然已经不复是文学批评的专利。

一个显见的事实是，我国近年后现代研究和文化研究已经褪去了起初的苍白，转而呈现出强劲的繁荣势头。既有王宁那样文学和文化两条战线同时出击，探讨全球化大潮中文化模式的更新问题者，也有戴锦华、金元浦、陶东风、王一川等人，从理论到实践对大众文化本土化问题展开抽丝剥茧的阐述分析，而周宪等人鼎力组织西方学术的译介，尤给人留下了深刻的影响。但这一切并不意味现代性的迷失，相反莫若见出现代性反思从理论到后现代物质层面上的模式转移。模式的转换并不意味着性质的转换，"代表先进文化的发展方向"，今天我们这个历史使命本身就具有浓重的现代性意识。周宪和许钧"现代性研究译丛"（商务印书馆，2000年）总序称，现代性从西方到东方，从近代到当代，它是一个"家族相似"的开放概念，是现代进程中政治、经济、社会和文化诸层面的矛盾和冲突的焦点。故思考现代性，不仅是思考现在，也是思考历史，思考未来。这番话用来概括后现代语境挥之不去的现代性情结，完全适合。一如这套丛书译介的基本上都是典型的后现代话语。

至此可以回顾2002年詹姆逊引发一场大波的上海讲演。演讲的标题是《现代性的幽灵》。但是詹姆逊这一次演讲不似以前他来华，或者是启蒙了国人的后现代意识，或者是高谈阔论跨国资本和全球化文化策略，让听众云里雾里又止不住心里佩服。这一次他的报告引来了愤怒。缘由是现代性问题。詹姆逊提出现代性不是一个概念，而是一个叙事范畴。我们天真地以为早已超越了现代性，可事实是现代性不但没有被超越，反之是正在世界各地大举登场。没有疑问这里詹姆逊是指第三世界,乃至昔日所谓第二世界即东欧甚至俄罗斯方兴未艾的现代化运动。与此相对的是西方,西方洋洋自得在庆祝它所谓后现代的胜利,自认为最终超越了老掉牙的现代主义乌托邦。现代性不但从大众媒体中功成身退,就是在知识界,除了个别自命不凡的知识分子,似乎也人人都在忙着"去现代化"。那么,重新亮出"现代性"的招牌,意欲何为?很显然詹姆逊意欲在后现代语境中重新确立现代性的权威。詹姆逊举譬吉登斯的《现代性的后果》,认为仅仅发明像后现代性之类的新词汇、新术语远远不够,必须关注现代性的本质。那么,如何区分信息革命、全球化自由市场意义上的现代性和那种令人厌恶的老现代性呢?詹姆逊发现有一种畅行其道的办法叫作走"现代性的不同道路"。如此就可以有拉丁美洲式的现代性、印度式的现代性、非洲式的现代性,等等,总把现代性纳入民族文化的轨道之中,从而遮盖住英美现代性模式为你预备好的"低贱者"位置。但关键在于,詹姆逊的结论是,这样做我们就忽视了现代性的另一个根本意义,这就是全世界范围里的资本主义本身,因为未来的世界正被一个普遍的市场秩序殖民化。

詹姆逊以上讲演中几乎是引起公愤的,是他的结语。詹姆逊被认为是以第一世界的文化教父形象现身第三世界,以舍我其谁的傲慢在训导沪上学人。一些批评家认为,詹姆逊尽管曾经同情过第三世界,但还是终于将立场移到了西方中心主义上,认为只有第一世界即西方世界才可以在无意识领域广泛传播他们的殖民话语意识,第二世界和第三世界只能无条件地被动接受。特别不能容忍的是詹姆逊居高临下讽刺拉丁美洲的现代性、印度式的现代性、儒家现代性等,都是处在西方现代性派定给它们的"低贱者"的位置。因为在詹姆逊心中,现代性只有一种——欧美霸权式的现代性。有人评论说,每个国家都有选择自己现代化发展模式的可能性,中国的现代性与西方中心模式的差异是明显的,它也可能不同于日本、韩国、印度等的现代性。詹姆逊认为现代性多样化毫无道理，只能臣服于标准化、霸权主义的英美模式的现代性，这里分明就隐含了文化霸权。

但平心而论，詹姆逊的这一阵炮火挨得冤枉。首先就讲演本身而言，诚如詹姆逊一贯的大师做派，不过是照本宣科了自己即将面世的新著《现代性的神话》的导言，训导沪上学人，无从谈起。其次詹姆逊并没有说错，现代性应该有历史性和阶段性的阐释。诚如17世纪笛卡儿时代，现代性指的是方兴未艾的新科学运动，它的核心是期望以数学的原理解释社会和宇宙，而18世纪现代性的内涵则是启蒙运动，在经济全球化波及文化全球化的今天，称现代性表现为一个普遍的市场秩序在世界各地的推广，并不言过其实。对于中国而言，我们的现代化事业依然任重道远，工具理性在我们的土地上不是过剩而是依然有待启蒙。而且我们从来就没有一个价值理性的黄金时代可以缅怀流连。就中国的"现代化"进程来看，它涉及一系列彼此间不断强化的现代性过程，包括生产力的发展和劳动率的提高，政治中心权力之必须和民族意识的培育，以及扩大规模教育和更新价值观念等，这都明确无误受惠于西方的现代性工程。诚然，现代化如果仅仅着眼于经济、技术和国家功能，有可能与体现人文关怀的价值理性形成对立，而正是在这一点上，后现代话语对现代性的批判，给我们提供了足资为鉴的反思视野。故此，问题的要害应当说不在于一味强调中国自己的现代性特征，以中国五千年悠久文化的再生和新生能力，这特性想要抹杀都抹杀不去。反之要害在于切莫为了自己的特性而撇开现代性的基本规章，而到头来落入阿Q精神的怪圈。中国的后现代主义者固不必视现代性若明日黄花，中国的现代主义者也大可不必视后现代性只有时尚的价值。或如詹姆逊的例子表明，后现代性，它不只是现代性这个硬币的另一面，说到底也是现代性在后工业社会中所予展示的当代形态。

第三节 哈贝马斯和现代性重建

德国法兰克福学派的传人哈贝马斯（1929 —   ），其重建现代性的设想无疑是后现代文化中最为积极的建构性话语。从《交往行为理论》中对现代性的思考到《现代性的哲学话语》中对后结构主义哲学的批判，哈贝马斯都把他对启蒙精神的辩护及其社会理论，看作自己对法兰克福学派批判理论的继承和发展，毫不掩饰其中浓重的政治意识。

哈贝马斯阐述过现代性和"现代化"之间的关联和区别。他指出"现代化"这个词是 20 世纪 50 年代作为一个专门术语出现的。这比现代性概念的出现要晚得多。现代化概念的出现标志人们已经普遍接受了韦伯的观念，虽然着眼点是社会科学的功能主义手段。现代化涉及一系列长久积累且彼此之间不断强化的过程，包括资本构成和资源转化为资金、生产力的发展和劳动率的提高、政治中心权力的实施和民族身份意识的培育、政治参与权的扩展、高雅生活方式和规模教育的扩展、价值和规范的世俗化，如此等等。哈贝马斯认为正是现代化的理论，赋予韦伯的现代性概念以相当丰富的内涵，同时通过以上明显是功能主义的现代化阐释，现代性与西方理性主义传统对立了起来，进而只体现经济、技术和国家功能的现代化，又与失去了人文关怀的现代性对立起来。这两种对立，由是观之，便是各种后现代思潮产生的一个重要因由。

围绕现代性问题，哈贝马斯以同他当时所谓的年轻一代保守主义人物利奥塔、德里达和福柯的论争而闻名，之所以称后者一般认为离经叛道激进有余的"后现代话语"为保守主义，理由是此一类话语彻底毁灭了现代性自我更新的希望，劝人随遇而安。哈贝马斯发现后现代理性主义批判的基本思想，实为尼采下衍的两个传统，一是从尼采经海德格尔到法国小说家巴塔耶和福柯，二是从尼采到海德格尔到德里达。先者致力于将知识权力化,视现代的知识和社会结构为其背后权力意志的不同形式;后者则是将知识隐喻化,化解学科的边界而使之泛文学化。语言符号自身的差异乃至异延一跃而成为哲学的主体力量。哈贝马斯尤其反对德里达"文本之外一无所有"的理论,虽然他多次强调他同德里达其实是好朋友。

哈贝马斯认肯马克斯·韦伯对现代性的阐释,指出韦伯不仅从合理化的观点出发,来论述西方文化的世俗化过程,更以此为线索阐述了现代社会的发展进程,而现代社会的制度结构,又是源出资本主义企业和官僚国家机器的组织核心。这就是韦伯所说的目的合理的经济行为和管理行为的制度化。如是,日常生活中此一文化和社会的合理化诚然是给把握住了,然而以往那些传统的、首先表现为职业等级差异的生活形式,则已经自行解体了。反顾法兰克福学派的传统,《启蒙辩证法》中阿多诺和霍克海默接过了韦伯的悖论,判定合理化的过程既导向自由和解放,同时又导向束缚和物化。但哈贝马斯不同意阿多诺和霍克海默的看法,尽管他对批判理论始终情有独钟。他讲过他的哲学和社会学理论信念,在 1950 年代中期就打上了西方马克思主义的痕迹,经历了卢卡契、科尔施、布洛赫、萨特和梅洛-庞蒂的影响,但是首要的是他的老师阿多诺,他指出是阿多诺让他接受了卢卡契和科尔施,将物化理论同韦伯的合理化理论联系起来。但是他认为《启蒙辩证法》的两位作者是把现代性的形象过于简单化了,不足以表征资产阶级理想中文化现代性的理性内容。阿多诺和霍克海默发现现代社会已经变成一个完全是非理性的极权社会,理性的工具化使得启蒙精神的理性主义走向了自己的反面,理性正在自我毁灭。他们相信这就是启蒙辩证法。而由于现代社会的政治制度、社会制度和日常生活全没有留下理性的任何痕迹,理性事实上已经失缺实质内容,成了仅流于字面义的乌托邦。

哈贝马斯认为，阿多诺和霍克海默忽视了现代性中最基本的东西，而这些东西和无所不在、目的性极强的形式合理性，并不是一回事情。故《启蒙辩证法》是植根于确定论的悲观主义之中。包括后来阿多诺的否定辩证法，强调辩证法否定再否定之后还是否定，而不复可能得出黑格尔式的辩证扬弃然后继续前进。对于这一殊为悲观的辩证法，哈贝马斯认为是一相当危险的倾向，是批判理论的倒退而不是进步，因为它威胁到了现代性的理性和规范基础。而哈贝马斯强调说，自治领域和专门家的纷纷出现，并不一定意味就是工具理性的胜利，因为专家们论证每一个领域的合理性时，必然要能同时论证该领域核心处的基本原理。而问题在于，每一个领域的价值，并不是自动得到合法性的，它们必然历经批判探讨的过程，由此在非专家人群中得到共识。简言之，在哈贝马斯看来，每个领域的真正潜能，恰在于它超越了纯粹的技术和形式知识，而涉及现代文化的基础，涉及法律和道德、政治体制、经济结构以及审美形式等一连串的问题。这样做的结果是，我们有望得到实质合理性，并不仅仅是形式合理性。这就是启蒙的尚未完成的解放核心，而这一点，恰恰被阿多诺和霍克海默给忽略了。

实际上，哈贝马斯发现阿多诺和霍克海默的批判传统，同韦伯的现代性批判结合起来，倒不失为一种有益的理论探索。韦伯以科学、道德和艺术这三个自治领域的独立而为现代性的标志，哈贝马斯对此完全同意，但是他并不同意韦伯由此对启蒙之解放潜能所抱的悲观主义态度，对此他说：

> 现代性的工程系十八世纪的启蒙哲学家们形构而成，他们努力开拓了客观科学、普遍道德和法律，以及依凭其内在逻辑而自足自立的艺术。与此同时，这一工程意在使这些领域中的认知潜能，各各从它们晦涩艰深的形式中释放出来。启蒙哲学家希望通过利用此一专门文化的累积，来丰富日常生活，即是

说，用理性来将日常的社会生活组织起来。①

这可见，上述三个领域的知识积累，并不必然导致人性的奴役，相反它们将有可能使社会和生活世界的内在潜能，更多地释放出来。但是这一乐观前景的前提，当是韦伯模式同阿多诺和霍克海默的批判理论结合起来，由此在集体实践的基础上建构一种交往行为的理论，唯其如此，现代性的工程方和日常生活联系起来。所谓交往行为，哈贝马斯是说至少两个以上的行为者，通过语言来理解相互之间的关系。这是一种互动的行为。行为者们共同寻求对情境和行为构架的理解，由此得以用一致的方式进行交流，达成对情境知识的共识。交往行为的根本前提，是在客观世界、社会世界和主观世界的存在之外，还认定存在着一个作为知识和观念载体的语言世界。因为交往行为正是通过语言，方与客观世界、社会世界和主观世界发生关系。故此交往行为的合理性标准，除了必须满足语言表情达意的要求，而不是如解构主义更强调语言白纸黑字的符号性质之外，还必须同时满足三个条件：一、对客观世界事态作出的陈述是真实的；二、交往行为建立的人际关系是正当的；三、言辞表达与说话人的意图是一致的。这也分别就是真理、正义和真诚的要求。

比照交往行为理论的原则，哈贝马斯认为无论是韦伯还是阿多诺和霍克海默的批判理论，都是不分青红皂白，将现代生活的各种形式一棍子打死，从而障掩了理性内在的解放逻辑，使得"自我实现""自我发展"这一类理念，变成了空中楼阁。适因于此，哈贝马斯充分强调艺术的解放力量，强调前卫艺术之颠覆传统，以及艺术批评所展示的批判逻辑，都不失为对现存社会秩序的尖锐挑战，具有值得充分肯定的正面价值。总而言之，三个领

---

① 哈贝马斯：《现代性：一项未竟的工程》，见 H. 福斯特编：《后现代文化》（Habermas, "Modernity: An Incomplete Project", in H. Foster ed., *Postmodern Culture*）, London: Pluto Press, 1985 年版，第 9 页。

域的合理化和分化过程，以及伴随产生的特定的文化形式，在哈贝马斯看来是为知识、批评和交往铺平了道路。这就是现代性的规范内容，它意味对话、消解中心和异质并存的多元文化将替代铁板一块的一元话语。而这一点正也是巴赫金的文化理念。反之法兰克福学派的文化工业批判则是狭仄理解现代性的内容，将个人拘禁在一个被认定是一成不变的封闭世界里。但是世界其实是在变化的，一如他自己阐述的现代性，究竟可以把它归结到现代性还是后现代文化名下，本身已经成了一个让读者颇费猜测的问题。

第四节 SECTION 4
公共领域与传媒

哈贝马斯本人提出的公共领域结构转型理论，亦不失为现代性重建的一个努力。公共领域（public sphere）指国家和社会之间的一个公共空间，市民们假定可以在这个空间中自由言论，不受国家的干涉。传媒运作的空间之一，就是公共领域。因为公共领域的跨学科性质，文化研究中它属于文化政策研究范围。文化政策狭义上是艺术的管理，广义上包括思想冲突、体制和不同社会力量在文化创造意义上的利益分配。本节将主要讨论传媒和政治的关系，这是公共领域的研究范畴和对象之一，也是社会学、文化学和政治学的一个结合部。传媒角色、传媒结构、所有权和传媒政策等等，可以说都是它的话题。

公共领域与传媒之成为世界范围研究课题，是 20 世纪 80 年代以来的事情。英国学者彼得·达格伦指出，现代社会文化环境有三大特点：一是认同多元化，二是社会关系表面化，三是符号环境传媒化。所有三点都跟电视和公共领域有关[①]。电视产业在 80

---

① 达格伦:《电视与公共领域》（Peter Dahlgren, *Television and the Public Sphere*: *Citizenship, Democracy and the Media*）, London: Sage Publications, 1995 年版，第 72 页。

年代发生的全球性巨变,是有目共睹的。美国三大电视网的垄断、欧洲政府对保护性电视政策的解禁、第三世界电视工业的崛起,以及有线电视和卫星电视的挑战等改变了当时世界的传媒格局。这一急剧变化导致学界急于寻找公共领域的指导理论。正是在这一背景下,哈贝马斯的《公共领域的结构转型》引起了理论界的广泛注意。

哈贝马斯原作发表于60年代。西欧对哈贝马斯公共领域理论的兴趣早在80年代初就已产生,尽管是时尚未有英译本面世。《公共领域的结构转型》的瑞典语译本出版于1984年。五年后此书英译本的出版,是轰动西方学术界的一件大事。推究起来,《公共领域的结构转型》在英语世界一路风行,跟当时的历史语境关系密切。这主要有两个原因。一是80年代末东欧解体,引起学者对传媒民主功能产生极大兴趣,学术界的注意力转移到市民社会的理论和研究,更多学者致力于从政治和民主理论的视角,来讨论东欧和中国的市民社会和公共领域问题。第二个原因是80年代随着西欧大众服务式传播媒介的解体,市场机制被引进了传播领域。市场化后文化资源的分配模式,以及传媒与政治的关系等一系列问题,因此被提上议事日程①。由此可见,如果说东欧的情况跟国家与政治有关,西欧更关切的则是市场经济和传媒。但是西欧的变化虽始自经济领域,最后还是指向了传媒的政治问题。

西欧70年代的背景是资本主义世界发生全球性经济危机,中国当时因在"文革"时期,没有真正感到压力的石油危机,即为一例。西欧各国由此不同程度出现国库告急。在市场的压力与冲击下,同时也在美国的影响下(里根总统1981年上台后,对美国

---

① 加南:《媒介与公共领域》,见苟尔丁等编:《交往政治:大众传播与政治进程》(Nicholas Garnham, "The Media and the Public Sphere", in Peter Golding, Graham Murdoch & Philip Schlesinger eds., *Communiting Politics: Mass Communication and the Political Process*), Holmes and Meier: Leicester University Press, 1986年版,第37页。

传媒实行了一系列改革,向市场化转轨),西欧保护性传媒政策纷纷解禁。政策的这一变向,使西欧传统的大众服务性传播结构发生深刻变化,或者纷纷解体演变为商业经营,或者面临商业性传媒的严峻挑战。如英国的电视私营化政策,孕育出了独立电视台(Independent Television)。传统上被BBC(British Broadcasting Corporation)主宰的传媒市场,遭到独立电视台的巨大冲击。其他西欧各国,也面临着大众台与商业台剧烈竞争的局面。公众生活方面,市场导向使在先许多免费的公共服务变成了私人商品。公共的图书馆和博物馆开始收费,路透社亦从提供一般的新闻转为提供专门的商业服务信息。对此尼古拉·加南说得明白:这股潮流的主要原因,是西欧社会在向信息社会和信息经济转向,资本主义国家争先恐后,相互竞争,跨国财团不遗余力寻找电子高科技以及信息产品和服务的新市场,其结果便是把大众服务性传媒推向市场,彻底改变了文化领域中市场控制和国家控制文化和传媒服务机构的比例。

传媒在西方的自由主义传统看来,它是民主社会的组成部分。言论自由被认为是现代民主社会公民的基本权利;报纸电视等大众传媒,则一方面鼓励和保障大众参与公众生活与民主进程,另一方面对国家机器和民主进程行使批判和监督功能。传媒是独立、客观、中立、不偏不倚的"信息代理人"。但是现在人们发现传媒并不仅仅是一个观察家,同时它也是参与者。它在监督和批判的同时行使参与权,并且扮演着一个重要的角色。市场化后,传统的国家、传媒、公众三者间的关系受到了挑战。公共领域里传媒的政治角色及功能,因而引起学者们的激烈论争。传媒向何处去?哈贝马斯正是在此一历史背景下被请上舞台,其公共领域理论引发的浓厚兴趣和研究,应运而生。

《公共领域的结构转型》的研究对象,是自由主义模式资产阶级公共领域。哈贝马斯以社会学和历史学为切入点,探讨了自由主义模式资产阶级公共领域的产生、发展、瓦解的历史及社会结构、政治功能、观念与意识形态。这里首先要明确的是几个关键概念。如在公与私的问题上,哈贝马斯认为,在私人领域,人们的角色是父母、夫妻、兄弟姐妹和朋友;在公共领域,人们的角色是公民,按公民的权利和义务行事。公共领域理论这一方面要回答的问题是,人们在什么地方作为公民相遇?什么因素加强或阻碍了他们在这些空间的交流?公众舆论如何产生?如何保证公民的民主权利?如此等等。又什么叫作"公众",哈贝马斯坚持公众是关于市民的广泛的互动,即"公众"不是滞止不前的概念。"公众"只存在于公民之间的积极意见、观点和信息的交流和交往之间。正是在这些交往之中,形成了公众舆论。

哈贝马斯认为,"公共领域"理论概念起源于奴隶制时期雅典广场(Agora)的政治集会,是时自由民有权参与民主的讨论。可见公共领域是建立在自由发表意见与自由对话之上,与私人领域泾渭分明。18世纪竞争性的市场资本主义,为民主政治的理论和实践提供了条件。欧洲资本主义的发展产生了一个新的政治阶级,这就是资产阶级。"他们的阅读兴趣主要集中在当时的最新出版物上。随着这样一个阅读公众的产生,一个相对密切的公共交往网络从私人领域内部形成了。"① 资产阶级的公共领域指的是彼时的咖啡馆、报纸、出版机构、图书馆、大学及博物馆等。在这些场所人们平等交往、自由讨论,决策也依照多数原则。公众舆论形成了一种新兴的政治力量。如在法国,以文学和艺术批评为特征的公共领域出现鲜明的政治化倾向,对抗官方检查制度,争取舆论自由。资产阶级的公共领域如是成为资产阶级跟统治者和封建贵族角逐较量的场地。对此莫利评论说:

> 公共领域的体制,其核心是由被报纸及后来大众传媒放大的交流网组成的。这个网络使由艺术爱好者组成的公众得以参

---

① 哈贝马斯:《公共领域的结构转型》,学林出版社,1999年版,第3页。

与文化的再生产,也使作为国家市民的观众得以参与由公共舆论为中介的社会整合。①

哈贝马斯认为,资产阶级在社会经济活动中获得独立后,国家和社会就开始分离。在国家与公共领域的关系方面,国家后退成为政治社会,只负责政治事务,将社会和文化生活交给了社会。霍尔亦曾谈到,18世纪的国家没有专职警察,没有常设军队。19世纪的国家不是企业的拥有者,对大学教育也没有指导权,也不负责全国的经济政策。在理想的民主政治下,国家在法律制约下只能承担公共领域的担保人角色,是为保障自由的权力机关。国家只能担保和提供公共领域的运作条件,但是不能干预。比如它可以为传媒、为大学提供资金,却不能插手传媒和大学的具体事务。哈贝马斯认为这是一种理想的公共领域模式,它体现的是资产阶级的理想:建立一个民主的、平等参与的、自由讨论的整合社会。这也是资产阶级在它最初自由主义阶段的理想范式。

然而资本主义的发展破坏了这一公共领域。《公共领域的结构转型》的后半部分,哈贝马斯着重分析资产阶级公共领域的转型,即19世纪末,资本主义经济在垄断资本主义的发展中导致的财富分配不平衡,进而导致进入和控制公共领域的不平等。国家成了经济领域的参与者,开始分享私人利益。公共领域与私人领域趋向融合,从公私分明转到国家社会一体化。由于国家干预,国家和社会的分离消失了。哈贝马斯指出,国家和经济的相互融合剥夺了资产阶级私有法和自由主义宪法关系的基础。而国家和私人开始对传媒进行控制,导致了公共领域的"再封建化":

随着商业化和交往网络的密集,随着资本的不断投入和宣

---

① 莫利:《电视、观众与文化研究》(David Morley, *Television, Audiences and Cultural Studies*), London: Routledge, 1996年版, 第176页。

传机构组织程度的提高，交往渠道增强了，进入公共交往的机会则面临着日趋加强的选择压力。这样，一种新的影响范畴产生了，即传媒力量。具有操纵力量的传媒褫夺了公众性原则的中立特征。大众传媒影响了公共领域的结构，同时又统领了公共领域。于是，公共领域发展成为一个失去了权利的竞技场……①

很显然，在哈贝马斯看来，传媒的民主功能18世纪以来是在不断下降。18世纪中，新闻业的角色是将个人意见转为公众舆论。如报纸就是一个大众可以参与、影响到公共政策并且可以批评政府的公共领域。公众亲身参与自由讨论，干预政事，利国利民，一举两得。通过公众在报纸上的讨论和争论，传媒加快了民主的政治进程。然垄断资本主义既起，报纸日趋为意识形态操纵，为资产阶级利益控制。同国家合谋的传媒集团，用它们的政治利益理性取代了大众话语，大众被排除在外。公民的民主权利，同样亦被国家和传媒集团的政治和经济利益损害。公共舆论不复是理论话语的讨论过程，而成为传媒操纵的结果。用哈贝马斯本人的话来说，是"社会的对话被管理起来了"。公共领域被广告的传媒技术"劫持"。公众因此从文化批判走向文化消费。这一切的结果是，大众与决策层的鸿沟越来越宽，对政治和民主社会的参与热情越来越低，最终导致现代社会的"政治冷淡症"。

至此《公共领域的结构转型》一书的主旨可以一言蔽之：资本主义这个当年资产阶级公共领域的催生力量，现在又亲手摧毁了这个公共领域。哈贝马斯公共领域理论的核心是民主政治，其特征为公共领域能够"逃避"国家和市场的制约。然而我们发现资产阶级民主政治下的传媒事实上并没有摆脱国家和市场的制约，这恰恰阻碍了民主政治的运行过程。

---

① 莫利：《电视、观众与文化研究》，London: Routledge，1996年版，第15页。

从另一方面看，哈贝马斯的公共领域理论背景固然千头万绪，落实到传媒研究的具体层面上，问题也相当简单，这就是媒体该由谁"管"？尤其是广播电视领域，是不是该"管"？此外怎么来管？是由国家还是市场来管？是时西欧的当务之急，是传媒政策的制定问题。媒体的易手，比如从国家到大财团，会影响到选举的模式和结果，对国家政治有决定性影响。所谓民主政治的社会里，公众意见的交流和互动，被认为是民主程序的核心问题。作为公共领域之一的传媒应如何运作？如何保证平等的参与权？信息资源又如何分配？民主政治能不能健康发展？针对这一系列问题，左派和右派发生激烈争论。争论的焦点是大众服务性传媒的体制改革：面对市场的挑战，大众服务性传媒如何改革？不改革能否继续生存？如何生存下去？

英国的 BBC 向来是西欧大众服务性传媒的经典模式。它是独立的媒体机构，持有皇家特许证（Royal Charter），收入上不依赖政府。BBC 的经费来源是邮局全国范围内一年一度征收的人头税（national poll tax），不靠国家的财政收入。独立电视台的经费则来自广告收入。经费上 BBC 既然财大气粗，无需向国家伸手，制作节目便也高枕无忧。BBC 号称政治上以公平和公正为主旨，拒绝一切对其内容的政治控制企图。功能方面，BBC 宣称它是为大众的文化需要服务，提供具有教育性、高雅性、政治性的节目，不播广告，同时播出芭蕾舞、交响乐等商业台无以提供的节目。此外就是提供国内外大事信息，监督和批判政府。

在社会关系的实践上，BBC 式的西欧大众服务性传媒模式，是以政治为分界线，不以经济利益为目的。市场化以后，出现两极分化的传媒形式。一方如 BBC 是信息量丰富，大投资制作，提供有独创性的节目和文化服务；另一方如独立电视台是信息量贫乏，大批量制作，提供千篇一律的娱乐性服务。换言之，一方是资产阶级的、精英的、高雅的、非商业化的；另一方是大众的、娱乐的、以赢利为目的的。这样一来，文化资源的分配模式被彻底改变。BBC之类的大众服务性媒体，不见得再有坐享已久的绝对优势。

针对上述变革，市场自由主义理论家批评大众服务性传媒体制僵化，采取政治保护主义。理由是传媒如果由政府管理，必然就成为政府的奴仆。故只有市场，才能保证传媒的自由和独立性。市场是对国家检查制度的最好防范途径，只有在市场力量的主导下，才有真正的传媒自由。此一自由派理论，其来源是亚当·斯密的市场自由主义，认为传媒的动力是盈利，只有悉数依靠广告收入的传媒，才能保持政治上的独立性。换言之，只有在自由市场上自由竞争的私营媒体，才能保证对政府的完全独立。由于传媒旨在盈利，传媒和观众的关系，因此成了一种产品和消费者的关系。传媒若要最大程度占有读者/观众，势必要在最大程度上来表达读者/观众的意见，为他们所喜爱。这是生产者和消费者的交换，读者/观众的购买力，是传媒的真正"控股者"。对此马克·威勒指出：

> 由于利润驱使，传媒市场必然要照顾消费者需要。这有利于竞争。因为要多卖出报纸，所以就必须提供尽可能多的消息。结果是消费者对信息的选择促进他们的自我表达并鼓励他们进行政治参与。①

这可见自由派主张以自由市场来鼓励思想的自由交换。由是观之，一个自由的传媒市场，个人得到自由的不仅是经济上的，同样也是政治上的。市场可以分散权利，鼓励信息的"多家供应"，活跃来自下层的意见和建议。自由市场式的传媒系统，在自由派理论家看来，因而被认为是能够在最大程度上表现出民意。

---

① 威勒：《政治与大众传媒》（Mark Wheeler, *Politics and Mass Media*），Oxford: Blackwell，1997年版，第6页。

但是左派不同意自由派的看法。如雷蒙·威廉斯就认为传媒革命的任务之一,即是限制精英化。左派特别是新马克思主义理论家,认为资本主义不仅拥有生产工具,而且拥有文化的生产工具,是通过拥有传播而控制上层建筑。公共领域故此成为霸权图谋和阶级支配的竞技场,通过灌输虚假意识形态来瓦解对手。资本主义的霸权就在如此这般当中得到维持。同时,市场则制造垄断的条件。私人拥有传媒意味对政治传媒的操纵,故而是对自由政治交流的阻碍。少数人控制信息,使公共领域趋向不平等和信息单一化。英国社会学家安东尼·吉登斯的《第三条道路》中,在解释分散权利与腐败的关系时,就举过一个与公共领域和传媒有关的例子:

> 近年来,世界各国政府纷纷面临腐败的指控,这不是偶然的。原因不是因为腐败增加,而是因为政治环境的改变……影响政治领域的最大变化,是政府和公民们如今越来越生活在一个单一的信息环境之中。①

如果说在哈贝马斯的理想公共领域里,社会通过公共媒体交换意见,对问题或产生质疑,或达成共识,那么公共领域的"再封建化",显而易见是加重了当代文化的不平等。市场化后,那些最大规模控制资本的国家如美国,以及集团如 CNN,也最大规模控制了全球的公共舆论。第三世界发展中国家发现自己很难拥有公共领域的发言权。市场社会正以它独特的方式,在消灭公共和私人领域的分界,消灭文化的差异,通过暗中受控的市场,重新制造社会不平等,将每一个人置于市场即金钱的所谓"客观性"之上。面对当代社会更不平等的社会结构,1980 年代西方国家一

---

① 吉登斯:《第三条道路》(Anthony Giddens, *The Third Way: The Renewal of Social Democracy*), Malden, Mass: Polity Press, 1999 年版,第 73 页。

些社会和政治力量,出于自身阶级利益考虑,要求国家干预,来保护大众性服务传媒的公共领域,使其免受市场和私人资本力量的冲击。如是时澳大利亚民情激愤,坚决反对政府将国家电视台(ABC)出卖给私人。事实上这一趋势吉登斯《第三条道路》一书中多有所述。吉登斯认为政府可以保护公共领域,以使有关政策的公开辩论不受限制,此外当垄断产生威胁时,政府还可以鼓励市场竞争,抑制垄断。在这些方面,市场是无法取代政府的。

传媒和公共领域的论争由是观之,一方面是欧洲资本主义国家现存各派政治力量重大差异的反映,一方面代表了西方语境中美国和欧洲,即第一世界和第二世界之间两种判然不同的大众传媒策略和政策。关于这一点,洪美恩在她的《拼死寻观众》一书中,就分析过两种电视模式:其一是西欧的大众服务模式,其二是美国的商业模式。前者把观众当成公众和公民,后者则把观众看成市场和消费者。故大众服务电视是一种政治模式,关心的是观众需要看什么节目;商业电视则是一种经济模式,想的是消费者想要看什么节目[1]。

比较两种模式,西欧的大众服务性电视因而主要是将观众看成是政治个体,大众在知识分子眼目中是"公民"。"电视观众"故此成为精英话语中一个本体固定的对象,他们需要改造,需要提高素质。所以电视应为大众提供精品,提供有教益、能够改变大众即国民素质的文化服务。在这一语境中,知识分子将自己排除在外,是将大众视为"他者"。我们不会忘记福柯:话语的参与者与持反对态度的他者之间,是不存在共同语言的。

反之美国商业电视是将观众看成消费者。消费者是一个超越阶级、民族、性别、年龄、种族和国家的概念。它的特点就是消费。对于电视台来说,收视率决定一切。电视台和观众的关系故

---

[1] 洪美恩:《拼死寻观众》(Ien Ang, *Desperately Seeking the Audience*), London: Routledge,1991 年版。

而是市场经济下的供求关系。市场即观众需要什么，就提供什么。美国大众电视的商业制作目的非常明确，绝不含糊其辞，这就是追求利润。为达成最大程度的利润，占领最大限度的市场，获得最大的消费群体如读者、观众，等等，电视产业必须要生产穿透力很强，能够穿越阶级、民族、性别、年龄和种族等界限的文化产品。引起全球性轰动的好莱坞电影《泰坦尼克号》即是一例，没有人怀疑它是一个穿透力极强、被好莱坞用商业手段推出的文化商品。

我们不难看出，传媒的政治模式和经济模式，在价值观念和社会关系上是互相矛盾的。政治模式的价值观念系统是社会性的。如前所见，它将个人看成公民，是公民就有选举、辩论、言论自由等的权利。社会行为的法律目的故此被定位在公众利益上面。相反经济模式将个人定义为生产者和消费者，当通过市场的购买力来追求个人利益时，行使自己作为生产者和消费者的权利。所以后者的行为，系由市场那只看不见的手所操纵。

进而视之，政治模式和经济模式的上述矛盾产生了关于人类自由概念的两种矛盾解释。矛盾的一方是当年里根、撒切尔夫人和 1974 年诺贝尔经济学奖得主哈耶克鼓吹的市场主义，从经济的视角出发，取代人类的自由在于自由追求个人利益不受政治的限制和干涉。矛盾的另一方来自社会主义和马克思主义阵营，从政治的视角出发，主张人类的自由在于对市场进行政治干预和控制，以解放为市场所摆布控制的大部分民众。矛盾的是是非非固然不是三言两语可以了断，但是双方的立场都非常清楚，即矛盾的解决在于对对方的抑制：或者是抑制政治，或者是抑制经济。

这一矛盾给英国和欧洲传媒政策带来的现实问题是：如何在保护大众服务性传媒和鼓励商业竞争中间寻求平衡？面对 21 世纪，是否需要一个能融入全球化语境的传媒新系统，将公民而不是国家和传媒集团的利益放在首位，独立于国家和市场的控制？哈贝马斯强调民主政治领域应与经济和政治分离，政治利益不能化解为物质利益，所以颇能给人一种茅塞顿开的感觉。可以说他的公共领域理论从两个方面向传统和现实提出了挑战，既挑战了自由派强调物质和市场支配的传统，也挑战了马克思主义政治特殊化的传统。

第五节 SECTION 5
德里达：作为"共同文化"的宗教

1994年，由当代意大利后现代哲学家瓦蒂莫发起，在罗马附近的卡普里岛上举办了一个以"宗教"为题的小型研讨会。到会的有七位哲学家，三位是瓦蒂莫的本国同胞，一位来自西班牙，还有大名鼎鼎的伽达默尔，不过会议的明星是德里达。两年后聚会的发言由德里达和瓦蒂莫编辑以法文出版，德里达本人占据的篇幅就占全书三分之一强，题为《信仰和知识：单纯理性限度内的"宗教"的两个来源》，但是在他洋洋洒洒的文字里，理性足以一如既往如堕五里雾中。瓦蒂莫在给该书所作的背景介绍中说，他特别感谢伽达默尔，他像巴门尼德和柏拉图一样，从不畏惧越过逻辑的海洋。这是在恭维当年坚持阐释学立场、为此同德里达展开过论争的伽达默尔。这些话很显然就不必同德里达讲。逻辑的海洋于德里达岂止是不在话下呢？德里达这篇引起学界极大兴趣的长文照样是他典型的玄机莫测的跳跃式文风，全文是为格言式的片断集锦，片断分别标以数字，一共是五十二段，而且前面二十六段是斜体，后面二十六段又变回了正体，叫人颇费猜测，不知所以然。

德里达有心言说普遍和抽象意义上的宗教，而不是具体哪一种宗教，无论是基督教、伊斯兰教，还是佛教、印度教。问题是抽象不容易抽象，那么就退隐荒漠，退隐到孤岛上去吧。卡普里就是这样一个孤岛。对此德里达本人作如是描述：日期是1994年2月28日，地点是卡普里岛的一个旅馆里，我们朋友般地围着一张桌子交谈,没有先后次序,没有时间限制,也没有指令约束,只有那个最清楚又是最模糊的语词:宗教。德里达注意到卡普里岛与罗马不远。而既不在罗马,又在离罗马不远的地方来思考宗教,这就很是意味深长了。因为"宗教"(religio)这个词是欧洲血统,它最早是拉丁文,罗马就是它的故乡。这里德里达面临一个跨文化的问题:"宗教"远不是一个普世性的范畴,而毋宁说是罗马帝国以降,产生在希腊—罗马—基督教的知识和制度传统里。这个话题在卡普里岛为时两天的聚会上自然不属陌生,因为在场的七位哲学家有着共同的文化背景,用德里达自己的话说,"我们使用并说四种不同的语言,但是我们的共同'文化'更加明显地是基督教的,勉强可以说是犹太—基督教的文化。"[1] 犹太—基督教的说法应是念及德里达自己出生北非的犹太人背景。但是神仙会里没有穆斯林,德里达承认这是很遗憾的事情。他进而指出,会上也没有任何其他宗教和信仰的代表,而且没有一位女性。看来,这个宗教的话题再怎样演绎下来,还是德里达本人终是耿耿于怀的白种男人的霸权文化了。

德里达明确表示,他的宗教思想是受了康德的启发。不但"单纯理性限度内的宗教"一语是直接出自康德的同名著作,康德宗教的精义不在于信仰和崇拜,而在于道德向善这一著名思想,也给他全盘接受下来。那么,如何解释康德哲学中读出的"上帝死了"的命题?德里达指出康德"反思的宗教"概念将纯粹道德和基督教信仰难分难解地定义为一体,究其实质是要人在道德上行善事时,不要考虑上帝在或不在,即是不是有一个至高无上的神在监督我们,而完全依凭我们善良意志的绝对律令,出于自觉来为人处事。德里达在阐释康德的时候,没有忘记显示他那典型的反仆为主解构主义作风。他指出在《单纯理性限度内的宗教》

---

[1] 德里达、瓦蒂莫编:《宗教》,杜小真译,香港:道风书社,2005年版,第8页。

这本书里,每一部分结尾都有一个"附释"(Parerga),定义"反思的信仰",就出现在四个附释的第一个附释之中。这些附释并不是《单纯理性限度内的宗教》这本书的组成部分,但是它们蛰居其中,到了要害时刻就出来发声,一如康德上述思想的表达。进而视之,他认为马克思的宗教批判理论,未始不是像康德反客为主的"反思的信仰"一样,是源出理论体系的边缘部分:"当马克思把宗教批判作为任何意识形态批判的前提时,当他把宗教视作不折不扣的意识形态,甚至视作任何意识形态和偶像崇拜运动的主要形式时,他的言论——不管他是否愿意——是否系于这样一种理性批判附带的框架呢?"① 在德里达看来,马克思便是以这一典型的解构主义策略,解构了从根本上说是基督教色彩的康德公理。

德里达以数字文化、喷气机和电视三个词来概括今日世界的信息自动化、资本—媒介权力密集化的生存现实。他提请人注意,今天我们在说宗教的时候,我们是在说拉丁文,最经常不过是通过美国英语来说的拉丁文,诚如在卡普里岛上聚会的命题宗教 religio,就是拉丁文。拉丁文是不是意味着文化侵略?今天的全球化是不是又是一种文化殖民?德里达认为这一疑问揭示的就是世界的西方化过程,它由来已久,几个世纪以来,一种超帝国主义的侵占就在世界范围里铺开,而且以特别敏感的方式,强加到国际法和世界政治理论上面。而此种霸权机制出现在哪里,哪里就有宗教的话语发生。世界的拉丁化也是拉丁的世界化,今天的世界里有些人呼吸得自在,有些人却感到窒息。而宗教说到底是基督教的概念。这是为什么?我们如何在今天来思考宗教,又不隔断哲学的传统?德里达称他很想说明宗教和理性是同出一源的,虽然说明它并非易事。

德里达看来是有心把宗教阐释成了另一种乌托邦"共同文

---

① 德里达、瓦蒂莫编:《宗教》,杜小真译,香港:道风书社,2005年版,第20页。

化"了。他认为可以推举一种海德格尔式的神学,它致力于使一种神圣的启示之光显现出来,这是一种非常原始的启示之光,唤醒了神圣和安全的纯洁经验。这是一种超乎一切宗教启示之上的启示之光,所以它独立于一切宗教,也较一切宗教更接近始源。而有鉴于一切始源都具有双重性,德里达尝试用两个名词来给这一世人翘首以盼的启示之光命名。这两个名词一个是"弥赛亚性"(messianique),另一个是"场域"(khôra)。

关于第一个名词,德里达坚持了他一贯的立场:弥赛亚不是别的,就是公正。我们期望公正就像弥赛亚救世主那样,什么时候说不定就降临下来。但是公正虽然好比世人翘首企盼的弥赛亚,却不是任何亚伯拉罕系统的宗教的专利,所以毋宁说它是种没有弥赛亚的弥赛亚性。德里达再次强调公正与法律不同,法律有具体的语境,可以修正,可以解构,但是公正是绝对的,它是法律的法律,制度的制度,超越了一切语言,一切教义和文化的语境,所以一切皆可解构,独独它不可以解构。公正事先栖居在一切希望、一切信仰的行为和对信仰的召唤之中。德里达强调说,唯有在公正这样一种先于一切他者、先于理性/神秘等一切二元对立的普世文化里,来言说宗教的理性限度,才具有普遍意义。而由于这一弥赛亚式的公正给剥离了一切具体的教义,它便是行进在险象环生的绝对黑夜中的信仰,是为荒漠中的荒漠,虽然它向我们展示着信仰、希望和未来。

第二个名词"场域"(khôra)语出柏拉图的《蒂迈欧篇》。德里达赋予该词以不同寻常的解构意义,以为它最是精彩地预演了他本人的"异延"之道,唯其不同寻常,德里达以后每议及 khôra 这个希腊语,总是采用不做翻译的做法。《信仰和知识》中德里达一如既往地重申了他的"场域"哲学。他指出,"场域"是柏拉图的遗产,但是柏拉图本人没有很好吃透这个概念的精义。事实是但凡一个文本、一种体系、语言或文化的内部给打开时,"场域"就表现为抽象的空间,将一切可能性安置其中。比如基督教和希腊的传统，就在这一天边之外的"场域"中结合了起来。"场域"是一个地点的名字，是非常特殊的名字，因为它不屈服于任何神学、本体论和人类学的统治欲望，它没有年龄，没有历史，比所有的二元对立都要古老，它甚至不沿袭否定的道路，把自己界定为"存在之外"。因此"场域"永远是种不可超越的异质的经验，它永远不会进入宗教，永远不会被神圣化、圣洁化、人道化或者历史化。而且，由于"场域"永远不表现为它原来的样子，它既不是存在，不是善、上帝，也不是人和历史。由此可见德里达对"场域"寄托的厚望同他之钟情"异延"何其相似，它在场又不在场，什么都不是又什么都是。用他自己的话说，便是，场域这个希腊名字在我们的记忆中说的是那些不可拥有的东西，即使是通过我们的记忆，甚至我们的"希腊"记忆；它说的是在荒漠中的一片荒漠的不可记忆性。但是，这一荒漠中的荒漠的经验，难道本身不值得尊重吗？难道它不是多多少少维系着信仰自由的信念吗？没有宗教的宗教，仅以"场域"这个隐喻，至此便初露端倪了。

很显然卡普里岛上德里达所鼎力呼吁的，说到底是致力于将宗教阐释成一种没有宗教的宗教文化，即致力于从道德的角度来阐释宗教，这大体也反映了康德以降，经尼采和海德格尔一路演绎下来的西方现代哲学对于宗教的一贯态度。就德里达的文章来看，其主旨是知识和信仰，即他所说的单纯理性限度内的宗教的这两个来源之间的矛盾。首先这是理性的矛盾：矛盾一方面是深深植入到科学、技术和神学之中的理性的透明力量，一方面则是此一理性完好无缺的"信仰"，而后者不可能以理性自身作为基础，必然有涉某种非理性的行为，说到底也就是宗教的行为。其次它又是道德的矛盾：一方面如康德所言，宗教特别是基督教神学是以道德向善为最高目的，另一方面同样诚如康德虔诚地杀死了上帝，这一道德向善的行为到其最高层面上，便是设定上帝并不存在。这一两难，或许并不是道德一因可以解释的。德里达的公正、弥赛亚、场域,这些后期哲学中频频出现的术语,与他早年不遗余力解构的真理、逻各斯、理性、本原这类被指责为乌托邦的概念推想起来到底有多大差别?以解构主义为典型的后现代文化,那么我们发现,现代性的公正、真理和理性这些核心理念,在后现代话语中其实是始终在场的。

第六节　索卡尔事件

发生在1996年和1997年的"索卡尔事件",可视为后现代文化的一个阶段性终结,或者说,后现代复归现代性的一个转折点。法国学者弗朗索瓦·库塞2003年出版的《法国理论:福柯、德里达、德勒兹公司怎样改造了美国的知识生活》一书,序言的副标题就是"索卡尔效应"。该书2008年被译成英语,很快又回传法国,一时成为巴黎学界的热门话题。作者开篇就说,在美国,20世纪的最后三十年,有几个法国思想家气场之好,历史上只有美国神话里的英雄和娱乐业的名流可以望其项背。更具体说,这些是时在他们本土多遭冷遇的法国思想家们,大体可以和好莱坞的西部英雄们一较高低。如德里达好比克林特·伊斯特伍德,是孤独的开拓者和征服者,说话云里雾里,可是具有不容争辩的权威性。波德利亚有似格里高利·帕克,有种波西米亚的黑色野性,总是神出鬼没亮相在你眼前。拉康呢,则是反复无常的罗伯特·米彻姆,充满杀机,又能出其不意引出反讽来。

关于所谓的"索卡尔效应",当时引起的轰动应是记忆犹新。1996年索卡尔先是在《社会文本》上发表文章《超越边界:走向一种量子力学重力理论的变形阐释学》,引经据典,论证量子力学的新近发展,雄辩地证明了后现代哲学的离经叛道果然所言不虚。科学与人文关系向来不睦,有这等高见居然出自索卡尔这样一位纽约大学的量子物理学教授,《社会文本》这家后现代名刊自是喜出望外。可是不料想一转眼之间，索卡尔又在《纽约时报》上刊载声明，说他纯然是跟反科学的后现代思潮开了一个玩笑。也许索卡尔本意就是玩笑？可是这个玩笑是开大了，一夜之间，纽约各家媒体围绕"法国理论"展开热烈纷争。是否索卡尔完全正确，"法国理论"纯粹就是胡说八道？抑或索卡尔事件压根就是一个阴谋，是精心策划攻击法国文化？

就索卡尔事件在美国的影响来看，有两个方面是耐人寻味的。其一是美国的大学对它反应寥寥，仿佛将这一类论争记录下来交付出版，是掉了身价。只有斯坦利·费希这位著名的批评家是个例外，他在《纽约时报》上发表文章，认为科学法则无异于棒球规则。其二是马克思主义知识分子和报刊阵地仇视后现代主义，他们提醒读者别忘了索卡尔的光荣家世：他在尼加拉瓜教授数学，而且是推行强硬社会主义的桑定主义国家解放阵线（Sandinista）的忠实拥趸。他们坚决拒绝文化研究和解构主义的大祭师们称他们为"左派"，认为那是"右派"送给他们的帽子。库塞这样描述了索卡尔事件的影响：

> 从巴西到意大利，从日本到《世界报》的专栏，全球的出版界很快就开始回应这场闹剧。大多数时候是谴责索卡尔的"科学主义"，同时也批评学院派们太热衷于营造自己的小山头，除了法国以外，每一个热心后现代的国家，都有诸如此类的山头，各各进口了些被美国化了的文化研究或"建构主义"。①

---

① 弗朗索瓦·库塞：《法国理论：福柯、德里达、德勒兹公司怎样改造了美国的知识生活》(Francois Cusset, *French Theory：How Foucault, Derrida, Deleuze & C. Transformed the Intellectual Life of United States*, English trans. Jeff Fort), Minneapolis: University of Minnesota Press, 2008年版，第7页。

看来，索卡尔事件委实是叫法国人大吃一惊，他们实在没有想到法国文化居然会如此深深渗透到美国知识生活的肌理之中。其一个显著结果便是美国精神生活的两极分化，诸如"人文主义"对"怀疑主义"，"保守主义"对"文化多元主义"等。可是这一切并没有在理论的源头法国同步发生。由是观之，美国学界对法国理论的接受或者说"挪用"，是不是多少也有断章取义、削足适履的嫌疑？

索卡尔事件有一个原型。确切地说，它的前身是 C. P. 斯诺的两种文化论。C. P. 斯诺生于 1905 年，卒于 1980 年，是英国的物理学家，可是同时他也是一个道地的小说家，尤其以描写知识分子的《陌生人与亲兄弟》系列小说蜚声。C. P. 斯诺 1959 年 5 月 7 日发表著名讲演《两种文化》，影响迄今余波未消。斯诺所说的两种文化是科学和人文，它们可以相互沟通吗？我们理所当然认为科学需要人文，人文也需要科学。可是 C. P. 斯诺认为这两种文化之间存在沟壑，比如科学家大都没有读过狄更斯，反过来艺术家大都对科学也是一窍不通。说实话斯诺对"两种文化"的描述已经是够乐观的了。我们的人文总是殚精竭虑在标榜科学，反之科学对人文除非好奇和消遣，基本上是不屑一顾。C. P. 斯诺抱怨英国教育从维多利亚时代以来，是过于偏重人文，忽视了科学，反之认为德国和美国的教育做到了人文和科学并重，其良好的科学教育，使这两个国家在当今的科学时代更具有竞争力。这可见，斯诺也在责怪自己的国家轻慢了科学。我们今天怎么来看 C. P. 斯诺所说的"两种文化"？特别是后来围绕这个命题的迭起纷争中，多被忽略的教育和社会体制的差异？今天科学已经成为舍我其谁的无冕之王，早已不屑同人文来争短长，这样来看"索卡尔事件"，它难道不是当事人先辈"两种文化"的后现代翻版？要之，这个"两种文化"的模式一版再版，又是说明了什么？

索卡尔事件的第二波浪潮发生在 1997 年的 9 月。它并不仅仅是一年前闹剧"索卡尔事件"的余续。这一回主人公是两位物理学家：除了纽约大学的艾伦·索卡尔，还有比利时鲁汶天主教大学的让·布里克蒙。两人联袂在巴黎出版了《知识欺诈》(*Impostures intellectuelles*) 一书，把战火直接烧到后现代的法国故乡。一年之后两位作者修订该书，复出英文版，易名为《时尚胡言》(*Fashionable Nonsense*)。"知识欺诈"也好，"时尚胡言"也好，顾名思义，显示的都是科学对人文的傲慢，假如我们割舍中规中矩的科学主义现代性理念，愿意把离经叛道的后现代话语视为人文正统的话。该书指责人文学者滥用科学和数学术语，鼓吹相对主义，否定真理价值，总而言之是冒充内行，陶醉于文字游戏。用当下流行的行话来说，就是"后现代主义"。库塞对这本书耿耿于怀的，不仅是两位作者判定所谓的后现代话语是一笔勾销了启蒙运动以降的理性主义传统，把科学仅仅视为一种"叙述"，一种"神话"，或者与所有人文话语不分伯仲的一种社会建构，更在于该书的炮火几乎是一股脑儿冲着法国的作者而来，诸如德勒兹、德里达、伽塔利、露西·伊利格瑞、拉康、布鲁诺·拉图尔、利奥塔、米歇尔·塞尔、保罗·维瑞利奥，以及大名鼎鼎的波德里亚、克里斯蒂娃和福柯。这些名字可不全都是所谓"法国理论"的始作俑者！

在索卡尔和布里克蒙看来，正是上述"法国理论"的作者们信口开河乱用科学概念，结果是不但导致思想混乱，而且流于反理性主义和虚无主义，故而殊有必要在传播更广的英文版面世之前，先在"法国理论"的故乡来发表此书。由此来维护理性主义的经典和知识诚信，以其作为一切学术的基本准则。这当中的逻辑是清楚明白、一目了然的：假如文本读上去显得不知所云，那么它们确实就是不知所云。《知识欺诈》的两位作者果然是天遂人愿，这本书当时就在法国学界引起轩然大波，1997年9月30日《世界报》发表职业书评家玛丽永·伦特根的著名文章《美国人索卡尔面对法国思想的欺诈》，予以奋起回击。克里斯蒂娃也不甘示弱，指出这是一场针对法国知识界的阴谋，它充分暴露了大西洋彼岸的学术界，其实是有着一种"恐法症"。

这场从美国烧到法国，然后又烧向世界的论辩，连同在先围绕《社会文本》的索卡尔事件，酿成一场后来所谓的"科学大战"。值得注意的是，科学家对索卡尔和布里克蒙基本上持默认和支持态度，人文学界对于这本书的反应则是两极分化。批评者无非是指责《知识欺诈》和《时尚胡言》的两位作者对他们攻击的领域其实并不熟悉，所以书中断章取义、前后矛盾的地方比比皆是。可是支持索卡尔的也不乏人在。如哲学家和政论家雷维尔在同年 10 月的《观点》(*Le Point*)杂志上刊出《假先知》一文，批判后现代比之索卡尔和布里克蒙有过之而无不及，据他言，叫作"法国理论"的这些蠢东西显示的是种后现代的傲慢，它抹杀真与假、善与恶的差异，压根就是颠倒黑白。如德里达所为，无异于堕入当年的纳粹窠臼，对真正的左派在过去一个世纪里获得的成就视而不见。更有人指责布鲁诺·拉图尔的理论同墨索里尼是如出一辙。总而言之，索卡尔和布里克蒙在法国本土出版此书，合力批判可以用后现代主义一言以蔽之的哲学奇谭，可谓适当其时。

上面这一场今已似偃旗息鼓的名为科学大战，实为法美大战的纷争，库塞有两点深切感受。其一是从 1970 年代开始的法国和美国主流思想界的理论分歧，如今将战火烧到了法国本土。而反过来，这把火又再次烧回大洋彼岸，在美国高校里再次燃起理论的热情。其二则是感慨法国评论界对于索卡尔和布里克蒙的反击，其实是误读的厉害。因为两人与其说是在向法国的思想家们全面宣战，不如说是针对美国高校发泄不满。即是说，紧紧跟风上面这些法国大佬，导致了美国高校里的学术"衰退"。法国读者对于当今流行的这许许多多后现代术语的了解，诸如文化研究、建构主义、后人文主义、多元文化主义、经典战争、解构，以及政治正确，等等，大抵多是捕风捉影、蜻蜓点水，不识其中"真义"。而这个真义在库塞看来，是和 20 世纪最后三十年里美国高校整个儿的学术大动荡，紧密联系在一起的。它所涉及的，并不仅仅是人文领域。

第十一章 CHAPTER 11
大众文化理论

第一节 SECTION 1
什么是大众文化

什么是大众文化？这个问题简单得近似可笑。举凡我们看到"大众文化"这个字眼，作者几乎众口一词，都在急于声明大众文化不是通俗文化、流行文化和群众文化，因为它是以大批量制作的生产方式而不是以阶级、阶层作为定义自身的标记，是全球化语境之中后工业消费社会的产物。可是大众文化为什么就不能叫作通俗文化和流行文化呢？英文 popular culture，顾名思义，也就是通俗文化、流行文化、群众文化，一如 pop arts 这个词到今天还译作波普艺术、流行艺术，而不译作大众艺术。美国学者坎托和沃思曼早在 1968 年就编撰过《大众文化史》，它的源头一直上溯到古代希腊。古代希腊的体育竞技和戏剧，罗马的血腥角斗以及泡澡堂的悠闲从容，都被视为典型的大众文化形式[1]。这样来看，我们的大众文化当然也是源远流

---

[1] 坎托、沃思曼编：《大众文化史》（Norman F. Cantor & Michael S. Werthman eds., *The History of Popular Culture*），New York：The Macmillan Company，1968 年版。

长。《荀子·王制》说,"使夷俗邪音,不敢乱雅。"《乐论》又说,"移风易俗,天下皆宁。"贾谊《论积贮疏》则说,"淫侈之俗日日以长,是天下之贼也。"这里都涉及大众文化的历史渊源问题。这历史也就是俗文化的历史,更确切说当是城市文化和市民文化的历史。所以,即便是把工业化批量生产和消费作为它的必要条件,就像今天大众文化定义中的老生常谈那样,那也足以上推一百年。要之,问题毋宁说在于这大众文化或者说流行文化、通俗文化,在今天具有怎样的特征罢了。

但是眼下风头强劲的"大众文化",在它 popular culture 这个词 20 世纪 60 年代由英国的雷蒙·威廉斯等人鼎力推广之前,还有一个几乎是千夫所指的前身 mass culture。后者的中文翻译说实话委实叫人犯难。译作大众文化吧,同早已反仆为主的 popular culture 见不出区别。译作群众文化吧,怎么听起来也像习惯了群众运动的中国风味,不太像是西方的术语,而且群众是褒义词,这里的 mass 一语则是十足的贬义词。再不译作乌合之众文化,意思倒是出来了,字面义上却又失去了平衡。或者,两全其美把 mass culture 译作大众文化,反之把 popular culture 译作流行文化或者通俗文化?但这个译法理论上可行,其实却冲犯语言约定俗成的规则,同样也不能成全两美。因为我们今天所说的大众文化,约定俗成指的就是 popular culture,而不是差不多已经被人忘却的 mass culture,而且 popular 这个词,本义就是 of people,是大众的、民众的,把它译作大众文化,并不比译作流行文化缺失什么。奈何!看来不是办法的办法,也只有把 mass culture 和 popular culture 这两个相差不可以道里计的概念,一并译作中性的"大众文化",让它们在各自的不同语境中彰显它们的不同意蕴了。

讲到大众文化,雷蒙·威廉斯的一段话是经常为人引用的:

> 大众文化不是因为大众,而是因为其他人而得其身份认同的,它仍然带有两个旧有的含义:低等次的作品(如大众文

学、大众出版商以区别于高品位的出版机构）；和刻意炮制出来以博取欢心的作品（如有别于民主新闻的大众新闻，或大众娱乐）。它更现代的意义是为许多人所喜爱，而这一点，在许多方面，当然也是与在先的两个意义重叠的。近年来事实上是大众为自身所定义的大众文化，作为文化它的含义与上面几种都有不同，它经常是替代了过去民间文化占有的地位，但它亦有种很重要的现代意识。①

这段话不妨视为大众文化的一个定义。首先它表述了知识界对大众文化由来已久的轻蔑和谴责态度，其次它显示了大众文化在当代社会中得到的重新确认，"替代了过去民间文化占有的地位"，这意味着大众文化不再是过去不入大雅之堂的化外之民，而焕然成为高雅文化的远亲近邻，这当然是非常扬眉吐气的事情。"大众"被定位在低等次、低品位的传统观念，在今天更多的批评家看来不说是不值一道，至少需要认真反思了。这一点威廉斯本人是充分意识到的，如上述文字的前文就是尽管大众文化早有的意义尚未灭绝，但大众一语正日渐在由大众，而非将趣味和权力加诸大众的那个集团来做审视。这也是上文威廉斯所说的近年来大众文化事实上是为大众自身在作界定。

关于大众文化不是大众自己所为，而是政治和商业机制自上而下强加给大众，故而大都是些声色之娱的观点，在包括西方马克思主义在内的西方学界中是一个已成定见的批判传统。甚至罗兰·巴特的《神话学》中，还在论证大众文化很难说是自然而然源起于"大众"，而是企业家们炮制推行下来，目的是为追逐最大的利润，而非为满足公众的满足。大众文化由是观之，与上面文化的种种定义中的形而下方面，便也可相吻合。美国社会学家赫

---

① 威廉斯：《关键词：文化和社会词汇表》(Raymond Williams, *Keywords: A Vocabulary of Culture and Society*), London: Fontana, 1976 年版，第 199 页。

伯特·冈斯在他1977年出版的《大众文化和高雅文化：趣味的分析和评价》一书中，就是根据"价值"和"文化形式"两个尺度，把从音乐、艺术、设计、文学、新闻以及"这一切于中得到表达的传媒"，到所有他所谓表现了种种审美价值或功能的消费品，诸如家具、服饰，等等，一并划到了大众文化的名下。

威廉斯是文化唯物主义的倡导人，其理论的出发点不复是马克思所看重的经济基础和上层建筑的关系，而是人的创造和自我创造的思想。对此威廉斯有意用"文化"一语做总体概括。就文化的定义来看，威廉斯的视野无疑是相当宽阔的。如前所述，《文化与社会：1790—1950》一书中他指出文化从最初的培育、修养的含义一路发展下来，早已成了一个自足的概念而包括四个方面的意义：一是指一种总的心灵状态，与人类追求完美的精神密不可分；二是指作为一个整体的社会中，知识发展的总状态；三是艺术的总体；最后是指整个生活方式，包括物质的、知识的和精神的生活方式。这样来看，文化一方面是一种内部的过程，特别是长期结盟于知识生活和各门各类的艺术，另一方面它又指一种总体过程，进一步说可以用来指一切生活方式的具体形态。文化的这两种阐释不消说是互为冲突的，但威廉斯强调文化这同一概念的两个方面其用法都属合理。假如自我创造的思想被理解为整个社会即人类完整生活方式的表述，那么通过文化的分析和描述来概括包括物质和精神的全部人类社会生活内容，便是有了充分的依据。

威廉斯《关键词》中对大众文化的界说，可以同更晚近的类似著作做一比较。初版于1994年的奥苏利文等人编纂的《传播与文化研究中的关键概念》，写到大众义化，劈头就举譬林肯，称大众的含义是民有、民享，为民所喜闻乐见。大众本来是"善"的同义语，可是后来它被用作贬义。就其词源上看，大众不是泛指普遍民众，而是用来指民众的绝大部分，它的对立面是富人阶级、特权阶级和受到良好教育的阶级。所以毫不奇怪，由于持批判态度的作家们要么是后一阶层的成员，要么是后一阶层的代理人，大众一词从他们的笔底下流出，很自然就成了粗俗、低级、庸俗、便宜一类的同义词。关于大众文化是由传媒机构和政府的代理人强加给大众，还是发端于他们自己的经验、自己的趣味和习俗，等等，澄清这个问题被认为对大众文化的研究至为重要：

> 什么可视为大众文化一定程度上取决于你是否对"民众"生产或者是为"民众"而生产的意义感兴趣，以及你是否认为这些意义是证明了"公共需要"或"公共所得"。进而视之，大众文化的研究还需要来加注意大众文化之外的其他文化，特别是人所说的"高雅文化"。但执目于大众和高雅文化之间差别的讨论，传统上是聚集在趣味和艺术特点的问题上面。①

类似的例子如前见于阿多诺对"严肃"音乐和"流行"音乐所作的区分，前者被认为是表征了艺术家创造天赋的高雅艺术，后者被认为是商品化的消费对象，如莫扎特和流行音乐的区别。但认真探究下去，事情并非如此简单。大众文化追本溯源可以上推到18和19世纪，但是有关理论和纷争的大量出现，则是20世纪20年代以后的事情。这个时代的特点有人将它描述为"大众社会"（mass society）。随着工业技术的飞速发展和大众传媒的迅速崛起，其结果是整个社会的工业化和都市化，而个人则相应被"原子化"。这是说，在所谓的大众社会中，人与人之间关系就像物理和化学结构中的原子，意义和道德作为传统社会的凝聚力，正在消失远去。原子并不孤立，彼此之间有着联系，但这联系肯定不是有机的联系。原子和原子之间相貌无异，色调同一，完全失

---

① 奥苏利文等：《传播与文化研究中的关键概念》（Tim O'Sullivan, J. Hartley, D. Saunders, M. Montagomery & J. Fiske, *Key Concepts in Communication and Cultural Studies*), London: Routledge, 1994年版, 第232页。

去了个性特征。大众社会中的人际关系因此也是契约的、疏远的、偶然的。人的创造力似乎是为时代的机械复制特征淹没了。

进而视之，大众文化从它诞生的那一天起，就是与大众传媒携手并进的。但是大众传媒的一路走红，其利与弊不论是在学界还是在社会上，迄至今日同样是一个争执不清的问题。争论的焦点在于大众传媒产品的大众化特征，它是好事还是坏事？这里牵涉到的似乎也并非仅是批评家个人好恶的问题。斯图亚特·霍尔《文化、传媒和"意识形态效果"》一文中，就指出现代传媒首要的文化功能，便是选择建构"社会知识"和社会影像。大众是通过传媒建构的这类知识和影像来认知世界，来体味他们曾经经历过的现实生活。故无论从质还是从量来看，在资本主义高度发达的20世纪，传媒在文化领域里已经取得了举足轻重的领导地位。这是说，随着现代社会中现实生活日渐分裂而成为支离破碎、互不相干的片断，大众传媒成了原子化、片断化社会生活得以保持一种"整体"感觉的主要途径。即便在经济和技术方面，它比较传统文化中那些历史更为悠久的社会传播工具，也具有无可比拟的优越性。在当代生活中，大众传媒的巨大身影是无所不在的，它的一个直接结果，霍尔强调说，自然就是大众经验的"类型化"。

关于大众文化的意义及其阐释，据威廉斯等人的概括，基本上可以归结为以下三方面的问题：首先，是谁，是什么决定着大众文化？大众文化从何而来？它是来自民众自身，是他们喜怒哀乐和经验模式的自然表达，还是统治阶级加之于民，是为一种社会控制？换言之，大众文化是自下而上发端于底层社会，还是自上而下来自高高在上的精英阶层，抑或是两者之间的一种相互作用？

其次，如何看待商业化和产业化对大众文化的影响？文化以商品形式出现，是否意味着利润和市场的标准先于内质、艺术和知识内涵？或者说，大众文化市场的日益扩展，就意味着它真正是大众的文化,因为它提供了人们事实需要的商品?文化的产业化生产和市场化销售中谁是赢家,是商业还是质量?

最后,大众文化扮演何种意识形态角色?它是诱使大众接受并且追随统治阶级的价值观念,以使特权阶层延续并且强化对他们的统治,还是它表征了对现存社会秩序的叛逆和反抗?它是不是以某种隐蔽的形式和方法,表述了对统治阶级推行之意识形态的一种抵制,一种颠覆?换言之,大众文化纯粹是一个任凭宰割的底层阶级的自唱自叹,还是一个具有潜在解放力量的自足的资源,它提供了可能是完全不同于主流或官方文化的另一种视野和行为方式?

弄清这三个方面的问题,被认为对于大众文化的理论建树至为重要,而且它们的现实意义一点都没有因为时间的推进有所失色。但这些问题的解答一直到 70 年代,可以说是负面的否定意见占据了绝对优势。

第二节 SECTION 2 >
大众文化批判理论

大众文化的前身是 mass culture。其中的 mass 一词有人译作"乌合之众",似乎或有耸人听闻之嫌。但 mass 作为大众突出的肯定是它的贬义而不是褒义。正因为同近似乌合之众的大众结盟,大众文化被认为是些声色感官之娱。理由是大众没有趣味,没有辨别力,倘使一味追求满足大众的趣味,那么结果只能是一些庸俗粗滥的东西。

趣味并不仅仅是一个美学的概念。据以早年《镜与灯》一书为我国读者熟悉的美国批评家 M. H. 艾伯拉姆斯《论文有所为》(*How to Do Things with Words*)一书中的艺术社会学分析,趣味概念的风行是在 18 世纪。这正是英国社会风云变幻、阶级分化的时代。市民阶级靠着善于投机钻营,许多人一夜之间就变成了新兴的资产阶级,叫苟延残喘的古老贵族们连连哀叹,几无招架之功之余,不得不祭出最后一件法宝:趣味。审美趣味的培养非一日之功,市民阶级可以一夜暴富,但是他们能够一夜之间培养出高雅的趣味吗?趣味由是成为贵族阶级抵挡平民入侵的最后一块盾牌。但历史证明这块盾牌并不坚固,中产阶级的钱囊充盈之后,有心培育趣味的话,不过也就是早晚之间的故事。反过来看大众文化,以趣味作为标准来对它进行否定,那么我们大致也可以看到一个二元对立,一边是艺术和民间文化,一边就是大众文化。

对这个二元对立的分析涉及大众文化批判理论。批判理论是法兰克福学派的传统,霍克海默在倡导他的哲学和社会批判理论时,就提出他的理论同"传统理论"是格格不入的,因为"传统理论"置身于资本主义社会再生产自身的专门化劳动过程之中,从既定事实出发而屈从于资本主义的现存秩序,相反他的"批判理论"则超越现存资本主义的劳动分工和再生产机器的限制,从而能够揭露资本主义的固有矛盾,得出否定和推翻现存社会再生产过程的革命结论。正是通过分析工具理性的起源和本质,霍克海默特别是他的弟子阿多诺,被认为是描述出了现代文化的商品化特征。

但是对大众文化的批判传统,较法兰克福学派历史既更悠久,范围也宽泛得多。就大众文化与民间文化的关系来看,大众文化不同于民间文化,似久已是西方理论界的共识。民间文化也是来源于下层阶级,但是它久被认为是自发的、自足的,直接反映了民众的生活和经验,没有人怀疑它与统治阶级的阴谋有什么关系。虽然民间文化别指望摇身一变成为艺术,但是它的独特性是为社会所承认,也是为社会所尊重的。这一点可以见于利维斯主义对大众文化的批判。如前所述,《大众文明与少数人文化》中F. R. 利维斯就提出大众文明即大众文化是民间文化的灾难,因为它一刀割断了值得缅怀的传统,那有机的社团、活生生的文化、

第十一章 大众文化理论

民间歌谣、民间舞蹈、乡间小屋和手工艺产品，无不是一些意味深长的符号和表现形式，源出于遥不可测的远古经验，呼应着自然环境和岁月的节奏。再往上看，《大众文明与少数人文化》的底本《文化与无政府状态》中阿诺德虽然没有直接讨论大众文化，但是他将文化界定为世界上所思所言的最好的东西，实际上是给他后面的一个世纪提供了一个认识文化的基本视野。全书通读下来，"无政府状态"毋宁就是大众文化，更确切说工人阶级文化的同义词。阿诺德谈到工人阶级的贫困、愚昧和无奈，故而他们的文化导致权威扫地，社会和文化秩序趋于瓦解，是可想而知的。

同阿诺德相似，F. R. 利维斯也坚信文化总是少数人的专利。但利维斯的时代与阿诺德有所不同，随着工业革命的推进，"大众文明"和它的"大众文化"全面登陆，传统价值分崩瓦解溃不成军。少数文化精英发现自己处在一个"敌对环境"之中。这是利维斯主义深感忧虑的。利维斯主义的前提是19世纪之前，或者再往上推至17世纪和17世纪之前，英国有一种生机勃勃的共同文化。唯工业革命将一个完整的文化一分为二，一方面是代表了阿诺德所说的"所思所言的最好的东西"的少数人文化，一方面是商业化的低劣文化：电影、广播、流行小说、流行出版物、广告，等等，这就是大众文明的大众文化，被缺欠教育的大众不假思索地大量消费。正是基于这样的认识，F. R. 利维斯和他的妻子Q. D. 利维斯呼吁"少数人"武装起来，主动出击，抵制大众文化泛滥成灾。

事实上利维斯主义绝不孤单。其大众文化不同于民间文化的思想，美国大众文化批判理论家 D. 麦克唐纳有过更为系统的阐发。麦克唐纳1944年撰《大众文化理论》一文比较民间文化与大众文化时就指出，民间文化发端于下层，它是民众自然而然的经验表达，不受高雅文化的恩惠，是为民众自享，满足自身的需要。大众文化则是从上面下达，是为商人雇佣的技师制作，它的观众是被动的消费者，其参与程度就限制在买与不买的选择上面。进而视之，民间文化是民众自己的一个小小的花园，四周圈有围墙，与其主人高雅文化的大花园隔离开来。但是大众文化打破了围墙，将大众统一到高雅文化的低级形式之中，如此成为政治统治的一个工具。

《大众文化理论》开篇就说，一个世纪来，西方文化事实上是有两种文化，其一是传统文化，可以叫作"高雅文化"，它主要见于教科书；其二是"大众文化"，是为市场而成批制作出来，后者包括广播、电影、卡通、侦探小说、科幻小说和电视。这些都是严肃的艺术家很少愿意涉足的领域。麦克唐纳甚至反对用是时已经开始流行的 popular culture 一语称谓大众文化，而坚持 mass culture 是更为确切的称呼。理由是，大众文化的一个显著的特点，就是它是一样直接供大众消费的东西，就像口香糖。高雅文化的作品有时候也会流行，虽然它时下是愈见萧条。要拿流行（popular）作为标准，麦克唐纳说，狄更斯比他的同时代作家 G. A. 亨提更要流行。但两人的不同处在于狄更斯是艺术家，将他个人的情感与他人的情感沟通起来，而亨提则是非个性化的大众商品的非个性化的制作者。当然不能因此而说狄更斯是属于大众文化。

大众文化因此成为标准文化、程式文化、重复文化和肤浅文化的同义语，是为一种虚假的感官快乐而牺牲了许多历久弥新的价值观念。麦克唐纳如此描述过大众文化的"无边蔓延"，对此他很显然抱悲观态度：

> 它是一种低级的、琐细的文化，同时出空了深层现实（性、死亡、失败、悲剧）和质朴自然的快感，因为现实是太现实了，快感是太活跃了，而无以被诱使……麻木接受大众文化以及它所销售的商品，来替代那些游移无定、无以预测，因而也是不稳定的欢乐、悲剧、巧智、变化、独创性以及真实生活的美。而大众，既然经过几代人如此这般堕落下来，反过来

要求得到琐细的和舒服的文化产品。①

麦克唐纳的观点作为对大众文化的一种批判,相当具有代表性。在本雅明名之为机械复制时代的工业社会中,物质和文化的产品被认为没有真正的区别,汽车的生产和电影的生产一样是为市场经济的原则所决定。大众文化标准化的、程式化的和机械复制产品,被认为是刻板、琐细和流水线生产方式的必然产物,是文化商品化以后的必然结果。与此相反的是艺术,艺术不可能作如此批量生产,艺术的美学内涵,它的创造性,它的实验性和它对传统的挑战意味,都是生产了大众文化的技师所无以实现的。真正的艺术家被认为绝不流俗于商业市场行为。同理民间文化必须是为一个有凝合力的社团所生产,它清醒意识到自己在干什么,而且始终把握着生产方式,故而能够保证其产品的明确身份。

大众文化这样看来,就是一种不要思想,只要感性;不求深度,只求享乐,而且是坐享其成,不要观众动脑筋参与的逃避主义文化。这里需要注意的是 mass 和 popular 两个概念的区别。据利维斯传统的文化批判家看来,前者基本上就是失去人文精神的群氓,彼此是孤立的原子,千篇一律无分彼此而相互之间毫无联系,只是同某种遥远的、抽象的、非人文的东西相关,如人所言,这就像一支足球队,进球便是唯一的理念,其他一切都不在话下。但是 people 不同,它是一个社团,即由相互联系的个体组成的一个集体,这联系的纽带就在于他们具有共同的利益、工作、传统、价值和悲欢喜怒。这与前者大众社会的无序状态,显而易见是大不相同的。这样来看英文中的 mass culture 和 popular culture,虽然中文都译为"大众文化",但是两者可以说是完全不同的概念,

---

① 麦克唐纳:《大众文化理论》,见 B. 罗森堡等编:《大众文化》(D. McDonald, "A Theory of Mass Culture", in B. Rosenberg & D. White eds., *Mass Culture*), Glencoe: Free Press,1957 年版,第 72—73 页。

此"大众"和彼"大众"相差不可以道里计。就早期的大众文化 mass culture 而言,它具有明白无误的贬义色彩。这个术语的流行是在 20 世纪 30 至 50 年代的文化批判思潮之中,前后不超过三十年,用以指商业利益驱动的文化产品,特别是大众传播产业的典型产品,像电影、广播、电视、音像产品、广告和流行出版物之类。但是时至今日,除了回顾历史,mass culture 事实上已经是一个少被提及的概念了。

在文化批判的一切理论中,法兰克福学派对大众文化的激烈批判,无疑是最强有力,也是影响最为深远的一种。尤其一马当先的是霍克海默和阿多诺。"文化工业"一词,就是两人铸就以描述大众文化的过程和产品。据两人观之,文化工业是生产让大众不假思索予以消费,认为是想当然而无保留接受下来的文化产品。结果就是剥夺工人阶级的政治和反抗意识,盲目追求快感,甘心忍受资本主义的奴役。《启蒙辩证法》中霍克海默和阿多诺说过这样的话:

> 快感总是意味着一无所思,意味着忘却痛苦,即便是身在痛苦之中。从根本上说它是一筹莫展的。它是逃脱。但并非人所说的,它是逃脱苦难的现实,而是逃脱最后留存的一点反抗思想。娱乐许诺给人的自由,就是逃脱思想和否定。[1]

与此相反的是"真正的"文化。"真正的"文化是一块乌托邦的天地,引导人超越现实的禁锢,向往一个更好的世界。它既是对现实的批判,又是对未来的展望。然而可悲的是即便是"真正的"文化,也明显要给大众文化拖下水了,因为一个显见的事实是,"真正的"文化即高雅文化,也无法对利润盈亏无动于衷了。

---

[1] 阿多诺、霍克海默:《启蒙辩证法》(T. Adorno & M. Horkheimer, *Dialectic of Enlightenment*), London: Verso, 1979 年版,第 144 页。

第三节 质疑大众文化批判理论

大众文化批判理论一般认为至少有两点可以提出疑问。第一是这一理论在今天更多的文化理论家看来,对社会和文化的变革没有做充分了解。换言之,大众文化批判理论列数并且批判了大众文化的现象,却没有能够解释这些现象的产生,这说明首先它对自己的批判对象就缺乏了解。这自然也就影响到这一理论的批判力。仅仅说大众文化是工业化的后果是不够的,两者之间更为深入具体的方方面面关系,还远远没有说清。

第二个质疑更要尖锐一些。大众文化批判理论在一些反批判者眼中,是表现了某些知识分子集团中的怨言,怨言的起因是大众文化以及这文化带来的大众民主,对这些集团历来享有的特权构成了威胁。突然之间,他们发现自己作为文化教育者和趣味仲裁者的权威地位,开始动摇起来。在一个壁垒森严的等级社会中,文化标准和趣味仲裁的产生及维护,是为知识精英加以施行的。他们的判断既适用于优势和特权阶级,也适用于地位谦卑、有自己的通俗文化、对高雅文化则是敬而顺之的大众阶级。但是大众文化威胁了这一等级。统治阶级参与了大众文化的生产,但是在大众文化的策略制定过程中,并不在意知识分子确立的趣味标准。大众文化一旦成为消费产品,很自然就为市场规律左右,大众不必再仰仗知识分子的趣味标准来欣赏和享用他们的文化产品了。

英国左翼社会和文化批评家阿兰·斯温基伍德 1977 年出版的《大众文化的神话》(*The Myth of Mass Culture*),由是观之,就相当典型地质疑了大众文化批判理论。注意斯温基伍德书名用的是 mass culture 而不是 popular culture,先者本身就是一个时代的写真。作者指出谴责大众文化这也不是那也不是的法兰克福和利维斯传统,是资产阶级营造的一个神话。比较我们熟悉的各种各类对大众文化批判理论的反思,斯温基伍德与众不同的地方,是把一样不遗余力为大众文化正名的伯明翰学派,也数落了一通。作者开篇就说,他这本书的主要论点是,资本主义的经济模式和文化,绝非如阿多诺和霍克海默所言,已然或即将沉沦至全无意义,无可救药的野蛮之域,相反资本主义所带来的经济成就与丰富复杂的文化内涵,已臻史无前例的顶峰。故诚如资本主义经济毫无"最后的危机"可言,资本主义文化同样也没有最后的危机之可能。

斯温基伍德称他写作此书是旨在检讨以法兰克福学派、马克思主义教条派和文化多元主义为代表的三种大众文化理论。就前者而言,认定资产阶级只能创造苍白机械之文明,而对人生无所尊重,这并不是实情,因为它否认了资本主义生产模式所具有的革命性力量,否认了大众文化随着大众传媒、新闻和出版事业长足发展由 mass culture 变成 popular culture 时,同样也铺陈了雄厚的物质和科技基础,而为图书馆和教育普及这类具有民主潜质的文化事业提供了发展机会。对于教条主义而言,其主张"文化是一个整体",则是将文化与社会两分,视文化为抽象概念,忘了它有不同历史条件下的具体形式,结果是科学分析悉数逊位于粗制滥作的文化"消费"说。最后,文化多元论,则是使文化成为现存消费类型的同义语,而令更深一层的问题,如文化与阶级的支配关系、文化与意识形态的关系等,统统消失不见了。概言之,大众文化之所以是为"神话",乃是将人生硬性两分,一方面是大众幻若乌合之众,不必也没有能力参与文化,一方面则是精英集团居高临下,替大众遂行决策,做其君师。而作者的文化观则是:文化是一种实践,是以意识、行动与特定的价值观作为基础,然后寻求改变世界的一种手段。

应当说斯温基伍德的观点并不算新近,叫人始料不及的是他将上述大众文化批判传统上溯到尼采,指出尼采《众神的黄昏》里就说过工人阶级自甘于奴隶的身份,教育他来做主人,只能是异想天开。他特别引述了尼采的这一段话:"每一个健全的社会都有三种类型的人,彼此约制,产生了不同的形貌……精神上智力上超越绝顶的一群,体魄雄健有力的一群,以及,也就是第三类人,那些既无脑力,又体力平庸的一群——而最后这一群人正是社会的绝大多数,第一类人则是精英。"① 由此可见,早在尼采就认定包括哲学、艺术、文学和科学在内的"高雅文化"之所以饱受威胁,原因全在于平庸的"大众"趋之若鹜追逐廉价刺激的粗俗趣味。就此而言,大众文化的神话未始就不是尼采的神话。

大众文化的神话见于法兰克福学派,斯温基伍德则认为,无论是阿多诺、霍克海默还是马尔库塞,其共同点是他们都认为大众文化替现代极权主义奠定了基础,从而使反抗现代资本主义物化趋势的力量,无复可见。要之,既然工人阶级的意识已被整编于当代资本主义的结构,改变社会现状,就只能指望信仰马克思主义的知识分子,而抵抗力量的来源,也就只剩下享有优厚待遇的社会精英,以及具有颠覆性的艺术。不难看出,这里依然可以见出尼采的身影。

所以关键在于去神话。斯温基伍德指出,如果神话不去,径自以为大众的消费习惯铁板一块俗不可耐,那么"高雅"和"低俗"文化的争执,永远也扯不清楚。但事实是具有良好教育和文化素养的阶层,对娱乐和身心松弛的要求,同"大众"不见得有多大区别。对此作者提供的统计数字是,百分之三十的《泰晤士报》的读者,也读更为严谨的《每日快报》,而高级专业人员和中产阶级的白领中,有百分之六十是 20 世纪 60 年代流行妇女杂志的读者。相比起来,工人阶级当中经常阅读这些杂志的,不过也就占百分之六十三。这可见,高雅和大众或流行文化之间的界限,其实是相当模糊的。但是有一点可以肯定,那就是如果说确实存在一个大众文化,那么与其说工人阶级被资本主义社会所整编,倒不如说中产阶级已经被商业化的资产阶级文化所收编了。

什么是理想的文化?斯温基伍德认为理想的文化当是民主的

---

① 见斯温基伍德:《大众文化的神话》,三联书店,2003 年版,第 5 页。

文化，它应该容许所有社会阶层积极参与，这与认定政府应由精英领导，居高临下统治消极而被动之乌合大众的资本主义原则，其实是不相容的。斯温基伍德认为现代资本主义的合法性，必然要建立大众是为乌合之众的神话。但是文化并不只是大批量生产的产品，文化一方面是一种手段，借此人们可以塑造或改造社会，使之更符合人性；另一方面它也是在社会关系的物质基础不断进步以后的一种社会实践。资本主义的社会关系既然是以不平等和剥削为本质，民主文化的观念和实践，只能是空中楼阁，流于乌托邦。而果真要实现文化的民主化，假戏真做完成资本主义曾经许诺的美好图景，那么唯一可依的，还是社会主义的生产模式，以及繁荣兴旺的社会主义的市民社会。斯温基伍德写作此书是在1977年，二十一年之后，他有影响更广的《文化理论与现代性问题》一书面世，就同样的题旨展开过探讨。

另一个典型的例子是英国社会学家斯特里纳蒂1995年出版的《大众文化导论》中，对利维斯传统以大众文化吞没高雅文化和民间文化式怀旧情绪的责难。作者指出，像这样一个被观念化了的"黄金时代"，其间高雅文化和民间文化稳稳坐定着它们的位置，很难说不是文化批判理论本身的一个有机组成部分。要之，我们就应当来质问这一理论是不是高估了过去，低估了现实。怀旧所寓示的今不如昔结论当然并不限于大众文化理论，但问题在于这里标举的过去，观念殊为含糊。首先像大多数黄金时代的神话一样，它在历史上和地理上都很难加以定位，它是指大众文盲的那段好时光吗？堕落又是从什么时候开始的？是始自大众文化商业市场的出现吗？是始自现代大众传媒的兴起，还是好莱坞电影的一统天下，抑或电视进入家家户户？或者这一切都怪罪于该死的美国佬？总之，黄金时代本身是一种文化建构，它讲述的是现在而不是过去的故事。

利维斯观点的影响不用说远远超出了利维斯本人，对此英国马克思主义批评家特里·伊格尔顿在他《什么是共同文化》一文中也有议及。伊格尔顿认为利维斯追缅"有机"社会,以当代商业语境中的文化建树只能有少数洞烛幽微的精英分子为之的看法,是典型的 19 世纪自由人文主义的延续,而大众文化的发展势头,既终结了阿诺德文化传统中阶层森严的保守主义,也终结了利维斯式依靠少数几个正人君子,在一成不变的非个人社会中维系个人发展的自由主义。进而论之,大众文化批判理论在大众文化和高雅文化之间划分的界限,似也大有检讨的余地,因为这界限并非如这一理论所说的那样清楚明白而且稳定。相反它始终在变化、位移,在被重新界定。如利维斯将电影排除在他所说的严肃文化形式之外,但即便在一些大众文化批判家看来,电影也满可以是一种艺术,像埃森斯坦的作品。另外相当一部分爵士音乐在今天早已被当作艺术欣赏,但爵士乐在半个世纪之前被批判理论和法兰克福学派斥责为大众文化的典型形式。希区柯克在好莱坞系统内制作商业影片,但是很少人怀疑他是极有创造天才的艺术家。早期的一些摇滚乐被音乐批评家视为丧失理智的胡言乱语,但是随着趣味的变迁,如今焕然已成经典。这类例子,显然是不胜枚举的。

大众文化存在的问题,作为此一反思的结果,因此被认为总是"其他人等"眼中的问题,不论这些"其他人等"是知识分子、政治家、道德家,还是社会改革家。盖因在这些高等阶级看来,大众本应当将消费在大众文化上面的时间,花到更多启蒙意识、更有价值的活动上去。就像 Q. D. 利维斯上面所说,读者要不是流行杂志的冲击,本来是可以来读英国文学伟大传统中的哪本小说的。对于麦克唐纳,观众最好是去剧场,再不然欣赏无声的先锋影片,而不是在好莱坞的主流电影里厮混。这一类观点,斯特里纳蒂认为至少是有三种含义:

> 首先是大众文化剥夺了时间和精力,而这些时间和精力本应是用在更有建设性、更有用的追求上面去的,如艺术、政治或更新万象的民间文化。其次是大众文化确凿无疑对其观众施

与了有害影响,使他们麻木不仁、衰弱且失却抵抗力,如此成为控制和剥削的牺牲品。此一论点的第三种内涵,是坏的大众文化赶走了好的文化——民间文化和艺术。①

斯特里纳蒂认为,对大众文化的这些非难,关系到一系列价值标准的判定,如大众应当消费何种文化,应当喜欢哪些通俗文化,不喜欢哪些通俗文化,又是什么使一些人可以将他们的判断加之于另一些人的趣味之上,等等。因为趣味和风格是社会和文化所决定的,它们具有非常具体的历史和社会内涵,并不存在哪一种一成不变的普遍模式或者说客观理性,来规范审美判断。决定大众文化和文化趣味标准的力量,斯特里纳蒂认为并不仅仅限于由大众文化产业表现出的经济和政治力量中间,虽然它对于整个文化进程的任何一种充分的说明,都是至为重要的。决定大众文化和趣味标准的力量,同样也包括了知识分子以及观念和意识形态的制造者,包括他们为文化定位制定的界限,告诉人应当喜欢什么,不应当喜欢什么。虽然知识分子和意识形态在这里的作用未必像经济和政治力量那样举足轻重,但是它们肯定是不容忽视的一个方面。由是观之,大众文化由上层社会制定的意识形态,毫无疑问是影响了大众文化观众们的趣味判断,包括他们乐此不疲的大众文化形式。所谓文化趣味的高下之分以及由此引出的种种矛盾,看来都还得在这一语境中来加分析。

第四节　SECTION 4 >
大众文化研究举譬

今天我们所说的大众文化,几乎无一例外是指 popular culture。

---

①　斯特里纳蒂:《大众文化理论导论》(Dominic Strinati, *An Introduction to Theories of Popular Culture*), London: Routledge, 1995 年版, 第 42 页。

第十一章　大众文化理论

大众文化是我们今天格外风光的产业，不但带来滚滚商业利润，就是在它的精神内涵方面，也早已挺直了腰杆，不但扬眉吐气敢于向对它压迫已久的高雅文化叫板，而且差不多反客为主，一跃成了背后有政府大力推动的主流文化。这在全球化之风一路劲吹的今天，于中国于西方并没有太大的差别。适因于此，西方主要发达国家方方面面、不同视角的大众文化研究，相信对于我国当前一方面文化产业迅猛发展，一方面理论研究明显滞后的状态，其现实意义是无论如何估计，都不为过的。

如上所述，早期的大众文化 mass culture 是一个四面不讨好的靶的。它为旧式的民主派不容，因为它鹊巢鸠占，抢夺了"民间文化"的领地，而民间文化是在人民群众之中自生自发的，与自上而下、庸俗低劣的大众文化不可同日而语。它为保守派和传统派厌恶，因为它冲击了"高雅"的艺术和"高雅文化"。它同样不讨左派批评家的欢心，因为它是资本主义罪恶机器的帮凶，是麻痹大众、消磨大众意志的毒品，使大众无以清醒认识到自己在资本主义社会中的真实地位。进而视之，大众文化还是"大众社会"的必然产物。后者作为工业化的结果，被认为是抹杀个性，推广平庸，导致趣味、习惯、观念甚至行为千篇一律，个人的差异，社会阶级的差异，大有给一笔勾销之势。大众社会的特征是庞大的官僚机构、强大的传媒、追求大一统，说到底是平庸和异化。法兰克福学派对大众文化的批判，正是奠基在对大众社会的这一认知上面。

经由伯明翰学派的不懈努力，大众文化以 popular culture 替代包含了太多贬义的 mass culture，是 60 年代开始的事情。《出版业和大众文化》一文中，威廉斯区分了"大众"（popular）一词的三层意义：第一层是"为民众"，这是这个词激进的传统意义，如宪章运动时期和 20 世纪工党运动时的报纸。第二层是种生气勃勃的大杂烩：政治倾向加上大众的欣赏趣味——犯罪、丑闻、罗曼司和体育。最后是对市场的依赖。1976 年出版的《关键词：文化与社会》中,写到大众文化,威廉斯开门见山称大众的含义是大众的、为大众的,也是让大众所喜爱的。他说,大众文化不是因为大众,而是因为其他人才得到命名的,它仍然带有两个旧有的含义:低等次的作品(如大众文学、大众出版商,以区别于高品位的出版机构);刻意炮制出来以博取欢心的作品(如有别于民主新闻的大众新闻或大众娱乐)。但是它更现代的意义是为许多人所喜爱。又说,大众文化经常是替代了过去民间文化占有的地位。这样,实际上就是把民间文化也拉进了大众文化的行列。

至此对于大众文化的界说或者可以给出一个答案。不妨翻译一段术语辞典:

> 二十世纪五十年代,理查·霍加特和雷蒙·威廉斯等人将认真的文化分析和美学问题延伸到日常生活,研究普通民众经验的形象的、风格化的和物质的反映,以及他们对自己真实的和想象中的从属地位,作何反应。大众文化自此以还,被认为是积极的过程和实践,以及对象和物品。它形形色色无所不有,包括邮购目录、汽车和其他耐用消费品设计、衣着和食品风尚、足球赛、音像制品、圣诞节,如此等等。有人暗示,大众文化具有颠覆,甚至颠倒即定霸权秩序的能力。[①]

大众文化的研究由是观之,带有鲜明的政治色彩是不言而喻的。诚如约翰·费斯克在他题为《英国文化研究与电视》的文章中所说,文化研究中的"文化"一词,重心既不在于美学方面,也不在于人文方面,而在于政治。这对于大众文化批判普遍还把大众文化定位在避开社会批判的休闲娱乐,求趣味不求思想的误

[①] 伯尔洛克、特隆布莱编:《新丰塔那现代思想辞典》(A. Bullock & S. Trombley eds., *The New Fontana Dictionary of Modern Thought*), London: Harper Collins Publishers, 1999 年版,第 666 页。

识,可以说是一种清醒剂。但是霸权和政治同样不是百试不爽的灵丹妙药。不说别的,光是诸如电视电影、流行音乐、生活文化以及通俗文学等的分析和研究,就都各各牵涉到不同领域独特的、具体的技术和理论问题,用布尔迪厄的话说,绝不是迷醉于泛泛的"宏大叙述",却不想到厨房里弄脏双手的傲慢作风可以解决。个案的分析这样来看,较之理论描述如果说不是占据明显优势,至少可以平分秋色。这里且举两例。

其一是加拿大学者安·芭·斯尼陶《大众市场的罗曼司》[①] 一文中对"禾林小说"(Harlequin Romance)的分析。禾林小说是一种从 1958 年开始起步,70 年代风靡北美的妇女浪漫小说,由多伦多的禾林出版公司出版。虽然作者各各不同,题材也各各不同,但是有一点相同,这就是作者一律是女性,读者想必也全是女性。据统计迄今为止已经有超过一百位妇女作家给禾林出版公司写过此类小说。禾林小说结构精巧,但是大都不离此一套路:年轻温柔的穷女子遇到老于世故并且富有强健的英俊男子。年龄的差异一般是男方大于女方十到十五岁。女方自然渴望浪漫,可是偏偏男方心怀鬼胎,只想逢场作戏,不思婚娶。不过最后终究苦尽甘来,乌云消散,有情人终成眷属。至此我们可以发现,禾林小说其实就是北美的琼瑶小说。我们还会想起简·奥斯汀的《傲慢与偏见》:"有一条普遍的真理,这就是每一个有钱的单身男人,都要娶个太太。"现在禾林小说的公式倒过来是:每一个穷困的年轻女子,都要找一个英俊阔气的老公。这个传统上推到底,不消说便是 18 世纪英国小说家理查生的《帕美拉》。

禾林小说是大众文化,它的读者虽然数不胜数,命运却与《傲慢与偏见》和《帕美拉》的经典风范不可同日而语,不但学术

[①] 斯尼陶:《大众市场的罗曼司:女人的色情是不同的》(Ann Bar Snitow, "Mass Market Romance: Pornography for Women Is Different"), in *Radical History Review*, 1979 年春/夏季号。

界懒得搭理,就是图书馆也不屑于收藏。这样来看,斯尼陶同样女性气味十足的分析文章,就显得格外令人注目。作者说,禾林法则推崇的是两性之间的距离美。距离产生快感。女主人公对性在先一无所知,更增强了性所产生的兴奋感。女性的欲望是模糊的、被压制的。在使性欲浪漫化的过程中,快感就在于距离本身。等待、期盼、焦渴——这些都象征着性体验的制高点。一旦女主人公知道男主人公是爱她的,故事也就结束了。

禾林小说的结尾就是婚姻。虽然这婚姻来得并不容易,女主人公处心积虑,方才修成正果。但是一部以婚姻为归宿的浪漫小说,同色情又有什么关系?斯尼陶引批评家彼得·帕瑞斯的话说,禾林浪漫小说本质上就是那些羞于读色情小说的人的色情小说。性是这些小说真正的是其所是。女主人公的身体充满活力,仿佛每一个细胞都在歌唱,从她体内涌出的性冲动,连她自己都无法控制。在世俗道德的背后,野性的、热烈的性欲在生机勃勃地滋长,最后它在"结婚"许诺中得到恩准,"结婚"就是"性交"的一个代码。进而视之,在一场性幻想中,要使浪漫的强度、婚姻的保证和性的兴奋感达成适宜的比例,需要一种微妙的平衡。作者这样表述禾林小说中性、浪漫和婚姻的关系:

> 禾林小说中的女主人公坚持认为,当性行为中包含有很深的感情时,会更兴奋、更难忘。她的这种坚持是很有意思的。但是,如果她只是把很深的情感限定为,一方面是对神秘的浪漫的渴望,另一方面则是婚姻的话,她打的是一场失败的战役。在禾林小说中,如果想要得到亲密的感情,代价就是她必须在那里被动的等待,焦虑的猜测。如果没有采取自发的主动的行动,对女人而言所有的可能的性都是失败的。①

---

① 斯尼陶:《大众市场的罗曼司:女人的色情是不同的》,见陆扬、王毅选编:《大众文化研究》,上海三联书店,2001年版,第179页。

斯尼陶认为，禾林小说在其他方面缺少长处，但在这方面的描写却是一流。女主人公的任务就是"把强奸转化成做爱"。所以就必须转弯抹角教会男主人公如何悠着点来，如何学会浪漫。斯尼陶的结论是，禾林小说的风行显示了这样一个事实：浪漫是女性想象力中主要的组成部分，虽然在大多数的严肃女性作家那里，浪漫是讽刺和挖苦的对象，但大多数女人并不这样认为。所以禾林小说的描写可能比高雅女作家们更接近女性对爱情的希望。禾林小说尊重读者，态度友好，所以有妇女读者的大量信件流向出版商，倾诉她们的困扰、热情和渴望。虽然小说中的温馨世界其实是个很冷很冷的地方，但是禾林小说作为大众文化，更真实反映出生活中女性对浪漫的期待，是没有疑问的。高雅文化对这类期待不屑一顾，也许只能说明它依然还是男性的文化。

另一个例子是美国学者伯尔纳·吉安德隆的《阿多诺遭遇凯迪拉克》[①]。这是 1980 年代大众文化研究的一篇经典文献，一如它所分析的阿多诺的《论流行音乐》，没有疑问是法兰克福学派大众文化批判中最有代表性的作品。阿多诺的《论流行音乐》写于 1941 年，文中提出三个著名观点：一、流行音乐是文化工业的商业制作，其特点是标准化和伪个性化；二、流行音乐刺激的是被动消费；三、流行音乐是社会的黏合剂。但是事过境迁，阿多诺的理论到今天不用说已经很少有人把它奉为流行音乐的准绳。就流行音乐刺激的是被动消费而言，有人做过统计，流行音乐录音盒带的销售，百分之八十是亏损的。所以如果说它是什么文化工业，它其实没有居高临下、不愁销路的八面威风，而莫若说是殚

---

① 吉安德隆：《阿多诺遭遇凯迪拉克》，见米德尔斯基编：《娱乐研究：大众文化批判方法》(Bernard Gendron, "Theodor Adorno Meets the Cadillacs", in Tania Modleski ed., *Studies in Entertainment: Critical Approaches to Mass Culture*), Bloomington & Indianapolis: Indiana University Press, 1986 年版。

精竭虑、使出浑身解数在讨好太为挑剔的听众。听众千锤百炼下来，早已不复是被动的盲目的接受者了。

吉安德隆的文章基本上使用的是一种以其人之道还治其人之身的策略。他用阿多诺的理论来分析 20 世纪 50 年代风靡一时的 Doo-wop 流行音乐，反过来再思考这一理论的成败得失。文中的凯迪拉克既是凯迪拉克牌轿车，又是一支 Doo-wop 乐队的名字。关于 Doo-wop 音乐，作者介绍说，这是一种源于黑人福音四重唱传统的声乐风格，它最大的特点，就是启用背景合唱，通常是一些没有意义的音节，诸如 shoo-doo-he-doo-he-dm，ooh-wah，sha-na-m 之类，构成一种对位和声、呼应领唱的高音。用阿多诺的标准来看，这类音乐不用说是标准化的，纵向上看它是对在先流行歌曲模式的继承，横向上看，Doo-wop 歌曲彼此面貌相似，少有差异，不过这首歌里的 shoo-doo-he-dw 换成了那首歌里的 sha-na-m 而已。工业上的标准化意味着一种汽车的部件可以和其他的汽车互换，伪个性化则是汽车的风格，比如凯迪拉克牌轿车装上一个与众不同的尾翼，把它和其他汽车区分开来。但是标准化是核心，伪个性化是外围。而这一工业生产的标准化特征，丝毫不爽也是流行音乐的重要特征。吉安德隆指出，阿多诺的分析是卓越的，对它的责难是不公正的。但是阿多诺的理论有一些失败的地方，这就是他在标准化的路上走得太远，没有充分理解功能性产品如汽车的生产，与文本性产品如摇滚乐录制的生产之间的关键区别。

吉安德隆指出，在功能性产品中，装配线的技术是压倒性因素。这一生产体系中，每一个整体（如汽车）是由各种不同质的部件组装而成，每一个部件都是从一组没有一点差别的部件中随意取出。当然，不同的品牌，如凯迪拉克和林肯，来自不同的装配线，但只要是时的工艺技术水平可以自由流动，凯迪拉克轿车装配线和林肯轿车的装配线之间的差异，可以是无足轻重的。但反过来看技术对音乐制造业没有同样的制约性。例如，电子吉他并未取代弹唱吉他，而只是让吉他原有的音质更加丰富。此外，技术革新在功能性产品的生产上是增强标准化的程度，比如使一种汽车的部件可以与另一种汽车的部件互换，但是在文本性产品的生产上，却相反是导致差异，突现风格，如甲壳虫乐队的风格创新。进而视之，两种生产的产品也不可同日而语，先者是可由装配线技术大批量复制的商品，后者是录音棚中许多歌手、音乐家和工程师们通力合作录制而成的歌曲，它是独一无二的，唯有当它被大批量制作成盒带唱片的时候，才变成功能性产品。这可见两种产品的生产过程各不相同，所以流行音乐就像大多数大众文化产品一样，不能简单地与其他商业产品相提并论。

吉安德隆对阿多诺标准化历时不衰的看法，也颇有微词。从历时的角度来看标准化，意谓流行音乐的风格是一成不变的，过去是这样，现在是这样，将来也是这样。吉安德隆认为阿多诺这是从西方"古典"音乐的角度，来看流行音乐，而假如我们背靠流行音乐自己的传统，以及流行音乐自己的内核/外围界限，那么所见就大不相同了。对于西方古典音乐来说，歌曲如果分享了同样的旋律、和声与和弦，那么它们就是分享了同样的内核，反之歌曲的声调、情感和含义，则属于外围的部分。但吉安德隆强调说，这个等级绝不是亘古如斯、永远不变的。如果说西方古典音乐侧重旋律与和声，那么流行音乐侧重的就是音乐和含义，一如 Doo-wop 音乐的含义不是别的，它就是 20 世纪 50 年代都市街头青少年们的流行文化。

因此问题不是流行音乐在历时研究的视野中显出一成不变的停滞，相反它的变化是太频繁，太显著了。吉安德隆为此如数家珍：在摇滚乐之前，人们听散拍乐、旧式爵士乐、摇摆爵士乐、伤感歌谣、疯狂爵士乐和节奏布鲁斯。不管它们在和弦旋律上有多少相似，这些音乐的音色、音调以及含义和表达力都是风格迥异的。而摇滚乐的到来尤其给变革推波助澜，仅在它称雄乐坛的三十年间，就有 Doo-wop、滚石、女子组之音、冲浪摇滚、英国入侵、迷幻摇滚、民间摇滚、重金属和朋克等流派来去匆匆,大有叫人目不暇接之势。这仅仅是时尚的变化,因而也仅仅是表面的变化吗?我们不会忘记前面功能性产品和文本性产品的重要区别:于功能产品,时尚是外围,结构是内核,风格可以变化,内在的结构不变,一如凯迪拉克轿车尾翼的例子;但对于文本产品而言,没有结构和时尚的区别,文本自身就是全部风格和全部时尚,一如哲学和文学风格的剧变就是文学和哲学本身的剧烈变化。可见,阿多诺流行音乐历时标准化的概念,是不足以解释流行音乐的发展轨迹的。

故阿多诺非常清楚技术装配线对流行音乐的标准化没有多大作用,他甚至把它看作音乐产业落后的表现。认为在这里歌曲的生产活动仍停留在手工阶段。适因于此,阿多诺从生产的技术层面转向了生产和市场的组织层面。但是将目光由生产层面转向消费层面,吉安德隆发现,阿多诺理论便陷入更大的困境。对于流行音乐风格的匆匆更替,根本就不是淘汰之类可以解释。汽车工业在全盛时期就可以预测产品的寿命,然后只要引入新的车型,便可确立新的时尚。但是流行音乐制作的运作方式就不同了,我们无法确定哪些录音带会好销,哪些录音带会滞销,音乐行业无法对淘汰事先做出规划。就拿堪称最成功乐队之一的凯迪拉克乐队来说,每获得两次小型演出的成功,就要有三十次的失败。吉安德隆引伯明翰学派迪克·海布迪基的话说,如果不把摇滚乐放在它的忠实消费者青年文化背景中来加看待,将是不可理喻的。这实际上是说,涂料工人、艺校学生、嬉皮士、朋克之类,是在把自己所消费的音乐文本重新放在自己所习惯的氛围之中,来加以"改写"的。由是观之,艺术家和消费群体,都是摇滚乐意义的主要创造者,所以摇滚乐具有追求解放的力量。

吉安德隆的结论是,阿多诺《论流行音乐》的功绩是通过音乐工业的标准化理论,将政治经济和符号学的概念联系起来,在功能性产品的工业生产和文化文本的工业生产之间做了类比考察。

总之，在音乐的生产与消费的交汇点上，是唤起被遗忘的情感准则，还是深入各种含义，这之间的交锋将会不断继续。音乐产业的趋势就是，在音乐文本的生产中将会采用多种手段，如标准化，来自发地调动主导性准则的作用。对于这些手段的能量，一些作家近来还不够重视，虽然他们非常关注流行音乐的为人接受，因而容易在语义上夸大这种消费型亚文化的创造性。我相信，对阿多诺的著述作一番重新评价，显然能有助于消除这些理论缺陷。①

阿多诺的失误在于过分夸大了流行音乐中标准化的范围，在于对音乐标准化资本主义生产方式之外的原因注意不够，他的精英主义思想引导他走向音乐的本质主义，他的现代主义倾向引导他走向对背叛和反抗标准化的美学意识形态，持毫无批判的立场。而音乐产业的趋势表明，标准化其实是音乐文本自发调动自身规范的手段之一。所以阿多诺的生产性理论，当是可以同流行音乐的新近观点进行建设性对话的。

至此我们或者亦可做出结论说，大众文化肯定不是消费主义和享乐主义的代名词。假如我们把它放在"人文精神"的对立面上，假如把它作为"人文精神失落"的替罪羊，那就如后面洪美恩分析电视剧《达拉斯》时所示，是落入另一种"大众文化意识形态"的窠臼了。

---

① 吉安德隆：《阿多诺遭遇凯迪拉克》，见陆扬、王毅选编：《大众文化研究》，上海三联书店，2001年版，第231页。

第十二章 CHAPTER 12 >
大众传媒研究

第一节 SECTION 1 >
费斯克论两种经济

麦克卢汉有一句名言,"媒介就是信息。"① 这句话的意思是说,新的传媒技术其本身对个人和社会产生的影响,更要大于它的实际使用。麦克卢汉着力分析的是电视,所以电视本身的存在,比较它播放什么节目,具有更为重要的文化意义。如果说电视是迄今文化研究最为关注的对象之一,恐怕不是夸张。本章将主要围绕电视经济、电视观众和电视传播的研究,就近年西方大众传媒理论展开分析。

20世纪40年代末叶,当一些广播网络开始进行电视的改造进程,使它从富人的玩具一跃成为大众文化的新媒体时,许多商业巨子都不屑一顾,视其为昙花一现的流行时尚。毕竟,不丁点儿大的电视屏幕,如何同电影院里比真实生活还要大还要清晰的"银幕"抗争?但结果诚如我们今天看到的局面,随着越来越多的人们宁可舒舒服服待

---
① 麦克卢汉:《理解媒介》,商务印书馆,2000年版,第33页。

在家里享受免费的娱乐，随着体育转播等大众文化的新形式在电视上面亮相，而使许许多多原本为精英们独享的活动也成为大众喜闻乐见的"节目"时，电影院前一度门庭冷落车马稀，早已不是一日之虑了。文化研究将要表明，电视观众远不是昏昏欲睡的瞌睡虫，他们即便不是在运筹帷幄，也在很大程度上掌握着电视经济的命脉。显示这一点，可以从费斯克的两种电视经济理论说起。

出生在英国的约翰·费斯克（1939— ）是当今文化研究特别是大众文化研究的风头人物，他曾在英国、澳大利亚和美国多所大学中任教，撰有《解读电视》《传播研究导论》《澳大利亚神话》《电视文化》和《理解大众文化》等多种著作且广有影响。关于大众文化研究，费斯克在他的《理解大众文化》一书中划出了三种视野：其一是虽然满口赞扬大众文化，却没有将它放在权力模式中考察。故这一视野中的大众文化，不过是在礼仪的意义上对社会差异的管理，并从这些差异中产生出最终的和谐。费斯克称这是精英式人文主义的民主观，它只不过将民族国家的文化生活从高雅趣味移位到大众之中。其次是将大众文化严格放置在权力模式中，但它过于强调管制的力量，以至于一种真正的大众文化无从谈起，我们所见只是一种群氓文化，混混沌沌被动接受文化工业强加下来的消费文化模式，而这模式直接对立于大众自身的利益。故这一视野对于大众的看法是过于消极了。最后一种视野也是费斯克本人鼎力提倡的视野，这就是视大众文化为斗争的场所，但在承认主导和管制力量的权力时，它更注重大众的抵御和不合作战术，而从中探究大众的活力与创造力，正是这活力与创造力，使主导阶层始终感觉到收编大众的压力存在。总之，大众文化就是瞄准霸权，旨在颠覆既定的政治和文化秩序。正是基于此一立场，费斯克对大众及大众文化进行了重新定义。

"两种经济"是费斯克提出的大众文化理论。所谓两种经济，费斯克说，一是"金融经济"，二是"文化经济"，其根据则是马克思主义政治经济学的商品交换价值和使用价值理论。费斯克以电视为文化产业的例子,阐发过他的两种经济理论,提出在资本主义社会里,电视节目作为商品,生产和发行于这两种平行而且共时的经济系统之中,其中金融经济注重的是电视的交换价值,流通的是金钱;文化经济注重的是电视的使用价值,流通的是"意义,快感和社会认同"①。为说明这两种既互为独立又相互作用的经济系统,《理解大众文化》一书中,费斯克列出以下图表并作了分析②:

	金融经济		文化经济
	1	2	
生产者	制片商(厂)↓	节目↓	观众↓
商品	节目↓	观众↓	意义/快感↓
消费者	发行者	广告商	观众自己

费斯克指出,电视节目首先运行在金融经济系统之中,此一系统内部有生产和消费两个流通阶段。第一阶段是制片厂商(生产者)生产出电视节目(商品),然后卖给电视台(消费者)。这里商品交换与其他金融经济系统相似,是简单的、直线式的,好似作者写完了一部书稿卖给出版社。美国三大电视网依靠许多独立制片公司为它生产节目,作为消费者的电视台买断节目的播放权,然后从中营利。问题是电视商品作为文化商品,其交换并未到此为止。与买卖物质商品如电器、衣服等不同,电视节目的经济功能并非节目售出即告完成。金融经济的第二阶段,是电视台将电视观众作为"商品",卖给广告商。广告商成了消费者。电视台播出节目,则成了"生产者"的行为。电视台的"产品"不是

---

① 费斯克:《电视文化》(John Fiske, *Television Culture*), London: Routledge, 1987年版, 第311页。
② 费斯克:《理解大众文化》(John Fiske, *Understanding Popular Culture*), London: Unwin Hyman, 1989年版, 第26页。

节目，而是广告的播放时间。广告商明里在买电视广告的播放时间，实际上买的是"观众"。广告商希望观众观看广告，观众越多，价码越高。由此当代社会流行的一句名言即是：电视不生产节目，电视生产观众。对于金融经济来说，电视工业首先的要务便是生产商品化的观众，节目须尽最大可能吸引观众，唯其如此，广告商才会掏钱"购买"他们。电视节目播出后，如果观众不看，它作为文化产品的功能，就没有完成。

但电视商品被买的一刻，金融经济的流通阶段即告完成。这是说，商品已完成了它在经济发行中的角色，而其文化角色，则是刚刚开始。紧衔而至的流通阶段是文化经济阶段。而在文化经济的角度上说，电视台播出的节目并不是完整的商品。如上所见，文化产品在商品经济的消费过程中，无不卷入了金钱与产品交换的经济行为，如买票看电影，买磁带听音乐。但是电视观众的经济行为却有不同，电视台并没有把节目"卖"给观众，观众也并非直接付款来购买电视节目，这里不存在一手交钱、一手交货的问题。用费斯克的话说，电视是一个"不生产产品的工业，而消费者也不消费产品"①。其文化经济产品的形式是形象、思想和符号。电视台向能"生产"意义和快感的观众播放节目，交换的是心理满足、快感以及对现实的幻想。有鉴于电视节目是提供给观众消费的日常生活文化资源，而消费总是意义的生产，因此，每一个消费行为都是文化的生产行为。如是观众不复是被出卖给广告商的"商品"，他们摇身一变，成了意义的"生产者"。

费斯克的两种经济模式可以说上承斯图亚特·霍尔，为大众文化研究打开了新思路。提出了一些有意义的问题。首先是文化工业的特点。法兰克福学派对资本主义消费主义和文化工业的激烈批判人所周知，但问题在于，文化工业和其他工业有什么不

---

① 费斯克：《理解大众文化》，London: Unwin Hyman，1989年版，第26页。

同？文化如何生产意义进而形成意识？法兰克福学派显而易见对大众文化抱悲观态度，认为文化越是商品化，便越是丧失它的批判功能，其内在的价值将被等同于市场价格，终而被市场价格和市场需要所取代。其结果就是对现实社会丧失判断，一味听从传媒的摆布。这不妨说是一个充满痛苦的意识形态过程。但比较看来，费斯克对大众文化明显持乐观态度，与法兰克福学派判然不同。费斯克认为在工业化社会中，大众文化资源也是一种工业资源，这些资源可以是符号的、文化的，也可以是物质的。故在消费社会里，能带来意义和快感的商品，都有文化经济价值。不同在于文化经济系统中，流通的不是金钱，而是意义和快感。所以大众文化的研究取向，必须走出金融经济领域，扩展到文化经济领域。

费斯克发现工业社会的大众文化核心当中就有矛盾。矛盾在于一方面它是工业化的，它的商品由追逐利润的产业生产并且发行，产业注重的只是自己的经济利益。但是在另一方面，大众的利益跟文化工业的利益并不一致，大投资的制作不一定能够收回成本。大众文化不仅仅是消费，它也是文化，它是一个积极的过程，在社会系统中生产和流通着意义和快感。故无论如何，大众文化都不能完全等同于商品的买和卖。文化是一个充满生命力的积极过程，只能从内部发展壮大，却无以从外部强派下来，或者无中生有。费斯克的结论颇给人一种耳目一新的感觉：大众文化是大众创造的，它不是文化工业的产物。

因此费斯克强调消费者的力量。他指出一个通常的误解，就是以为大众传媒必有"大众"的观众。所以假如成千上万观众观看同一个电视节目，他们的理解势必如出一辙，广告亦然，势必产生同样的效果。这类误解，显而易见是媒体尤其喜欢灌输的理论。但是如果仔细研究观众的接受过程，费斯克说，整体的"大众"即刻消失无踪，取而代之的是形形色色的亚文化群体，不同的背景，不同的解读方式，不同的理解。同一节目是有不同的解读。而决定不同解读的是不同的文化代码和文化能力。对此费斯克强调说，文化经济阶段，"观众作为生产者在文化经济中的力量值得重视"，观众的力量就在于"意义在文化领域的流通与财富在金融经济的流通并不相同"①。

要之，拥有财富容易，拥有意义和快感谈何容易。消费者的力量淋漓尽致表现在生产者无法预测市场之时。文化产品的失败率之高，叫人瞠目结舌。据费斯克统计，每十三个录音制品中就有十二个无法赢利。电视连续剧被成打腰斩，大投资的电影转眼就变成赤字。即便文化工业使尽浑身解数吸引观众，观众也是悠闲自得，流连在法国社会学家米歇尔·德塞图所谓的"符号游击战"里，经常是从自己的目的出发，来解读电视文本。这可见文化经济足以成为一种革命力量，是为现实秩序的一种解构，威胁着资本主义大一统的意识形态。用葛兰西的话来说，即是统治阶级的知识和道德霸权受到了挑战。费斯克举了澳洲土著居民的例子：土著居民特别欣赏美国电影《第一滴血》中的男主角兰博，把他看成反抗和抵制的象征。这种解读方式，费斯克指出，就来自这些本地居民的政治和文化斗争环境。

其次，观众究竟是"消费者"还是"生产者"？早在费斯克的两种经济理论面世之前，英国传媒理论家哈特利即就此一问题撰文指出，观众在欣赏电视节目时，既是消费者，也是生产者。与物质产品的消费不同，意义的消费不是一次性的，在媒介再生产的流通过程中，意义的生产和再生产并不完全来自电视台和制片人②。哈特利认为，传统的传媒研究没有看到这一点，是因为把看电视当作一种消费行为，把观众看作消费者，视生产过程在电视播出时即已完毕。这就把意义生产的权利拱手交给了电视台和制

---

① 费斯克：《电视文化》，London: Routledge，1987年版，第313页。
② 哈特利等：《弄懂媒介的意义》(John Hartley et al., *Making Sense of the Media*)，London: Commedia，1985年版，第25页。

片人。好比上餐馆，电视台和制片人做好"大餐"，献给观众，观众只管消费便是，荧屏对观众的效果是不证自明的。但问题在于，通常的观众研究，如收视率调查，只能表明观众看了某一个节目，却无以回答这节目对观众意味什么，同样无以解释何以观众选择观看即消费这个节目。这样来看，观众如何生产和消费意义，便是理解文化和传媒的中心问题。

费斯克从另一个角度探讨了这个问题。他指出，市场经济中，工人作为个体是生产者，电视则是休闲行为。所以看电视在工业社会中不是一种生产行为，观众也并不认为自己就是生产者，相反看电视被认为是"工作"的缺场。但是文化经济与金融经济不同，商品从生产到消费并非直线进行，意义和快感在流通中，根本就没有生产和消费的区别。故观众是身兼二职，既是消费者也是生产者。工作和休闲的界限如是消失不见，休闲的时候，比方说看电视，实际上也是在"工作"，是在创造象征意义。费斯克引用加拿大学者 D. 史密斯 1977 年的研究成果说，资本主义已经从工作世界扩展到休闲世界，现代人通过看电视参与商品化的过程，"我们为商品资本主义工作的努力程度，不亚于站在流水线上的工人。"①

消费者同时也是生产者。这个命题给文化研究带来一个有趣的问题，这就是文化产品的"所有权"问题。既然观众也是生产者，那么，他们跟节目的所有权又有什么关系？英国学者多萝西·霍伯莘在研究英国 20 世纪 80 年代电视连续剧《十字路口》（*Crossroads*）时，就《十字路口》彼时引起的争论，探讨了制片人和观众的关系，以及它的"所有权"问题。《十字路口》系一部通俗肥皂剧，由于一些"专家"批评该剧"质量欠佳"，制片人欲解雇扮演女主角梅姬的女演员，有意让梅姬中途意外"死亡"，并换了电视台播出。没想到此举招来发烧友观众的愤愤不平。观众

---

① 费斯克：《理解大众文化》，London: Unwin Hyman，1989 年版，第 26 页。

纷纷写信，要求制片人"不要干涉"，怒斥这是制片商与电视台同流合谋。有观众质问这部电视剧到底是为谁制作，电视剧没有毛病，电视台的老板才有毛病。纷争引出的问题是"谁"拥有《十字路口》，到底是谁的电视剧，制片人有权利改动它吗？对此霍伯莘评论说：

> 电视节目是由作者、制片人和演员创作的，但节目只存在于它被观众观看或"消费"的交流过程之中。制片人和观众对节目内容的看法也许不同，但一个节目的"所有权"，通常不会在制片人、播出台和观众之间发生冲突。《十字路口》正是在这个阶段产生了争论，争论的焦点是电视台和观众间的"所有权"问题。像《十字路口》这样长期播放的连续剧，观众觉得节目属于他们。所以当电视台进行节目交换而观众不同意的时候，引起公愤是很自然的事情。①

观众们这里显然是把《十字路口》当成了"自己"的电视剧。但霍伯莘指出"过错"不在观众方面，而在电视台的促销策略上，她接着说：

> 电视台在跟它们的观众玩矛盾的游戏。电视台通过使用语言，告诉观众这是"你们的电视台""你们的节目""独立电视台你们晚上的娱乐"，来故意造成所有权的错觉。它们能责备观众因此确信不疑自己同电视台和节目关系密切吗？观众坚持谈论"我们的梅姬""我们的《十字路口》""我们的肥皂剧"和"我们的节目"，并且对电视台老板说："别来告诉我们应当喜欢什么。"正是在这类言论之中，暗示出大众娱乐节目的一

---

① 转引自哈特利等：《弄懂媒介的意义》，London: Commedia，1985年版，第31页。

种集体所有权，这是许多其他节目看不到的。①

霍伯莘的结论是电视剧一旦播放，"所有权"就为制片人和观众共有，所以制片人无权单方面改动。

费斯克承认大众文化是一个斗争的场所，但斗争的要害在于大众文化日渐成为对支配文化的一种抵制力量。他提出西方社会中没有权力的人对有权阶级的抵制，无非是两种方式，一是符号的，一是社会的。前者与意义、快感和社会认同有关，后者与社会经济制度的变更有关。两者相互联系，又相对独立。大众文化在费斯克看来是运作于符号领域，运作于相同与差异、一致与冲突的斗争之中。在此一意义上言，大众文化是一个符号的战场，冲突发生在外部强加的力量与抵制的力量之间，而金融经济倾向于归顺和同质性，文化经济倾向于抵制和差异性。故大众文化提供的意义、快感和社会认同也是那些受压迫者的意义、快感和社会认同，其中包括各种各样的抵制策略如逃避、小道消息、顶撞和以下犯上，等等。概言之，意识形态提供的快感与大众的快感，是截然对立的。

关于大众文化对资本主义社会的抵制，《理解大众文化》中费斯克举了美国青年穿破牛仔服为例子：牛仔服舒适耐磨，不需要经常熨烫，可以为社会中任何一个阶层接受，无论阶级、种族、年龄、宗教信仰、教育水平、城市乡村的差别，上至总统，下至贫民，男女皆可，老少咸宜。穿牛仔服由是成为一个自由的符号，既可以让人自由地展现自身，也可以让人自由地隐藏自身，所以牛仔服是美国大众文化的符号。

既然是符号，其意义的表征便离不开特定的符号系统。费斯克注意到非西方国家一些人视穿牛仔服为一种西方式的堕落，这

---

① 转引自哈特利等：《弄懂媒介的意义》，London: Commedia, 1985 年版，第 31 页。

些国家中反传统的年轻人穿牛仔服,是把它看作蔑视社会的符号。那么,美国青年穿牛仔服,反过来看是不是表示对社会主流的顺从?费斯克发现美国青年的抵抗态度表现在将牛仔服剪几个破洞,或染成古怪颜色,表示与标准牛仔服,如克林顿总统所着牛仔服,不可同日而语。穿破洞牛仔服这样来看,就是大众文化一个典型的矛盾,破洞牛仔服代表了支配美国的价值观念,也代表了对这一价值系统的抵制。何以言抵制?费斯克说,在经济领域里,这抵制在于牛仔服要很长时间才能穿破,才需要更新。减少一个人的商品购买力,可视为抵制高消费社会的一个微妙姿态。但穿破洞牛仔服在文化领域里,意义尤甚于经济领域。一个可能的意义便是表示贫困,当然是种自相矛盾的贫困,因为真正的穷人不会求助时装来宣告他的贫困状态。费斯克进而指出,穿破洞牛仔服尽管某种情况下可能意味对贫困者处境的同情,它并不能伪造对经济贫困者的文化忠诚。美国青年穿破洞牛仔服的主要力量故而在于对社会价值的否定,这是对社会商品化的拒绝,突出大众文化使用者拥有文化的生产权和选择权,消费者有权从商品系统提供的资源中来创造自己的文化。

  应当说费斯克对文化经济的研究是有启发意义的。特别是费斯克对文化始终持一种大众化的态度,这与学术界高谈阔论,其研究和解释社会和文化的方式与大众日常生活状况明显脱节的高高在上的学院作风,形成鲜明对比。事实上大众文化理论和现实之间的沟壑不是在缩小,相反是在日趋扩大,由此来看费斯克的文化经济研究,格外具有现实意义,至少它有助于学者参与缩小文化理论与实践之间的差距。但是另一方面,也有学者批评费斯克,认为他的文化和上层建筑概念模糊不清,而且费斯克将大众传媒单独划分出来,避免跟其他上层建筑直接联系,这就导致大众文化研究与其他文化脱节开来。费斯克的全部理论,从这一角度来看,可以说就建立在这种脱节的体系构想之上。诚然,费斯克强调经济压迫和社会剥削现象,把大众文化解读成一整套抵制压迫的系统和手段,关键是他的研究对象比如"大众",意义却不十分清楚。后现代的"大众"已每每具有中产阶级的口味,他们跟费斯克以及传统意义上知识分子所构想的大众文化意义上那个被动的、社会下层的"大众",未必是同一个概念了。

第二节 SECTION 2 >
德塞图的抵制理论

费斯克的两种经济学说并非无源之流,对他此一理论很产生了一些影响的,是20世纪80—90年代西方文化研究中风靡一时的"抵制理论"(resistance theory),尤其法国学者德塞图的《日常生活实践》一书,费斯克在他的著述中常常是信手拈来,如数家珍。理解费斯克,因此殊有必要对德塞图的抵制理论作一交代。

"抵制理论"往上看与法国哲学家福柯的"权力说"一脉相承。福柯作为60年代以来西方最有影响的思想家之一,其理论特点是从所谓被历史压抑,因而也是被剥夺资格的一系列知识,如传统话语中被定义为癫狂、变态、反常等的现象之中,发展出了他的知识—权力学说。在对癫狂和监狱的研究中福柯提出"什么是权力"等一系列问题:权力如何实施?当一个人对另一个人实施权力时,到底又发生了什么?回答这些问题,福柯强调以往的理论将权力看作一种抑制性力量,权力就是禁止或阻止人去做某事,故权力从根本上说是一种压抑。但福柯认为权力实际上是要复杂得多,权力是关系性的,权力关系存在于日常话语的风格之上。为此福柯的著名论断是"权力来自下面"。据他的解释,权力来自下面,即是说,在权利关系的根本问题上,不存在统治者与被统治者之间完全彻底且无处不在的两元对立,所以人不应当问谁有权力,而应问谁实施权力,如何实施,对谁实施?对此福柯说:

> 如果不解决"权力如何发生"这一问题,我不相信像"谁实施权力"此类问题可以解决。当然我们要找掌权的人。我们知道我们不得不找那些议员、部长、秘书长之类的人。但是这并不重要。因为我们很清楚,即便将所有那些人,那些"决策者们"———寻找出来,我们仍然不能弄明白决定为何做出,怎样做出,如何为人们接受,又怎样对一些人产生了伤害?①

福柯反对把权力看作消极的压抑力量,认为权力并非一味在有权者和无权者之间制造差异,权力相反可以是积极的、具有创造性的力量。不仅如此,从权力的关系来看,权力是始终处在循环过程中的一种链状结构,像网络一样四面八方延伸开去,从来就不固定在一处或者是某个人手中。权力可以来自任何方向,可以自上而下,同样也可以自下而上,或者是前后左右。权力所以经常表现为冲突、斗争、对抗、抵制和战争。福柯此一运用差异哲学取代求真求同传统哲学的权力理论,可以说是一种极有新意的现代性批判理论。

德塞图(1925—1986)是法国文化人类学家,也是史学家和社会学家,知识渊博。如果说,福柯研究的是权力对其他被夺资格或等而下之知识的压抑,如对精神病患者、罪犯和性知识的压抑,那么,德塞图从福柯权力理论的基点出发,着眼的便是日常生活中的权力关系,即弱者的权力和策略及其积极意义,并用它来解释大众文化现象。其名著《日常生活实践》发表于1974年,1984年出英译本,涉猎范围横跨文化人类学、文化研究、历史学、社会学、经济学、文学和文艺批评、哲学以及人类学等诸多领域。

---

① 福柯:《政治,哲学,文化:访谈录及其他,1977—1984》(Michel Foucault: *Politics, Philosophy, Culture: Interviews and Other Writings, 1977—1984*), New York: Routledge, 1990 年版,第 103 页。

但德塞图潜心研究的不是人所周知的那一类"抵制",如二战期间法国的抵抗运动;甚至也不是物理和政治学意义上的抵制,如一种力量对另一种力量的反动。他研究的是日常生活中大众战术上的"抵制",这是文化意义和象征意义上的一种"抵制",着眼点在于大众或者说"弱者"在文化实践中,如何利用"强者"或者利用强加给他们的限制,给自己创造出一个行为和决断的自由空间。该书封底刊印的学者评语赫然在目:《日常生活实践》是一个转折点,它标志文化研究脱离生产者如作家、科学家和城市规划者,脱离产品如书、话语和城市街道,而转向了消费者如读者和行人;它阐述了我们全都卷入其中的实践过程,找到了推翻今日欧洲意义生产极权系统的途径。

作者在前言中开宗明义,声明他这本书来自对大众文化或者说边缘群体的研究,目的是探讨社会表现和社会行为。对此德塞图明确指出,"在公司的实践中,要求我们考虑到目前被认识科学忽略的战术。问题不仅仅是生产的过程。它跟个人的地位有关。"比如,雇员在工作中如何对自己的地位定位。所以,在分析文本意义时,"分析电视播出的形象(表现)和分析观看电视的时间(行为)时,应该同时加上分析文化消费者在这一时间内'发生'了些什么事,以及对这些形象有什么'创造'。"①

同理,德塞图认为他的上述立场一样可以用来研究日常生活中的其他领域,比如文化消费者如何利用城市空间,以及如何利用超级市场购物,等等。很显然德塞图这里强调的不是超级市场如何布置,而是顾客如何利用布置好的空间为我所用,如何在消费时寻找他们的社会地位。这一点上与大众传媒文化的研究足可沟通,即着重点不在于播出什么节目,而在于节目播出后观众如何消费,观众如何掌握自主权一类问题。简言之,德塞图从各种

---

① 德塞图:《日常生活实践》(Michel de Certeau, *The Practice of Everyday Life*), Berkeley: University of California Press, 1988 年版,第 xii 页。

各样文化力量,包括城市空间的组织以及文本意义系统的研究中,摸索出了一个理论框架,致力于分析日常生活中大众文化的"弱者"如何在权力缺场的情况下战胜"强者"。此一新理论,核心处即有他"弱者的战术"的著名论点。

德塞图在讨论他的弱者的战术时,多次提到《易经》和《孙子兵法》,认为《孙子·兵法》中比比皆是的"见机行事"等战术,恰恰是西方传统所缺乏的。谈到日常生活里的权力斗争,德塞图用了一个军事上的比喻,指出大众文化就像一场游击战,支配文化生产的阶级集团装备精良,是军力非凡的正规军,大众则是小规模武装的游击队。由于双方力量悬殊,在游击队和正规军,也就是在弱者和强者的对抗中,弱者的策略因此不是要赢,而是力求不被打败。不被打败就等于胜利。所以游击队的战术是一种弱者的艺术。他们永远不在大战场上与正规军正面交锋,因为那无异于自寻死路。相反游击队寻找大部队的弱点伺机出击,采取短平快的战术,打得赢就打,打不赢就跑,唯始终保持对抗者的地位,反对正规军主宰社会秩序。在日常生活的意义上言,这也便是大众对霸权意识形态的抵制。

德塞图举了现实生活中法国雇员们称之为"假发"(la perruque)的一个例子:

> "假发"指一些雇员表面上为老板工作,实际上却为自己干活。它跟小偷小摸不同,因为材料的价值没有被偷盗。它也不同于雇员请假,因为工人事实上在现场干活。"假发"形形色色,简单可以一如秘书用上班时间写情书,复杂亦可发展到木匠"借用"车床为自家客厅打家具。虽然不同国家有不同的表述法,"假发"现象无疑是越来越普遍了,不论经理们是严加惩罚,还是"充耳不闻",装作没有看见。被斥为偷盗也好,用机床为自己谋私利,惯于施展"假发"小技的雇员利用的不是产品,因为他没有使用边角废料。他实际上是利用了

工厂提供的、免费的、创造性的以及不直接创造利润的工作时间。①

德塞图指出,此类"假发"产品,其目的有两个方面。一是通过自己的工作证明自己的能力,二是通过这一方式来消磨时间,以证实自己与其他工人或自己家人息息相通。而其他工人对"假发"行为保持的沉默,则是一种合作密码。"假发"行为中,工人通过找到得以创造无偿产品的方式,得到一种弱者打败强者的快感,一种从下而上破坏管理和控制工人系统的快感。它的意识形态效果就是抵制。类似的例子不胜枚举,包括行人对空间的利用,诸如在大街上高视阔步、闯红灯和滥打单位电话等。这都是"弱者"在行使自己的权利。它的特点是"个体跟系统分开,但又不用逃离环境系统,因此可以试图去战胜环境"②。

我们不难发现,抵制理论谈的也是权力,但这是一种自下而上的权力。德塞图上述理论的意义,因此在于大众如何逃避控制。抵制与社会控制和权力关系密不可分,其历史背景是资本主义发展阶段对西方后现代社会的控制。如传媒无比强大,无所不在,广告也无所不在。传媒工业是现代资本主义的一个组成部分。大众传媒如广播电视,大多出现在 20 世纪,传媒的一路畅行使 20 世纪判然有别于书报业格外发达的 19 世纪。应当说 20 世纪传媒和出版业的发展具有民主因素,因为它使更多的人接触到文化产品;但同样具有反民主因素,因为今天传媒和出版业愈益为市场所控制,而且传媒越来越趋向于无形地"控制"大众生活的方方面面。小的方面如电视节目的创作,电视文本的"作者"为观众提供一个"阅读位置",此为作者替文本的"理想读者"构造的位

---

① 德塞图:《日常生活实践》,Berkeley: University of California Press,1988 年版,第 25 页。
② 同上书,第 xxiv 页。

置,目的在于对文本进行控制。大的方面则可见于 CNN 对全球新闻的控制和垄断一类。第三世界的新闻声音,因此而常常受到"压制",哈贝马斯向往的资产阶级早期新闻界的百花齐放局面,早已消失无踪了。

但德塞图表明,上面的控制越强,下面的抵制越大。不仅如此,控制和逃避控制的手段和策略,总是紧紧相随其他社会实践。大众文化由是观之,它不但具有创造性,而且这创造性具有颠覆意味,代表弱者对强者的胜利。德塞图发现日常生活中这样的例子比比皆是,他举了租房的例子:承租人将自己的财产搬到一个租借来的空间,他可以随心所欲对承租的房间进行布置,任意改变空间来行使自己的权利。德塞图这里强调的不是房东对房客的经济力量,如房主作为主人的权利,定时收房租,及不许损坏家具等,而是房客改变空间性质的力量,如随意布置家具,随意安排房间的内部环境。借这等策略,房客在承认房主经济利益和权利的同时,积极为自己的目的服务,从而实现他蠢蠢欲动的挑战心理。这一现象引申到大众文化,大众文化的控制系统,理所当然引来了纷纷抵抗。如前所述,文化领域里,文化产品常常是"强加"给大众的。但大众诚然无法决定文化的生产,却可以选择文化的消费。即是说,大众在"使用"文化商品时,尽可以随心所欲,为我所用,拥有充分的自主权。这就是大众的力量所在,是为创造性地利用了消费者的权利,它表面承认支配集团的利益,实际上却是寻找各种方式借口,为自己的利益服务。

对于抵制理论,学界也有不同看法。如英国传媒理论家约翰·哈特利,就认为研究大众文化的消费者,不应大谈"所有权"和"控制",因为它们不能解释意义如何产生并且得到交流。哈特里说:

> 我不相信传媒能操纵大众,而有些批评家的确是这么说的。如果传媒的说服力和操纵性果真在起作用,我们就犯不上为它

担心,因为每个人都会按传媒广告所言去做、去买。但是当今大众传媒投资不断增长,这本身最好不过证明了它没起作用。①

所以谈"抵制"殊有必要,因为自下而上的抵制可以消除传媒的神秘性,解构传媒的霸权力量。这一点前文讨论的民族志观众研究,即已不断提出新证据,证明观众观看电视并不是种麻木不仁,不由自主一味被动"吸收"和"消费"的过程。意义生产在电视节目播放的时候并未完成,观众对电视意义的解码是积极而不是消极的,制作者的本意未必一定能够通达观众,因为观众完全可能在自身的阶级和社会环境中,解读亦即生产出新的意义来。

讲到大众文化抵制理论,当然不能不谈鲍德利亚。但鲍德利亚强调的不是抵制,而是"沉默的大众"的"被动"和"不抵制"策略。他对此种"不抵制"有个很有意思的解释。打个比方,鲍德利亚说,有个老师管得太严,处于被支配地位的学生主体便要反抗,有些孩子就抵制和抗议起来,叫嚷作业太多,娱乐太少,课堂上也不好好听课,老是捣乱。这一类抗议的声音资本主义政治领域中无疑是极有风头的东西,象征着对既定秩序的颠覆力量,一如黑人、少数民族、女性主义和同性恋等对主流文化的抵制。鲍德利亚发人深思之处,在于他同样看重,甚至更要看重大众被动式的抵抗策略:表面上对老师的权威毕恭毕敬,做出认真听课的样子,实际上两耳空空什么也没有听将进去。鲍德利亚指出,这就是意义上的拒斥和抵制,是把系统传递过来的意义像镜子般折射回去,不作吸收。这一看似被动的不抵抗策略拒斥的不是能指即符号,而是所指即意义。所以它较之课堂中一些同学的瞎嚷

---

① 哈特利:《流行现实:新闻、现代性、大众文化》(John Hartley, *Popular Reality: Journalism, Modernity, Popular Culture*), London: Arnold, 1996年版,第7页。

嚷，委实是种更为重要的抵制策略。

以文化、权力和抵制为文化研究三要素的澳大利亚文化理论家托尼·本内特，在他《文化：一门改革家的科学》一书中，也对德塞图的抵制理论多有评说。他认为德塞图具有片面性，而这片面性同样应当"抵制"。德塞图抵制理论流行不衰在本内特看来主要是基于两个原因，一是此一理论提供了日常生活在他者空间中的各种运作方式，从而保证被压迫者在霸权文化之中的"自主权"；二是抵制理论指出"他者"的语言超出了统治阶级和被统治阶级的文化范围。但本内特反对德塞图削弱历史因素的作用，忽略了那些在适当社会历史条件下，能被融入社会环境的日常生活实践，因为任何抵制，都离不开"抵制"的语境和条件。

本内特以澳大利亚原住民为例，阐释过原住民与欧洲殖民者间的权力关系。案例来自布里斯班，据信那里一个原住民的社区电台4AAA，每周有十万听众，其中包括不少非原住民听众。电台主任解释说，原住民电台的功能，就在于既保持原住民土著的文化和身份，又把"黑人脚印"带进白人家中，消除白人对原住民的恐惧心理，促进白人与原住民的沟通。这当然是个好事情，诚如本内特所言，正因为坚持不懈促进不同文化的相互理解，电台4AAA终于功德圆满，成为作用于他者空间的一个新空间。这表明澳大利亚的土著居民在抵制入侵的欧洲文化时，既希望保持他们自己的传统文化，又没有忘记在企图同化他们的霸权文化的语境中更新自身的传统。

文化永远是在更新自身，这一点上，大众文化和高雅文化看来不会具有太大的差别。

第三节　SECTION 3 >

洪美恩谈"中国性"文化认同

如果说前面霍尔《电视话语的制码与解码》一文还停留在理

论层面,那么洪美恩 1985 年出版的《看〈达拉斯〉:肥皂剧和情节剧想象》,就是从经验层面来探讨电视话语了。所谓经验层面也就是调查、归纳、总结的传统方法,它不比高屋建瓴的宏大叙事来得有气派,但是很能解决实际问题。这就是近年来文化研究中风行不衰的民族志的方法。用法国社会学家布尔迪厄的话说,这就是下厨房把手弄脏的活儿。

洪美恩是华裔,20 世纪 50 年代出生在印度尼西亚,在荷兰接受的西方教育,现执教澳大利亚西悉尼大学,近年异军突起之后,写出《拼命寻观众》《起居室之争》等一系列著作,堪称电视研究,特别是电视观众研究的风头人物。《拼命寻观众》一书开头就介绍了"沙发土豆"这个电视观众形象称呼的由来:1976 年,洛杉矶一群经常聚会在电视机面前的朋友们,决定给自己命名为"沙发土豆"。这些沙发土豆们很快以他们独有的调侃作风,推出一批著作,如闵谷 1983 年的《官方沙发土豆手册》,以及两年以后闵谷等人的《沙发土豆生活指南》等,由此发动了一场看电视辩护运动,说明看电视并不似想象的那样糟糕,至少不比其他娱乐方式糟糕,而且,至少它没有造成环境污染!"沙发土豆"后来成为电视观众的代名词。但是,由于电视和芸芸众生的光阴闲暇关系太为密切,它和我们现实人生的恩恩怨怨远非一言可以了断,"沙发土豆"一语原来锐利进取的攻势似乎渐渐被人忘却,反倒成为一个被动消受的形象,一个活灵活现的昏昏欲睡电视虫。《起居室之争》展开的则是一家人起居室里争看电视不同节目的文化研究,虽然,不过数年之间,随着一家数台电视时代的到来,起居室之争又已经开始显得遥远了。

或者因为自己的亚裔身份,洪美恩对文化认同问题有过不少阐述。她曾以《中国性的移民》为题,给英籍华人女作家潘翎叙写海外华人移民史、号称这一领域"大众文化"经典的《炎黄子孙》(*Sons of the Yellow Emperor*:*The History of Chinese Diaspora*)写过一篇书评。洪美恩注意到该书是将历史、传记和逸闻交混一体，多姿多彩而异态纷呈，但是异态后面有一个最终的统一内核，这就是中国。洪文引述了该书的结尾：每一次这些游子访问中国，都在问自己，"我们为什么在这里，我们为什么一次一次回来？"今天的中国虽然有许多不尽如人意的地方，可是海外华人永远在心底里盼着她繁荣昌盛，盼望她跻身于世界列强，这不光是出于他们的自豪和自尊心，要是中国对于他们失去意义，那么其他地方就更不足一道，他们心里就失去了支柱，都想象不出自己是丢失了什么。他们离开中国时，感觉到是把自己的一部分给留了下来，他们意识到自己永远不可能生活在那里，但是他们心底里都清楚，他们远离中国的时候，最爱中国。

潘翎1945年生于上海，50年代随父母移居香港，后又举家移民马来西亚，十五岁去英国读书，在剑桥大学获心理学硕士。她的职业丰富多彩，先后当过杂志记者、心理分析和作家，在伦敦大学和剑桥大学教过书，在瑞士、芬兰和香港，工作也超过了十年。1995至1998年间，还出任过新加坡华裔馆馆长。仅就以上的履历来看，她文化认同上面临的复杂心情，应是可想而知。美国驻新加坡记者卡娜采访潘翎，谈的主要也是文化认同问题。卡娜注意到潘翎十余种英文著作中，主题大都有关中国。关于文化身份，潘翎带一点犹豫说，我首先是上海人，我父母离开上海时，把上海的思念带到了马来西亚，就在这块丛林里重建了上海的辉煌。我母亲烧一手绝好的上海菜！可是我一直没有意识到我的它，直到我开始写《炎黄子孙》，对故国魂牵梦萦的文化认同，一下子就在我心里澎湃开来啦。

《炎黄子孙》有上海三联书店的中译本，该书大体追踪19和20两个世纪的华人移民史，足迹遍布亚欧美世界各地。世界各地的华人根脉都在中国大陆：河南、福建、广东……华人对当地文化的影响以及当地文化对华人的影响，因此同样成为该书的一个重要主题。但是潘翎发现自己受东南亚文化影响不大，说起来还是伦敦大学里的一个朋友向她介绍了马来西亚/新加坡文化，但是到了香港就不同,她发现自己第一次有了一种认同感,触景生情的感觉是前所未有的。她觉得香港就像是她自己,既是中国的,又有这种很西方的外观。那正是她所喜欢的。关于"中国性"(Chineseness)这个她宠爱有加的概念,潘翎认为在其核心处是语言的能力。如果某人的中文不够娴熟,读不懂唐诗,那么就不能期望他真正懂得什么叫作中国。她说她读汤婷婷和谭恩美,马上感到她们是美国人,不是中国人。为什么?肯定是语言的原因。

洪美恩 2002 年出版了《论不说中文》一书,在全球化的语境中探讨文化认同问题。书中开篇就交代她写作此书的起因,那是她本人遇到的令她措手不及的文化认同问题:十年前,她第一次出席台湾的一个学术会议,听众大惑不解这位一副中国人相貌的女士,如何就一句中国话都不会说!街道上、店铺里、饭馆里,她一次一次让人大惑不解,因为她听不懂中文。正是耿耿于怀此一经历,她说,她决定写出这本带有半自传性质的《论不说中文》:"因为我不会说中文,我在台湾显得另类;因为我是中国人相貌,我又在西方显得另类。"① 结合自己讲三种语言,却对中文一窍不通的华裔背景,洪美恩以身说法在国家和全球层面上,反思"亚洲"和"西方"之间的张力,思考当代世界中"中国性"差异纷呈的多重意义,最后回到"西方",探讨澳大利亚作为"西方"国家却又身处亚洲地区的困顿,包括与她亚洲邻居并不算一帆风顺的关系。洪美恩的旨趣是探究一种介于亚洲和西方的"之间"的社会和知识空间,认为当代社会的要务实是"合"而不是"分"。海外华人的"中国性"认同和作者的想象社群之间,因此在多元语境之中呈现出种意味深长的对话张力。但不同于大多数文化多元主义者的乐观展望,对此洪美恩的看法却是相当悲观,喟叹和谐的多元文化社会是一个神话,与其说它是社会现实,不

---

① 洪美恩:《论不说中文》(Ien Ang, *On Not Speaking Chinese*), London: Routledge, 2002 年版,第 vii 页。

如说它是乌托邦的幻想。

在上述两种文献中,洪美恩这样反思了"中国性"概念。她认为中国的历史是由"中央帝国"的观念所主导,只要不是中国人,就是"蛮子""洋鬼子"和"鬼佬"。这导致中国文化有一种自我中心的超然态度。而这样一种根深蒂固的民族优越感,在近年的全球化想象中,甚至有突飞猛进的趋势。固然,西方从马可·波罗开始,就如痴如醉向往中国,认定她是一个伟大的"他者"文明。中国不可能是普普通通的国家,所以在那里发生的一切事件,都有着超乎寻常的意义。但是今天又怎么样?我们看到,今天就像德里达那样坚决批判传统的思想家,也情不自禁,要将非表音系统的汉字看作"逻各斯中心主义之外的伟大文明",简言之,那是同西方文化完全不同的东西。《论不说中文》一开始作者就这样介绍了她接近中国时的微妙心态:

> 我第一次去中国只有去了一天。我在香港坐快艇穿过边界,订了去深圳和广州的一天旅程,那是人所说的"新经济区"。我是跟旅行团走的。"这是中国最繁荣的地方。再往北和内地凄凉着呢。"骄矜的香港导游警告我们说。这当然是发达资本主义的骄矜。我们团里十二个人主要是西方白人旅游者,还有我。我没有勇气自个儿来,因为我不会讲中文,连哪一种方言都不会讲。但是我必须来,我没有选择。它就像必须要做的一次朝圣。①

洪美恩以自身的经历阐述了海外华人的"中国性"情结。她发现华人来自中国大陆比较来自台湾和香港更要显得"正宗",因为后者已经是被"西方化"了。但"中国性"不是一个固定的本质,反之它的意义是流动不居,变化无定的。比如它在东南亚和

---

① 洪美恩:《论不说中文》,London: Routledge,2002 年版,第 21 页。

在西方的白人社会里，意味就大不相同。如在她度过童年的印尼，洪美恩指出，华人后裔占据总人口的大约百分之三，而直到不久之前，中国性多多少少是一种禁忌的文化认同。官方的同化政策逼迫华人少数民族消抹了中国性的许多踪迹，如取印尼名字，放弃中国习俗，或者异族联姻，等等。这样中国性就变得十分模糊起来，尽管华人经济上为这个国家做出了举足轻重的贡献。但印尼华人在荷兰的亲戚们呢？洪美恩告诉我们，他们大都是在20世纪60年代从印尼移民过来的，特别是在1965年苏哈托上台之后。自此以还，荷兰的印尼华人社团经历了再一次的文化认同，耐人寻味的是在这第二次文化认同中，他们追根溯源的是中国性却不是印尼性。当他们意识到自己不可能真正成为荷兰人或者说西方人，他们就像潘翎描述的美籍华人那样，回归了他们先祖的文化源头：中国文化。由此雨后春笋般出现各色各样的印尼华人协会、俱乐部、中文班，组织去中国旅游，举办中国的展览，放映中国的纪录片，看黄河、丝绸之路、道教、长城和中国乡村。

但是洪美恩并不赞成"东方"和"西方"相互排斥的文化认同模式，她认为正是这一模式导致了海外华人的文化认同感认真复杂起来。经常他们是以优越的"他者"伟大文明自居，身不由己地站到了西方文明的对立面上。或者因为中国发生什么事情而扬眉吐气，或者因为中国发生什么事情而无地自容。这里文化认同就不光是对"祖国"的怀旧，而成为对西方文化霸权的一种无意识的挑战。她还举了香蕉的例子。西方的华人经常被人称为"香蕉"，外面是黄的，里面是白的。也许现在是时候了，香蕉该站起来，赋予这个贬义词以正面的意义了。具体说，"中国性"在今天事实上已是一个公开的能指，它的特殊形式和内容辩证结合了形形色色的本土文化，建构了新的"混血"的身份和社团。既在他们身处其中的地方，也在他们希望到达的地方，两者是互为渗透的。

洪美恩的结论是，"中国性"是海外华人"想象社群"

（imagined community）的核心，它是一个公开的能指，也是一个共同的所指，它内部的差异性、特殊性和分裂性是无法抹杀的。而它们恰恰也是统一和集体身份的基石所在。要之，在这个鱼龙混杂，互相依赖，变化不断的后现代社会中，死死守住民族身份的哪一种传统观念，看来是很少再有可能了。故在当代社会的语境中，文化认同将不是单一本源的，而是处在不断的再发展和再协商之中。由是观之，"中国性"可被视为斯皮沃克所说的"策略本质主义"（strategic essentialism）的不同形式。它们不是督促移民"回家"，而是希望其他人认识到，他们的所言和所为是出自特定的历史和文化。而且，既然是"协商"，那么也足以说明"中国性"永远是处在双向而不是单向的流程之中，即便协商的两端能在多大程度上交通进而吻合起来，多少还更像个乌托邦故事，那又何妨？

第四节 看《达拉斯》

《看〈达拉斯〉：肥皂剧和情节剧想象》系 1985 年洪美恩用荷兰语写成，是她硕士研究生的毕业论文。之后广被引用，公认是电视观众民族志研究的代表作。洪美恩的研究对象是 80 年代风靡欧洲的美国电视连续剧《达拉斯》。当时在荷兰撰写硕士论文的她在一妇女杂志上登了一则启事，说她喜欢看《达拉斯》，但总是得到一些古怪的反应。希望读者把自己的看法告诉她。为什么喜欢？或者为什么不喜欢？结果洪美恩得到四十二封回信，反应从喜欢到不喜欢直到讨厌，各不相同。《看〈达拉斯〉》就是对这四十二位观众来信的分析，其中三十九位是女性。

洪美恩指出，《达拉斯》不仅四海争睹，而且处处都在议论，关于这个节目，说的写的多不计数。这些关于《达拉斯》的公共话语提供了一个框架，其间可以回答诸如此类的问题：我必须怎样来思考这一类电视系列剧？我可以采用什么论点，以使我的看法令人信服？我必须怎样应对持有不同观点的人？诚然，今天在许多欧洲国家，官方都对美国电视剧表现出种厌恶感，认为它们威胁到自己的民族的文化，总体上损害高标准的文化价值。在这一意识形态背景中，职业知识分子如电视批评家、社会科学家和政治家等，就美国电视系列剧处心积虑，下大力气创造了一种她称之为"大众文化意识形态"的批判理论。认定《达拉斯》这一类电视剧，其必要的成分无非是浪漫爱情、善恶冲突，以及悬念、高潮和悬念的最终解除，等等，总之它们成功实现了第一位的经济功能，再现了资产阶级意识形态，同时又没有丧失它们的对不同观众群的吸引力。

由是观之，《达拉斯》一类系列电视剧，就是"坏大众文化"。比如有的观众来信中就说，她觉得《达拉斯》对我们这个世界的现实问题，根本就不加理会，她宁愿去读一本好书，或者看一出好节目。不过把来信梳理下来，洪美恩发现，三种人可以代表对《达拉斯》的三种不同态度：不喜欢《达拉斯》、嘲讽《达拉斯》和喜欢《达拉斯》。问题在于，赞扬好，讽刺也好，责骂也好，这些观众都明白无误在观看《达拉斯》。

就声称不喜欢《达拉斯》的观众来看，既然不喜欢，何以再看？洪美恩发现，上述一味批判的大众文化意识形态，并不限制在职业知识分子的小圈子里。那些不喜欢《达拉斯》的普通老百姓，同样是深得它的要领。他们的推论一路翻腾下来成了这样：《达拉斯》当然是坏东西，因为它是大众文化，这就是我不喜欢它的原因。于是大众文化成为获取快感的借口，得以让这部分观众口头声讨，同时心安理得坐定观看这个节目。又有逻辑，又合情理。

其次，嘲讽《达拉斯》的观众，洪美恩认为，这些观众一方面理智上批判这部肥皂剧体现的美国文化商品化性质，是在最大限度上榨取利润，一方面又乐此不疲，是在讽嘲中达到了平衡。

嘲讽的观众喜欢的不是内容，而是通过内容带来的嘲讽效果。嘲讽产生距离，这距离也是对内容的距离。对此洪美恩援引福柯指出，评价是一种居高临下企图支配客体的话语，通过评价表现出的，是自己对所评事务的一种支配性权力。另一个后援是弗洛伊德，弗洛伊德也讲过讽刺是基于一种逆反机制，把别人说的话倒转过来，欲表达的正是别人所言的反面。大众文化意识形态和喜欢《达拉斯》之间的冲突，就这样在嘲讽的平衡机制中倏然间消失无踪，盖此类讽刺乃经验快感的首要条件是也。

洪美恩谈得最多的是喜欢《达拉斯》的观众，明知"这不是好东西"，却无可救药，一头钻了进去。他们与大众文化意识形态又有什么关系？先看下面这封来信，这是一位《达拉斯》憎恶者试图同喜爱《达拉斯》的人划清界限：

> 我也不懂为什么这么多人看它，有许多人错过一个星期，就是了不得的大事。在学校里，星期三上午你一露面，就真正发觉成了它的天下，"看了《达拉斯》吗，是不是棒极了？"好几次我真的生气了，因为我发现看它纯粹是浪费时间……然后你听到他们说，剧中某某人发生了某某事情，他们热泪盈眶，我根本就是弄不懂。在家里他们通常也看这个节目，于是我总是上床睡觉。（第三十三封信）①

洪美恩指出，这位写信人是以否定的方式，刻画那些喜欢《达拉斯》的人。根据大众文化意识形态，肯定不会给《达拉斯》的热情观众画出一幅优雅图像。他们被表现为"趣味的人""文化专家"或"不为商业文化工业廉价诡计诱惑的人"的对立面。不

---

① 洪美恩：《看〈达拉斯〉：电视剧和情节剧想象》（Ien Ang, *Watching Dallas: Soap Opera and the Melodramatic Imagination*），London: Methuen，1985年版。

妨再看另一封信:

> 我同样常常不解的是,当你说你喜欢《达拉斯》,别人的反应就很"古怪"。我想我认识的每一个人都在看它,可是我的一些朋友对这出系列剧情绪异常激动,甚至发展到对一个普通电视观众来说近于危险的地步。(第二十二封信)

这是《达拉斯》爱好者的来信,信中讲到别人对她对《达拉斯》的热情反应很"古怪",注意"古怪"正是洪美恩那则启事上用来描述别人对她反应的语言。还有人来信说,她每个星期二晚上是千方百计要看《达拉斯》,可是她政治科学专业的同学,对此都露出难以置信的神色!那么,《达拉斯》的爱好者们又做何反应?他们知道他们的这一反面形象吗?为此心有不安吗?

据洪美恩观之,《达拉斯》的爱好者们同样受制于大众文化意识形态,也就是说,他们同憎恶者和讽刺式爱好者,对大众文化意识形态的态度其实是相当一致的。但是他们以他们自己的方式,对这一意识形态做出回应,虽然从中颇可见出一种紧张态度。比如下面这封来信:

> 我就是想说一说你关于《达拉斯》的启示。我本人喜欢《达拉斯》,每当悲剧发生(其实差不多每集都有),我就泪流满面。在我的圈子里,人们同样对它不屑一顾,他们发觉它是典型的商业节目,远在他们的标准之下。我发现你看这类节目最能放松,虽然你非得费心观察这类节目可能产生的影响,它的角色确证、它的"阶级确证",如此等等。如果你觉得哪一种廉价的情感果真打动了你,那同样也是有益的。(第十四封信)

洪美恩指出这封信是典型的正话反说。写信人不直接回答她那则启事中提出的问题,即为什么这样喜欢《达拉斯》,却把自己幽闭起来,同样祭出大众文化意识形态的某种理由,来对付她周围"不屑一顾"的反应。她没有对这一意识形态确立一种独立态度,而只是拿过了它的道德。但是她用这些道德在同谁说话?她自己吗?或者是知音如她洪美恩?写信人仿佛是要为她喜欢《达拉斯》这一事实辩护,表明她其实知道它的"危险性",它的"诡计",换言之,知道《达拉斯》是"坏大众文化"。下面的信中可以读出同样的理由:

> 事实上这是逃避现实。我是一个现实的人,我知道现实是不同的。有时候我真想同他们一道号啕痛哭一场。为什么不?这样我其他那些久被封闭的情绪可以有个发泄口。(第五封信)

换句话说,如果你知道它不是真实的,因而是"坏的",看《达拉斯》,便是毫无问题。

另一方面,洪美恩也发现了真正向大众文化意识形态发起挑战的写信人。如第十三封信就明确提出,许多人发现《达拉斯》分文不值,或者是没有内容。但是她觉得它确实有内容,比如剧中的这一句话:"金钱不能买到幸福。"看过《达拉斯》的人,肯定能有类似感受。但洪美恩认为,这里对大众文化意识形态的反对意见,依然局限在此一意识形态的范畴内部。针对"没有内容"(="坏的")的看法,我们看到相反的见解"确实有内容"(="好的")。"内容"这一范畴(因此有了"好的"/"坏的"之分)由此得到确立。这位写信人在"谈判",因为她处在大众文化意识形态创造的话语空间内部,她没有置身于它的外部,没有站在相反的意识形态立场上来说话。

现在的问题是,为什么《达拉斯》的爱好者们觉得需要守卫自己,来防御大众文化意识形态?洪美恩说,他们很显然感觉到了在受攻击。他们无法规避大众文化意识形态的准则和判断，可是他们必须站出来反对这些准则和判断，以便能够喜爱《达拉斯》，不至于非得放弃这一快乐。但是处心积虑构筑防御阵地，永远不是叫人高兴的事情，它显得被动而又软弱，而且差不多总是不那么自在。比如第十一封信就说，她是每个星期二必坐在电视机前，看《达拉斯》的那些人。她坦率承认她现在爱看这部连续剧了，对此她自己也惊诧不已。因为她一开始心有内疚，觉得不应该如痴如醉迷恋这种毫无道德意义的廉价电视剧，但是现在看法不一样了。

洪美恩对这封信的评点是，写信人说"我自己也惊诧不已"。换句话说便是，"我原本没有想到"。她产生内疚感，这完全是因为她没有逃脱大众文化意识形态的宣判力量，没有避免给《达拉斯》贴上"毫无道德意义的廉价电视剧"标签。

最后，洪美恩发现大众文化意识形态的另一种防御机制不是别的，还是讽刺。不过此讽刺和前者不做质疑就给整合到看《达拉斯》经验中去的彼讽刺不同。她数度引了下面一封信：

> 我给深深卷入电视的故事里边，发现这出系列剧里除了艾丽叶小姐，大多数人物糟糕透顶。我同样发现他们特别丑。约克是因为他缺乏一个正确审美的头脑。帕美拉是因为她非得显出事实聪明，我发现这一点很"普遍"。我不能忍受剧中每个人都认为她很性感，因为就像多丽·帕尔顿那样，她长了一对大乳房。苏·埃伦真是可怜，她完全给酒精弄垮了。J.R.不消解释。我一直对他兴趣不减，因为我总是觉得，有一天那张木头面具会掉下来。鲍比我发觉他不过是个傻东西，我总是叫他"水中呼吸器"（剧中他先时的角色）。他们是一群悲哀的人，这样诚实，富得流油，他们追求完美，可是没有谁是完美的。（第二十三封信）

洪美恩指出,对于这位写信人来说,她与《达拉斯》剧中人的距离是巨大的。这距离见证了她的冷嘲热讽。尽管这样,她的叙述中渗透着一种亲切感,显示她对这部剧作迷恋之深,如"我给深深卷入","我不能忍受",等等。一边是置身局外的冷嘲热讽,一边是一往情深的卷入其中,两者很难协调起来。所以,同一封信中进而讲到,她在公共场所看《达拉斯》时,冷嘲热讽就占了上风:

> 我注意到我是把《达拉斯》当作一个模型,来思考我与他人的关系,我发现什么是好的,什么是坏的。每当我同一群人一起观看,我这体会特别深切,因为这时候我们通常都没法闭嘴,我们肆无忌惮大喊大叫!杂种!母狗!(对不起,可的确是情绪高涨!)我们有时候也试图弄清楚埃文一家人都在干些什么。苏·埃伦得了产后忧抑症,所以她讨厌她的婴孩。帕美拉其实挺好,她受苦是因为苏·埃伦的妒嫉。J.R.是草木皆兵,你从他那半笑不笑的神色,就可以看出来。(第二十三封信)

洪美恩发现讽刺性的评论在这里表征为社会的实践。上文中的"我"突然转化为"我们",就证明了这一点。那么是不是可以说,这位写信人强调必须持一种讽刺性的观看态度,从而同《达拉斯》拉开距离,是源起于某种意识形态氛围产生的社会控制,而在此一意识形态中,"真正"喜爱《达拉斯》差不多就是禁忌?

不管怎么说,还是在这封信中,写信人一旦用"我"来说话,亲切感又回露出来。讽刺因而消失在背景之中。写信人讲到她发觉剧中人物都有点傻,太多愁善感,是多情的真正的美国人。又说,她的确体会到了他们的审美理念,看他们怎样做头发,他们精彩的对话给她印象很深,如此等等。洪美恩说,真正的喜爱与讽刺,两者都决定了这位写信人叙述《达拉斯》的方式。显而易见,两者是难以协调的:真正的喜爱涉及认同,讽刺则制造距离。

对《达拉斯》的这一矛盾态度，洪美恩指出，是因为写信人一方面认肯了大众文化意识形态的权威，至少在社会语境之中，但是另一方面，又"真正"喜欢违背了这一意识形态的《达拉斯》。讽刺意味因此是在"社会层面"之中，由此成为他们"真正"喜好这部电视剧的一种屏障。换言之，讽刺在这里是一种防御机制，这位写信人试图用它来实现大众文化意识形态确立的社会规范，虽然私下里，她是"真正"喜欢《达拉斯》。

从上面的例子中，洪美恩认为可以得出两个结论：

> 首先，《达拉斯》的上述戏迷们似乎自然而然、心甘情愿地认可了大众文化意识形态：他们开始同它来打交道，无法视而不见。它的规范和处方对他们产生压力，所以他们觉得必须为自己辩护，来防御它。其次，从他们的信中可以看出，他们采取了形形色色的防御策略：一个人干脆就把大众文化意识形态内在化，另一位试图在话语框架内部开启谈判，还有一位使用表面讽刺。因此可以说，没有一种一目了然的《达拉斯》防御策略可供戏迷们使用，没有清楚明白的另一种意识形态，可用于对抗这大众文化意识形态——至少在说服力和一贯性方面，没有什么可以同大众文化意识形态匹敌。①

因此，洪美恩说，这些写信人是在各式各样的话语策略里寻找庇护，然而，它们无一似大众文化意识形态的话语那样千锤百炼，井井有条。这些策略既然支离破碎欠缺完整，自然也就矛盾丛生。简言之，这些戏迷们似乎无以采纳一种有力的意识形态立场，一种身份，由此它们可以不管大众文化意识形态，理直气壮地说："我喜欢《达拉斯》，因为……"

---

① 洪美恩：《看〈达拉斯〉：肥皂剧和情节剧想象》，London: Methuen，1985年版，第113页。

但是从另一方面看,大众文化意识形态的权力其实也有局限,这就是它的影响主要限于观念和理论,而观念和理论未必一定就能管住社会实践。甚至可能大众文化一统天下的规范话语,对大众实践中的文化爱好,恰恰产生一种反作用。以至于大众不是出于无知或缺乏知识,而是出于自尊,因而拒绝臣服于大众文化意识形态的规范,或者听任它来主宰他们的爱好,一如布尔迪厄在他《文化的贵族》等著作中阐述的那样。要之,大众文化意识形态的标准愈是严厉,它们愈被认为是种压迫力量,它的意识形态效果,自然也就是适得其反。

洪美恩引布尔迪厄《文化的贵族》和《传媒、文化与社会》两书中的观点,指出大众文化意识形态是忽略了大众的审美要求、忽略了主体的情感和快感。现在清楚了,作为知识分子和女权主义者,洪美恩清醒地意识到《达拉斯》的意识形态功能,清醒地对它持有批判立场。但是她喜欢看这个节目,因为节目带来快感。洪美恩研究的结果之一,就是发现电视剧带来快感的不是内容,而是形式即叙事结构。这叙事结构与内容,与美国价值或美国文化没有关系,它不是大众文化意识形态的帮凶。如肥皂剧中的恶棍,其叙事功能不过就是让故事继续下去。恶棍负隅顽抗,决不罢休,什么时候认输了,故事也就完结了。此外,肥皂剧,尤其是情节剧想象,还是拒绝现实平庸生活的一种表达。肥皂剧不能视为人生悲剧,它还没达到那一境界。在情节剧想象中生活无聊的失落感被位移,取而代之的是快感。观众由此在观看中得到了种报复的快感。

大众对于文化制品的"审美"要求,洪美恩强调,没有"所罗门审判"可言。大众的美学本质上是多元的、随机的,文化对象的意义可以因人而异、因地而异。它的基础在于肯定文化形式和日常生活的延续性,在于期望参与和情感投入。换言之,大众的审美要求中最首先的就是快感,而快感是个人的事情。《达拉斯》带给观众的就是一种快感,或者说快感消费。快感在看电视的过程中实现，收视时的快感与意识形态的效果无关。所以，具有颠覆意义和革命意义的快感，明显是给大众文化意识形态所忽略了。大众文化意识形态将责任感、批评距离和审美的纯粹性放在中心，要道德不要快感，将后者发落为某种不相干的不合法的东西。就这样，大众文化意识形态完全置自身于大众审美的框架之外，终而免不了纸上谈兵的悲哀。

由是而观欧洲对美国文化娱乐价值和快感不屑一顾的敌对情绪，难道不正是表现了知识分子对大众文化的敌意吗？而这敌意不是来自知识分子话语如大众文化意识形态吗？在此一强大主流意识形态的阴影下，致使大众文化的爱好者产生一种负罪感，而观众从中得到的快感以及大众文化的娱乐价值，则被忽略不计。知识分子对大众文化远没有大众自己来得熟悉，他们偶尔看一点，动辄便用一种不信任的态度，居高临下祭起文学价值的尺度，全盘否定大众文化的整个叙事方式。这一切难道都是公平的事情吗？霍尔的制码/解码理论以及洪美恩对《达拉斯》的观众调查研究，显示电视观众在信息接受方面是"主动的、积极的"，而不似文化批判家眼中那样是"被动的、消极的"。这一结论无论如何是鼓舞人心的。观众积极主动与文本交涉的能力，普通观众/读者老到的批判能力，我们发现，其实是被大众文化意识形态大大低估了。

第五节　对文化帝国主义理论的反省

如上所述，不论是霍尔的制码/解码理论，还是费斯克的两种经济理论，以及洪美恩的民族志电视观众研究，都是从理论和经验两个层面，证明了电视观众在信息接受方面是"主动的、积极的"，而不似美国传媒模式或文化研究左派眼目中那样是"被动的、消极的"。这一结论无论如何是鼓舞人心的，对于文化研究来说，无异于打开了一片新天地。但这一新理论同样面临着新的挑战,首当其冲的便是所谓美国文化的全球化影响,尤其是传媒研究中的文化帝国主义理论。

文化帝国主义理论曾经在 20 世纪 60—70 年代风靡一时,是为彼时知识分子对资本主义社会文化的激进批判话语之一。此一理论最早来自 60 年代美国电视节目进入拉丁美洲国家后的影响研究,后多用于发展中国家传播现象和理论的研究。它的锋芒指向指责西方的文化侵略,尤指美国的廉价电视倾销第三世界,以及西方通讯社对外电新闻的支配和垄断。从而抨击此种文化冲击使资本主义的文化扩张得以一路畅通,导致西方的"文化霸权",以及第三世界对西方的"文化依附",最终造成全球资本主义化,或者说,使资本主义成为某种令全球同质化的力量。

汤林森在他的《文化帝国主义》一书中,认为文化帝国主义的理论包括几种可以互相转换的意思:一、不平衡的信息流,既媒介帝国主义;二、(美国文化)对民族国家认同(national identity)和文化认同(cultural identity)的威胁;三、消费文化即全球资本主义对传统社会的冲击;四、现代性的发展及其对传统文化的挑战。其中不平衡的信息流指的是第一世界流到第三世界的信息,明显超过第三世界流到第一世界的信息。故电视节目的流向,跟国家的经济及政治实力构成正比。文化帝国主义国家如美国、日本和英国,其节目是流出而不是流入,是出口而不是进口。这就是所谓的媒介帝国主义。对此 70 年代有学者称之为"单行道"。美国要求经济开放和自由竞争,是因为它的实力强大,娱乐业是美国仅次于航空航天工业的第二大出口产业。文化帝国主义理论因此强调,美国作为 60 年代电视节目的头号产家,其强大的传媒实力把它的价值观强加在世界各国之上,促使各国与美国的信念和价值融合,从而放弃本土的语言、传统和文化[1]。

---

[1] 辛内德等编:《全球电视:周边视像》(Cythia Schneider & Brian Wallis eds., *Global Television*), New York: Wedge Press, 1988 年版,第 8 页。

美国对他国影响超过他国对美国影响的一个结果，是美国文化的全球化。在更高的层次上说，这是美国的大众文化和消费文化，咄咄逼人威胁着其他国家的民族认同和文化认同，对于后者的传统文化构成了挑战。美国意识形态全球性垄断的阴影，使20世纪60—70年代一些学者忧心忡忡：在经济和政治领域未能得逞的帝国主义，如今会不会在文化领域卷土重来，一举取得全球性的胜利？文化帝国主义理论的战火80年代初叶从第三世界烧到欧洲。美国电视连续剧《达拉斯》在整个欧洲乃至全世界紧抓住观众的目光之后，欧洲学者震动不小。甚至一些政客如法国文化部长杰克·朗，也愤愤不平起来。1983年朗公开指责《达拉斯》是文化帝国主义的象征。洪美恩亦是在这样的背景下，开始了她对《达拉斯》的观众研究。

但文化帝国主义理论到80年代中后期同样受到了挑战。挑战的缘由是批评家发现无论从理论上还是现实上言，它都无法自圆其说，已明显不能适应现状。大体来看，对文化帝国主义的质疑至少表现在三个方面。其一，世界电视现状的改变，使文化帝国主义理论不复得以在经验层面获得支撑。由于文化帝国主义理论主要针对美国向第三世界的电视信息流向及其影响，它被认为是忽略了加拿大、澳大利亚和新西兰等中等发达国家的电视节目流向及其影响。在研究电视全球化时将这些国家"忽略不计"，显然不符合实情[1]。问题之二是文化帝国主义理论忽略了由于语言而形成的第三世界地区性电视节目中心的影响，如拉美的墨西哥和巴西（西班牙语）、亚洲的中国台湾和香港（中文），以及阿拉伯世界的埃及（阿拉伯语）。这些国家的电视工业80年代以还，都有飞速发展。语言对于文化帝国主义是一个天然的障碍，也是本土

---

[1] 辛克莱等编：《全球电视新模式：周边视像》(John Sinclair, Elizabeth Jacka & Stuart Cunningham eds., *New Patterns in Global Television: Peripheral Vision*), Oxford University Press, 1996年版，第19页。

文化的保护伞。由于电视节目的本土性和不可翻译性，美国电视节目的影响，无论从政治或文化的角度来看，对这些非英语国家都是有限的，是暂时性也是过渡性的。虽然这方面的研究尚还远远不够，总的来看，文化帝国主义理论的局限是将60年代美国电视节目进入拉丁美洲看成一种永久性现象，而没有料到它仅仅是这些地区电视发展的一个转型期。

其二，电视的影响过程一直是个难解之谜。在霍尔的制码/解码理论推出之前，电视节目的影响是不证自明的。在此基础上产生了"帝国主义利用传媒控制他国"之说。但"霍尔模式"及民族志观众研究，使电视的神秘影响受到了挑战。霍尔可以说是初步揭开了电视节目如何影响观众的面纱，从理论和经验两个方面证明，收看并不就等于接受影响。换言之，电视节目的影响并不是不证自明的。虽然在目前来看，国际信息流的文化影响仍是一个未能解决的问题，不可否认美国大众文化有席卷全球的趋势，但美国文化无所不在并不等于美国的意识形态无所不在。由于观众在接受美国文化时并不是被动地照单全收，美国文化的影响在观众解码时必然会打折扣甚至受到批判，此所谓霍尔的"对立码"解码模式。美国文化的全球化并不能自动转化为美国霸权的全球化。因此它对民族文化的认同，其影响也不似原来想象的那样有天大的威胁性。此外也有学者提出从另一头着手：先研究什么是文化认同，再看它是否受到影响或者有什么改变①。

另外，美国传媒固然对民族国家的文化产生了影响，但这影响是否只流于表层而没有进入更深的层次？思考起来答案未必是悲观的。看了美国电影，人们并非从此就专喝咖啡，不喝茶叶。好吃汉堡包，似乎也不一定意味此人思想是美国化了。但问题在于什么是表层？什么是深层？一般认为本土的传媒支持深层的、

---

① 麦可奎尔：《大众传媒理论》[Denis McQuail, *Mass Communication Theory* (third edition)], London: Sage Publications, 1996年版，第115页。

长久的文化；反之国际传媒支持表层的、短期的文化，如时装、风格和品位，其变化取决于具体事件的时间、地点和背景。当然接受者始终扮演着积极主动的角色。

其三，理论范式的改变，如后现代、后殖民、积极观众等理论既出，也使文化帝国主义的一些理论受到冲击。在后现代理论中，"全球化"已经是一个过时的概念，世界性的文化生态环境朝着多中心、多层次的方向发展。电视研究由中心转向边缘，转向对私营电视、卫星电视及非英语电视的研究。文化帝国主义理论预言的全球美国化，实际上并没有成为现实。美国人的意识形态并没有垄断全球。倒是全球都在学习美国的电视传媒模式——用娱乐内容吸引观众，然后将观众作为商品卖给广告商。这里的根子是美国文化的商业性性质。不难看出，这类影响基本上是流连在浅层，未达到文化认同和意识形态的深度。相反，对美国的商业性文化的否定，不妨说是全球流行的一种支配意识形态。不仅亚洲如此，欧洲亦然。这本身说明断言美国文化无论在哪个国家，除了美国本土之外，构成霸权尚还为时过早。

综上所述，文化帝国主义理论固然一时曾经出尽风头，但是在进入21世纪的今天，它的锋芒正在日见鲁钝。此一理论今日之所以在相当一些领域中依然流行不衰，原因之一是目前一时难以找到新的理论框架，来取代文化帝国主义理论。90年代以来，后现代理论取代了新马克思主义，焕然成为社会理论和文化理论的主要框架。这个新正统谆谆教导它的听众，一切"元叙事"和"元理论"都形迹可疑，都是怀疑和批判的对象。文化帝国主义这样气势不凡，大有将全球一网打尽的概括性理论，理所当然是在扫荡之列。问题是后现代主义解构了一切具有"元理论"和"宏大叙事"，包括文化帝国主义的理论，它却尚还未及建树，至少在后现代的理论框架内，我们还没有发现哪一种理论，能够充分解释和理解电视节目的国际交流现象。

第十三章 CHAPTER 13
大众文化研究在中国

第一节 SECTION 1
法兰克福学派的影响

伯明翰学派以大众文化为主要对象的文化研究理论影响传到中国，引起国内学界认真反响的时候，我们发现自己是处在世纪之交。同西方相似，大众文化研究是我们这个时代的热门学科。在这一点上中国难得与她新潮理论的通常来源同步，一样大有方兴未艾、如火如荼的势头。虽然中国大众文化研究的起步远较西方要晚，基本上不过是十年光景的事情，但是我们完全可以说，大众文化研究在中国开始展示出来的本土特色，要胜于近年任何一种西学东渐。故此追溯这门学科大体走过的路程，对于建树中国自己的大众文化理论，无疑是意味深长的。

国内对大众文化的关注较之西方理论的传入要早，在20世纪80年代已有讨论。同西方大体类似，20世纪80和90年代，中国继轰轰烈烈的美学热之后，又经历了轰轰烈烈的文化热。但文化热和大众文化研究的勃兴不是一回事情。今天回顾起来，当时的文化热还是精英文化的一统天下，热衷的基本上是一些当下可以归结为"宏大叙事"的命题,比如中西文化的感性和理性之别、中西文化的风水轮流转,以及中国文化的"失语症"等这些叫人颇费猜测的热点话题,都展开过前仆后继的大讨论。反之大众文化这样一些多少带有后现代意识的命题,则几乎处于无声无息的状态。这一点应该说和当时大众文化本身遭遇的阐释框架有关。对此陈刚1996年出版的《大众文化与当代乌托邦》(作家出版社),书名本身是一个很形象的说明。这部国内较早的以大众文化为题的著作,对80年代大众文化的描述中多少带有作者自己的一点迷茫。作者认为,当代中国大众文化的产生受到社会转型的恩泽,是国家政治体制的改革,导致70年代末到80年代中期,以港台流行歌曲、通俗小说和电视剧为先导的大众文化开始出现。然而大众文化一路走来并不顺畅。"当70年代末80年代初港台流行歌曲刚刚进入中国大陆时,主流文化就对这种大众文化的现象从意识形态角度进行分析,给以猛烈的攻击。"① 其间,精英文化的眷顾虽然使大众文化得以存活并且扩张开来,进而促成大众文化的讨论得以生存并且蔓延开来,但在另一方面,正是这种眷顾,如作者所言,使得80年代的大众文化是由精英文化来引导和支配的。对大众文化的攻击弹药几乎无一例外来自法兰克福学派的文化工业批判理论。文化工业批判理论是我们的主流文化,而大众文化不是我们80年代的主流文化。

但是80年代中期以后局面有所改观。改观的直接动因应是市场经济的推广。当消费社会成为不以人们意志为转移的必然存在,当市场化成为无法遏制的潮流,大众就成了真正的主人,它需要显示自己的威力,而这威力就显示在大众文化日渐强劲的平民性优势之中。到80年代末期,国内出版的刊物上已依稀可见专门探讨大众文化的篇章。季啸风、李文博主编的《文化研究——台港及海外中文报刊资料专辑》即是一例,其中我们看到了叶启政的

---

① 陈刚:《大众文化与当代乌托邦》,作家出版社,1996年版,第30页。

《现代大众文化精致化的条件》、梁其姿的《法国通俗及大众文化扫描》、黄道琳的《大众文化的本质》,以及李祖琛的《大众媒介与大众文化》等。这些文章并非出自本土学者之手,但是它们的价值不可忽视,正是海外大众文化研究思想的引入,揭开了中国大众文化研究的序幕。

90年代上半叶明显继承了80年代的文化热。对此有人讥嘲道,"各种各样的文化批评、文化批判、文化随笔'漫天飞舞'、'五彩缤纷',真是'大狗叫小狗也叫',闹哄哄你方唱罢我登场,擅长搜罗此类文章的各家大小报纸的文化版、周末版,一时呈现一派繁荣昌盛的景象。"① 可是在繁荣昌盛的背后却是危机和泡沫。对此陶东风认为文化批判的泡沫现象有主观也有客观方面的原因。主观上一些作者为了追求轰动效应语不惊人死不休,客观上则是热衷文化批判的作者大都是人文学者特别是文学批评出身,所以带有激进化、情绪化和好幻想的特点。一个事实是不但自然科学工作者绝少置身其中,就是社会科学家,如社会学、政治学、经济学和法学家等,也没有怎么掺和进来,高谈阔论文化批判。

文化批判中首当其冲的是大众文化的批判,而批判的理论后援则几乎是清一色的法兰克福学派的文化工业批判理论。如陶东风刊于《文化研究》第一辑的《批判理论与中国大众文化批评》一文就此现象的描述:近年来出版的大陆学者撰写的关于大众文化或较多涉及大众文化的研究著作,如陈刚的《大众文化与当代乌托邦》、肖鹰的《形象与生存:审美时代的文化理论》(作家出版社,1996年)、黄会林主编的《当代中国大众文化研究》(北京师范大学出版社,1998年)、王德胜的《扩张与危机:当代审美文化研究》(中国社会科学出版社,1996年)、姚文放的《当代审美文化批判》(山东文艺出版社,1999年)等,没有一部不是大量引用

---

① 金元浦、陶东风:《阐释中国的焦虑:转型时代的文化解读》,中国国际广播出版社,1999年版,第117页。

了法兰克福学派的批判理论,尤其是《启蒙辩证法》中论文化工业的部分。

张汝伦刊于《复旦学报》的《论大众文化》一文,从这一视野来看,可以视为国内大众文化研究的早期代表作之一。作者指出大众文化与在生活中自生自发的民间文化不是一个概念,也不等同于独一无二的艺术,大众文化是统治机器从上面灌输下来,它"其实是一种文化工业,商业原则取代艺术原则,市场要求代替了精神要求,使得大众文化注定是平庸和雷同的"①。所以在某种程度上说,大众文化应正确地解释为操纵大众的文化。作者进而从大众、大众文化、大众社会三者关系,及大众文化与民间文化关系的分析来界定大众文化,结论是大众文化的特性不是别的,就是重复批量生产和强迫性。张文的观点基本上是移植了西方一直到20世纪60年代始终代表主流声音的大众文化批判立场,对大众文化做全盘否定,其中的人文内涵自不言而喻,但是很显然它也表征了知识精英对于大众文化不屑一顾的傲慢。

不光是批判视野,法兰克福学派文化工业理论本身,也同时被确立为借鉴和分析的对象。1994年,郑一明的《法兰克福学派的"文化工业论"析评》、金元浦的《试论当代的"文化工业"》和潘知常的《文化工业:美学面临着新的挑战:当代文化工业的美学阐释之一》三篇文章的先后发表,标志着文化工业理论正式进入中国大众文化研究领域。其中郑一明的文章详细介绍了法兰克福学派的文化工业理论,指出法兰克福学派论述文化工业和大众文化有三大基本前提:"第一,文化工业体系的诞生有其物质的基础,这就是自由主义的工业国家成功地造成了先进的文化手段。第二,从思想倾向来看,文化工业使一切文艺作品都表现出一种不顺从的、叛逆的风格……第三,对文化工业的消费者而言,文化工业制造的作品构成一种具有欺骗性的意识形态。阿多诺等

---

① 张汝伦:《论大众文化》,《复旦学报》1994年第3期,第16页。

人对有关大众文化的消费的考察主要是建立在这些前提，特别是其中的第三点之上的。"① 这毋宁说是对法兰克福文化工业理论的一个典型的中国式的解读。不同于郑文，金元浦和潘知常的文章不约而同涉及中国的文化工业问题。金元浦指出，大众文化所遭逢的历史契机和现实境遇为它的发生和发展提供了历史必然性和时间可能性。这一历史契机和现实境遇就是：社会主义市场经济的基本社会构架的形成、市民社会或者说公民社会结构的迅速发展和高科技、大规模的文化生产手段及先进传媒所达到的当代水平。潘知常则感慨中国还缺乏发展文化工业的充分条件，如他所言，"中国的'文化工业'的生存条件很特别，既缺少商品经济调节能力，又缺少作家职业化和商品化的传统，也缺少'文化工业'正常的发展环境。"② 这似乎表达了一种颇为矛盾的态度：外国的东西到了中国本土，奈何就变调变味了。此外金文还强调文化工业运作系统中最关键的一环，即是现代传媒。传媒很快将成为大众文化研究的主要对象，九十年代中期以后，关于文化工业的探讨，事实上已大多在围绕大众传媒展开。

第二节　重新定义大众文化

因此我们不奇怪会看到这样的标题，《大众文化：何时从被告席回到研究席？》，这是陶东风收入《阐释中国的焦虑》一书的文章，而该书的出版已经是 1999 年 1 月。作者认为近年之所以对于大众文化的批判和声讨不绝于耳，以至于大众文化在中国与其说是研究的对象不如说是审判的对象，要害在于部分以精英自居的

---

① 郑一明：《法兰克福学派的"文化工业论"析评》，《哲学研究》1994 年第 7 期，第 21 页。
② 潘知常：《文化工业：美学面临着新的挑战：当代文化工业的美学阐释之一》，《文艺评论》1994 年第 4 期，第 18 页。

知识分子对于自己的边缘化处境心怀不满，而将之归咎于大众文化的兴起。作者并逐一批驳了批判家给大众文化罗列的罪状，如针对大众文化是假冒伪劣文化垃圾、文化快餐的指责，作者指出大众更看重文化与日常生活经验的共鸣。针对大众文化与权力合谋的指责，作者认为大众文化是用滑稽模仿的特殊方式对抗主流意识的控制。针对商业化和被动接受的指责，作者强调商业社会中文化的生产与流通不可能完全排斥商业化，而大众自有它独特的参与方式。虽然，作者让大众文化回到研究席的呼吁还多少叫人惘然：回顾我们的大众文化研究，几时可曾有过高踞大雅之堂的好时光？

比较此一时期西方热衷把大众文化看作一种政治参与姿态，国内更多关心的还是大众文化的道德内涵，把大众文化定位在避开社会批判的休闲娱乐，求趣味不求思想的误识，依然广有影响。大众文化如果不说是粗俗、平庸、浅薄，至少也与精致、高雅、深刻相去甚远，它是文化的堕落、艺术的堕落、人的品位的堕落。支持大众文化的意见则认为，大众文化是处在生存压力下的大众的一种文化"解放"，它抛弃了那些由意义、信念、价值强加下来的重负，用一种能够逃脱惩罚的游戏方式，在清扫文化垃圾的同时也满足着人们与生俱来的忤逆欲望。但是总的来看，比较大众文化焕然已成显学的西方，我国当前一方面是文化产业全速发展，一方面是理论建树明显滞后了。我们的理论家关心的是怎样引导、提高、规范大众文化，而对于大众文化自身内在机制的研究，还是显得相当贫乏。

中国 90 年代市场经济突飞猛进，特别是在瞄准 WTO 不断调节市场结构和经济对策的那个辛酸又甘甜的过程里，文化工业正常发展的典型环境，渐渐水到渠成摆到了我们面前。相应大众文化的研究在 90 年代后期别开生面，渐而摆脱雅和俗的纠缠而揭开了崭新的一页。这里的一个标志性事件，是李陀主编的《大众文化批评丛书》。李陀在丛书序中称大众文化的兴起是 20 世纪的一件大事，而考虑到大众文化，比如说 MTV 就是数以亿计的青少年的文化，考虑到正是这数以亿计的青少年将是未来地球的主人，那么再来回顾现代知识体系对大众文化的轻视，就只能说是显示了知识界对大众文化和大众文化研究的根深蒂固的轻视。李陀认为将大众文化等同于历史上出现的通俗文化或民间文化是一个误解，因为"大众文化研究所分析的大众文化是一个特定的范畴，它主要是指与当代大工业生产密切相关（因此往往必然地与当代资本主义密切相关），并且以工业方式大批量生产、复制消费性文化商品的文化形式"①。

1999年戴锦华的《隐形书写：90年代中国文化研究》，可视为国内第一部比较专业意义上的大众文化研究专著。作者给我们勾勒出了一条文化研究，或者毋宁说是大众文化研究的东进线索：英国（伯明翰学派，对工人阶级文化的再度发现）→美国（作为跨学科、准学科的文化研究，多元文化论，后殖民理论及其表意实践，关于公共空间的讨论及其族裔研究、性别研究）→亚太地区的文化研究实践（中国）。但这本书的兴趣不在于西方文化理论的传译，而如作者所言，是要努力对丰富复杂的中国文化现象做出自己的解答。最后作者这样点题：90年代，大众文化无疑成了中国文化舞台上的主角。在流光溢彩、盛世繁华的表象下，是远为深刻的隐形书写，在种种非/超意识形态的表述中，大众文化的政治学有效地完成着新的意识形态实践。戴锦华毫不怀疑大众文化的光明前景，断言这一新的合法化过程，某种意义上说并未遭遇真正的文化抵抗。

国内第一本比较系统介绍西方大众文化理论的启蒙性读物，因而直到2000年才由上海三联书店姗姗来迟推出，它是陆扬和王毅撰写的一本小书《大众文化与传媒》。费斯克、洪美恩、德塞图等书中出现的名字，很快将走红中国大众文化研究的论坛。该书

---

① 李陀：《大众文化批评丛书》序，见戴锦华：《隐形书写：90年代中国文化研究》，江苏人民出版社，1999年版，第3页。

一定程度上也是大众文化批判理论的一个反批判,包括对法兰克福学派的文化工业批判理论、汤林森的文化帝国主义理论等,都提供了更为新近的反思视野。其中有些文字是引人注目的:"大众文化批判理论在一些反批判者眼中,是表现了某些知识分子集团中的怨言,怨言的起因是大众文化及这文化带来的大众民主,对这些集团历来享有的特权构成了威胁。"[①] 或者因为"新进"的缘故,书中也有错讹,该书以《豪门恩怨》译洪美恩笔下的美国电视剧 Dallas,则不幸同曾经在中国流行的另一部美国电视剧 Dynasty 混淆起来,因为 Dynasty 的中文译名也是《豪门恩怨》。昔年师从洪美恩攻读博士,现在西澳大利亚大学任教传媒文化的王毅后来谈到这个译名时说,《豪门恩怨》这个译名她也曾思索再三,她个人认为《豪门恩怨》较 Dynasty 更适用于 Dallas,这或许也是香港译 Dallas 为《朱门恩怨》的由来。而且她觉得,对海外的中文读者来说,将 Dallas 译为"豪门恩怨",就其内容而言远比"达拉斯"来得确切,结果看译文稿时,自己只记得 Dynasty 译为"王朝",却忘了它在中国还有另一个名字《豪门恩怨》!考虑到 Dallas 这部风靡欧美的电视剧在中国大陆并没有播出,《豪门恩怨》的译名,终究还是留下了些许遗憾。

西方大众文化理论的译介工作,在这一时期也有条不紊开始起步,各路兵马齐头并进,短时期内就显得果实累累。像罗钢、刘象愚主编的《文化研究读本》(中国社会科学出版社,2000年),陆扬、王毅选编的《大众文化研究》,周宪、许钧主编的《现代性研究译丛》等,都从不同角度选材,将当代西方的大众文化研究成果推举到中国读者面前。《现代性研究译丛》甚至把多年前由四川人民出版社出版的麦克卢汉的《理解传媒》,重又出了一遍。此外一个重要事件是陶东风、金元浦和高丙中主编的《文化研究》丛刊在这一时期面世,而为国内大众文化研究提供了一个相对稳

[①] 陆扬、王毅:《大众文化与传媒》,上海三联书店,2000年版,第28页。

定的出版阵地。文化研究是伯明翰的传统，伯明翰的传统是文化主义，而文化主义的纲领是"文化是普通人的文化"。随便举一个例子，2002年出版的《文化研究》第三辑的三个专题分别是"视觉文化研究""文化与权力""解读身体"，这都是大众文化的热门话题。其中程文超的《波鞋与流行文化中的权力关系》，不失精彩地围绕中国本土大众文化案例展开了分析。作者分析的是他女儿买的一双"波鞋"，通过女儿他知道这波鞋看似球鞋其实却不是球鞋。球鞋是老土，波鞋是时尚。程文使用的关键词却是"流行文化"而不是被人正名不休的"大众文化"。作者认为流行文化对于中国大众的意义，在于娱乐、消遣的发现也是人生真正含义和人生丰富性的发现，它意味着中国人从政治的战车上松绑之后，向自由的方向走去，本身就发泄着对极"左"时期政治权力关系的不满。它不仅没有逃避思想，而且本身就是思想。所以，"正是这样的'发现''自觉'与'思想'，成为商品经济的文化基础，并适应了商品社会的运作。流行文化，在某种意义上说，是推动商品经济发展的一种文化力量。"[①] 故流行文化在某种意义上说，是推动商品经济发展的一种文化力量。这样一种大众文化认知，应无疑问是令人鼓舞的。但是程文结尾时也称，反过来视而不见大众文化中的金钱权力关系，从而对它全盘肯定，同样是危险的倾向。

与此同时，对传媒的关注很快占据大众文化研究的核心地位，同西方经历的从文学研究到文化研究的历程相似，发声主要来自文学研究领域和大学中文系的教师。电视文化、广告文化以及新兴的网络文化，作为我们这个时代的传媒特征，很自然成为大众文化研究中的重中之重。孟繁华的《电视文化随笔三则》（1998）以及李秀萍的《电视文化受众的求异与认同心理》（1998）等文章纷纷在文化工业论的背景下，对电视文化及其所连带的广告文化

[①] 程文超：《波鞋与流行文化中的权力关系》，《文化研究》第3辑，天津社会科学院出版社，2002年版，第248—249页。

进行批判分析。值得一提的是，布尔迪厄在《关于电视》一书中的思想开始进入中国大众文化研究的视野，开始被广泛引用。这一点从徐友渔的《电视的两面性：评布尔迪厄〈关于电视〉》、黄茳的《幕后的牵引：读布尔迪厄的〈关于电视〉》等书评中就可窥见一斑。世纪之交，随着网络技术的广泛应用推广，互联网渐渐逼近报纸电视加入大众传媒业中并且露出霸态，终而形成声势可观的网络文化，探讨网络文化的著述开始频频出现，如匡文波的《论网络文化》(1999)，张成岗的《网络文化及其哲学思考》(2000)，南帆的《网络的话语》《没有重量的空间》等文章纷纷就这一新生文化形态予以表态。值得一提的是秦朔的《大脑风暴：文化工业探寻》，这本书将文化工业理论用于广东本土大众文化的研究，可谓法兰克福文化工业理论同中国具体语境两相结合的一个范例，自然也是大众文化研究本土化的一个范例。

大众文化的定义因此成为一个很难回避过去的问题。金元浦刊于2001年7月4日《中华读书报》的《定义大众文化》一文，相当具有代表性。作者指出，本雅明、霍克海默、阿多诺等都曾对大众流行文化下过定义；英国伯明翰学派霍加特、威廉斯、霍尔、汤普森则从张扬大众文化起家，成为当代大众文化研究的奠基人；英美理论家詹姆逊、费斯克以及法国学者布尔迪厄、鲍德利亚等也对当代大众流行文化说了不少观点不同，意义却都十分深刻的话，还有一大批媒介通俗流行文化理论家批评家，他们的理解与思考则构成了当代大众文化研究的"另类"。即便如此，作者在枚举了十余种眼下流行的大众文化定义后，还是表明了他自己的看法：

> 我们今天所说的大众文化是一个特定范畴，它主要是指兴起于当代都市的，与当代大工业密切相关的，以全球化的现代传媒（特别是电子传媒）为介质大批量生产的当代文化形态，是处于消费时代或准消费时代的，由消费意识形态来筹划、引导大众的，采取时尚化运作方式的当代文化消费形态。它是现

代工业和市场经济充分发展后的产物。是当代大众大规模地共同参与的当代社会文化公共空间或公共领域,是有史以来人类广泛参与的,历史上规模最大的文化事件。①

这样一个气势不凡的定义,听起来已经很有一些宏大叙事的味道。或许,它就是大众文化反仆为主命运本身的一个写照吧。

活跃于影视和传媒批评有年的王一川,在他成文于世纪之交的《当代大众文化与中国大众文化学》中,也从如何定义大众文化的角度,探讨了大众文化的定义问题。作者提出在操作大众文化定义上,应当注意以下几个问题:第一,大众文化并不是任何社会形态都必然伴随的现象,而仅仅是工业文明以来才出现的文化形态,它是以大众传播媒介为手段,按商品市场规律去运作的;第二,它是社会都市化的产物,以都市普通市民大众为主要受众或制作者;第三,它具有一种与政治权力斗争或思想论争相对立的感性愉悦性;第四,它不是神圣的而是日常的。据此作者给大众文化下的定义是:大众文化是以大众传播媒介(机械媒介和电子媒介)为手段、按商品市场规律去运作的、旨在使大量普通市民获得感性愉悦的日常文化形态。作者进而呼吁大众文化研究当推进到建立中国大众文化学,通过借鉴西方大众文化话语而研究中国自己的大众文化,从中发现中国大众文化自身的特征,从而建立起与这特征相适应的中国大众文化学。大众文化学!这个提法不光是新颖。它所能具有的,肯定不光是时尚的价值了。

事实是名可名非常名的困顿不足以阻挠来自四面八方的命名尝试。围绕大众文化的定义问题,陈刚的《精英文化的衰落与大众文化的兴起》、李凤亮的《大众文化:概念、语境与问题》、季水河的《关于大众文化概念与性质辨析》、高洪福的《精英文化与大众文化》,等等,对大众文化的特点、定义、功用、影响和发展

---

① 金元浦:《定义大众文化》,《中华读书报》,2001 年 7 月 4 日。

前景都有不同视角的描述,法兰克福学派的文化工业思想无一例外被再一次引述,对大众文化的批判态度也此起彼伏,但是这一切并不妨碍中国本土大众文化的理论建构,在迈着坚实的步履一路前行。

第三节 SECTION 3 >
上海酒吧

进入新千年以来,中国的大众文化研究不但在理论上,在实践上也在悄然走向本土化。可以枚举的例子除了程文超的波鞋研究、周小仪题为《日常生活的审美化与消费文化》的中国20年代唯美主义思潮反思、徐旭的《解码第二届金鹰电视节现场直播》等文章,包亚明等被收在《大众文化批评丛书》麾下的一本专著《上海酒吧——空间、消费与想象》,显得相当突出。

该书涉及的酒吧是指90年代末叶在短时期内大量涌现的酒吧,主要集中在衡山路、茂名南路、黄陂南路"新天地"及其附近街区。酒吧主要呈现为两种风格,一是西方风格,一是老上海怀旧风格,并且常常融酒吧、咖啡厅、餐厅于一体。作者选取了两组观察对象,衡山路酒吧一条街的消费空间,和以复旦大学、同济大学为中心的酒吧消费空间,进而:

> 我们试图在对这两组个案观察的基础上,分析世纪之交的上海特有的都市消费文化现象,借助于现实的消费空间与文学文本追溯上海消费主义的文化经验和历史;我们试图在现代性、全球化的背景中理解上海都市空间的流变,从消费的角度阐释当代上海复杂的社会文化现实。①

---

① 包亚明、王宏图、朱生坚:《上海酒吧——空间、消费与想象》,江苏人民出版社,2001年版,第1页。

作者给我们描述了上海酒吧性质娱乐业的一条发展线索：1980年上海出现第一家音乐酒吧，1984年有了第一家音乐茶座，1989年诞生了第一家拥有KTV包房的娱乐场"文艺俱乐部"。而从1992年下半年开始，一个既陌生又熟悉的极富刺激性的词——夜总会，开始闯入上海市民眼帘。协泰中心开了上海滩夜总会，国贸中心有了梦上海夜总会，上海新客站的长安大厦里的水晶宫娱乐总会摇身一变成为国脉夜总会，如此等等。但作者没有忘记告诉我们，此时的上海酒吧，还只是一个隐秘的、暧昧的空间，它常常隐伏在星级宾馆的巨大阴影里，以一个封闭的单向度的空间，并不向本地人敞开，因为有能力光顾的本地消费群体还没有在经济上和文化上做好进入的准备。所以此时的上海酒吧还是一个负面的空间，主流媒体上时常披露酒吧野蛮"宰"客和从事色情活动的消息，或者以色情为诱饵野蛮宰客。很显然，这时候的上海酒吧同上海人的日常生活还没有连接起来。

我们发现1998和1999年衡山路酒吧一条街的崛起，是为上海酒吧迎来黄金岁月的标志性事件。衡山路这条继承了丰厚的历史遗产，又堆砌了过多的历史想象的马路，在短短两三年时间里从纯居住性街区迅速转变为繁华又优雅的商业街区。据徐汇区商业委员会2000年1月统计，衡山路共有商业网点一百七十五家，主营业态中，以酒吧、餐饮、娱乐三大龙头为代表的休闲娱乐网点共有一百一十六家，其中衡山路主干道上的网点共七十家，营业面积一万九千二百四十平方米。衡山路休闲娱乐网点的全年营业额约为七亿元左右。然后，又在淮海中路以南、黄陂南路和马当路之间三万平方米的地块上，冒出了经过好莱坞式改造的石库门酒吧餐饮街区"新天地"，旧式弄堂原风貌的石库门建筑里极尽奢华，新与旧、传统与潮流、怀旧与流行于此得到了完美无缺的交融。作者将之命名为一个有着石库门外壳的精美然而疯狂的梦剧场。它似乎也不属于我们的日常生活。

包亚明认为从上海 1992 年夜总会的出现,到 1998 和 1999 年成形的衡山路酒吧一条街,再到最近"新天地"的崛起,以上海酒吧为代表的娱乐性消费空间的发展进程,并不单单是地理空间的变化和更新,而至少有三个层次值得认真分析。首先,作者指出,上海酒吧是以非本地化的方式降临的,客户目标是非本地的消费群体。所以它一方面与本地的日常生活保持着审慎的距离,一方面也不会是哈贝马斯所说的公共领域的发祥地。它不是无产阶级乌托邦的福地。相反上海酒吧始终是在区别身份、地位和趣味,而不是消弭此种差异。它曾经是而且在相当长的时间里仍然将是炫耀性消费的舞台。其次,上海酒吧已经培养本地的消费群体,这是上海酒吧本地化的成果,也是上海这座城市不断参入全球化进程的伟大收获。谁坐在上海酒吧里?作者答曰有在上海工作或访问的外籍人士,有本地的白领、知识分子、自由职业者和外地的观光客等。但是上海酒吧展示的消费实践和消费者之间又能解读出怎样一种复杂关系呢?最后,上海酒吧的发展进程与地域知识的重建过程紧密相连,它信心十足地改写了这座城市最富特征的、最基层的生存空间,给上海地域知识重建过程添加了种梦幻色彩。

《上海酒吧》是几位作者无数次泡吧的产物,叙事风格上时尚意识也为明显。如作者这样描述衡山路上的"凯文"酒吧:

> 你最好也应该在黄昏时候去,当然,是秋天就更好了,这样,你甚至不必坐进咖啡馆内,你完全可以在室外挑选个位置,点杯咖啡或茶,落定下来:秋日斜阳,余晖透过高高低低的香樟和棕榈映射过来,在似有似若无之间;一阵微风吹过,你若有所思地低头,发现秋叶在地上黄黄绿绿;搅动手中的咖啡匙,冷不丁地,你也许会意识到,在衡山宾馆的对面,在车水马龙的建国路、宛平路、衡山路的交会处,能够有这样的享

受，是不是太奢侈，甚至太不真实了？①

上海人喜欢把衡山路比作香榭丽舍。巴黎的中国人则说香榭丽舍是北京的长安街，上海的南京路。平心而论，香榭丽舍和衡山路的可比性并不太多，衡山路自誉的是幽雅和品位，可是香榭丽舍熙熙攘攘，人头攒动，它是商业闹市，并不是咖啡馆酒吧一条街。要说它的品位，那也有点大隐隐于市的味道。它同样不像南京路步行街，因为它的宽度数倍于南京路，而且没有南京路的精雕细琢，和巴黎的许多街道和广场一样，它的马路是上海人说的那种石块铺成蛋格路，国庆的时候，坦克大炮就在上面隆隆而过。它当然也不像长安街，因为长安街并不是商业区。香榭丽舍这样看来，它更像是一个符号，一个同趣味和高雅紧密联系在一起的现代性符号，虽然这条号称世界第一的马路，也已经在见证高高在上的现代性，怎样逊位于撇开理性也来开始质疑科学的后现代精神了。

《上海酒吧》还未及深入研究更晚近崛起的"新天地"。新天地已经后来居上，同衡山路比肩成了上海酒吧文化的象征。新天地有它自己的特点。它原本也有悉心营造的幽雅氛围，但是它得天独厚在闹市中央傍湖而起的地理位置，加上石库门外观、现代化内核的独特建筑风格，都使它早早成了一个不收门票的旅游景点。酒吧和咖啡馆延伸到人行道上的欧洲风格，在这里有生动再现。古色古香包裹起了洋味洋气。但是令人瞠目的是这里的价格。新天地里有不少标着非常正宗外国名字的餐馆，或许多半是这些外国餐饮在上海的分店。不过看一眼矗立在门口的菜单，委实就是触目惊心。至少隔着塞纳河同巴黎圣母院遥相呼应的那些小街小巷，那里许多韵味十足的法国餐馆，价格似乎还只有它们新天

---

① 包亚明、王宏图、朱生坚：《上海酒吧——空间、消费与想象》，江苏人民出版社，2001年版，第31页。

地同类的一半。现代性、现代化、现代主义,这都是现代人乐此不疲的东西。酒吧曾经是现代性的摇篮之一,可是在今日中国都市的全球化消费主义语境之中,似乎下定了决心,要向平头百姓们来炫耀早已成明日黄花的贵族威风了。呜呼哀哉。我们想起了鲍德利亚,这就是商品消费的符号价值。

其实《上海酒吧》不失为大众文化研究西方话语本土化的一个精彩个案。即就作者们被发难者讥嘲有加的一次次"泡吧"经历,正也可见出今日文化研究中风头正盛的"民族志"研究方法,这个从人类学研究中借用来的术语意指深入对象,实地调查,进入一个特定群体的文化内部,自内而外来展示意义的阐释。唯其如此,《上海酒吧》不同于那些纸上谈兵、隔靴搔痒的著述,在书中我们很可以读到一些较之概念更为深切的东西。或如作者所言,上海酒吧通过对消费主义和全球化的褒扬,有可能演变为一种完全压抑革命话语的资本的叙事,这与国家意识形态的立场是有差异,甚至是有抵触的,但是上海酒吧所主张的消费主义的资本取向,却又满足了国家意识形态对于全球化的文化想象。

的确,中国的大众文化研究学者已经看到了西方理论与中国具体语境的差异,对大众文化在中国应走的道路已经有了明确的目标和坚定的信心,这个目标和信心就是大众文化必然成为社会主义市场经济的一个举足轻重的组成部分。由是观之,大众文化的研究任重道远,我们可以努力的方向,岂止又只是上海酒吧呢。

第四节 SECTION 4
小资和咖啡馆

如上面上海酒吧的例子所示,如果说"小资"是今日中国大众文化的一个关键词,恐怕鲜有人会提出疑问。"小资"一语来源于法文 petit bourgeois,它的语境大致有些限定。比如性别是为男性,小规模拥有些许财产,诸如一家店铺、一栋房子、一块地皮、一个作坊,等等。要命的是有限的财力普遍认为是决定了他们有限的心胸。于是小家败气、自鸣得意,几乎就成了小资的同义语。

小资的对过是大资,所谓的"高等资产阶级"(haute bourgeoisie)。但是高等是相对小资而言,并不意味百万富翁。它就是我们所说的资产阶级罢了。在西方的词典里,资产阶级有两个显著的特点,第一在经济上和政治上,它绝对具有勇往直前的革命精神,这一点马克思和恩格斯在《共产党宣言》里说得非常明白:"资产阶级在历史上曾经起过非常革命的作用"①,"资产阶级除非使生产工具,从而使生产关系,从而使全部社会关系不断地革命化,否则就不能生存下去。"② 这是法国革命的传统。第二是在文化上,这一点情况却不乐观,从莫里哀到巴尔扎克,都把资产阶级描写成庸俗粗鄙,狼心狗肺,要钱不要命的货色。但是文学家其实大可不必对资产阶级如此咬牙切齿。虽然,当资产阶级经济和政治上如日中天的时候,不得不退出历史舞台的贵族祭出文化和趣味,作为最后一块挡箭牌来挽回尊严,可是资产阶级钱囊既然充盈,要来学会风花雪月,不过也就是早点晚点的事情。这可见时下流行的什么须知三代血统才能培养一个贵族啊,纯粹就是鬼话。

回过头来再看我们身边的小资,可以发现它是中国的特产,而且肯定是十数年之内的产儿。要说它的经济和文化的内涵,早已是物是人非,沧海桑田了。今天的小资是情调,是品位,是浪漫。它不再是那个灰头土脑的男性世界,女性在这里的意义不是参入进来,而根本上就是取而代之,转眼就把它变成了一道亮丽的风景。作为一种情调,小资被认为至少包含三个方面:首先是生活的品位和文化的情趣,如是咖啡馆是最好去处,且看都市的

---

① 马克思、恩格斯:《共产党宣言》,《马克思恩格斯全集》,人民出版社,1972年版,第253页。
② 同上书,第254页。

小资情怀和咖啡馆同步增长,就是最好的例子。其次是向往浪漫,这是一种都市化的浪漫,浪漫是妒忌和逼仄的最好解药。最后,既然是一种情调、一种心境,小资就并不限于月薪在三千以上的那一群职业女性,上则中资、大资,下则平头百姓,都可以包括进来。虽然,前者对小资颇有些不屑一顾的傲慢,后者仰着头拼命企望,却总还是觉得小资是同她们相隔十万八千里的两个世界。

曾经有一位女性同作者谈过她对小资的感觉。她是60年代出生,一个金领级别的保险公司高级职员,容貌端庄。自小学到大学,历来是三好学生。她说了这样的话:

> 我希望过无忧无虑的生活,而不是像我现在这样,从小就像大人一般加入激烈的竞争。我还希望自己至少有两到三个孩子,而不是现在仅仅一个。还有,我不用上班,每天在家打理家务。对了,我还一定会养一条漂亮的狗。我会把家安排得很舒服也很温馨,傍晚时分听孩子们的笑声,享受家庭的乐趣。当我孤独时可以一个人有个空间,让我听听音乐,喝喝咖啡,有足够的心灵空间让我消化孤独和寂寞。当我老去的时候,可以在公园的长椅上和自己心爱的人享受整日的阳光而不需要任何言语。真的,那份奢望已经让我感动和流泪啦。还有,女人其实也并不是为了小资而小资的。而是过去几代人流传下来的一种文化氛围。这种情绪其实也是一种感情的奢侈。我喜欢优雅、浪漫,喜欢被人宠爱,喜欢花前月下的风雅。但是现在思想上好像起了变化。我去了一次大西北,第一次感到自然是多么壮伟,人在大自然里是多么渺小。风花雪月看多了,就会给人一种无病呻吟的感觉,你说是吗?

当然也不尽然,70年代以后出生,依然还属于"女孩"的那一代女性,更倾向于小资是她们的专利。她们可能是思想和衣着都标新立异,偏爱"另类"的新新人类,但是肯定忠实于自己的感觉。她们会说小资不买菜,不还价,穿名牌,男性如果抽烟,那就一定是抽中华。再前卫一层,那就是可以有孩子,但是最好不要生孩子。当然浪漫是永远难舍的情怀,就像一首诗所说的:让我的生命之舟轻悠悠,船上只装着我需要的东西／一个简单的家、朴实的快乐／一个称得上朋友的朋友;一个值得去爱又能爱你的人……

小资的首选去处是咖啡馆。咖啡馆没有酒吧的暧昧,又免除了茶馆的通俗,它悉心营造的幽雅氛围得天独厚,成为我们小资情怀中的一个圣地。优雅、怀旧、伤感,对于年轻的小资们来说,都是很遥远的东西,但是在咖啡馆里,这一切就显出了近在咫尺的温馨,特别是有很绅士的男友坐在面前,小资的感觉就像催眠一般,有了如梦似幻的魅力。

咖啡馆的兴起已经有三百多年历史。没有疑问它是和现代性密切联系的。启蒙理性、艺术和趣味,这些现代性的典型风尚,毫不含糊也就是咖啡馆的风尚。后来人把这样的地方叫作公共领域。据哈贝马斯的解释,公共领域多不胜数,诸如俱乐部、沙龙、休闲场所、茶馆、剧场、博物馆、杂志刊物等比比皆是,但是最典型的,公推是咖啡馆。咖啡馆作为文学和政治的批评中心,被认为是促成了介于贵族社会和市民阶级之间,一个有教养的中间阶层的崛起。咖啡馆不同于平头百姓聚众凑热闹的酒吧、客栈,那是下里巴人的去处,有身份的人不屑和它们"同流合污"。咖啡馆是身份的一种标记。不过,这里的身份固然可以向底层的大众炫耀,在目中无人的贵族面前,终究还是短了一口气。这一口气的差距,就决定了咖啡馆的社会功能:用文化和知识,来向贵族开战,颠覆现存的社会等级。

关于小资和咖啡的情缘,一位年轻的高校教师同作者作如是说,虽然她的经济状况已居于小资之上:算起来,我们属于比较"夹生"的那一代,也就是80年代后期上大学的那一代。我们有点向钱看,但是又没扔掉理想的大旗。虽然日后我们基本都变得

"现实"起来,但是,我们真的挣扎过,也正是这点挣扎,使得我们与以后的人们有些不同。我们喜欢海明威,尚不知道利兹饭店多么豪华;背诵"人诗意地栖居",尚未跟豪宅联系起来。在那时候,"傍款"的语汇尚未发明,女生们的偶像还是上个世纪的英国小女子简·爱。我们端起一杯咖啡,就觉得心灵充实、生活诗意盎然。咖啡算是个象征吧,西方的、文艺的、感伤的,需要细细品味的。相比之下,酒有点做作了,可乐有点甜俗了,茶有点中国了。冬夜校园无比简陋的"咖啡屋"里,我们双手抱着那一杯混浊的亦苦亦甜的液体,围着蜡烛坐着,聊着很辽远的东西,眼睛闪闪发亮。那是真的,我们大睁着眼睛做梦。咖啡之于我们,更是无形的属于境界一类的东西。多么期待未来有一天,能在真正的咖啡馆里相见啊。

今天我们的城市里咖啡馆像雨后春笋一般在纷纷开张,它们是小资的乐土。我们今天叫作小资的东西明天未必叫作小资,正如小资在它的本土法国,原来是那么一个猥琐的男性圈子。读列维-斯特劳斯的《忧郁的热带》,书中有一段话给人留下很深的印象:世界开始的时候人类本不存在,世界衰老灭绝的时候,人类也不会存在,所以人类理应同大自然和谐相处,而不是一心想着做它的主人。这样来看,热爱生活的小资自有她的可爱之处,当也是不言而喻的吧。

第五节　SECTION 5 >
解读服饰

服饰是一种包装。"包装"依《现代汉语词典》看有两个意思:一是指"在商品外面用纸包裹或把商品装进纸盒、瓶子等",二是指"包裹商品的东西,如纸、盒子、瓶子等"。它还有一个在当代中国极时髦的引申意,指对人而非物的"包装"。一如某某歌手被某某唱片公司"包装"。这个含义大约始自20世纪80年代末大陆歌手与港台唱片商的签约。歌手将自身作为商品被商家在外面用各种商业手段，包括如服饰等"包"裹然后"装"进电影、电视、磁带或光盘等销售出去。在文化符号学的意义上，这种"包装"就是对各种文化符号，如服装、首饰、发型、声音等进行重新编码，从而赋予商品（如歌手）新的社会和文化意义，以达到赢利的目的。它通常是一种商业操作，一种资本主义商业行为。

但是这里我们讨论的"包装"不是上述商业行为，而更多是日常行为，一种大众文化现象。"包装"在这里有三层意思。一、服饰的流行俗称；二、服饰搭配及着装的过程；三、表象的有意义的符号系统。服装和饰品是对身体的写作，是一套表象的文化符号，为"看"的感觉而创作的。任何人都可以对自己进行包装打扮。服饰是对人的社会、身份地位的一种外在表述，传递着时代的信息和个人的体验和经验，给人以自信并影响其在社会环境中的行为。在消费文化的意义系统中，服装被看作是虚假现实的表现。在这个现实里，服装不是因为有用而有意义而是因为有意义而有用。一如鲍德利亚所说，消费是一种积极的与集体和世界保持关系的方式，追求时尚是为了界定社会地位而不仅仅为了生存需要。正如名牌西服广告吸引人的常常不是产品的本身，而是广告背后的身份和地位以及成功的神话。因此，服装商品一旦进入交换系统就进入了一个差异系统，即价值和意义的差异。消费者常常被符号诱惑，以为符号的差异就是现实的差异，因此期望在差异消费中形成和界定个人和社会身份，并通过服饰作为包装为自己也为别人说话，从而释放出潜在的意识形态信息。

服饰作为符号的文化意义以及消费时尚的意识形态意味着什么？有感于文化研究理论的庞杂艰深和晦涩，这里我们反其道而行之，从当代中国文化现象的个案分析入手，通过解读服饰，尝试用文化研究理论对中国本土文化现象进行解读。

作者王毅第一次见到 D 教授是在北京大学的课堂上。她在给研究生讲课，讲的是"大众文化导论"。让人十分着迷的不仅是她滔滔不绝、口若悬河的"霸权话语",一口气讲了近三个小时,让人想起澳大利亚一个以能言善辩著称的女政治家卡门·劳伦斯博士,更有她的服饰。第一印象常常是思想火花的发源地。这位以阐释文本著称的大学教授大概没想到,在课间十分钟的休息时间里,有人在将她的服饰作为文本进行解读呢。

眼前的服饰搭配很有意思。第一眼看上去一时不知该如何定位:时髦的?中性的?大众化的?青年的?中年的?男性的?女性的?传统的?现代的?东方的,还是西方的?似乎都有,又都不是。首先映入眼帘的是一条浅蓝色的系皮带的牛仔裤,配一件传统的带爬虫脚式布扣的男装中式对襟上衣;整个儿一个中西合璧。但上衣是经过了现代化夸张的那种:黑白棕格相间的布料,黑色的加高加宽加变形的竖领,衬以黑色的同样加宽的衣袖边及衣脚边(似乎在工艺美术店见过,像外国人也常穿的那种"中国时装")。这是一个传统和现代的结合。其色彩组合也是中则是传统的老成色,西则是年轻人喜爱的现代服装流行色。衬底是一件蓝黑色高领毛衣,扎在皮带里面。与男性符号皮带呼应的是女性符号的项链。这条棕色带玉珠和木质工业品的项链在毛衣和外衣之间忽隐忽现,对应着鼻梁上同样忽闪忽闪的两块镜片。王毅注意到这串项链是国外常看到的中老年人喜爱的那种长项链,而不是年轻人的短项链。这显然是一套以男人为性对象的"被看"的"包装"。而这套看似没有"中国特色"的言说方式和言说内容的服饰,显然也不能理解成一种精英"失语症"的中国文化版。而且"失语症"的说法本身可疑,英语世界的文化理论大部分从法国和德国进口,他们何时失语过?

所有这些文化符号的组合与堆集,使其成为一个意义发生的中心场所。这套服装的组合是如何被创造出来的?服饰的主人为什么要对这些文化资源进行如此再加工?这些符号作为"包装"有什么意义?它们能表述什么?又能隐藏什么?对于这些问题,D教授的回答很有意思。回答不是期盼中的精英话语。她把自己放在消费者的位置上说了三点。一是她并没有刻意打扮,二是她高挑的身材不容易买到合适的衣服,三是她只按自己的经济实力消费。

其实 D 教授的解释并不至关重要。理由有四点。首先,符号学的文化研究着重于意义的解读,即意义如何生产与再生产。在托尼·特淮兹等人所著的《文化研究的工具》一书中,让学者们争论不休,头疼至极的"文化"一词的概念定义只有短短的一句话:"文化是意义被生产,流通和交换的社会过程的集合。"① 在文化文本的阅读即解码过程中,意义并不仅仅包括在文本里。符号的意义来自代码而不是意义符号本身。它是由读者、观众阅读时产生的。

其二,符号学的文化研究将服饰看成是能产生意义、释放信息的文化符号。文化符号本身能提示某种解读代码,一如语言中语法可以引导人们对符号的阅读和理解。一件丝质睡衣可以解读为"室内用品""不能穿上大街或出席宴会",也可以解释成"西方文化""有钱阶级",等等。如霍尔在他著名的《制码/解码》一文中所示,如果意义没有完全由文化代码预设,意义在系统中即是由接受代码决定,可以有多种解释。各人解码解出的意义也不尽相同。

其三,"读"文本,如广告、新闻照片和电视,这里则是服饰,是一种社会活动,一种社会协商的过程。读者可以同意也可以不同意。霍尔曾批判美国学派对传媒过程的经验与行为的解释,提出传播不仅仅是一个传播者到接受者的直线行为。信息的发出不能保证它的到达,在传播的过程中,从信息的原始创作即编码到被解读和理解即解码,每一过程都有其自身的决定因素与存在

---

① 特淮兹等:《文化研究的工具》(Tony Thwaites, Lloyd Davis & Warwick Mules, *Tools for Cultural Studies: An Introduction*), Melbourne: Macmillan Education Australia Pty Ltd., 1997 年版,第 1 页。

条件。信息生产的权力关系与消费的权力关系不完全吻合。因此，大众文化是一个为争夺意义控制权而斗争的场域。支配意识形态既然是斗争、协商和妥协的结果，当然就可以争论，可以被颠覆。

其四，在符号学的意义上，对服装符号的文化阅读，有如看时装表演或在大街看人群，并不等同于对服装载体本人如模特儿的阅读。服装本身是一个意义系统，穿在一号模特儿身上和穿在二号模特儿身上，甚至穿在一个模型身上，并不影响对服装意义的解码。一如小说里的叙事者"我"不等同于作者，对小说文本的解读是"就事论事"地分析小说文本而不用考虑作者是谁意图如何。

虽然这套服饰设计的编码系统显然跟 D 教授的身份大学教授有关，我们还是想抛开载体，仅对服装组合进行解码，适如观看电视节目，自己想着节目在说什么而不在乎编剧和导演想说什么。现在，理论上的问题是：如何为个人的服饰作为解读"文本"正名？传统的文化研究中，文学批评是一种第一性的父权文化。女作家的服饰则另当别论。作为"女人"的个人的体验和经验的打扮常常被看作一种"个人的""私人的""边缘的"和"第二性的"大学，不能作为文本进入学术研究的大雅之堂。然而服饰不也是女性对身体书写的"微型小说"吗？对小说文本的分析与对服饰文本的分析，假若将文本看作叙事人与叙事听众之间的交流的叙事代码，又有什么区别？女性主义者批评哈贝马斯的公共领域理论，指出公私领域的分野是父权社会的基础，谓哈贝马斯与男性权威同略合谋将妇女打入私人领域的另册而排斥在公共领域之外。"即不仅在个人上排除妇女，在意识形态上亦将公共领域看成一个'绅士俱乐部'。"[1] 女性作为第二性的历史，也就是女性被全方位地"私人化"的历史。

---

[1] 麦克奎甘：《文化与公共领域》(Jim McGuigan, *Culture and the Public Sphere*), London: Routledge, 1996 年版，第 27 页。

在进入 21 世纪的今天，随着大众传媒的飞速发展和资本主义对人们生活空间的渗透，大众传媒在大众读者和大众意义上都发生了重点的转移。如约翰·哈特利 1996 年出版的《大众现实：新闻主义、现代性、大众文化》一书指出，西方大众传媒越来越私人化和女性化。它对传统的二元分野的传媒，如硬新闻/软新闻、男性/女性、高级/低级等，构成了明显挑战。当代传媒的主流是时装、消费、名流和生活方式。"新闻"在某种意义上已经从传统的男性的、政治的、评论的、国家的转变成为女性的、私人的、视觉的、叙事的和个人化的，强调的是认同而不是权力。精英文化如法兰克福学派对文化工业和大众文化的批判由是观之，当是一种捍卫精英文化绝对标准的文化立场和审视角度。而将服饰作为文本解读，便是将被逐至边缘地带，或被早先的阐释家束之高阁的东西，请回到了厅堂。

约翰·费斯克在他的《电视文化》一书中提出电视代码大致可以分为三个层面分析，即现实（reality）、表征（representation）和意识形态（ideology）。现实的代码有外貌、服装、化妆、环境等。表征的代码包括大部分技术性代码，如镜头、灯光、剪辑、音乐、声音效果等。意识形态代码则包括一些社会约定俗成的思想，如"个人主义、父权制、种族、阶级、唯物主义、资本主义等"①。D 教授的服饰代码似乎也可分辨出三个层面或者说叙事主体来解读：消费者、知识女性和女性主义者。它们之间有费斯克模式的表层到深层的关系，也可成为独立的代码系统。它们应当是能动的而不是静止的。代码和叙事主体的功能是为解码提供分析角度。我们来开始吧。

首先，消费者代码。服饰最表层的叙事主体是消费者。不同的消费者对服饰有不同的代码系统。服装和饰品作为文化符号是

---

① 费斯克：《电视文化》（John Fiske, *Television Culture*）, London: Routledge, 1987 年版，第 27 页。

一种意义系统,如罗兰·巴特《符号学美学》所说,是人类普遍情感的载体。巴特进而将衣着系统分为三个不同的系统,一是作为书写的服装,这不是个人掌握的服装,而是时装杂志中依靠发音的语言所描述的时装,一如小说中描述的服装;二是作为照片的服装,即已被照片上的某个人穿在身上;三是真实的穿在身上的服装。这里我们要阅读的是第三种系统,即穿戴在身上的服装和饰品。但表述在这本书里,它们又变成了第一种系统,因为服饰原件无法搬到此处,我们只能对它们进行语言的描述。

乍一看,牛仔裤和宽松的上衣搭配很休闲。休闲服不是一般人穿的。它的消费定位属于社会的中上层而不是底层,是中产阶级、白领和新富等。然而这看起来很休闲的现代组合,却被项链消解了它休闲的意义。项链不仅泄露了主体的性别,而且赋予这"休闲"服装"公共场合"与"正式场合"的意义。换言之,项链点明了它是一套"工作服",一套能跨越正式与非正式场合,工作与生活空间,家庭与社会环境的"职业服装"。有这样的职业服装吗?

如果这套服饰挂在商场橱窗的模特身上,脱离眼前的主体,我们会怎么看它?它的消费者大概可以定义为:1. 有一定经济地位和文化品位,因为休闲服并不便宜;2. 追求一种不经意的打扮,用心打扮却让人看不出来;3. 生活空间与工作空间重合或界限模糊,比如在家工作;4. 不需要用服装来定义自己的身份和地位。什么人需要这样的服装?文化人是也。这是在文化学而不是社会学意义上的文化人,没有贬义。也可以叫知识分子、学者、文人、老师或脑力劳动者。这是一套作为文化人的消费者的"工作服"。在当今中国的社会阶层中,除眼镜是文化人的职业以及装饰符号外,文化人并没有特定的服装符号。休闲服的定位更多的跟经济能指而不是文化能指有关。服装的主人富有创意的组合无疑表述了一个目前服装市场尚无定位的"文化人"消费群体的特点:不需要用服装来表明权力地位(如重要首长的毛式制服),也不需要用服装来体现职业特点（如商人、白领、警察），更不需要用服装来象征性地提高自己的社会地位（如农民穿西服）。想要的只是一份属于自己的文化符号，一份从衣服强加的身份限制中解脱的自由。

不受职业服装身份限制是中产阶级"文化人"的特权。这是职业权威才有的自由的特权。大学里，教学人员与非教学人员在服装上也可以从随意与刻意打扮中区别开来。教师可以衣着随便，舒适为主站在讲台上，或是穿着T恤穿梭校园，秘书们却没有这份自由。她/他们的打扮要讲究得多，也拘束得多。D教授这套服饰组合无疑表述了精英作为消费者不随波逐流的独创性，对大批量制作的市场服装即大众文化，如限定身份和地位的职业套装的抵制和不认同。这份独创性在于它就是自己的当下性的现代镜像，在于它既不为商业时尚左右，又追求一种自我定位的时尚而不媚俗的品位。超脱了那种文人消费者表面和骨子里的清高，不能不赶或不愿赶时尚又不能"落伍"的两难处境。

在文化商品的意义上思考，这套"独创性"的文化人的服装组合具有大众文化的代码特征①。多重的二元组合成就了一套中性包装。它超越性别和年龄界限，模糊了社会阶层。如果没有项链，你无法从服装的角度去定义它的主体是男是女，是老是少，是属于社会中哪个阶层。所以，它男女皆可，盖项链很容易被领带取代；老少咸宜，可以从二十岁穿到七十岁，甚至不分中外。牛仔服本来就是舶来品，现代化改装的中式服装也是出国门的热门货，为金发碧眼们乐此不疲。因此，这种穿透性具有巨大的市场潜力。因为它的定位几乎涵盖了所有的文化人，尽管，它穿在一个知识女性的身上。

---

① 洪美恩《看〈达拉斯〉》曾说大众文化如肥皂剧常常被谴责没有独创性。基于个人创造的独创性是资产阶级的文学价值观，不适宜用于大众体裁。然而，约翰·弗柔在《文化研究与文化价值》（Oxford: Clarendon，1995年版，第1页）一书中争论说，在发达的资本主义社会，大众文化与精英文化的界限正在消失。

其次，知识女性代码。这套服饰组合来自一个现代知识女性的创意。换言之，这是一套体现女性权力编码并为知识女性自创的文化符号。它的全部搭配其实是一组常被解构主义定为目标的文化符号的二元对立命题：

中／西：西式（牛仔裤）与中式（上衣）的组合；

古／今：传统和现代的组合（现代化加工的传统中式上衣）；

男／女：男性符号（皮带）和女性符号（项链）的组合；

雅／俗：知识分子符号（眼镜）与劳工阶层符号（牛仔裤）的组合；

老／少：中老年（长项链）和青年（流行色）的组合。

这种二元搭配虽有古典主义的完美，却也有明显的矛盾，尤其作为知识女性的代码。因为我们解码时不难发现，服饰中没有"性"。全部部件的二元对立形成了一个巨大的中性能指，对女性之"性"是一种完全彻底的消解和颠覆。这是一个有意思的现象。

文本像社会一样是对话和话语的互相编织。其各层意义有时互助，有时冲突。所以同一文本中有矛盾话语是常见的。如女性主义话语和反女性主义话语。卢卡斯《星球大战》中的莱雅公主就是一个矛盾的文本：她黑发，不是传统的好莱坞金发美女，聪明强壮，具有她的男伴所没有的理性和冷静。这一形象挑战了关于女性的假设和想象。但她的魅力又建立在人们对女性角色的期望之上。她是传统中的童话公主，等着英俊的王子来救她。她的全白的装束是传统的女性纯洁的象征，精心盘织的长发是真正的贵族发型。D教授这套服饰的矛盾在于，它也可以从女性主义话语和反女性主义话语两方面阅读。"无性"虽可解读为女性主义话语，但在中国的文化语境里，这种"无性之性"透出的不是一种抵抗而更像是无可奈何的屈服。拉康说，人向他者屈服并被他者屈服。在这里，"他者"是谁？是什么在压抑着知识女性的无意识而使其屈服于被承认的愿望？

历史长河中，女性一直是被看的对象；女性的身体成为控制和意义的焦点。尤其是衣服架子的女性，高挑的身材很容易被包装成一个准模特，打扮成男人的性欲对象。但是知识女性除外。她们不用也不被包装。在当代中国的社会阶层中，什么是知识女性文化符号的服装？没有。她们恐怕是被服装市场遗忘得最彻底的群体之一。这在历史上也没有先例。传统的书生很容易辨认，戏曲中一眼就能找到熟悉的文化符号，而作为现代知识女性历史镜像的古代才女们，在历史中却找不到自己的文化符号和社会位置。儒家传统中知识与文化是男人的世袭领地。科举是男人的特权，完全将女性斥之门外。中国传统男性中心的叙事模式将才女大多描述为"丑女"。诸葛亮才气过人，据说他的老婆也不亚于他，然极丑，不似诸葛亮风度翩翩。也不记得她有没有名字。小时候听大人们讲"苏小妹三难新郎"。鼎鼎大名的才女苏小妹，别的都忘了，只记得她长长的脸，挂着相思泪，前凸的额，人没进屋，额头先到厅堂。即便进入 21 世纪，这种男性中心的叙事模式仍在进行时，文人圈尤甚。其现代版本之一，是今日校园文化中的《清华女生三回眸》。用的是《陌上桑》中对罗敷的修辞手法，反其道而用之："清华女生一回眸，飞沙走石水断流。清华女生二回眸，惊倒路边一头牛。清华女生三回眸，震倒一排宿舍楼！"才女们与男人一样的实力被视而不见，而其可能的不足则被喜剧性地无限夸张了。

　　因此，中国的知识女性，其服饰不仅仅是个人趣味，更多的是社会要求。如何打扮才能满足主流社会的意识形态？校园里学生一般对男教师的衣着没有什么特别要求，男人们总是"浓妆淡抹总相宜"，但都以为女教师的打扮应"端庄""大方""不能太时髦"。此一文化语境可以解释为什么这套知识女性用来定义自己在社会中位置的服饰充满了矛盾。它的知识女性服饰的自我定位被主流社会意识形态的"端庄大方"的要求所压抑，故妥协放弃个人特点和自由后，以一种极中性的传统和现代的组合来迎合社会对知识女性打扮的"无性"要求，以得到"他者"——男性中心主流社会的承认。换言之,"端庄大方"的知识女性代码成功地将"性"(女性)隐藏起来,认可了传统文化对知识女性的限制和压抑,接受和默认知识女性作为"丑女"不打扮(包装)的意识形态的合法性。在这个意义上,那串躲躲闪闪的,一直让人心荡神迷的项链似乎得到解释。项链为什么戴在里面而不是外面呢?它的"害羞"的抵抗也因此可以理解。知识女性要挑战男性中心,又要不失落自我,只好借此画龙点睛,点明性别。在这个特殊的语境里,项链虽是消极和被动的挑战,却有它独特的颠覆意义。

其三,女性主义代码。如果说"端庄大方"是反女性主义代码,那么,"无性"则可解读为女性主义的代码。对一些女性主义者来说,将性别差异减低到最低限度承载着极具意义的意识形态功能。关于牛仔服的"无性",费斯克在《理解大众文化》一书中对于牛仔服作为资本主义社会大众文化的代表有很独到的论述。他认为牛仔裤是美国大众文化的符号,也是美国对世界服装业的最有名的贡献(可以解读为美国文化帝国主义对世界服装工业最有名的侵略)。费斯克指出,牛仔裤舒服,耐磨,不需要经常烫。可为社会任何一个阶层所接受,上自总统,下至贫民,男女皆可,老少咸宜。所以他学生牛仔服的拥有率是百分之百。因为如费斯克所言,穿它就是一个自由的符号,自由地成为自己,自由地隐藏自己。

北大的教师中,穿牛仔裤的不多,女教师更是凤毛麟角。牛仔裤的美国文化资源,经过中国的再加工,似乎成了中国中青年男性的专利,其所指也似乎不仅仅是"自由"。尽管青春女性也穿,但中年女性少见。看来她们不屑于拥抱这份来自美国的自由。中国的女性主义者穿它,并不仅仅着眼于对美国大众文化的认同,似乎更多的是对她们共时性的镜像——西方女性主义者的认同。即从女性主义立场出发对男性霸权话语的抵制,凭什么男的能穿女的不能穿呢?这一假设似乎从那件男式的中式对襟上衣以及男性符号的装饰品——皮带上得到印证。此时的语境中,牛仔裤来自何方已无关紧要。女性主义的话语遮蔽了民族主义的话语。借西方钟馗打中国鬼不是中国女性主义者的发明。然而认同不等于相同。

从表象来看，一些英语国家的女性主义者，她们说话办事穿着打扮都像男人，甚至比男人更男性化。一些女性主义者常常通过外在的穿着符号给人一种对抗男性中心的直观印象，如耳环跟光头的搭配，放弃穿裙子的专利，等等。曾见过一个极端的例子：一个上衣、长裤、大皮靴全黑，浑身上下男性化的女性主义者，横躺在讲台上（说是不太舒服），手撑着头，大讲女性批评。然而D教授这套服饰中设计和搭配上的女性主义代码（如牛仔裤和中式上衣的搭配），不是对抗性的、锋芒毕露的，也不是全面肯定或全盘否定的，而是合作式的，对话式的。在这里，多重二元对立等级命题的组合，虽有某种自相矛盾的逻辑，却在对话的意义上统一起来。

那件本是中国传统的男性上衣，经过现代化的艺术加工，成了一件中性的，可男可女的"时装"，极完美地衬着皮带和牛仔裤；在皮带上方"遥相眺望"的是全身上下唯一表现女性特征的，在现代意义上为女性符号的项链（远古时的项链亦属于男人。现代男人的包装代码是不把项链戴在衣服外面）。皮带和项链的搭配给人一种印象：这对立的二元似乎不是在"对抗"，而是在"对话"，在"合作"。必须承认，从整体效果来看，这样的组合挺"顺眼"。可以说，经过对这些文化资源的再加工，这套服饰构成一种非常特别的效果，女性或男性的"霸权话语"在几乎均等的二元组合中消失。这是一种新的性别话语的编码。作为一个女性主义者服饰的这种非对抗性二元对话的叙事，似乎包含着一种象征意义的"男女平等"。当然，也可以有另一种解读，即认为中国语境中的女性主义，如孟悦和戴锦华1988年出版的《浮出历史地表》所言，只能以这类中庸的面貌"浮出历史地表"。或者说，它的抵抗，不是积极的而是消极的，不是主动的而是被动的。

但是"被动"在大众文化的意义上，没有否定的意思。鲍德利亚的大众文化抵制理论，解释此种"被动"举过一个很有意思的例子：老师管得太严，处于被支配地位的学生主体要反抗，有些孩子就抵制和抗议，叫嚷作业太多，娱乐太少，上课捣乱。资本主义的政治领域里这种抗议的声音常常得到肯定，被认为是有意义的、颠覆性的，如黑人、少数民族、女性主义、同性恋等对主流文化的抵制。但鲍德利亚认为同样重要甚至更重要的是大众的抵抗策略：表面上对老师权威作超顺从的服从，似乎在很认真听课，实际上却什么也没有听进去。这一被动的不抵抗策略不是能指的（符号）而是所指的（意义）拒绝，在鲍德利亚看来，这是拒绝的积极立场，比在课堂上叫嚷的同学的抵制更重要。中国的女性主义，也是这种意义上的拒绝和不接受的所指的抵抗吗？这是一个尚无结论的问题。

第六节 SECTION 6 >
看《甄嬛传》

根据流潋紫同名小说改编的七十六集电视连续剧《甄嬛传》，2011年底开播之后，各地收视率长时间高居榜首，由此也引来一些非议。如陶东风发表题名为《比坏心理腐蚀社会道德》的文章，指责《甄嬛传》价值观有问题。具体说是宣扬好人斗不过坏人，好人只有变得比坏人更坏，才能战胜坏人。"最后，甄嬛终于通过这种比坏的方式成功地加害皇后并且取而代之，这就是《甄嬛传》传播和宣扬的价值观。"[①] 的确，我们今天的时代好像出了一点问题，诚实和诚信处处碰壁，蝇营狗苟不以为耻，反以为荣。这一切看起来多少相似甄嬛那个雍正王朝，一片刀光剑影、愁云惨雾当中，天真少女一个个变身为诡计多端、不择手段的妒妇和毒妇。

---

① 陶东风：《比坏心理腐蚀社会道德》，《人民日报》，2013年9月19日。

回味起来，不亦悲乎！

可是这一切何必拿《甄嬛传》来做替罪羊？电视观众并不是昏昏欲睡的"沙发土豆"，你喂他什么，他就张口吞下什么。对于作品的是是非非和善恶导向，他们自会有一个清醒的判断。《甄嬛传》跳出宫斗剧小家子气、鸡飞狗跳的老套数，把一个不着边的天方夜谭故事落实到近在咫尺的大清王朝，让早已被渲染得家喻户晓的雍正皇帝再度出马，让情感型和投入型优秀演员孙俪来担纲不动声色的恶斗，总而言之是精雕细琢、美轮美奂展现每一个细节，超越昔年港台模式的滥情和搞笑，打造出了惊心动魄的正剧气派。所以不奇怪《甄嬛传》能将各式各类的大奖尽收囊中，而且破天荒英语配音，登陆美国主流电视台。这一切都足以显示中国的大众文化产品正是借《甄嬛传》这一类精良制作的成功作品，在走向世界。简单判定它是在宣扬以恶制恶，是不能令人信服的。

《甄嬛传》更像是一出悲剧。悲剧激发怜悯与恐惧。我们感到怜悯，是因为剧中的主人公华妃、皇后、皇帝都不得善终，甄嬛虽然最终报仇雪恨、母仪天下，可是她更应当为她被埋葬的天性和良知哭泣。我们感到恐惧，是因为剧中这些身居高位的人物都难以摆脱命运的戏弄，更何况我们这芸芸众生。华妃看似万千宠爱在一身，动辄柳眉倒竖、杏眼圆瞪，飞扬跋扈不可一世，可是她死到临头才明白，原来皇帝有意赐香致她不孕，从来就是同她虚与委蛇。皇后看似亲切端庄、德才无双，实际上口蜜腹剑，费尽心机借刀杀人，可是机关算尽误了自家性命，断不会料到螳螂捕蝉、黄雀在后，自己会中甄嬛圈套，最后给发落冷宫，孤寂死去。还有皇帝，按说他是后宫恶斗的罪魁祸首，这个纡尊降贵、扎进粉黛丛中纠缠不疲的虚构雍正，看似至高无上，游刃有余，实质上却给他眼花缭乱的后妃们摆布得苦，不过是在一个个圈套中钻进钻出，特别是临终时分众叛亲离，落到业已与他不共戴天的甄嬛手中，真可谓死不瞑目。我们的人生再是光鲜辉煌，有什么比死不瞑目更悲哀的？所以皇帝也是一个悲剧人物。

那么甄嬛呢？她是像小说原著那样，原本就是一个工于心计的小姑娘，还是给步步惊心、充满杀机的恶浊环境逼走了纯真？甄嬛的本能一开始是保全自己，就像她对父亲说，女儿不求能获得圣上宠眷，只求安稳一生，保全甄氏门楣和自家性命就好。事实上观众的情感大都无条件倾注在这个阴差阳错博来皇帝垂青的少女身上，与她同喜同悲，步步闯过腥风血雨。可是待到领教起她的狠毒，看她不惜牺牲腹中胎儿嫁祸皇后，逼死奄奄一息的皇帝，委实也瞠目结舌、胆战心惊。这只能诅咒我们的可恶人性了。是不是人性天生就有"原罪"，即便后天掩饰得好，稍有风吹草动，就故态复萌？思想起来真是令人悲戚。最后甄嬛扫平群芳，雄霸天下，可也还是不堪幕幕往事，只能心力交瘁地品味孤独。这正应验了《传道书》里的话：虚空的虚空，虚空的虚空，一切都是虚空。

回到价值观的话题，《甄嬛传》应是通过将类型放大到极致，揭露了人性泯灭的悲哀。该剧导演郑晓龙的表白应是可予认同的。他说，《甄嬛传》原本是一个情感故事，但电视剧却把情感的部分简单处理，因为他希望拍出历史厚重感，体现封建制度对人性的摧残。我想导演是达到了这个目的。一部作品面世之后，它的价值取向就见仁见智，最终是在受众那里得到完成的。就《甄嬛传》而言，事实上不少人觉得它格调低俗，看不惯一群女人钩心斗角、使出浑身解数争夺一个人的宠爱虚名。也有人读出适者生存的丛林法则，就像以往层出不穷的武则天剧一样，在张扬女性权力的幌子下，借尸还魂前现代的专制意识形态。所以陶东风没有说错，这些作品的一个共同主题就是权谋：谁的权术高明谁就能在社会或职场的残酷"竞争"中胜出。但是，为什么《甄嬛传》风靡不衰，创下无与伦比的收视率？是因为它示范作恶，教授我们生存之道？不是的。是因为它大抵还算好看，有故事，有悬念，有条不紊在用亚里士多德所说的"突转"和"发现"推动情节。所以，在它几乎是一面倒的女性观众里，即便会有青春少女嫌弃皇帝丑了，不比《步步惊心》里的吴奇隆帅气，在前仆后继、泛滥成灾的古装剧里面它仍能够脱颖而出，也是势在必然。这很大程度上应当归功于从编剧、制作到导演、演员们认认真真的敬业精神。诚如霍尔所言，大众文化的观众并不是白痴。他们是知道怎样给作品投票的。

第十四章 CHAPTER 14 >
文化研究与文学研究

第一节 SECTION 1 >
文化研究对文学研究意味着什么

文化研究首先得益于当年英国伯明翰大学"当代文化研究中心"的传统。它是理查·霍加特1962年荣膺伯明翰大学历史上第二位英国文学教授职位后,两年内自己筹措经费,甘愿位居边缘走招收成人教育研究生路线,同英文系分庭抗礼结出的果实。1964年中心成立之际,只有主任霍加特、"义务"助理斯图亚特·霍尔,以及一位秘书迈克尔·格林三人。这个三人小组的团队,一直是伯明翰中心的编制。即便霍尔出任第二任主任之际,麾下也不过只有分别从历史系和英语系过来的两员干将。虽然,后来霍尔移师成人教育性质更为明确的开放大学,留下来的当代文化研究中心同社会学系合并,终于也给科系重组搞得无影无踪,但是毋庸置疑,伯明翰中心以边缘向中心进军,以日常文化向高雅文学发难的解构主义策略,取得了始料不及的巨大成功。或者可以说,霍加特在有意无意之间,是开创了一个新的学科,至少,一个方兴未艾、正在向许多传统学科发起挑战的"准学科"。诚如当年伯明翰的文化研究是从英文系的母胎中孕出，当代中国人文学科历经的文化研究转向，中文系的文学学科首当其冲也就并不奇怪。我们的文学正在历经一个无可避免的文化研究转向。今天文化研究异军突起，对守住人文关怀的传统文学研究构成了威胁，而且威胁来势汹汹，颇有将后者逼入绝境，不得不绝地反击、背水一战的态势。假如文化研究和文学研究能在哪怕是泛文学的旗号下和平相处，这当然也是好事。但是在威胁感消除之前，作如是观还为时过早。

　　文化研究对文学意味着什么，似乎一言难尽。其实，即便是今日所谓的纯文学或高雅文学，不久以前它的大好普及时光我们还是记忆犹新。就以本书作者的阅读经验来看，基本上与文学的兴衰命运同步——幼时曾似懂非懂读过《高老头》《安娜·卡列尼娜》一类作品；"文革"和插队以后，把鲁迅小说和他的一些杂文选本读过数遍自不待言，《水浒》《三国》《封神演义》一类古典小说，则多半是从老乡手里借阅。之后分别迷恋过王蒙、池莉、周梅森等许多作家的作品，主要因为它们好读，更因为它们正统的"文学"身份。再以后就难说了，或许是电视和网络这些新媒体，更多占据了我们的闲暇时光。说起来惭愧，王安忆的《长恨歌》，还是在书店里倚着书架，半个多小时里面翻阅完毕的。现在回想起来，文学毋庸置疑曾经抚慰过我们许多人的心灵，是我们许多人生存的必需。它之眷顾一个学童，之被保存在边远乡曲，之被热心的读者趋之若鹜，说明文学并非总是把自己关在象牙塔里，它曾经在非常普及，而不是曲高和寡的层面上，出演着救赎灵魂和经国济世的功能。

　　那么，文化研究又是什么？美国文化研究当红学者格罗斯堡等人所编《文化研究》一书，对此下过一个比较具有代表性的定义，它把文化研究看作是一个跨学科、超学科，甚而反学科的领域，运作在广义的即人类学意义上的文化研究和狭义的人文意义上的文化研究之间，故此——

它在方法上是典型的阐释型和评估型的，但是不同于传统的人文主义，它反对把文化和高雅文化画等号，而主张文化生产的所有形式都应当根据它们同其他文化实践的关系，以及同社会和历史结构的关系来加以研究。文化研究因此致力于研究一个社会的艺术、信仰、制度，以及交流实践等一切对象。①

就像一切文化研究的定义总不能令人满意。这个定义同样说不上是十全十美的。比如在反对意见看来，它至少是混淆了文化和其他活动的界限，而把社会整体视作一个表述性的概念，其间一切文化模式万宗归一，被化解成为一个统一单元。但是显而易见，它不像传统人文主义和高雅文化把目光紧盯住艺术特别是文学，反而主张将文化生产的所有形式纳入罟中。就格罗斯堡上面举证的"艺术、信仰、制度，以及交流实践等一切对象"来看，艺术包括文学实际上在文化研究中已经无可奈何地退居后台，信仰、制度则颇有高处不胜寒的意味，所以文化研究最是得心应手游走其中的，其实还是格罗斯堡名之为"交流实践"的一应日常生活中的文化生产形式。如是购物中心、健身中心、美容中心、主题公园、电视、电玩、摇滚乐、流行音乐、娱乐明星以及言情八卦小说这些全球化语境中的大众文化载体，堂而皇之成为文化研究的阐释对象。

文化研究由是观之，具有它的必然性。因为如上所述，它的阐释对象正是我们今天生存其中的文化现实，尤其是年轻一代人的文化现实。当年令文学骤然生动起来的文学青年们，不再前仆后继做文学梦，反之，今天除了在绝塞僻壤依然保留下来一份对于文学的憧憬，中心城市的昔年的文学青年后备队伍，大都义无反顾经历了一个"文化转向"。所谓文化转向，是说互联网、电子

---

① 格罗斯堡等编：《文化研究》（Lawrence Grossberg et al eds. *Cultural Studies*），New York: Routledge，1992年版，第4页。

邮件、播客、博客、网络游戏这类世界范围的大众文化新媒体形式，已经势不可挡地替代书本和纸笔，成了他们阅读和交流新的主导形式。当年马克思和恩格斯在《共产党宣言》中，曾精辟地预言资本主义生产方式突飞猛进之下，旧的制度分崩离析之际，必有一种全新的"世界文学"出现。但今天出现的不是歌德率先提出的"世界文学"，而是一种以电子通信技术为公分母的"世界文化"。这个"世界文化"是大众文化而非高雅文化，它肯定不是天下大同的产物，反之，它千方百计规避主流意识形态控制。快感和权力，由此成为理解此一"世界文化"的关键词。

甚至，这一忤逆的快感不仅是精神层面上的满足，它同样波及肉体。英国当今大众文化的代言人约翰·费斯克在他的《解读大众文化》一书中，即对电子游戏进行过如下的文本分析，他指出：游戏时玩家对于游戏的过分专注与高度紧张，有时甚至是瞬间的肌肉痉挛，使自我在社会中建构的主体及其社会关系散失，这一瞬间玩家进入了一种近乎完全自然的解放状态，这时所指（即受意识形态束缚的头脑和身体）和能指（即自然的头脑与身体），两者之间便获得了一种短暂的解放关系。而这样一种主体性的崩溃，导致了玩家对于意识形态控制和社会控制的暂时规避，产生了性高潮式的快感。故费斯克得出一个叫人瞠目结舌的结论：电子游戏厅是机器时代语义的妓院[1]。

应当说费斯克并不是危言耸听。令千百万玩家欲罢不能的美国网络游戏《魔兽世界》(*World of Warcraft*)，2005年夏面世之际，当时就有一百五十万中国玩家订购这个游戏，一年之后，中国玩家的数量翻上一番，达三百万。其后的统计数字依然在稳定增长。这个数字是足以令包括易中天和于丹等"大众学术"在内的一切畅销小说和非小说妒羡的。为避免青少年上网成瘾，其防沉迷系统在《魔兽世界》中国所有大区也正式启动，玩家连续上网时间

---

[1] 见约翰·费斯克：《解读大众文化》，南京大学出版社，2006年版，第74页。

将受控制，同时为核准玩家是否年满十八周岁，所有用户账号将提交公安部门验证[①]。这就是今天非常现实的网络如何担当快感和欲望供应商的问题。语义的快感曾经是文学的专利，但是现在文学似乎成了明日黄花。由是观之，生命力充沛的年轻一代移情别恋，正是意料中事。所以不奇怪，一些地方作家协会，新加盟的会员每每以退休人员和拥有"资源"的在职干部为多，年轻的血液则少之又少。这应能显示文学在今天全球化的语境中，它是在拯救怎样的灵魂。文学会不会同琴棋书画一样，沦落为闲情逸致的摆设？又比如，已成霸权的影像文化是否以及怎样对文学发生了某种威逼利诱？无须揣摩主编脸色的网络写作，以及此一写作的走红模式，又怎样改变了文学写作的价值取向？而相当一部分文学期刊的时尚，甚至"媚俗"路线，又是怎样引导了它们的传统作者和读者？此外作家队伍的两极分化，又怎样推波助澜了急功近利的写作心态？进而言之，文学风格的推陈出新，能否赶上时尚变幻更新换代的速度？换言之，当一切皆为时尚左右，文学与生俱来的那一种悲天悯人的救赎情怀，是否无可奈何终将成为泡影，化为商品利润和时尚流转的走卒跟班？很显然，这一切都不仅仅是文学研究的问题。

第二节 SECTION 2
文化批评

文化批评一言以蔽之，可以说是用文化批判的方法来解读文学，反过来也将文学批评的方法引入文化分析。它可以为文学研究提供一种新的视野，无论是从文化视角观照文学，还是从文学视角观照文化，都可以使传统批评柳暗花明，峰回路转，见所不能见。如文化人类学家吉尔兹的"厚重描述"方法，即令陌生无

[①] 见《南京晨报》2007年7月15日。

规则的结构相互交叠,进而理顺意义脉络,从密集琐碎的事实罗列中得出宏大结论的方法,被格林布拉特用来分析英国文艺复兴戏剧之后,便一时蔚然成风,文学批评不遗余力描述历史和地理背景,勾勒权力和社会关系,成为新历史主义批评的一代范式。新历史主义的前提是历史不是客观的、透明的、统一的,所以把它作为文学文本意义的基础极有问题。反之历史总是同权力合谋,一个时代的话语总是统治阶级的话语,就像莎士比亚的剧本里,不知不觉就把殖民主义视为理所当然的事情,如《暴风雨》里普罗斯庇罗和卡列班的关系。这显然是福柯的传统,同赛义德的文化帝国主义批评,也十分相近了。

往上看,文化批评的概念可以上溯到阿多诺1955年出版的《棱镜:文化批判与社会》一书中的有关思想。批判和批评西文同为一词,阿多诺显然对这个词没有太多好感,他说:

> 任何一个习惯用耳朵来思考的人,"文化批判"(Kulturkritik)这个词肯定显得刺耳,这不光因为它们纯粹是由拉丁和希腊文拼凑而成,就像汽车那样。这个词使人想起一个极大的矛盾。文化批评家不会满意文明,他单单同文明格格不入。他说起话来仿佛是代表一个更高历史阶段的纯正心态。可是他说到底,他与他自以为是高出一等的现实,又是意气相求的。①

阿多诺把文化批判或者说批评看作是精英阶层居高临下对大众文明指手画脚的教师爷作风,表示不以为然,从另一方面看,正显示了文化批评与生俱来的一种批判精神。实际上就阿多诺自己的文化批评实践来看,比照他自己上面的描述,也未必有多少

---

① 阿多诺:《棱镜:文化批判与社会》(Adorno, *Prisms*), Cambridge, Mass.: MIT Press,1967年版,第19页。

出入。以批判为文化批评的核心和灵魂,那么这个概念的外延就可以无限扩张了。美国文化批评家亚瑟·伯尔格在他1995年出版的《文化批评:关键概念入门》一书中,曾就对文化批评发生过广泛影响的文化理论家,按国别给予分门归类。大体在法国我们看到了罗兰·巴特、列维-斯特劳斯、福柯、阿尔都塞、涂尔干、德里达和布尔迪厄等人的名字。德国有马克思、韦伯、哈贝马斯、阿多诺、本雅明、布莱希特等。美国则有皮尔斯、乔姆斯基、格尔兹、詹姆逊等人。在文化研究发祥地的英国,则有雷蒙·威廉斯、斯图亚特·霍尔、维特根斯坦、威廉·燕卜生等。此外还有麦克卢汉、巴赫金、弗洛伊德、索绪尔、葛兰西、艾柯等一连串大名鼎鼎的人物[①]。

这个名单肯定不是完全的,而且具有随机性,这一点作者自己也承认。名录没有述及赛义德、斯皮沃克、霍米·巴巴等一路后殖民主义理论家,这无论如何是一个明显的缺陷。或许缺陷本身说明文化批评也还是一个疆界相当模糊的还没有成为一门学科的准学科。但是名单已足以显示文化批评涵盖的方方面面何等宽广。这里面有形式主义、新批评、结构主义、解构主义、符号学、语言学、精神分析、文化研究,如此等等,不一而足。而阵营最为强大的,无疑是马克思主义。仅此一端,可见文化批评在它广泛的跨学科特征中间,左翼倾向是它的灵魂所在。

对于文化批评的方法,赛义德在《文化与帝国主义》一书中以他的切身体验作如是说:尽可能聚焦具体作品,首先将它们读作创造和想象力的伟大作品,然后揭示它们在文化和帝国的关系之中的地位。他说他并不相信作家机械受制于意识形态、阶级,或经济史,但是他相信作家既生存于他们的社会历史之中,自然

[①] 见伯尔格:《文化批评:关键概念入门》(Arthur Asa Berger, *Cultural Criticism: A Primer of Key Concepts*), London: Sage Publications, 1995年版。

就在以各不相同的方式，于营构此一历史和社会经验的同时，也为这历史和社会经验所营构。这是说，文化及其审美形式是来源于历史经验。但他称早在写作《东方主义》的时候就已发现，光靠范畴罗列无以把握历史经验，即便把网撒得再大，也总会缺漏一些著作、篇章、作家以及观念。故此相反，他是试图探究他所认为的重点和要点，综述和概括并举，事先承认他的工作并不完全。这样，读者和批评家就自然可以顺藤摸瓜，进而深入下去了。

文化批评的一个直接结果是导致"文类"（genre）的边界日益模糊。一个显见的事实是，文类概念的内涵和外延在文化批评中正在历经悄悄地置换。如果说文学批评中文类主要是指文本的体裁或题材，那么在文化批评中，重心明显即在向大众传媒转移。即就电视这个今日传媒世界的主导形式而言，它所涉及的文类包括商业、新闻、电视剧、情境喜剧、体育、访谈、科学、教育，等等，不一而足。电视还播出电影，而电影又可以再分类为政治片、科幻片、恐怖片、言情片、西部片、动作片等，同样是多不胜数。但进而视之，"文类"这个概念本身有没有问题？它是不是像文本那样，如其本然地存在于斯呢？

一个堪称经典的例子是 1982 年根据美国科幻作家菲利普·迪克小说《机器人梦见电子羊吗？》改编的电影《银翼杀手》（*The Blade Runner*），电影设定的背景是 21 世纪人类创造出了高科技的结晶复制人，用眼下的术语来说应该叫作克隆人，它们拥有与人类相同的智慧和感觉，甚至在体魄上更胜于人类。复制人被用于开拓外太空，干最累最危险的活，但它们也有自己的爱憎和情感。一场暴动后，复制人被逐出地球，如果再被发现，格杀勿论。正是在此一背景下，一群复制人冒险回到地球，寻求补充即将耗尽的机械能量，以求"生命"延续下去。于是洛杉矶银翼杀手小组派出精英迪克去追杀它们，而它们的罪名却是想变成人类！这部风格阴沉的电影公认是文化身份认同的教科书。一方面是人类试图消灭由自己亲手制造出的在各方面都强于自己的复制人，另一方面则是复制人为了生存的权利与人类生死相搏,迫使观众反思:什么是生命?生命是自然的还是文化的?生命的意义又是什么?对造物者的质疑和对自己身份的不确定感,这些因文化研究的走红而益发突出的困惑,足以令这部最初上演时掌声寥寥,以后却大红大紫起来的"超前"影片,其文类归属问题也愈益模糊起来。它是科幻片、侦探片,还是伦理片?或者,它干脆超越了文类,一跃而成了经典?

第三节 SECTION 3

赛义德的文化帝国主义批评

艾德华·赛义德(1935—2003)的《文化与帝国主义》一书也面临着文类归属的困顿:这部小说分析论文集是文学批评呢,还是文化批评,还是两者兼而有之?《文化与帝国主义》面世则是在1993年,要说赛义德当是文化批评中一个举足轻重的人物,恐怕不会有人非议。该书序言中赛义德开篇就明确交代,他之言"文化",专门是指两个层面。首先,它指所有诸如此类的实践,就像描述、交流和表征的艺术,相对独立于经济、社会、政治领域,并且经常是以审美的形式出现,其主要目的之一,即是快感。包括其中的不消说既有流行的也有专门的知识体统,后者如人种学、历史学、语文学、社会学以及文学史,等等。而由于他这本书讲述的是清一色的19和20世纪里西方帝国中的故事,所以他特别关注的文化形式不是别的,而是小说。对此赛义德相信在西方帝国主义态度和经验的形成过程中,小说是起了举足轻重的主要作用。重要的当然不单单是小说,但是小说这一审美对象,之于英法的社会扩张的联系,委实是有微妙可以探究。要之,现代现实主义小说的原型,笛福的《鲁滨逊漂流记》讲述的是一个欧洲人在海外孤岛上创建殖民地的故事,就肯定不是偶然之笔了。

但赛义德更愿意强调的显然是文化的第二个层面。对此他作

了如是描述:

> 其次,几乎是无从觉察,文化这个概念包含了一种精致和精华成分,那是每一个社会所知所思的最好的东西的储存库,诚如马修·阿诺德1860年代所言。阿诺德相信文化能缓解现代都市生活种种肆无忌惮、充满铜臭、血腥残暴的恶行,如果说不是整个儿将它们中和抵消的话。你读但丁或莎士比亚以便跟上所知所思的最好的东西,同时也在它们的光辉之中,来观照你自己、你的民众、社会以及传统。有时候,文化经常是以咄咄逼人的态势,同民族或国家联系起来;这样就把"我们"和"他们"区分开来,几乎总是带有某种斥外倾向。文化在这一意义上,乃是一种身份资源。①

将文化定义为所知所思的最好的东西是阿诺德的传统。阿诺德的《文化与无政府状态》给文化下了许多定义:文化是甜美,是光明,它是我们思想过和言说过的最好的东西,它从根本上说是非功利的,它是对完善的研究,它内在于人类的心灵,又为整个社群所共享,它是美和人性的一切构造力量的一种和谐。但是,现在赛义德想要说明的是,文化作为所思所言的最好的东西,作为甜美和光明,换言之作为艺术和启蒙教育,不过是帝国主义殖民扩张的遮羞布罢了。

赛义德指出,文化在这第二个意义上,就是形形色色政治和意识形态力量较量其上的一个舞台。文化远不是温文儒雅的那个阿波罗主掌的艺术的王国,反之毋宁说是一个战场,各路大军你来我往,互不示弱。对此赛义德举例说,比如美国、法国、印度学生,都被教以先读他们自己的民族经典,然后再读其他,目的

---

① 赛义德:《文化与帝国主义》(Edward Said, *Culture and Imperialism*), London: Vintage, 1993年版,第 xiii 页。

不消说，是要他们无保留不加批判地忠于自己的民族和传统，同时贬责和抵制其他。很难说赛义德多大程度上言过其实，但立场鲜明没有疑问正是文化批评的一个显著特点。文化批评不可能是无的放矢，不可能是四平八稳的描述，而必然背靠一种或数种立场，无论它是女权主义、马克思主义、精神分析，是保守主义还是激进主义，抑或学科如符号学、人类学、社会学等。在于赛义德，此一立场再清楚不过，这就是文化帝国主义。赛义德认为阿诺德的文化观念，就其本身而言是力求将实践提升到理论水平，将对国内同样也有国外叛逆力量的意识形态压迫，从世俗的历史的提升到抽象的普世的绝对高度。阿诺德所说的所思所言的最好的东西，由是观之，便成为放之四海而皆准的普遍真理。什么最好？谁最好？当然是出产了但丁和莎士比亚的欧洲传统。

独尊自己的文化传统并不是文化帝国主义的专利，第三世界的文化认同一样具有与发扬光大民族精神息息相关的这一特征。赛义德在这一点上并不糊涂。对此他的看法是，此一文化观念导致独尊自己的文化倒也罢了，问题更在于它把文化看得高架在日常生活的世界之上，像个幽灵根本就同后者脱节失去了联系。这导致大多数职业人文学者无以将奴隶、殖民主义、种族压迫、帝国主义这些旷日持久的肮脏暴行，同诗、小说和哲学这些所谓的纯文化形态联系起来，而在我们的社会里，两者本来是互为渗透的。故此《文化与帝国主义》这本书里他发现的这些艰难真理之一，即是他所崇拜的英国和法国艺术家中，关注这些"臣服"或者说"下等"种族题材的，有多么稀少，而在印度或阿尔及利亚的殖民统治官员之中，这些原本都是稀松平常的故事。

当"海外领土"的意象出现在小说家笔下，又是什么模样？即以狄更斯的《远大前程》为例，赛义德认为它基本上是部自欺欺人的小说。主人公皮普本是一个贫苦的孤儿，一心想挤入上流社会，可是既没有任劳任怨的苦干业绩，又没有与绅士角色相匹配的不菲家产。他早年帮过一个逃犯马格维奇，此人流亡澳大利亚后，出于感恩赠予皮普一笔巨款，因为经办律师未告知款项来源，莫名其妙过上了上等人生活的皮普还以为他的恩主是老太太郝薇香小姐。后来马格维奇潜回伦敦，竟遭皮普冷遇。不过，小说最后皮普终于接受了马格维奇，拜他为父，虽然马格维奇又遭追捕，病得奄奄一息，而且是来自那个流放犯人的澳大利亚。

赛义德感兴趣的是澳大利亚。他指出澳大利亚有似爱尔兰，是英国的一块"白色"殖民地。而马格维奇和狄更斯在这里相遇，肯定不是事出偶然，乃是可以映照出英国与其海外领地至今的悠久历史。澳大利亚作为英国罪犯的流放地始于18世纪末叶，正可替代北美殖民地的丢失。而到狄更斯的时代，澳大利亚一路追逐利润，经营帝国下来，景况已经相当不错。问题是，赛义德引罗伯特·休斯《致命的海岸》中的分析说，狄更斯对待马格维奇的态度，与大英帝国之对待流放澳大利亚的罪犯如出一辙：他们可以成功发财，但是鲜能期望回来。他们可以赎清罪孽，前提是只要老老实实待在澳大利亚：他们永远是出局的人。如此来看《远大前程》，赛义德不满狄更斯既不似休斯那样叙写澳大利亚当地住民的艰难史，又对此时已初露头角的澳大利亚本土文学传统熟视无睹。而加诸马格维奇的禁令不光是法律的禁令，它同样也是帝国的禁令：只要他待在澳大利亚，尽可以发达，但是他决不可以"回归"都市空间。这当中的等级秩序，相差自不可以道里计。简言之，作为小说家狄更斯并没有像学者休斯那样在19世纪英国原本稀寥的有关文献中发掘澳大利亚自己的历史，而为20世纪它脱离英国独立做出铺垫。反之狄更斯对待马格维奇的立场，丝毫不爽也是大英帝国对待它的"多余人口"流放终点站澳大利亚的态度。

赛义德认为单一的文化实际上并不存在，西方帝国主义和第三世界民族主义是在相互支援，既不是彼此绝缘，也不是彼此决定的。故文化既不是西方也不是东方的专利，同样不是为男人和女人哪一些小团体所专有。他发现通览大体从五百年前开始的欧洲人与其"他者"的交往,有一个观念几乎是始终不变,这就是总是有一个"我们",一个"他们",两者界限分明,不言自明。一如他《东方主义》一书里即已提出,这一分野可以上溯到古希腊人对野蛮人的态度,而到十九世纪,无论就帝国主义文化还是试图抵制欧洲蚕食的那些文化而言,它就都成了文化身份的标识所在。

对于批评家自己的文化身份赛义德也有所交代。他指出《文化与帝国主义》是一本流亡者的书。因为种种不为他左右的原因,他生在阿拉伯,接受的则是西方教育。他说他自打记事起,就感到他同时属于这两个世界。但是在他生平,阿拉伯世界他感到最是亲切的那些东西,要么因为内乱和战争变得面目全非,要么就干脆不复存在了。他说有很长一段时间他感到他是美国的一个局外人,特别是当美国同远谈不上完美的阿拉伯世界的文化和社会交战之时。但是他并不以"流亡者"为悲哀,反之此一独特身份,使他对帝国的两边理解起来都能驾轻就熟。或者说,幸运也好,不幸也好,像赛义德和斯皮沃克这样身处权力中心的"边缘人"身份,对于大多数批评家来说,似也只能望洋兴叹了。

第四节 SECTION 4
耶鲁学派论文学和文化研究

"耶鲁学派"代表着文学研究的一个黄金时代。但无论是当其时还是之后,在文学批评史上,是不是存在这么一个学派,一直存在争议。1979年,耶鲁大学哈罗德·布鲁姆、保罗·德曼、杰弗里·哈特曼和希利斯·米勒这四位文学系的名教授汇合,加上巴黎过来的雅克·德里达,出版了一部文集《解构与批评》。那时正是美国文学批评迷茫失落、徘徊低谷的时期。这部收入四位耶鲁本土教授和外来的德里达一人一篇长文的大著一出,仿佛云遮雾障的天气豁然开朗,本土尚且壁垒重重的解构主义,却在它故乡的彼岸同文学批评结成不解之缘,在偶然和必然之间,开启了一个名传一时的"耶鲁学派"。

《解构与批评》被认为是"耶鲁学派"正式诞生的宣言。杰弗里·哈特曼在其所撰"序言"中说,这本文集既不是要挑起争端,也不是一般意义上的宣言。假如说这五篇个性鲜明、风格各异的文章有心要宣示任何东西,那么毋宁说是有意凸显影响当今文学批评的两个问题:第一是批评本身的情景和功能,第二是文学的问题。就前者而言,哈特曼指出,批评并不仅仅是作品的跟班,它是文学世界的组成部分,具有自己的融合哲学与文学、反思与形象的复杂特征。就后者而言,文学的力量是如何构成的,它怎样表现自己,有没有可能发明一种理论,描述也好,阐释也好,最终可以照亮艺术作品,而不是让它更见迷茫?哈特曼这样表达了他对"解构"的理解:

> 解构,就像大家已经习惯这样来称呼这个术语那样,拒绝将文学的力量等同于任何给定的意义,而要阐明,这类逻各斯中心或者说道成肉身一类的视野,是多么深入地影响了我们对于艺术的思考方式。①

由此可见,"耶鲁学派"推崇的解构主义,主要还是提倡文学批评能够见人所不见,避免人云亦云。

昔年"耶鲁学派"的主将当中,希利斯·米勒(1928—)对文学研究与文化研究的关系有过深入讨论。他写过一篇题为《跨国大学中的文学与文化研究》的长文,对全球化语境中大学里文学和文化研究的定位进行反思。文章开篇就说,今日大学的内部和外部都在发生剧变。大学失却了它 19 世纪以降德国传统坚持

---

① Geoffrey H. Hartman, "Preface", Harold Bloom et al. *Deconstruction and Criticism*, New York: The Continuum Publishing Company, 1979, p.vi.

不懈的人文理念。今日的大学之中，师生员工趋之若鹜的是技术训练，而技术训练的服务对象已不复是国家而是跨国公司。对此米勒提出了一系列问题："在这样没有理念的新型大学里，文学研究又有什么用？我们是应当、理应还是必须依然来研究文学？现今文学研究义务的资源又是什么——是谁，是什么要求我们这样做？我们为什么要研究它？为了什么目的？因为文学研究在今日大学的教学和科研中依然具有社会功效？还是它纯粹已是夕阳日下，苟延残喘，终而要消失在日益成型全球化社会中一路走红的那些实用学科之中？"① 米勒声称他这篇文章，就是要回答这些问题。

米勒指出，西方文学的研究传统上是西方大学里的主课，而且分成不同系别，一个系专攻一个国家。但是，现在这样一个井然有序的体统依然存在吗？今日国别文学的研究，又发生了什么变迁？米勒强调说，他所说的"今日"，是指电脑、电子邮件、传真机、录像、视频、超文本，以及互联网"冲浪"等一应新型通信技术畅行其道的时代，这从根本上改变了人文学者之间以及与其工作的联系方法。乌拉圭谈判中围绕"信息"一些争执不下的焦点，早五年几乎还是无从想象的事情，如知识产权保护、电影和电讯的市场准入等。经济和文化体系全球化导致国家权力相对弱化，自然也对大学的功能产生了影响。

米勒发现从20世纪60年代起，随着人文学科的所谓转型，美国大学里就不让文学教授照老路子教书。即便教授们提出抗议，即便他们念念不忘西方经典中的那些永恒价值，也是枉然。今日大学里流行的理念是多元文化、多元语言。教授们不可能再按照

---

① 希利斯·米勒：《跨国大学中的文学与文化研究》，见约翰·罗韦编：《"文化"与学科问题》(J. Hillis Miller, "Literary and Cultural Studies in the Transnational University", in John Carlos Rowe ed., *Culture" and the Problem of the Disciplines*), New York: Columbia University Press, 1998年版，第45页。

老传统，围绕意识形态来教授乔叟、莎士比亚、弥尔顿等经典作家，判定他们的批判力量足可以摧毁社会现实的整座大厦。文学的社会效应既然不被如此看好，意料之中便是传统的文学系逐渐经历自我解构，让它们走向文化研究，接下来经费削减，也是顺理成章。对此米勒举例阐述了美国大学里的英语文学研究，因为这也是他自己的"专业"。他指出，英国文学绝不单单是许多国别文学中的一种。全球化的一个主要特征，便是英语背靠美国的实力，渐而渐之成了国际语言，且不论这是福音也好，是灾难也好。英语在世界各地非英语母语的国家中，已经成了万万千千人众的第二语言。与英语热情携手共进的是英语文学的研究，它成为传布资本主义意识形态的最得力不过的工具。但是今天呢？今天美国大学里大都拥有英国和美国文学系。但是研究的方法则是今非昔比。他举例说，过去弗吉尼亚·沃尔夫《到灯塔去》中的一段引文，可以印证整个现代主义的现实主义手法。我们也有理由相信，《白鲸》是给读者展开了 19 世纪中叶美国文化的波澜壮阔的历史画卷。但是今天，很少有人再死心塌地守住这一范式。诚如美国是一个多元文化、多元语言的国家，任何一部特定的作品，不管它是或不是经典，只能是一个复杂的、无以统一的整体的一个组成部分。教师没有理由宣称他为什么要教《白鲸》，而不教《汤姆叔叔的小屋》，或者即便两者都教，同样也是讲不出个所以然来。他无以证明《白鲸》优于《汤姆叔叔的小屋》，或者是倒过来。因为以往评判的标准，据说便是意识形态偏见的产物。这样做的结果之一，米勒指出，便是今日大学文学系里，耗在理论上的时间远较教授作品为多，因为人人都跃跃欲试，有意要开出自己心目中的经典作家和书目，传统经典背后那个相对稳定的"意识形态"构架，无奈是已被弃之如敝屣了。

米勒指出英语系教授的传统角色是民族国家统一文化的保存者和传达者，现在他们失却了这一角色。但这一角色失落似是势在必然的事情。关于英国文学，这是米勒自己从学士到博士一路读出学位也教授有年的课程,他认为传统上美国的价值观立足于英国文学的研究,思想起来是有些怪异。英国文学对于美国意味着什么?它是一个外国的文学,只不过两个国家讲的是同一种语言。故人们只要稍作思考就能明白,英国公民来读莎士比亚、弥尔顿和狄更斯,不论他是什么阶级、什么性别、什么种族,同美国人读这些作家,感受肯定不一样。因为这些作家并不属于美国,表达的价值观念,对于英国公民和美国人来说,是旨趣大有不同的。进而视之,他认为美国的英国文学研究比较韩国、挪威等其他国家的英国文学研究,有一个很大的相同点,也有一个很大的不同点。相同点是就价值观和人文理解来看,一直占据主位的英国文学研究,说白了不过是在研究一个日见式微的欧洲边缘岛国的文化传统。不同点则是英语之中的一种样式,碰巧成了美国的主流语言甚至官方语言,而在韩国、挪威等其他国家里,它是为第二语言。

近年来美国的文学研究中,米勒承认一个最重要的变化是文化研究的兴起。变化大致始于20世纪80年代,以后的岁月见证了以语言为基础的理论研究纷纷向文化研究转向。这是为什么?米勒认为这里有多种原因。一些外部的事件诚然是起了举足轻重的作用,如越战和民权运动。但是至为关键的一个因素,则是传播新技术的与日俱增的影响,即也是人所说的电子时代的到来。据米勒分析,自然而然义无反顾转向文化研究的年轻学者们,恰是大学教师和研究人员中,被电视和商业化流行音乐熏陶长大的第一代人。他们当中许多人从孩提时代起,花在看电视和听流行音乐上的时间,就远较读书为多。这不一定是坏事,但确实有所不同。故此,这新一代人的批评家,相当程度上是为一种新型的视觉和听觉文化所形构。而讲到文化,这里"文化"一语的含义已不复是阿诺德所说的一个民族所思所言的最好的东西,而确切说应是全球消费主义经济中的传媒部分。这一新型文化很快替代了昔年的书本文化。所以毫不奇怪年轻一代的学者们更愿意研究他们熟悉的东西，虽然他们依然还流连忘返在书的文化之中。而文学研究的不景气，事实上也在推波助澜，逼迫文学专业的学者看准门道改弦易辙，转而来研究大众文化、电影和流行刊物。米勒承认所有这些新潮——文化研究、妇女研究、少数人话语研究，等等，其目标都是值得称道的。针对妇女、边缘人群、男女同性恋者以及经济弱势群体长久的失语状态，谁会反对让他们发出声来呢？谁会反对来仔细研究大众文化和传媒，诸如今日塑造我们心智和行为影响更甚于书本的电视、电影和录像呢？但有关著述大都凌乱，故将它们整理出来，设置到课堂课程之中，予以分类、编辑、出版和再版，还只是浩大工程的第一步。而另一方面，对文化多元主义的分档归类，恰恰有可能是损害了这些文件原生态的巨大的文化挑战力量。

米勒引述德里达，这样描述今日文化"移位"的时代特征："随着从书本世纪到超文本世纪这一划时代的文化移位加速进行，我们以前所未有的快捷步子，给引入一个新的充满威胁的生活空间。诚如德里达近年在一个研讨班上中肯地指出，这个新的电子空间，这个电视、电影、电话、视频、传真、电子邮件和互联网的空间，已经从根本上深切地改变了自我、家庭、工作场所，以及民族—国家的政治学。"[①] 在这个新的电子空间里，米勒认为，内部和外部的两分边界将不复存在，不论家庭私人空间和外部世界之间的边界，还是民族国家之间的边界。对此米勒指出，新技术入侵家庭，冲破内部—外部分野的结果，是一方面即便人独处一室，他也可以看电视、打电话、阅读电子邮件，或在互联网上巡游，由此不再感到如此孤独。而另一方面，私人空间变成充满拟像的赛博空间，浩浩荡荡的语词、听觉和视觉形象同时轰炸下来，

---

① 希利斯·米勒：《跨国大学中的文学与文化研究》，见约翰·罗韦编：《"文化"与学科问题》，New York: Columbia University Press，1998年版，第61页。

私人空间的隐秘性同样不复存在。这些形象跨越国界和种族边界，来自世界每一个角落又仿佛是伸手可及。地球村活生生就展现在我们眼前，内部和外部的截然两分，很显然是不复可能了。

但是导致各种边界纷纷倒塌，内外空间交错移位的这一切又意味着什么？米勒认为新技术和文化多元主义畅行其道的结果之一，是倒退回归民族主义，回归种族一元论，回归区域性的狂热武装，它导致世界范围的血腥恐怖频频发生。虽然，卢旺达的种族清洗和文化研究是风马牛不相及的事情，但是没有疑问，文化研究同样是新传播技术无孔不入渗透下来的一种反应。所以，文化研究毋宁说是在收编和驯服新的传播技术摧毁道道边界闯入我们的家园之后，所带来的种种"他者"的威胁。米勒认为这一收编和驯服他者的企图是采纳了一个自相矛盾的形式。一方面，它在国家和国家、种族和种族，以及性别和性趋向之间重新建立起牢固的边界。尽管跨学科研究呼声日高，大学里按国别、语言、种族和民族来划分学科的做法基本上未有改变。更经常看到的是传统学科扩张，将妇女研究、同性恋研究、少数民族研究、电影研究、视觉文化研究等兼收并蓄进来。如是所有这些"他者"在大学里都有了一席之地，可是又圈定在重新确立的内部—外部的两分边界里。交叉学科的先决条件是学科的分立，它其实是把"他者"安全地挡在了外围。而另一方面，则是方法论转向，或者毋宁说是回归模范再现和描述的传统方法，由此"他者"被翻译成通俗理论，其威胁性便也消解在透明流畅的可读性之中。文化研究中被普世化的"文化"概念，这样来看，就是提供了一个置换的场地，将他者还原为自我，或者置换为主导文化的某种形式。

米勒最终呼吁创建一个以尊重而不是以知识为宗旨，以存异而不是以求同为基础的新型大学理式，以此来挑战以追求普遍真理为圭臬的传统大学理念。但一个显见的事实是，冷战结束、全球化和传播新技术迅猛发展以来，大学已经是处在了不可逆转的转化之中。对德国古典哲学下衍的传统研究型大学依依不舍，抑或设想建立新的多元文化的统一的大学，看来也是谈何容易。

几乎在米勒作如上说的同时，上述《解构与批评》的主编哈罗德·布鲁姆（1930—2019），于1994年出版《西方正典》，反戈一击斥责解构主义是邪门歪道，对于大学里文学院系的文化研究转向，表示深切担忧。2005年在该书被译成中文后，中国文学批评界好评如潮。该书中布鲁姆公开指责女性主义、马克思主义和多元文化文学批评立场，指责欧洲大陆今天许多名家如海德格尔、萨特和德里达，都无异于骗局，至少依据作品的社会内涵来分门归类，是遗忘了作品的精神气质和审美价值。作者在该书中文版序言中说："我们不再有大学，只有政治正确的庙堂。文学批评如今已被'文化批评'所取代：这是一种由伪马克思主义、伪女性主义以及各种法国/海德格尔式的时髦东西所组成的奇观。西方经典已被各种诸如此类的十字军运动所代替，如后殖民主义、多元文化主义、族裔研究以及各种关于性倾向的奇谈怪论。"[1] 有鉴于此，布鲁姆选取从荷马到普鲁斯特二十六位经典作家，以重申"审美价值"为旗帜，呼吁重建今日西方文化权威的特性。

布鲁姆以莎士比亚为经典中的经典，反之称当今此起彼伏的多元文化主义是"憎恨学派"（resent school），因为它们仇恨死去的、欧洲的、男性的白人作家。布鲁姆给"憎恨学派"划了六个分支，它们分别是女性主义者、马克思主义者、拉康派、新历史主义者、解构主义者、符号学派。在该书最后部分《哀伤的结语》中，作者说，他在耶鲁大学这所顶尖高校教了一辈子文学之后，反而对文学教育能否度过眼下的困境感到了忧虑。在列数"文化批评""文化唯物主义"和"文化资本"对于文学研究之言不由衷后，布鲁姆表示今天的"英语系"可能会更名为"文化研究系"，《蝙蝠侠》漫画、摩门教主题公园、电视、电影和摇滚乐会取代

---

[1] 哈罗德·布鲁姆：《西方正典：伟大作家和不朽作品》，江宁康译，译林出版社，2013年，第2页。

乔叟、莎士比亚、弥尔顿和华兹华斯。但是我们不必为此感到悲哀。因为如今每年进入耶鲁的学生,有多少人真正具有读书的激情呢?你如何去教那些告诉你不爱读诗的学生,去热爱伟大的诗篇呢?布鲁姆说,他年轻时,莎士比亚的《裘力斯·凯撒》几乎是各个学校课程表上的通选课,但是今天许多学校无法让学生读完这部剧作,因为它远远超出了学生们所坦白的个人兴趣。而且说到底,"为什么恰恰是文学研究者变成了业余的社会政治家、半吊子社会学家、不胜任的人类学家、平庸的哲学家以及武断的文化史家呢?"①

可以说,希利斯·米勒和哈罗德·布鲁姆作为耶鲁大学两位声气相求的著名文学教授,对于文化研究旷日持久冲击美国大学里文学课程设计的现实和前景,分别表达了乐观的悲观展望,和貌似悲观的乐观展望。布鲁姆晚年因为他的重申经典立场,频频出镜媒体,一时成为学院派明星。曾有记者提醒当年他可是《解构与批评》这部"耶鲁学派"标志性著作的主编,何以反戈一击如此绝情?布鲁姆的回答是,请注意书名——他们是"解构",我是"批评"。

第五节　SECTION 5 >
罗蒂的文学救赎哲学思想

理查德·罗蒂(1931—2007)在约翰·罗尔斯去世后,曾经是美国最负盛名的哲学家。同样称罗蒂是当代哲学家中最具文学色彩的人物之一,恐怕鲜有人会提出疑问。当年罗蒂教授在斯坦福大学担任的两个教职,就分别属于比较文学系和哲学系。有人问他你还经常读诗和小说吗?你最喜欢的作家是谁?罗蒂的回答

---

① 哈罗德·布鲁姆:《西方正典:伟大作家和不朽作品》,江宁康译,译林出版社,2013年,第432页。

是，我年轻时候读海明威、普鲁斯特，后来读纳博科夫，一生当中读了不少诗和小说。当然你们下一代人会有自己的偶像，不必顾忌我的所好。但是，文学不是常常有种振聋发聩的觉醒力量吗？诚然，现在不是世界末日，可是当时代处在危急关头，濒临绝望时，难道不是只有诗人和小说家会站出来告诉我们去做什么，而不是哲学家吗？

2004年7月6日罗蒂在南开大学做了题为《救赎真理的衰落和文学文化的兴起》的学术讲演，议及宗教、科学、哲学和文学的流变分析。自称到今天依然也还是个分析哲学家的罗蒂，在被问及你对分析哲学有什么看法时，回答说：分析哲学有一个少数派，认为不存在绝对真理，我自己就属于这样一个少数派。现在我依然可以把自己看作一个分析哲学家。我推崇托马斯·库恩。但我并不认为分析和非分析的界限有什么了不起。后期维特根斯坦与德里达的哲学相当一致，前者是分析哲学家，后者却不是。

罗蒂哲学应无疑问是典型的后现代哲学形态。"真理存在吗？""你相信真理吗？"这样的问题在他看来已是毫无意义，理由是谁都知道真不同于假，而且近年分析哲学的一大成就，就是表明"认真以待"是语言使用的必要先决条件。但是问题依然存在。"你相信真理吗？或者你就是那种肆无忌惮的后现代主义者？"罗蒂感慨记者采访学者，常常出口便是这个问题。就好像过去要么相信上帝，要么就是神鬼不信的无神论者。针对这一非此即彼的二元对立，罗蒂表明他的看法说，"你相信真理吗？"说白了其实就是你相信存在一个可予追求的超自然终极吗？是否一旦理解了我们真实存在的方式，人生的意义也就豁然开朗？对此罗蒂表明，他在这一点上无异于那些人所谓的后现代主义者，并不对这样一种终极抱有幻想。因为我们无法想象应当怎样来最终塑造自己，解决老问题必然产生新问题，如是推陈出新，是没有穷尽的。无论是个人、社会还是整个人类，每达到一个新的成熟阶段，不过是用新的困顿克服了旧的困顿罢了。

讲演的底本是罗蒂2000年12月发表的同名文稿。罗蒂称他说的"救赎真理",是指一系列据信能够一劳永逸终结我们思考如何生活的信念。救赎真理是满足了宗教和哲学之需。这就是一心要把万事万物统合进一个单一的语境中,而这个语境将表明自己是自然的、命定的、独一无二的。它将是唯一能够真正组构我们生活的语境,因为唯其在这一语境里,生活才如其本然展现自身。所以相信救赎真理,就是相信有些东西之于人类生活,一如基本粒子之于四大元素,它是现象背后的最终真实。罗蒂对知识分子也有定义,这就是渴望自主和自由的人,而且有幸有钱又有闲暇来追求它们。知识分子去教堂、去剧院、去博物馆,最重要的是大量读书。但我们社会里的大多数人不是知识分子,即便他们有钱又有闲暇。他们读书不是为了寻求救赎,而是为了娱乐和消遣,为了某种实用目的。大多数人读书不为人生理想,知识分子却要理想。

罗蒂认为,正是西方的知识分子,从文艺复兴开始,走过了三个阶段。先是从上帝那里寻找救赎,继之从哲学,如今则从文学。而在文学文化之中,宗教和哲学看起来就像不同的文学类别,是可以选择的而不是强制派定的。就像一个知识分子可能选择多读诗少读小说,或者多读小说少读诗,他或她也可能选择多读哲学或宗教著作,少读诗和小说。罗蒂指出宗教向哲学的转移始于文艺复兴柏拉图主义东山再起。这时候人文主义者质问基督教,一如苏格拉底质问赫西俄德的神谱。其时苏格拉底说道,问题不在于一个人的行为是不是取悦于神,而在于哪一位神能够正确判定什么行为是为正当。当后一个问题再度被认真以待时,通向康德结论的大道就一路畅通了。因为它的言外之意是即便是神,也必须经由人的自我意识加以判断。罗蒂把哲学向文学的转移定位在康德之后,约莫开始在黑格尔的时代。他指出黑格尔曾经警告我们,只有当生命形式衰老之时,它才显出哲学的灰暗。他认为黑格尔这一名言帮助克尔凯郭尔和马克思那一代人意识到,哲学永远不会实现黑格尔本人亦曾信誓旦旦的那一救赎角色。黑格尔那些雄心勃勃的哲学信念，几乎从一开始便向它们的辩证对立面转化了。而知识分子失却对哲学的信心，结果就是丧失对救赎的信心，不再期望它会出现在什么真正信仰的形式里。

哲学之所以能取代宗教，罗蒂认为，是因为哲学的前提是事物有其真实存在的方式，这就是人类和他的宇宙如其本然的存在方式，独立于我们任何偶然的需要和兴趣。探求这一方式的知识即是救赎。所以，对真理的追求可以替代对上帝的神往。进而视之，塞万提斯和莎士比亚的贡献，则在于质疑柏拉图人虽然分成三教九流，却被悉数纳入一个等级体系，依其对于同一目标的远近而得评判的哲学。对此罗蒂指出，哲学家们经常把宗教描述为原始的东西，力不能及哲学的思辨，但是，充分自觉的文学文化，则将会把宗教和哲学一并描述成为相对原始的文学类型，虽然它是光辉灿烂的。

黑格尔以还，罗蒂认为知识分子是在逐渐失却对于哲学的信心。在近两百年里逐渐形成的文学文化中，罗蒂指出，"这真实吗"这个问题，已经让位于"有什么新意"。与此相应，"什么是存在""什么是真正的真实"以及"什么是人"这一类问题，也被顺理成章视为明日黄花。罗蒂解释说，他使用"文学"和"文学文化"这样的术语，其实是说，一种已经以文学取代宗教和哲学的文化，发现救赎说到底是存在于同他人的关系之中。这是一些由书籍、建筑、绘画、歌曲等人工制品作为媒介的关系。正是它们显示了人类何以是为人类。这是和宗教与这些判然不同的。他强调文学开始挑战哲学早在塞万提斯和莎士比亚的时代已见端倪。这一时期人开始怀疑人类过去是，而且以后也理应是多样化的，所以毫无道理装作在他们内心深处，都抱有一个单一的真理。塞万提斯和莎士比亚的着眼点是人和人的差异而不是寻求共通的人性。他们不再把救赎真理看作是理所当然，上帝抑或真理究竟是否存在，便也无足轻重了。

文学救赎哲学很大程度上也是出于对现代性的困惑。赋予自然科学以救赎角色，罗蒂发现对今天的两类知识分子大有吸引力。其一是传统哲学家，坚信自然科学既然是以别的文化无以企达的方式获得客观真理，所以自然科学家具有文学批评家身上几乎绝迹的知识分子美德，尤其是对真理的热爱。其二是继承19世纪实证主义路线的科学家，宣称自己学科中的最新成就具有深刻哲学含义。比如进化生物学和认知科学，在他们看来，就不光是告诉我们生命如何运作和构成，同样也向我们揭示人性和我们的真实存在状况。所以，它们提供的即使不是救赎，至少也是智慧。

罗蒂对这两种倾向都表示了反对意见，称他要分别对待这两类人。对于前一类哲学家把自然科学家视为知识分子美德的典范，罗蒂指出天体物理学家对真理的热爱，和古典文献学家或档案史学家之热爱真理没有什么区别。他们都在努力获得正确的东西。没有他们的献身，也就没有我们的文明。这些脚踏实地的人打下基础，想象力才能自由游戏。没有工匠就没有诗人。没有理论科学家提供工业社会的技术，我们就没有财力来让孩子一心攻读文学文化。我们没有理由判定自然科学家对社会的道德或者说哲学贡献，就要高于木匠、会计师和外科医生。对于后一类科学家的哲学自信，罗蒂认为这其实是在有用的科学产品上，涂加一层形而上学的光亮油漆，暗示科学不仅预测和控制环境以及我们自身，而且还额外提供了救赎。然而，现代科学不断取得的成就已经清楚表明，具体时空中事件的因果关系，并不需要超自然力量的参与。罗蒂显然是秉承了利维斯的传统，他这样描述文学文化对所谓唯物主义形而上学所持也是应持的态度：现代科学是一种辉煌的且富有想象力的描述事物的方式，对于达成目标，即预测并控制现象，是极为成功的。但它不应该妄称具有救赎力量，须知那本是它手下败将唯心主义形而上学的专利。

由此当可印证"文化现代性"的魅力。罗蒂指出，19世纪的知识分子已经在逐渐学习从艺术的角度看待科学，从生活的角度看待艺术。爱默生是一例,波德莱尔也是。这便是席勒人类进步有赖于"审美"而不是"伦理"的观点,何以会深得人心。他似乎特别欣赏雪莱的诗情:如果没有洛克、休谟、吉本、伏尔泰和卢梭,人类照样可以从牧师和暴君的统治下解放出来;但是如果没有但丁、彼特拉克、薄伽丘、乔叟、莎士比亚,如果没有卡尔德隆、培根和弥尔顿,如果拉斐尔和米开朗琪罗从未诞生,如果希伯来诗歌从未被翻译出来,如果希腊文学的研究复兴从未发生,如果古代雕塑的丰碑没有传承下来,如果古代世界的诗歌和宗教连同信仰一起灭迹,那么,我们今天这个世界的道德状况,可真要是无法想象了。

罗蒂的结论是,他建议把文学文化视为人类自己营造的最后一个乌托邦,其间知识分子将放弃追索某种终极标准,以此来衡量人类想象力的产品。这些产品的社会功用,将日益凸显在一个享有最多自由和宽容的全球语境中,并且在这个语境中得到衡量。其间知识分子将不复指望我们形形色色的文化创造将有一个殊途同归的终极目标,他们将不再把救赎和达成完美视为一途,反之将牢记在心,过程才是最重要的。

讲演完毕罗蒂同听众有长时间交流。有人问,宗教和哲学历史上拯救过人类吗?还是仅仅是虚幻的拯救?罗蒂的回答是,宗教和哲学在它们的时代已经做了可以做的最好的事情。16世纪之前欧洲人是到宗教里寻找救赎真理,16到18世纪是哲学特别是科学的世纪,哥白尼、伽利略、牛顿不断创造新的话语模式,科学发现替代了敬畏上帝。但是今天不同,我们可以做得更好。我们今天的处境和我们的前辈不一样,我们有不同的需要,所以也有不同的满足需要的方式。19世纪小说家纷纷在公共场合朗读自己作品的作风,导致文学走出象牙塔,走向大众化和流行化。到20世纪,我们就到亨利·詹姆斯和普鲁斯特的小说中寻找生活导向了。

不错,文学中有悲天悯人的东西,那是善,但是文学里不也有暴力、奸诈、邪恶的东西吗？如果我们效仿文学中恶的一面，是不是未来的世界更加可悲？对于这个问题，罗蒂答道，善和恶的观念其实是我们越读文学就会越发明晰的，它们在文学阅读的过程中彰显出来。文学当然有可能成为坏的样板，但是宗教和哲学又何曾不是这样。历史上宗教也曾被人用力论证大屠杀的合理性，哲学亦然。可见这不是文学自身的罪过。但一个明确的事实是，人阅读文学愈多，他明辨善恶的能力也就愈强。这一点是没有什么疑问的。

作者陆扬也提出了两个问题：一、罗蒂"文学文化"的概念听起来和德里达"总体文学"的概念十分相似，如德里达《论文字学》里表明的那样，打破西方的逻各斯中心主义传统，形而上学恐怕很难有所作为，反之文学可以是一个最有希望的突破口。是不是可以请罗蒂教授谈谈他的立场和德里达有什么差异？二、文学自身难道不是正在经历危机吗？今天几乎没有人读诗，也难得有人读小说，我们在看电视、追逐时尚，或者吊在互联网上，要之，今天的讲演题目能否改为"文学文化的衰亡和大众文化的兴起"？

对于这两个问题，罗蒂回答说：其一，我和德里达没有分歧，目的都在于打破德里达所谓的逻各斯中心主义，德里达把他的工程叫作解构，我并不清楚解构到底是什么意思，其实叫作什么是无所谓的，关键是我们都致力于批判柏拉图以降的理性中心主义。其二，纯文学少有人读，这在过去也是这样的。文学作品有难读和好读之分，难读即所谓的高雅文学在过去也只有一小部分人，也就是有教养的知识阶层在欣赏，它被接受的百分比与今天是大致相当的。所以，谈不上文学已是穷途末路。另外，罗蒂强调说，他所说的文学文化并不专指文学本身，也包括电影、电视等一应大众文化形式，所以这里的文学是泛文学。关键是它们都是想象力的产物，是想象力的文化，而不是理性中心主义的文化。

有人问：你的后哲学文化倡导一个概念，这就是"种族中心主义",这个概念是不是会被误用,比方说,会不会被美国主流意识形态用来强制推广他们的文化霸权?

罗蒂答:种族中心主义即ethnocentrism,它的确引发过许多邪恶。但某种意义上它是不可避免的东西。它强调的是每个人、每个社会文化历史的局限性。之所以产生邪恶,是人没有意识到自己的文化是一种种族中心的立场,以为它是普世的,由此强加于人。如果意识到我们的文化都是种族中心的,恰恰可以避免这一点。如19世纪西方人认为自己把握了真理,然后处心积虑向世界传布。20世纪初叶法国和德国推行殖民主义,那时候这两个国家的知识分子认真相信他们是在传播普世伦理。但是现在不是这样了,西方知识分子也越来越认识到自己的文化是种族中心主义的,毕竟时代不同了。

那么,文学文化有局限吗?有没有一个后文学文化的时代?

对此罗蒂的回答是:我无法想象后文学文化。我们的想象力受我们所处时代的限制,三百年以后或许会有变化,但是我不能想象三百年以后的状况,否则我就是超人。人类之所以是为人类,不是在于他的认识能力,而是在于他的想象和创造能力。

最后的问题是,您是否意味哲学从此就不需要体系了?

罗蒂答:从尼采开始,伟大的哲学家就没有留给我们体系。尼采没有留下体系,威廉·詹姆斯、维特根斯坦和德里达也没有留下体系。也许下一个天才会给我留下体系。哲学这一点上与文学相似,那就是它走到哪步田地,往往取决于出现一个什么样的天才。我们能够知道希望科学家来为我们做些什么,哲学家我们就难说了。今天我们翘首以盼诞生什么样的哲学家呢?

多年以前罗蒂就把他的哲学叫作后哲学文化。后哲学文化中文学显然占据了一个举足轻重的位置,对此罗蒂本人有如是说明:

> 五十年前,在杜威的影响下,美国自由主义政治思想不假思索地认为,需要的是政治思考中运用"科学方法"。但在

今天,"仔细阅读"的观念已经替代了先前的"科学方法"观念。文学崇拜替代了科学崇拜。我们听到的不再是:只有接受了自然科学家的态度和习惯,生活和政治才可能变得更好;而是:只有接受了文学批评家的态度和习惯,生活和政治才可能变得更好。①

罗蒂对于文学矢志不渝,一路看好,以为它就像当年哲学和科学救赎了宗教那样,现在可以轮过来救赎哲学和科学,这与前面米勒忧心忡忡文学研究如何面对文化研究势如破竹的攻势,适成对照。文化研究曾经是从文学研究中脱胎而出,继而分道扬镳,它终将像罗蒂的理解那样,复归从中而出的文学研究呢,还是羽翼丰满之后,反过来将文学研究收在麾下?抑或就这样把平行发展的态势保持下去?我们宁可相信第三种选择。但是即便它们分道扬镳,文化研究和文学研究却是有着你中有我,我中有你的密切联系,这在过去是这样,现在是这样,将来也是这样。对于这一点我们其实是不必忌讳的。

---

① 罗蒂:《后哲学文化》,上海译文出版社,1992年版,第148页。

第十五章 CHAPTER 15 >
空间理论

第一节 SECTION 1 >
空间转向和列斐伏尔

20世纪末叶,文化研究目睹了一个引人注目的"空间转向",它被认为是20世纪后半叶知识和政治发展中举足轻重的事件之一。学者们开始刮目相待人文生活中的"空间性",把以前给予时间和历史,给予社会关系和社会的礼遇,纷纷转移到空间上来。空间反思的成果是导致文化地理学的兴起,文化研究同建筑、城市设计和地理学等空间学科,与日俱增呈现出交叉渗透的趋势。

空间和时间一样,其性质究竟是什么,是哲学史上一个历久弥新、争讼不清的所谓基本问题。柏拉图和亚里士多德大体都将空间视为本身不具有任何特性的客观的容器,如柏拉图《蒂迈欧篇》中曾被德里达无限神秘化的"场域"(khôra)概念所示。但埃利亚学派就否认有可能存在空洞的空间,同样否认空间具有物质属性,认为假如空间具有物质属性,空间自身就不得不存在于另一种空间之中。芝诺飞矢不动等一系列悖论,被认为是典型地揭示了空间和时间令人困顿不已的性质,特别是关于无限的问题。而当康德声称如果我们把空间和时间看作是客观实在的,就会导致二律背反,芝诺的困顿显然同样波及了康德。《纯粹理性批判》中,康德论证空间和时间是先天的直观形式,感性正是通过此种形式,将感觉到的物质组织成为经验。先验的直觉的时空由此成为人类理性认知的前提和基本条件,这在沃尔夫冈·韦尔施看来,便不啻于驻足于感性的美学是植根于理性的哲学的前提和基本条件。

福柯早在1976年就发表过题为《其他空间》的讲演,虽然讲演的刊布已是八年之后的事情。福柯指出,空间成为理论关注的对象并不是新鲜事情,因为我们时代的焦虑与空间有着根本关系,比之与时间的关系甚至更甚。他认为当今空间面临的问题是它还没有被完全世俗化。伽利略的成就从根本上说不完全在于他发现或者再发现地球围绕太阳运转,而在于他在建构一个无限开发的无限的空间。空间由此从中世纪的定位转移到近代的扩展模式。问题是伽利略的开放的空间的传统在今天依然是有待于开拓。对此福柯耿耿于怀今天我们的生活依然是被一系列根深蒂固的二元对立所统治,诸如私人空间／公共空间、家庭空间／社会空间、文化空间／实用空间、休闲空间／工作空间,如此等等,不一而足。福柯进而引巴什拉《空间诗学》所谓现象学式的描述:我们并非生活在一个均质的空洞的空间里,相反我们的空间深深浸润着各种特质和奇思异想,它或者是亮丽的、轻盈的、明晰的,或者仍然是晦暗的、粗糙的、烦扰的,或者高高在上,或者深深塌陷,或者是涌泉般流动不居的,或者是石头或水晶般固定凝结的。但福柯也认为,巴什拉的分析虽然很深刻地反映了我们的时代,但还是主要涉及内部空间,而我们同样希望讨论外部空间。在题为《空间、知识、权力》的访谈中,福柯更强调空间是一切公共生活形式的基础,是一切权力运作的基础。换言之,空间、知识、权力的三位一体最终与后现代文化的理性主义批判有着千丝万缕的联系。

第十五章　空间理论

但空间转向的因由是法国新马克思主义哲学家亨利·列斐伏尔（1905—1991）1974年出版的大著《空间的生产》。列斐伏尔反对把马克思主义释为经济决定论，同样不同意将马克思主义视为实证世界观和自然科学方法论，而以他对当代资本主义消费社会的"日常生活批判"而蜚声。在空间理论上，列斐伏尔反对传统社会理论单纯视空间为社会关系演变的容器或者说平台，反之指出它是社会关系至为重要的组成部分，空间既是在历史发展中生产出来，又随历史的演变而重新结构和转化。《空间的生产》中列斐伏尔分析了物质、精神、社会三种空间。关于三种空间的关系，《空间的生产》开篇就说，不久以前，"空间"一语还是严格限定在几何学的意义上面，指的纯然是一片空旷的区域。作为学术术语，则渐而与"欧几里得""等轴性""无限性"这一类语词携手并进。由此人们的总体感觉是，空间的概念最终也是一个数学的概念。"社会空间"一说，由是观之，基本上是不知所云。

列斐伏尔认为笛卡儿的思想标志着空间概念史的转折点，自此以还，空间概念有了成熟的形式。即是说，笛卡儿终结了亚里士多德的时空传统，不复将时间和空间看作帮助命名和分类感觉证据的范畴。更何况此类范畴本身语焉不详，既可以是安排感觉数据的纯然经验工具，又可以是超乎身体感官获得材料之上的一般原理。而笛卡儿的逻辑既出，空间就进入了一个绝对的王国。它是对应于主体的客体，对应并且呈现于认知的外部世界，包容故而主导了所有感觉及至万事万物。要之，空间是否就是一种神圣属性？或者，它是世间万物无所不在的内在秩序？列斐伏尔认为这就是笛卡儿之后历代哲学家试图解答的问题，无论是斯宾诺莎、莱布尼兹，还是牛顿。然后有康德复兴并修正了古老的空间概念。列斐伏尔指出，康德的空间是相对的，它是知识的工具，是将现象加以分门别类的手段；但是，它和时间一样，依然是清晰地同经验领域区分开来，如康德言，它属于主体意识的先验领域，而且是参与构造了这一领域内在的超验结构。而这一切，在列斐伏尔看来，是标志了哲学从抽象的纯粹逻各斯研究，转向了更为具象的空间研究。

同哲学相对的是空间的数学研究传统。列斐伏尔认为：数学顾名思义是一门同哲学分立开来的独立科学。数学从来不认为它缺欠哲学什么，它自足自立，且有自身的必然性。如是数学家研究时空，便是顺理成章把时间和空间纳入了数学自己的领域。但是列斐伏尔发现，数学的空间研究方法其实是多有矛盾的。比如数学家们发明了许多空间：无限的空间、非欧几里得空间、弯曲空间、多维度空间、建构的空间、抽象的空间，以及解构的空间、转化的空间、拓扑学的空间，如此等等，不一而足。既有非常普遍的，又有非常专门的。但问题是，数学和现实之间，无论是物质的现实还是社会的现实，都存在很深的隔阂。解决这些隔阂中的问题，远超出了数学家的能力。故而数学家无能为力之际，哲学的解决办法卷土重来，空间再一次被理解为人类以逻各斯把握世界的精神能力。现在的问题是：以数学的空间为精神的存在，它如何，第一，过渡到自然，第二，过渡到实践，故而第三，过渡到社会生活，既然社会生活也是在空间之中展开？

列斐伏尔本人也列数过令人目迷五色的各类空间。比如讲到绘画的空间，我们马上会想到毕加索的空间，这也是《阿维尼翁少女》和《格尔尼卡》的空间，同理还有建筑的空间、造型的空间、文学的空间，那是作家和艺术家的特定世界。此外像休闲、工作、游戏、交通、公共设施等，无不涉及空间的概念。是以我们面临着层层叠叠互相交叉的无数空间：几何的、经济的、民主的、社会的、生态的、政治的、商业的、国家的、大陆的、全球的，如此等等，一切皆是空间。列斐伏尔认为，所有这些描述空间的努力，是显示了今日社会及其生产方式中一个明显的，甚至是主导的趋势，那就是知识劳动和物质劳动一样，分工愈见细密起来。空间的实践既然突入社会生活的方方面面，那么建构一种"空间科学"，便也是势在必然。为此列斐伏尔陈列了有关此一

"空间科学"的三个基本命题——

> 1. 它代表了知识的政治（就西方的意义而言，即"新资本主义的"）用途。记住知识在这一体系下，是多多少少被"直接"整合进了各种生产力，且通过"中介"，整合进了生产的社会关系。
> 2. 它意味着发明一种用以控制那一用途的意识形态，同时意指知识高度功利性使用中的种种内在矛盾，虽然表面上看知识是非功利的。这一意识形态没有标记，对于接受其实践的人来说，它就是知识难分难解的一个组成部分。
> 3. 它往好说是喻示了一种技术乌托邦，有似在真实世界，即现存生产方式的框架中，用计算机来模拟未来或可能世界。这里的起点是这样一种知识，它既是被整合进了，又并驾齐驱于生产方式。这里的技术乌托邦不仅仅是许多科幻小说的共同特征，而且也是一切有关空间之规划的共同特征，无论是建筑的空间、都市生活的空间，还是社会规划的空间。①

这三个基本命题毋宁说是列斐伏尔"社会空间"理论的一个宣言。社会空间的现实语境是西方当代资本主义社会。

列斐伏尔发现资本主义还有一个经常被人忽略的层面，这就是由某一个阶级施行的"霸权"。葛兰西的霸权理论，实际上正是通过列斐伏尔的鼎力推举，之后成为文化研究的方法论标识的。列斐伏尔指出，葛兰西霸权概念提出的初衷，旨在描述新社会建设中工人阶级的未来角色，但是它同样适用于资产阶级的行为，特别是同空间相关的行为。列斐伏尔并不讳言霸权说白了就是"专政"，先是资产阶级专政，然后是无产阶级专政。可是霸权

---

① 列斐伏尔：《空间的生产》(Henry Lefebvre, *The Production of Space*), Malden: Blackwell Publishing, 1991年版, 第8—9页。

不是简单使用暴力，它是通过政治、政治领袖、政党，以及知识分子和专家们，来对包括文化和知识在内的整个社会施加影响。统治阶级凭借现成的手段谋求维持霸权，知识即是此类手段之一。如是知识和权力的联系昭然若揭。但列斐伏尔认为这一事实并不构成对知识形式的颠覆。相反，它指向两种知识之间的对峙：一方面是与权力合谋的知识，一方面是拒绝认可权力的知识。要之，空间在霸权所及之下，还能无动于衷吗？空间还能是社会关系的被动接受和容纳地点吗？答案当然是否定的。

正是基于以上的思考，列斐伏尔提出了他的空间生产理论。列斐伏尔发现，"生产"在黑格尔哲学中就占有举足轻重的地位：首先，绝对精神生产出了世界；其次，世界生产了人类；再次，人类反过来通过斗争和劳动，生产了历史、知识和自我意识，如是最终是生产了心灵。但列斐伏尔主要是从马克思主义哲学的角度来分析生产。他认为生产在马克思和恩格斯的著作中主要有广义和狭义两层意义。广义上言，人类作为社会存在是生产了自己的生活、自己的意识和自己的世界。就此而言，人类的社会历史中，没有什么不是生产出来的。即便是自然本身，就社会生活中感官对它的把握而言，一定意义上亦可被纳入生产的视域之中。人类生产了法律、政治、宗教、艺术和哲学，生产了具象世界也生产了抽象世界。要之，生产在广义上，对于人类就是无所不在的概念。

列斐伏尔认为马克思和恩格斯以降，"生产"一语是被滥用以至于用滥了。生产变得无所不及：知识生产、意识形态生产、文字生产、意义生产、形象生产、话语生产、语言生产、符号生产，等等，这样的混乱状态，不但是曲解了马克思和恩格斯的天才生产观念，也使概念肃清变得势在必然。之于马克思，列斐伏尔认为生产的意义是超越了主体和客体这样的一切哲学二元对立。他指出，马克思一直在寻找内在于生产以及生产行为的合理性，以清晰说明生产的概念。此一合理性何在？列斐伏尔发现马克思是

第十五章　空间理论

将时间和空间的秩序加诸相关的生产关系，而使合理性首先表现为针对某一生产"对象"，组织起生产行为来。即是说，从一开始，生产行为中的空间因素：身体、肢体、眼睛，以及从古到今的一应生产资料，就给调动起来。因此，一切生产行为的最终说明，与其借助不变的恒常因素，不如借助不断在时间和空间序列中流动的变化因素。空间的合理性不是笼而统之的人类行为品质的某一种结果，相反，它自身就是本原，就是资源，生产者使用双手和工具进行劳动，为特定目的进行生产的时候，空间性就蕴含其中了。

这样来看，依照列斐伏尔的推演，空间，更具体地说是社会空间，就不仅仅是一个事物、一种产品，相反它不但包容了生产出来的事物，也包纳了事物的共时态的、并存不悖的、有序或无序的相互关系。它是一系列运作过程的结果，所以不可能被降格为某一种单纯客体。比较科学、表征、观念或梦这一类概念，它是同样真实也同样平实的：

> 社会空间本身作为过去行为的结果，它迎接新的行为的到来，同时暗示一些行为，禁止另一些行为。这些行为当中，有一些是为生产服务的，另一些则为消费（即享受生产的成果）服务。社会空间意指知识的极大多元化。①

这是说，社会空间的阐释既不可能求诸自然，也不可能求诸既往的历史。生产力的发展，同样对特定空间和时间的形成，具有直接的因果关系。其间种种中介因素，必然要予以充分考虑，如不同利益集团的行为，知识内部、意识形态内部，以及表征体系内部的因素，等等。社会空间因此也是包罗万象的空间，它既是自

---

① Henry Lefebvre, *The Production of Space*, Malden: Blackwell Publishing, 1991, p.73.

然的，又是社会的，它包纳了无数网络和通衢，由此推进物质对象和信息的流动变化。这样看来，构成社会空间的就不仅仅是事物，同样也是关系。社会劳动在时空的构架内部，重新安排事物的方位而未必一定改变它们的物质和自然属性，诸如岛屿、海湾、河流和山脉的例子。

列斐伏尔本人毫不掩饰他的空间理论旨在修正马克思的政治经济学。《空间的生产》一书中题为"矛盾的空间"的第五章里，他明确宣示了他的如上宗旨。他指出，理解马克思思想的最好方法，是把它重新建构一遍，恢复它的完整性，不是把它看作终点和结论，而是把它看作起点。换言之，马克思主义应当是理论发展过程中的一个环节，而不是理论的终结。他认为以往对马克思主义的理解有两个谬误。一是把马克思的思想看作一个体系，殚精竭虑要把它整合进既定的知识构架之中，由此用认识论的标准来评价它。二是恰恰相反，以对批判的工具展开批判的激进立场，来否定马克思主义。第一种谬误是受惑于绝对知识，以为这一类黑格尔式的观念不仅存在，而且可以用来分析先已存在的"现实"。第二种谬误则是中了破坏或者说自我破坏的诱惑，以为破坏"现实"的基础，就可以摧毁"现实"本身。这样来看，当务之急就是来重构政治经济学的轨迹，包括它的兴盛和衰败，以及它在马克思著作中达到的顶峰。本着这样的信念来重读马克思，列斐伏尔看中的是土地，而土地正是空间的因素。现在的问题是："会不会出现这样的危险，那就是被膜拜为世界市场的经济领域，连同为它所决定的空间，以及被绝对化的政治领域，有可能摧毁它们自身的基础如土地、空间、城镇和乡野，如此事实上也招致它的自我毁灭？"①

列斐伏尔的忧虑一定程度上也是生态的忧虑，它在今天也有

---

① Henry Lefebvre, *The Production of Space*, Malden: Blackwell Publishing, 1991, p.326.

毋庸置疑的现实意义。今天全球城市化的趋势表现为城市的急速扩张，和社会的普遍都市化。而都市化过程之所以呈现为必须予以充分重视的新空间的生产，是因为它充分体现了列斐伏尔预言的空间化的逻辑。资本依靠全球化的银行、机场、高速公路，整合能源、原材料和信息流动，对所有空间进行抽象，自然空间及其气候、地形因素一概成为社会生产力的运作材料，不光是地表的空间，地下和天空一并被纳入消费主义，变成可用来交换、消费和控制的商品。环境的组构、城镇和区域的分布，都是根据空间生产和再生产中所扮演的角色来进行，就像工厂里的机器设备一样是为了增加生产，使生产关系能够得以再生产。这意味着生产已经由空间中事物的生产，转向空间本身的生产；意味着每个社会都处于既定的生产模式架构里，处在社会自身每每对此浑然不知的社会空间之中。诚如列斐伏尔反复强调的那样，资本追求最大的剩余价值，解决过度生产和过度积累所带来的矛盾，过剩资本就要寻求新的投资方式，由此资本转向对城市环境的投资，从而为生产、流通、交换和消费创造出一个更为一体化的物质环境。而由于过度积累和资本转化的循环性和暂时性，以及在城市环境中过度投资而引发的新的危机，使得在资本主义条件下创造出来的城市空间带有极大的不稳定性。它体现为对现存环境的破坏，如城市的重新规划和大拆大建等，从而为进一步的资本循环和积累创造新的空间。其中的利弊得失，当然是值得深入细致分析的。

第二节　哈维论时空压缩

后现代语境下的"空间转向"，一般认为英国后现代地理学家大卫·哈维、美国社会学家曼纽尔·卡斯特，以及美国都市地理学家爱德华·索亚，可称为三足鼎立的领军人物。有鉴于这三位学者都具有不同程度的马克思主义背景，故他们的相关理论，同样可视为新马克思主义在空间领域结出的硕果。时空压缩、精英空间和地方空间、第三空间等一批新术语，遂此开始流行不衰。

英国地理学家大卫·哈维（1935—　）的"时空压缩"（time-space compression）理论，系他在1989年出版的《后现代性的状况》一书中提出，该书被认为是从马克思政治经济学和都市地理学出发，对全球化语境下后现代文化作社会和空间层面的深入阐发。"时空压缩"这个概念的基础之一是从"福特主义"向资本弹性积累的"后福特主义"的转化。所谓"福特主义"是指述现代生产标准化、大规模和劳动相对稳定的状态。但福特主义本身具有不稳定因素，它们在20世纪70年代转向"弹性积累"，即是开启了后现代的资本主义金融新市场。这一福特主义向后福特主义的转变，在哈维看来，也是从现代性向后现代性的转化。对于福特主义，哈维尔的解释是通过组合权力来建构社会，八小时工作制，五美元时薪，这是将工人绑定在流水线上的基本手段，与此同时，它给予工人足够的薪水和休闲时间，来消费大批量生产的商品。反之，弹性积累则是同福特主义背道而驰，它有赖于劳动过程、劳动市场以及产品和消费模式的流动性。故新产品和新市场的开发、提供新的金融服务方式，以及高科技和商品化的携手并进，显得举足轻重。

信息技术的突飞猛进，卫星实时传播的全球化普及，这都成为时空压缩理论出台的可能和必然条件。比较麦克卢汉的"地球村"，哈维时空压缩的命题意蕴显然更要复杂得多，它更多寓指空间与地方之间复杂的关系。空间是全球性的，地方则是地域文化的最后堡垒，两者之间的关系可谓盘根错节，势所必然产生新的动态空间形式。资本主义现代化在经济过程里的突然加速，顺理成章带动了社会生活变迁的突飞猛进。而经济加速的目标，说到底是加速资本翻番的时间，它包括生产时间，同样也包括流通时间。在这一过程中,哈维发现在时间的飞速流动面前,空间的阻碍似乎变得微不足道了。事实上,排除空间障碍的种种努力,在资本主义历史上从来就没有停歇过,其结果是现代化的历史变成了个极具有地理色彩的故事:铁路、电报、汽车、喷气机、广播、电话和电视,以及更为晚近的电子通信革命,都是人所周知的例子。这一切都使世界变小,而把分散在世界各地的本土市场,组成了一个全球化的大市场——生产是全球化的,消费同样是全球化的。关于这当中时空经验的变化,哈维举证了距离不断缩小的四种世界图式。其一是从 1500 年到 1840 年,以最好的马车和帆船为交通工具,平均时速为十英里。其二是从 1850 年到 1930 年,蒸汽机火车的时速为六十五英里,轮船为三十六英里。其三是 1950 年代,螺旋桨飞机时速为三百至四百英里。其四为 20 世纪 60 年代,喷气机的时速为五百到七百英里。由此比较 1500 年和 1960 年,空间和时间的比率,一下子缩小了几近七十倍。这一交通工具的不断提速,也足以显示在每一个时期,全球的空间经验都在发生变化,且变化不仅仅孤立在空间,而且和时间紧密相连起来。这可视为时空压缩命题的由来。

"时空压缩"这个术语,由此看来,正可恰如其分描述资本流动积累的加速过程中,空间阻隔被层层打破,世界仿佛朝向我们崩塌下来的那种感受。即是说,由现代性促进的时空压缩趋势,到了后现代时期愈益强悍显示出来。这个命题的提出意味着什么?对此哈维作如是解释:

> 1960 年代以来,西方资本主义时空压缩的强度,带着它瞬息万变,政治、私人生活和社会领域纷纷支离破碎的所有特征,确实就似乎显示了一种造就后现代特定状况的经验语境。但是将这一状态置于它的历史语境,有鉴于资本积累压力以及它永远追求通过时间来消弭空间,同时化解时间倒错而生成时空压缩,假如这一状态成为时空压缩一波波浪潮历史的一个组

成部分，那么我们至少是把后现代性的状况，放到了历史唯物主义的分析和解释的视野之中。①

哈维本人从地理学角度，概括了西方文化中空间观念的变迁：在中世纪，人们是凭借感觉来描绘地图；文艺复兴时期，透视规则凸显出来；启蒙时代，文艺复兴的透视传统被发挥到淋漓尽致；而从1948年开始，时空压缩开始以前所未有的方式出现，其70年代之后的进一步深化，直接结果就是导致了后现代状况的诞生。

从经济层面看，时空压缩已经使天方夜谭故事变成了真实。诚如哈维所言，一秒钟之间，银行计算机可将上千万美元从一国货币转换成另一国货币，凭借汇率的点滴差异，无中生有，无本万利。资本主义一心跑赢时间的梦想，果不其然就成了现实。但时空压缩并不仅仅意味国际金融市场分秒必争，决策的时间范域大大缩短，它同样意味着生活方式的迅速变换。伴随着空间关系的急遽重组，空间障碍的进一步消除，其最终导致的后现代新地理形势的出现，影响到政治和文化的方方面面。即是说，如果全球金融体系多少还流于抽象层面，尚没有直接介入日常生活，那么，在电视新闻之中，空间在半个小时之中走马灯般闪现切换下来，无论如何就是充满后现代意味了。哈维看到的是中东巴勒斯坦人在阳光灿烂的街道上投掷石块，非洲的翠绿山谷里，卢旺达的胡图族和图西族在相互屠杀，他看到秘鲁一张城市游击队员的脸，看到巴黎人在街边喝咖啡，看到了给洪水淹没的中西部小镇。而《探索》频道干脆就把我们带到了喜马拉雅山。杂货店里，则充斥着肯尼亚扁豆、加利福尼亚芹菜、北非的土豆、加拿大的苹果和智利的葡萄。世界变成了一个摸彩袋，我们司空见惯的是仿

---

① 大卫·哈维：《后现代的条件》(Harvey David, *The Condition of Postmodernity: An Enquiry into the Origins of Cultural Change*, Cambridge), Mass: Blackwell, 1990年版，第306—307页。

制、拟像和并置，而这些正是后现代艺术的特征。日常生活中同一时间和空间里，各式各样的商品世界聚合到一起，构成各式各样的拟像，它们互相交织起来，几乎就消抹了一切原初的痕迹，其生产过程和其中包含的种种社会关系，亦已深藏不露，不见丝毫痕迹。结果是拟像反客为主，果不就是"假做真时真亦假，无为有时有还无"。

时空压缩既然成为后现代性状态下的不二真实，如何应对这一新的生存现实，便也成为当务之急。《后现代性状况》一书题为"时空压缩的对策"的第四部分第七章中，哈维枚举了时空压缩的五种应对方式。其一是解构主义的对策，哈维认为那是种一听炮弹响就休克的沉默，屈服于浩瀚无边、无以驾驭的外部世界。其二是随心所欲否定世界的复杂性，好用言简意赅的修辞话语来做大而无当的概括。其三是在政治和知识生活里走中间路线，撇弃宏大叙事，可是也少见行动，结果难免狭隘近视，视而不见资本流动的普遍性力量。其四为知难而上，用哈维的话说，是通过建构可望反映并且掌控时空压缩的一种语言、一种意象，来驾驭这只猛虎。波德里亚和詹姆逊就属于这种类型。哈维最看好的是最后一种对策，亦即后现代思想的对策，此一对策说到底，是种潜移默化的升华，用作者的话说，或者竟可以到达某一个自我消融的点，化入差异之乡。差异将使个性如鱼得水，它毋庸置疑是后现代文化的乐土。

第三节　索亚与第三空间

"第三空间"是近年后现代文化中的一个热门话题。这个概念来自美国后现代地理学家爱德华·索亚（1940—　）1996 年出版的《第三空间：去往洛杉矶和其他真实和想象地方的旅程》。爱德华·索亚出生在纽约布朗克斯区，据他后来回忆说，在这个文化多元性表现得再明显不过的城区,他十岁时便活像个街头地理学家。获取博士学位后有二十年他在非洲,先后在尼日利亚的伊巴丹大学和肯尼亚的内罗毕大学担任过客座教职,教授政治地理学。1972年起他在加利福尼亚大学洛杉矶分校执教,近年致力于洛杉矶城市重建的研究,具体说是大洛杉矶的后现代化,洛杉矶从分散的城镇村落发展成为世界上最大的超级城市之一,它的发展过程无论是在学者还是在本城市居民中间,都引发过争论。因此索亚的研究影响超出地理学科,波及更为广泛的文化研究的方方面面,是很自然的事情。

　　什么是第三空间?索亚承认他是在最广泛的意义上使用第三空间这一概念,是有意识尝试用灵活的术语来尽可能把握观念、事件、表象以及意义的事实上在不断变化位移的社会背景。在更大的语境上看,二十世纪后半叶空间研究成为后现代显学以来,对空间的思考大体呈两种向度。空间既被视为具体的物质形式,可以被标示、被分析、被解释,同时又是精神的建构,是关于空间及其生活意义表征的观念形态。索亚提出的第三空间,这样来看正是重新估价这一二元论的产物,据索亚自己的解释,它在把空间的物质维度和精神维度同时包括在内的同时,又超越了前两种空间,而呈现出极大的开放性,向一切新的空间思考模式敞开了大门。

　　上承列斐伏尔的《空间的生产》,索亚分析了他所说的三种"空间认识论"。"第一空间认识论"最是悠久,索亚指出此一思维方式主宰空间知识已达数个世纪,它的认识对象主要是列斐伏尔所说感知的、物质的空间,可以采用观察、实验等经验手段,来作直接把握,我们的家庭、建筑、邻里、村落、城市、地区、民族、国家乃至世界经济和全球地理政治,等等,便是此一空间认识论的典型考察对象。索亚指出,第一空间认识论偏重于客观性和物质性,力求建立关于空间的形式科学。人与自然的关系,发展与环境的地理学,因此作为一种经验文本在两个层面上被人阅

第十五章 空间理论

读：一是空间分析的原始方法，就对象进行集中的准确的描绘，一是移师外围，主要在社会、心理和生物物理过程中来阐释空间。

比较来看，"第二空间认识论"要晚近得多，可视为第一空间认识论的封闭和强制客观性质的反动。简言之是用艺术对抗科学，用精神对抗物质，用主体对抗客体。索亚认为，它是假定知识的生产主要是通过话语建构的空间再现完成，故注意力是集中在构想的空间而不是感知的空间。第二空间形式从构想的或者说想象的地理学中获取观念，进而将观念投射向经验世界。精神既然有如此十足魅力，阐释事实上便更多成为反思的、主体的、内省的、哲学、个性化的活动。所以第二空间是哲学家、艺术家和个性化的建筑家一显身手的好地方，不仅如此，这里还是倾情展开论辩的好地方，空间的本质是什么？它是绝对的呢，还是相对的呢，还是关系的？是抽象的呢，还是具体的？是一种思维方式呢，还是一种物质现实？思想起来都叫人颇费猜测。总而言之，此一空间认识论中，想象的地理学总是蠢蠢欲动把自己表征为真实的地理学，图像和表征总是在企图限定和安排现实。但索亚也承认两种空间认识论的界限有时候并不那么一目了然。他引列斐伏尔的话说，它们有时候仿佛是全副武装，打算决一死战，有时候却又一方包含而且促进着另外一方。而近年来两种空间认识论边界上的呈现出模糊性，毋宁说是与日俱增，诸如实证主义、结构主义、后结构主义以及存在主义、现象学、阐释学等思想和方法的融合，更是推波助澜，促使第一空间分析家更多地求诸观念，反之第二空间的分析家们，也非常乐于在徜徉在具体的物质空间形式之间。

由是观之，"第三空间认识论"既是对第一空间和第二空间认识论的解构又是对它们的重构，用索亚本人的话来说即是，"它源于对第一空间—第二空间二元论的肯定性解构和启发性重构，是我所说的他者化—第三化的又一个例子。这样的第三化不仅是为了批判第一空间和第二空间的思维方式，还是为了通过注入新的可能性来使它们掌握空间知识的手段恢复活力,这些可能性是传统的空间科学未能认识到的。"[1] 作为"他者化"即"第三化"的又一个例子,很显然第三空间不仅仅是种批判和否定,诚如"解构"一语本身的肯定和建构意味已为大多数人肯定,"第三空间"认识论在质疑第一空间和第二空间思维方式的同时,也在向先者注入传统空间科学未能认识到新的可能性,来使它们把握空间知识的手段重新恢复青春活力。为此索亚强调在第三空间里,一切都汇聚在一起:主体性与客体性、抽象与具象、真实与想象、可知与不可知、重复与差异、精神与肉体、意识与无意识、学科与跨学科,等等,不一而足。如此而来的一个必然结果便是,任何将第三空间分割成专门别类的知识和学科的做法,都将是损害了它的解构和建构锋芒,换言之,损害了它的无穷的开放性。故此无论是第三空间本身还是第三空间认识论,都将永远保持开放的姿态,永远开放向新的可能性和去向新天地的种种旅程。

索亚的第三空间理论一定程度上反映了当今西方后现代语境中出现的空间和地理学转向。索亚本人为此贡献了他的"空间三部曲":其一是《后现代地理学:社会批判理论中空间的再确认》(1991),该书驻足福柯、吉登斯、詹姆逊和列斐伏尔的理论,倡导整个儿重新思考空间、时间和社会存在的辩证关系。其二就是《第三空间》(1996),作者以第三空间既是生活空间又是想象空间,它是作为经验或感知的空间的第一空间和表征的意识形态或乌托邦空间的第二空间的本体论前提,可视为政治斗争你来我往川流不息的战场,我们就在此地作出决断和选择。其三是《后大都市:城市和区域研究》(2000),或如作者所言,它是续写《第三空间》,探讨主要以洛杉矶为范例的当代后大都市,是否已经成为一个大变革、大动荡的转化场景,由昔年因危机生成的重建,转向因重

---

[1] 索亚:《第三空间》(Edward W. Soja, *Third Space*), Oxford: Blackwell, 1996年版,第81页。

建生成的危机。恐怕很难找到什么人像索亚那样,对空间学科倾注了如此浓厚的兴趣。过去数十年间,现代主义的弊病不断暴露,不说日薄西山,至少已是危机纷呈,城市大块大块被推倒重建的全球化浪潮中,像洛杉矶这样的大都市,差不多就成了现代主义的实验场地。这样一种多少使人显得焦躁的新情势下,需要新的城市研究思维方式出现,是不言而喻的。索亚正是在这一背景之中,提出了更为广阔的学术视野,提倡语境分析和跨学科方法。对此他选中的切入点,便是空间。

第四节 SECTION 4
现代和后现代:洛杉矶和阿姆斯特丹的比较

索亚本人的第三空间和城市规划研究,被认为是典型的后现代方法。但纵观《第三空间》,索亚对现代性和后现代性的对峙,自喻采取的立场要平和得多。他指出现代主义和后现代主义之势不两立似乎是日益壁垒分明起来。一边有那些自命为后现代主义者的人,洋洋得意将认识论批判解释为摧毁20世纪现代主义运动的一切残余,如是弹冠相庆主体与作者的死亡、共产主义和自由主义的死亡、意识形态和历史的死亡,以及整个社会进步启蒙工程的死亡,不说死亡至少也是终结。索亚指出,这样一种已经遍布世界渗透到当代政治的不分青红皂白的反现代主义,说到底是制造神话,将前现代的封建主义涂抹成黄金时代,要么就是冥顽不灵取最极端的反动的保守主义立场,它们一心要摧毁的不是别的,恰恰是20世纪的种种最大的进步成就。

另一个极端可谓铁杆现代主义,索亚称这是一支日益壮大的反后现代主义先锋队。他们打着保护现代主义自由进步的旗号,将对现代主义认识论的一切批判话语,悉数斥之为虚无主义、新保守主义权力专制等等。索亚认为这是一种误解,仿佛人若致力于推进欧洲启蒙运动的进步事业,就必须抵制种种后现代思想的迷惑。或者对德里达、利奥塔、福柯和鲍德利亚的文字稍表同情，便成为不可救药的新保守派。故人莫若以平常心看待这些论争，放弃非此即彼的两元论，而来思索亦此亦彼的逻辑可能，允许并且鼓励后现代性与现代性视野创造性地结合起来。由是而观《第三空间》中特别涉及种族、阶级、性别等批判的许多激进立场，依索亚的解释，便也并不意味"第三空间"是有什么舍我其谁的特权。反之它将呈一种邀请姿态，打开一个极为开放的空间，一个批评交流的场地，在这里人可以是马克思主义者又是后马克思主义者，是唯物主义者又是唯心主义者，是结构主义者又是人文主义者，受学科约束同时又跨越学科。这样描述下来，恐怕多多少少已经有点乌托邦的味道了。

实际上，书中第二部分中就洛杉矶和阿姆斯特丹展开的比较，很大程度上也可见出索亚对现代性和后现代两种文化视野的基本态度。索亚认为洛杉矶和阿姆斯特丹这两个互不相干，就像爆米花与土豆那样根本没有可比性的城市，比较下来它们分别可以代表 20 世纪城市化极端成功和不成功的两极，分别是都市中心主义和解中心主义范例，成功的是阿姆斯特丹，不成功的则是洛杉矶。

索亚指出洛杉矶是一个呈不规则形态的分散的离心的大都市，相反阿姆斯特丹则可算是欧洲向心力最强的城市，洛杉矶一百五十个人中只有一人居住在市中心，阿姆斯特丹市中心居民则超过全市的百分之十。在吸引游客方面，至少同周围其他景点相比，光顾洛杉矶的游人相对要少，而阿姆斯特丹城区每年接待的游人将近八百万，并且日日拥有数千购物者。交通上，洛杉矶商业区地表空间四分之三为汽车所用，高速公路相当气派，而阿姆斯特丹恰恰相反，在禁止汽车方面，仅次于水城威尼斯。索亚对阿姆斯特丹的观察源出他 1990 年春在阿姆斯特丹大学作访问教授期间的直接经验，他发现阿姆斯特丹显得紧凑，整个城市的构造，从中心到郊区，都清晰可读。围着主轴线城市层层展开，就像洋葱的横切面，地名命名具有强烈的方位感，因此阿姆斯特丹人珍视城市格局与功能的传统理解，也令城市规划者们制定新方针时，持以谨慎态度。对比起来，洛杉矶则似有意打破一切城市可读性和规律性，挑战什么是城市，什么不是城市的一切传统规则。工业城、商业城甚至大学城犬牙交错，郊区进入市界，市区外移郊区，城市分析的那些既成学派在这里不再具有任何意义。住房方面，作者描述了阿姆斯特丹影响深广的"市区移民运动"，具体说是年轻人占据市区废弃的办公室、工厂、仓库和一些居住区以作栖身之地。索亚认为这是一场争取城市自身权利，尤其是年轻人和穷人自身权利的斗争。他指出在阿姆斯特丹这场斗争比任何地方都成功；而任何地方都比洛杉矶成功。洛杉矶的公共住房计划是以彻底失败而告终的，是以残酷牺牲贫穷居民的利益为代价来加速中心商业复兴。一边是摩天大楼鳞次栉比，一边是触目惊心的纸板房贫民区，在那里移民们几乎仍在像奴隶一般工作。

甚至民族问题索亚也认为阿姆斯特丹景况较洛杉矶为好，理由是阿姆斯特丹采取有控制的种族宽容和开放政策来接纳"他者"，包括从黄金时代的胡格诺教派和犹太人，到今天的苏里南人、土耳其人、斯里兰卡人和摩洛哥人。而在中世纪迁徙来的大量印尼人看来已是毫无痕迹地融入到了荷兰人的文明与文化之中。虽然，如今阿姆斯特丹仍存在着重大的种族问题，特别是来自世界各地的大量移民和难民，把这里当成避难所，而使阿姆斯特丹与日俱增在变成一个"第三世界城市"。但是洛杉矶的问题肯定更要尖锐得多，作者指出洛杉矶是建立在种族歧视和种族隔离基础之上。近代洛杉矶的历史，就是持续不断的公共与私人部门结党营私的历史，这直接或间接导致了该城市激烈的种族冲突，1992年引发全城暴乱的罗德尼·金事件，就是这一冲突的必然诠释。

索亚认为，洛杉矶和阿姆斯特丹在地理重建和国际化上的碰接，对于全球范围内的城市在现代性和后现代性交叉图景中规划发展具有普遍意义。我们的城市面临着重新布局和地理不平衡发展的新的困顿，这困顿也可以成为动力。一方面是分解工业化的趋势，特别是大规模、纵向集成，通常是流水线和大批量生产工业纷纷衰落，一方面则是再工业化的趋势方兴未艾，特别是手工业、服务业、高科技多样化生产中小型公司层出不穷，一道汇成了后福特主义工业重建的浪潮。在这样的背景中来看阿姆斯特丹和洛杉矶的差异，就更是发人深思。作者指出过去三十年间，阿姆斯特丹中心城区几乎已经完全淘汰了旧的重工业，取而代之的是东南部、南部和西部一系列给人印象深刻的工业子中心纷纷兴起。而城区本身，已为国际金融银行、大学教育，以及五花八门的文化娱乐产业，包括时尚、年轻人服务业、电影和电视、广告出版、软毒品和色情服务业占领，当然还有旅游，对于这世界上的穷人旅游者来说，这里恐怕是最具特色的旅游胜地了。而洛杉矶，作者认为伴随新城市化进程出现的日益严重的社会和经济两极分化，洛杉矶的经济膨胀和重建加速提升了城市贫困水平，并且造成中等劳动力市场的缺失，结果一方面是狭小的高级职业上流社会，是为科学家、工程师、数学家世界里最大的城市储备；另一方面则形成了拥有大量人口的底层社会，并且导致日益严重的"女性贫困"，城市底层阶级就靠公共福利、兼职工作和与日俱增的非正式或地下经济提供的机会，来维持生计。概言之，作者说，通过阿姆斯特丹、洛杉矶和奥兰治郡这三趟曲曲弯弯的游程，引发了一些有趣的问题，这就是城市分析和阐释的适当尺度。比如，是否通过研究日常生活的微观地理，或是通过考察城市整体，在宏观空间尺度上定义城市环境，我们就能够更深入理解阿姆斯特丹、洛杉矶或是其他真实和想象的城市空间？作者的答案是明确的，这就是无论微观还是宏观的视野，本身并不构成任何特权，所以理当否定非此即彼的方法，而走向更为开放的亦此亦彼模式。

因此可以说，索亚就洛杉矶和阿姆斯特丹所作的比较，很大程度上也见出现代主义和后现代城市观念的比较。现代主义城市建筑的宣言公推柯布西耶 1923 年在巴黎出版的《走向新建筑》，现代主义建筑的核心是工业、科学技术和民主，在它的大旗上写的是"国际风格"。在这面大旗之下，地方的、文化的特征，很大程度上是给掩蔽在这一普世流行的建筑现代性之中了。示范后现代建筑风格的经典则推艺术史论家文图里等人的《向拉斯维加斯学习》。这部谈论后现代建筑的名著，被认为是体现了利奥塔《后现代状态》中的精神。20 世纪 70 年代北美后现代主义崛起，后现代建筑和城市观念直接挑战源出柯布西耶乃至包豪斯主义的现代建筑运动。这可视为索亚第三空间理论的一个本土背景。索亚称后现代主义使现代主义者意识到自己是根本失败了，并非言过其实。柯布西耶和赖特的新建筑并没有改变这个世界，也没有能够美化后期资本主义制造出来的空间，洛杉矶就是一个典型的例子。作者到过阿姆斯特丹和洛杉矶，应当说索亚的分析是中肯透彻的，洛杉矶市中心本身并不是巨无霸规模，但是洛杉矶以及同它毗邻的奥兰治郡，卫星城星罗棋布，独门独院的居住模式绵延下来，致使百余公里方圆不见田野。这是典型的美国式地广人稀高度现代化的发展模式，肯定不是中国可以效法的榜样。反之阿姆斯特丹则像大多数欧洲都市一样，更好地保存了城市的传统格局，多元文化并存，呈现出一种远离了乌托邦的和谐氛围。

但是第三空间概念的提出，特别是在索亚所描述的层层网络里，本身也还是疑云密布，索亚将之表述为一个虚构的游戏世界，各方政治和权力力量在此展开角逐，但是在这个虚构世界的外部难道没有游戏，没有权力角逐？另外第三空间同网络空间又有什么关系？这些疑问思想起来，如果不能说明别的，至少可以显示现代性和后现代文化不是一个非此即彼的选择，而毋宁说是我们今天一个亦此亦彼的生存空间。

第五节 SECTION 5
卡斯特论流动空间与地方空间

曼纽尔·卡斯特（Manuel Castells，1942— ）可谓当代美国著名的网络空间社会学家。他生于西班牙，自 1979 年起任教于加利福尼亚大学伯克利分校的城市与区域规划系，号称新马克思主义学派城市社会学的旗手。2003 年起他举办南加州大学传播通信技术与社会讲座。他还担任了许多国家政府的高级顾问。卡斯特著作丰厚，关注信息社会和全球化问题是其学术的一个鲜明标志。他的《信息时代：经济、社会与文化》三部曲曾经蜚声一时，这三部曲是《网络社会的兴起》（1996）、《认同的力量》（1997）和《千年的终结》（1998）。

《网络社会的兴起》中卡斯特集中讨论了互联网这个当代社会的空间新形式。互联网意味着什么？卡斯特将互联网同公元 700 年前后希腊人发明字母并提，指出诚如字母沟通了口语和语言之间的鸿沟，将说话人和所说的话分离开来，从而使为哲学和科学提供基础的概念话语成为可能，互联网则是通过"超文本"（hypertext）和"元语言"（meta-language）的形构，历史上第一次将人类交际的文字、口语和视听模态整合进了同一个系统里面。由此促进我们大脑的两面，即机械面和社会语境面做新的互动，将人类精神的方方面面统合起来。文本、形象和声音既然可以同为一个开放的整体，可以轻易获得读取路径，随时随地在全球网络上互动，那么传统的交际传播文化，便也从根本上为之改观。卡斯特认为，互联网这一新的电子传播系统，其通达全球、整合所有交流媒介以及具有互动潜能的特点，正在改变我们的文化。由此可望形成一种新的文化，这就是他为之命名的"真实虚拟文化"（culture of real virtuality）。

卡斯特指出，作为"真实虚拟文化"的网络文化，已经对社会结构产生了巨大影响，它将大多数文化表达形式包容进来，极大地削弱了宗教、道德、权威、传统价值、政治意识形态这类通过对社会习俗作历史编码来发送信息的传统发送者的权力,现在不是说它们退出舞台了,而是说除非它们在这个新系统中来给自己重新编码,势必就要丧师失地。反之假如它们纡尊降贵,投身于此一信息浪潮,让电子物质来包装它们的精神世界,威力便可以成倍增长。纡尊降贵是说神圣的精神不得不在同一个系统里和电视剧、脱口秀、网络聊天,乃至色情图文这些世俗文化和平共处,精神照样可以征服灵魂,然而它再也不是高高在上,可望而不可即了。用韦伯的话来说,社会最终是真正"袪魅"了,一切都在线,一切都在网络上面,可以合成为我们自己建构起来的形象世界。

但是说到底,网络代表的真实虚拟文化对传统日常生活模式产生的冲击并不适宜于无限夸张。网络的局限性应该也是明显的。卡斯特举了一些例子:网上购物充其量是补充了商业区域而不是取而代之。就目前网络购物鱼龙混杂、骗局迭出的情况来看,短期之内前景也依然不容乐观。而一般商业中心里,网络担当导购角色,倒是适得其所。电子银行在扩张,但动因是银行有意减少分行数目,事实是自动柜员机只能是种补充,水泥结构的分行依然在充当服务中心。特别是学校,按说这里是对新技术最为敏感,是最乐意接受新事物的地方。可是虽然教室里可以充斥电脑,但是却很难指望学校首先进入虚拟空间。就中小学而言,学校不但传授知识,还是照看孩子的中心,孩子学会集体生活的地方。大学里则网络教育直接关系到教育质量,大学的氛围远不是仅靠网络可以传达,就目前的网络远程教育来看,承担的也还大都是成人教育一类的任务,同在校生鲜活生动的校园生活不能并提。这可见,我们的交流从根本上说还有一个面对面直接交流的需要,网络时代的"真实虚拟文化",会不会最终证明是另一种乌托邦文化呢?

说明网络时代新的传播系统如何彻底改变了人类生活的时空

观念,卡斯特提出了"流动空间"(space of flows)和"地域空间"(space of places)的概念。他认为网络使地域的概念从文化、历史和地理意义中解脱出来,给重组进类似形象拼贴的功能网络里,故而产生一种"流动空间",替代了传统的"地域空间"。而当过去、现在和将来可以被设定在同一信息里面且彼此互动时,时间的概念便也随之消失在这个新的空间之中。所以"流动空间"和"无时间的时间"又是一对孪生子,共同构成了真实虚拟文化的基础。卡斯特强调他着重分析的是空间和时间的社会意义,它有一个明确的前提,那就是在网络社会里,是空间组织了时间。

"流动空间"又意味着什么?卡斯特视空间为社会的表达,认为既然我们的社会在经历结构变化,那么新的空间形式和过程相应出现,也是势在必然的事情。他强调空间不是社会的反映(reflection),而是社会的表达(expression),这意味空间不是社会的复制品,而是社会本身。由于社会空间具有承前启后的特征,所以它也是一个过程,用卡斯特的术语来说,就是"结晶化了的时间"。关于空间的定义,他指出诚如在物理学里空间的定义无法脱离物质动态,在社会理论里空间也必须参照社会实践来加以定义,他引用他自己1972年法文本《都市问题》中的一段话,认为它到今天也还适用:

> 空间是一个物质产品,它相关联于其他物质产品,包括在特定的社会关系中赋予空间一种形式、一种功能和一种意义的人。①

人作为社会实践的主体,由是观之,理所当然对空间的形式、功能和意义走向起着举足轻重的作用。故卡斯特强调我们必须从

---

① 卡斯特:《都市问题》(Manuel Castells, *La Question Urbaine*), Paris: François Masperro,1972年版,第152页。

第十五章 空间理论

社会实践的观点来界定空间。而我们当前的社会实践，其主导特征在卡斯特看来是流动：资本流动、信息流动、技术流动、组织互动的流动，以及形象、声音和符号的流动。流动不光是社会组织中的一个因素，而且是表现了主导着我们经济、政治和符号生活的过程。这样来看流动空间，它就是"通过流动而运作的共享时间之社会实践的物质组织"①。所谓"共享时间"（time-sharing）的社会实践，是说此一空间把并存在同一时间里的社会实践，汇合成了一统。卡斯特进而从三个层次来分析了他的流动空间，把它们称之为流动空间的三个物质支持层面。

首先，流动空间的第一个层面是由电子交换的回路组成，它包括各种微电子技术设计、电子通讯、计算机处理、广播系统以及信息的高速传输，它们共同构成了社会网络中那些核心过程的基础。它是物质性的，所以它就像商业社会或工业社会中的"城市"和"区域"一样，是为一种空间形式。在我们今天的网络社会中，没有哪一个区域能够独立存在，因为所有的方位都是由网络中的流动交换界定。方位没有消失，但是方位的逻辑和意义已经被吸纳进了网络。

其次，流动空间的第二个层面是由它的各个终端和网络中心组成。故此流动空间虽然结构逻辑上讲没有方位，实际上却并不是没有方位。它的基础是电子网络，但是这网络却连接到具有完整社会、文化和物理功能的方方面面。最简单的例子便是全球化经济决策系统，尤其是金融系统网络的流动空间。如今天的"全球化城市"，就是信息化全球化经济的生产基地，在我们的社会里担当举足轻重的中心角色，地域社会和经济则对它们表现出明显的依赖性来。但是在那些全球化大都市之外，世界其他地方的区域经济也有它们自己的终端，连接这一全球化网络。这里流动的不光是资本，在财富生产、信息处理以及权力生成等不同方位，

---

① 卡斯特：《网络社会的兴起》，Oxford: Blackwell，2000年版，第505页。

莫不连接着这一张弥天大网。

最后，流动空间的第三个层面，是指占据支配地位的管理精英们的空间组织。卡斯特强调他这里用的不是阶级这个词。他指出流动空间理论的前提是社会各个集团的利益分布并不平衡。流动空间不是我们社会里仅有的一种空间逻辑，但是没有疑问它是我们当代社会的主导逻辑。问题是主导不单单是结构使然，它还是由活生生的人来启动、构想、决策和执行下来。所以，在当代社会里占据高位的技术—金融—管理精英们，对于他们的物质和精神利益来说，自然也会有特定的空间要求。由此构成流动空间的第三个层面，这个空间层面里，又是怎样一种景象呢？

流动空间的这第三个层面是卡斯特论述的重点所在。他指出精英在网络社会里的支配地位表现在它的组合能力和它分化大众的能力同步增长，大众虽然人数占据绝对优势，其利益所得却占劣势。故精英联合，大众解体，这是当代社会的孪生机制。而空间就在这一机制里起到了关键作用。简言之，精英是世界性的，大众是地方性的：

> 权力和财富的空间向世界每一个角落散布，大众的生活和经验则植根在本土，在他们的文化里，在他们的历史里。故此，社会组织越是筑基于非历史的流动之上，超越一切特定方位的逻辑，全球权力的逻辑便越是远离特定历史中地方/国家社会的社会和政治控制。①

卡斯特进而指出，精英有意识同大众保持距离，发展出自己的文化代码以主导流动空间，其支配逻辑是采取了两种主要形式。其一是精英组成了他们自己的社会，以地产价格树起一道屏障，把自己圈定起来。他们把自己的社区界定为一种人际网络次文化，

---

① 卡斯特：《网络社会的兴起》，Oxford: Blackwell，2000年版，第446页。

其空间边界是至为明显的。比如在他们的小圈子里,重大策略决策每每是在会员制餐厅的商业午餐上作出,或者像往昔的好时光那样,周末去乡村别墅,在打高尔夫球的空隙之间运筹帷幄。不过这类决断还是要诉诸计算机的电子决策过程,由相应的软件自己来应对市场趋势。这可见流动空间的终端包括了居住和休闲的空间,配合总部及其辅助设施的区位,一面是在小圈子里发号施令,一面又伸手可及世界范围的艺术、文化和娱乐空间。既然精英们可以这样营构自己的特权空间,往下不同人等自然也可以如法炮制,层层圈定出不同等级的社会空间来。这样必然造成社会分化。卡斯特指出,到社会危机加深,动荡加剧之际,精英便不得不蜷缩在警卫森严的社区里,将之转化为他们的避难空间。这样的例子自 20 世纪 90 年代晚期以来,在欧美国家已经屡见不鲜了。

其二,信息社会中精英文化的第二个主要趋势,卡斯特认为,是它有意统合世界范围的精英环境,来营造它的生活方式和空间形式,如此就抹除了每一个地域的历史特殊性。故此沿着流动空间的连接线,遍布世界建构起了一个相对封闭的精英空间,诸如国际旅馆,其装饰之千篇一律,从房间设计到毛巾的颜色都几无差别,由此给人宾至如归的感觉,马上感觉到从周围的世界里抽身而出。机场贵宾室,其设计则必须同面对面排排坐普通候机厅的设计保持距离。即时的动态的个人网络连接必不可少,以使旅客永远不会迷失方向。另外安排旅行和秘书服务,以及相互做东款待的系统也必须建立起来,以使所有国家可以提供相同的招待,维护企业精英集团的贵族气派。不仅如此,精英们此一日益趋同的生活方式,也造就了一种跨越了所有社会和文化边界的国际风格。比如即便旅行之中也按时水疗(spa),经常慢跑,吃烤鲑鱼和蔬菜沙拉强制节食餐,换换口味用日本料理,则要乌冬面和生鱼片,墙壁涂料用"白岩羚羊"色,以使内部空间有温暖舒适的气氛,随身携带笔记本电脑和网络连接,西装革履和运动休闲服交替穿着,单一性别的衣着风格,如此等等。这一切都成为一种国际文化的象征,并不局限于任何一个特定社会,而毋宁说是显示了跨国信息经济里高级管理层成员的身份资格。

那么地域空间呢?卡斯特承认流动空间并没有渗透到网络社会里人类经验的全部领域。事实上绝大多数人,不论是在发达国家还是在传统社会,还都生活在地域空间里,其感知到的空间,也是以地域为基础的空间。所谓地域空间,卡斯特的定义是其形式、功能和意义都自我包纳在其物理边界之内的空间。对此他举了一个例子:巴黎的贝勒维拉(Belleville)。

卡斯特称他是在1962年,像历史上许许多多移民一样,从贝勒维拉进入巴黎的。那时候他年方二十,是一个政治流亡者,除了他的革命理想,身无长物。有一个西班牙建筑工人收留了他,此人是一个无政府主义的工会领袖,他向他介绍了这块地方的传统。九年后,卡斯特依然走在贝勒维拉街上,身份却已经变成了一个社会学家,是时他和移民劳工委员会一道,在研究对抗都市更新的社会运动。自从初次相逢之后,三十多年过去,卡斯特说他和贝勒维拉都大有改变,可是贝勒维拉依然是一个地域,反之他恐怕自己倒更像是一个流民了。来自亚洲和南斯拉夫的新移民加入了旧移民的队伍,贝勒维拉本身经历了好几次都市更新浪潮,在70年代达到高峰。历史上它是巴黎一块虽然贫困,但不失和谐的边缘地带,现在则触目皆是随意雕塑的后现代主义和廉价的现代主义景观。但即便这样,1999年的贝勒维拉,依然是一个清晰可辨的地域,是为一个多重文化的都市区域。不同的族裔社群在这里大体可以和平共处,年轻的中产家庭也加入这个邻里,这一切都给它灌注了生命力,同时又有意识防止鹊巢鸠占,抹杀了原来的文化。故此,卡斯特认为,贝勒维拉是在文化和历史互动中见出空间意义,并且借用普林斯顿大学建筑学院克莉斯汀·波耶1994年出版《集体记忆的城市》一书的标题,认为贝勒维拉就是一个集体记忆的城市。但这并不意味贝勒维拉就是失落社区的理想化范本，这类充满怀旧的理想社区，可以说从来就没有存在过。一个地方是好是坏，卡斯特认为，取决于对好生活的价值认知。贝勒维拉的居民并不彼此友爱，警察显然也不爱他们。但是这里的居民就跨越历史建构了一个有意味的互动空间，他们在与日常物质环境互动，在家庭和世界之间，构成了一个典型的地域空间。

贝勒维拉是巴黎最大的华人区，但是华人只是移居贝勒维拉的少数民族之一，人数更众的族裔是阿拉伯人。这里可以怀旧，比如举步街头，冷不丁就可以看到别有情致的"墙画"，墙画是巴黎民间艺术家的"涂鸦"，花前月下，美女野兽，无论是题材还是表现手法，都令人刮目相看。但是贝勒维拉也是巴黎的一个藏污纳垢之地，卡斯特说警察不会爱上这里的居民，指的无疑就是这里相对要差一些的治安。对于普罗大众来说，他们显然还是居住在以贝勒维拉为代表的地域空间里，诚如卡斯特所言——

> 因此，人们确实依然是生活在地方里。但是由于我们社会里的功能和权力是在流动空间中组织起来，其逻辑的结构支配性正在从根本上改变地方的意义和活力。经验同地方相联系的结果，是它丧失了权力，意义则与知识渐行渐远。这导致两种空间逻辑之间产生一种精神分裂症，有可能使社会的传播渠道毁于一旦。①

这应当不是危言耸听，卡斯特自己也意识到，今天流动空间是占据了支配地位，居高临下，要把它网络化且非历史的逻辑强加到溃不成军的地方上面，事实上地方已日渐分散，彼此之间的联系亦愈见稀寥，分享文化代码的能力，亦愈益贫弱。这还是当代社会贫富两极分化，而且差距越拉越大的故事。经济全球化并没有能够弥补这一鸿沟，反之推波助澜，愈益拉开流动空间和地

---

① 卡斯特：《网络社会的兴起》，Oxford: Blackwell，2000年版，第459页。

域空间之间的距离。所以卡斯特也感叹,除非有意识努力来在这两种空间形式之间搭建文化、政治特别是物质上的桥梁,两种空间恐怕永远会失去交合的可能。这对于和谐社会的理念构建来说,无论如何是值得警示的。

《信息时代》三部曲的第二部《认同的力量》中,我们也发现卡斯特对这个精英空间和普罗空间的二元对立明显表示忧虑:

> 除了一小部分全球政治的精英,遍布世界的大众愤愤不平已不复能够像过去那样,控制他们的生活、他们的环境、他们的工作、他们的经济、他们的政府和国家,最终,控制地球的命运。因此,为社会进化的古老法则使然,抵制针对支配而生,无权促生授权,另类设计挑战起全球新秩序的逻辑,我们这个星球上的民众,与日俱增感觉到了混乱和无序。①

由是观之,网络的形象不是解放,恰恰相反,它表现为遍布全球的工具理性引导下,各种支配力量之间的关系。自我不复取决于我们在干什么,不复取决于我们种田做工还是生儿育女,而是取决于我们的自我身份,取决于我们相信自己是何许人等。而我们的自我形象未必一定是理性的形象,反之多半是在"他者"的映照之中,歪曲变形下来的自我形象。网络空间如此得心应手演变为精英阶层的权力结构之后,说实话它的推进民主和进步的社会功能,也就非常可疑了。

卡斯特的空间理论与列斐伏尔有明显不同,事实上围绕空间的阐释,两人还产生过尖锐分歧。在当年巴黎"红色的60年代"里,列斐伏尔曾经是卡斯特的老师。但是早在1972年他出版的第一本书《都市问题》中,卡斯特就辟有题为"从都市社会到都市

---

① 卡斯特:《身份的权力》(Manuel Castells, *The Power of Identity*), Malden (Mass) and Oxford: Blackwell Publishers, 1997年版, 第69页。

革命"的专章,交代他同列斐伏尔的分歧。他指出,在列斐伏尔看来,人类发展必经农业、工业和都市社会这三个主要阶段,与这三个主要阶段相联系的,分别是需求、工作和娱乐。故都市表现的说到底是一种文化内涵,熙熙攘攘的人流、娱乐、社交、欲望,这一切构成了都市的自由和繁荣。列斐伏尔的都市空间永远是生机勃勃的,经验、冒险、解放、节庆、创造,这一切皆由都市的空间形式所生产,而此一空间形式既不是客观的,也不是主观的,反之是由空间的辩证法使然。但是据卡斯特观之,列斐伏尔的空间理论是过于强调了人文的因素,把它看作一个透明的人文舞台,至少有一个技术问题悬而未答,这就是在物理距离的否定语境中,如何揭示社会关系。对此卡斯特强调说,"这关系到都市的本质究竟是什么的问题。因为城市什么也不创造,但是,通过把各种创造汇聚起来,它使它们花开艳丽。"①

卡斯特认为列斐伏尔的空间理论是一个乌托邦,理由是它摧毁了"城市"(the city)和"都市"(the urban)之间的一切因果联系,尤其不满列斐伏尔将生产方式和阶级斗争撇在一边来谈空间。《都市问题》一书的副标题是"马克思主义方法",卡斯特在他的此一方法中更愿意强调的是社会物质的基础,认为列斐伏尔是把人的因素高架在生产关系之上,有本末倒置、偏离马克思主义基本路线的倾向。当时的卡斯特显然没有料到空间理论在列斐伏尔的启示下,会有突飞猛进的发展,而这发展本身或可证明卡斯特彼时的观点应是狭隘了一些。对此列斐伏尔本人后来反唇相讥说卡斯特不懂空间,是恪守一种机械的马克思主义教条。显然,他的反批评也是不无道理的。

---

① 卡斯特:《都市问题》,Paris:François Masperro,1972 年版,第 90 页。

人名译名表

A

阿多诺	Adorno, Theodor
阿诺德，马修	Arnold, Matthew
阿尔都塞	Althusser, L.
阿尔蒙德	Almond, Gabriel
艾伯拉姆斯	Abrams, M. H.
艾迪生	Addison, Joseph
艾柯	Eco, Umberto
埃拉斯莫斯	Erasmus
艾里蓬，迪迪艾	Eribon, Didier
艾略特，乔治	Eliot, George
艾略特，T. S.	Eliot, T. S.
埃森斯坦	Eisenstein, Seiger
安德森，佩里	Anderson, P.
奥康诺，阿伦	O'Connor, Alan
奥尼斯	Onis, Federico de
奥斯汀	Austen, J.
奥苏利文	O'Sulliven, Tim

B

巴巴，霍米	Bhabha, Homi

人名译名表

巴赫金	Bachtin, M.
巴什拉	Barchelard
巴塔耶	Betaille, G.
巴特,罗兰	Barthes, Roland
班菲尔德,爱德华	Banfield, Edward
鲍德利亚	Baudrillard, Jean
鲍曼,齐格蒙	Bauman, Zygmunt
贝多芬	Beethoven
贝尔,伯纳德	Bell, Bernard Iddings
贝尔格	Berg, Alban
本内特,托尼	Bennett, Tony
本尼迪克,露斯	Benedict, Ruth
本雅明	Benjamin, Walter
彼德拉克	Petrarch
波爱修	Boethius
波德莱尔	Baudelaire, Charles
玻尔	Bohr, Niels H. D.
伯尔洛克	Bullock, Alan
伯克,爱德蒙	Burke, Edmund
勃拉姆斯	Brahms, Johannes
勃朗特,夏洛蒂	Brontë Charlotte
波普尔,卡尔	Popper, Karl Raimund
玻特拉尔,罗纳尔德	Bottrall, Ronald
波耶,克莉斯汀	Boyer, Christine
布尔迪厄	Bourdieu, Pierre
薄伽丘	Boccàccio
布莱尔	Blair, Tony
布莱斯蒂德,保罗	Braisted, Paul J.
布莱希特	Brecht

布劳代尔	Braudel
布里克蒙,让	Bricmont, Jean

C

查普曼,约翰	Chapman, John Watkins

D

达格伦,彼得	Dahlgren, Peter
但丁	Dante
德勒兹	Deleuze, Gilles
德里达	Derrida, Jacques
德塞都	de Certeau, Michel
笛福	Defoe, Daniel
狄更斯	Dickens, Charles
笛卡儿,勒内	Descartes, René
迪克,菲利普	Dick, Philip K.
杜尚	Duchamp, Marchel

E

厄利斯	Ellis, Richard
恩贝尔,克劳德	Imbert, Claude
恩格斯	Engles

F

费瑟斯通,迈克	Featherstone, Mike
费斯克,约翰	Fiske, John
伏尔泰	Voltaire
福柯	Foucault, Michel
弗洛伊德	Freud, S.

弗柔，约翰　　　　　　　　　　Frow, John

G

伽塔利　　　　　　　　　　　　Guattari, Félix
冈斯，赫伯特　　　　　　　　　Gans, Herbert
戈德曼　　　　　　　　　　　　Goldmann, Lucien
葛兰西　　　　　　　　　　　　Gramsci, Antonio
格林布拉特　　　　　　　　　　Greenblatt, Stephen
格罗斯伯格　　　　　　　　　　Grossberg, Lawrence
吉尔罗，保罗　　　　　　　　　Gilroy, Paul

H

哈贝马斯　　　　　　　　　　　Habermas, Jürgen
哈里森，劳伦斯　　　　　　　　Harrison, Lawrence E.
哈洛，巴巴拉　　　　　　　　　Harlow, Barbara
哈特利　　　　　　　　　　　　Hartley, John
哈维，帕内罗珀　　　　　　　　Harvey, Penelop
哈耶克　　　　　　　　　　　　Hayek, Friedrich August
海布迪基，迪克　　　　　　　　Hebdige, Dick
海德格尔　　　　　　　　　　　Heidegger, Martin
海明威　　　　　　　　　　　　Hemingway, Ernest
海森堡　　　　　　　　　　　　Heisenberg, Werner
黑格尔　　　　　　　　　　　　Hegle, Georg W. F.
赫尔德尔　　　　　　　　　　　Herder
赫胥黎　　　　　　　　　　　　Huxley
亨提，G. A.　　　　　　　　　　Henty, G. A.
亨廷顿，塞缪尔　　　　　　　　Huntington, Samuel
洪美恩　　　　　　　　　　　　Ang, Ien
华伦斯坦　　　　　　　　　　　Walerstein, Imauel

霍伯荇，多萝西	Hobson, Dorothy
霍布森，J.A.	Hobson, J.A.
霍尔，爱德华	Hall, Edward T.
霍尔，麦尔德里德	Hall, M.
霍尔，斯图亚特	Hall, Stuart
霍夫斯特德，基尔特	Hofstede, Geert
华兹华斯	Wordsworth, William
霍加特	Hoggart, Richard
霍克海默	Horkheimer, Max

J

吉登斯，安东尼	Giddens, Anthony
吉尔兹，克利福	Geertz, Clifford
吉朋	Gibbon
伽利略	Galilei, G.
加南，尼古拉	Garnham, Nicholas
金，罗德尼	King, Rodney

K

卡尔德隆	Calderon
卡林内斯库	Calinescu, Matei
卡娜	Kahnna, Vicram
卡斯特，曼纽尔	Castells, Manuel
凯尔纳，道格拉斯	Kellner, Douglas
坎托	Cantor, N.
康德	Kant, Immanuel
康拉德	Conrad, J.
柯布西耶	Corbusier
柯尔施	Korsch, Karl

克拉克	Clarke, A.
克拉克洪, 克莱德	Kluckhohn, Clyde
克拉克洪, 弗洛伦斯	Kluckhohn, Florence
克拉里莎	Clarrisa
克洛依伯	Kroeber, Alfred
肯尼克	Kennick, William Elmer
孔德	Comte, Auguste
库恩, 托马斯	Kuhn, Thomas
库塞, 弗朗索瓦	Cusset, Francois

L

拉斐尔	Raphael
拉雷, 沃尔特	Raleigh, Walter
拉康	Lacan, Jacques
拉图尔, 布鲁诺	Latour, Bruno
赖特	Wright, Frank L.
莱雅	Leia
劳伦斯, D. H.	Lawrence, D. H.
雷斯曼, 大卫	Riesman, David
雷维尔	Revel, Jean-Francois
利奥塔	Lyotard, Jean-Francois
理查兹, I. A.	Richards, I. A.
李嘉图	Ricardo, David
利维斯, F. R.	Leavis, Frank Raymond
利维斯, Q. D.	Leavis, Q. D.
列宁	Lenin
洛克	Locke, John
卢卡斯	Lukas
卢卡契	Lukacs, Gyorgy

卢梭	Rousseau, Jean Jacques
伦特根,玛丽永	Renterghem, Marion van
罗蒂,理查德	Rorty, Richard
罗尔斯,约翰	Rawls, John
罗森堡	Rosenberg, B.

M

马尔库塞	Maucuse, Herbert
玛弗尔	Marvell, Andrew
马克思	Marx
马林诺夫斯基	Malinowski, Bronislaw
麦卡瑟	McCarthy, Thomas
麦克卢汉	McLuhan, M.
麦可奎尔,丹尼斯	McQuail, Denis
麦克奎甘,吉姆	McGuigan, Jim
麦克利兰,大卫	McClelland, David
麦克唐纳	MacDonald, Dwight
麦克因特尔	MacIntyre, Alasdair
毛伯利,休·赛尔温	Mauberley, Hugh Selwyn
梅尔切特	Melchett
梅姬	Meg, Richardson
梅勒	Mailer, Norman
蒙代尔,厄内斯特	Mandel, Ernest
蒙田	Montesquieu, Baron de
米德	Mead, Margaret
弥尔顿	Milton, John
密尔纳,安德鲁	Milner, Andrew
米开朗琪罗	Michelangelo
米勒,希利斯	Miller, Hillis

闵谷　　　　　　　　　　　Mingo, J.
米彻姆，罗伯特　　　　　　Mitchum, Robert
莫利　　　　　　　　　　　Morley, David
默塞尔　　　　　　　　　　Mercer, C.
莫斯，巴克　　　　　　　　Morss, Buck
莫斯，马塞尔　　　　　　　Mause, Marcel
莫特拉姆，R. H.　　　　　 Mottram, R. H.
莫扎特　　　　　　　　　　Mozart
穆勒恩，弗朗西斯　　　　　Mulhern, F.

N

纳博科夫　　　　　　　　　Nabokov, Vladimir
尼采　　　　　　　　　　　Nietzsche, Friedrich W.
牛顿　　　　　　　　　　　Newton

P

帕克，格里高利　　　　　　Peck, Gregory
帕金，法兰克　　　　　　　Parkin, Frank
帕默斯顿　　　　　　　　　Palmerston
帕瑞斯，彼得　　　　　　　Parisi, Peter
帕森斯　　　　　　　　　　Parsons, Talcott
派依，鲁西安　　　　　　　Pye, Lucian
潘翎　　　　　　　　　　　Pan, Lynn
潘维兹，鲁道尔夫　　　　　Panwitz, Rudolf
庞德，埃兹拉　　　　　　　Pound, Ezra
培根　　　　　　　　　　　Bacon, Francis
普鲁斯特　　　　　　　　　Proust, Marcel
普热比斯克　　　　　　　　Prebisch, Raúl

Q

乔伊斯	Joyce, James
乔叟	Chaucer, J.
切尼,大卫	Chaney, David
琼斯,汤姆	Jones, Tom

R

任克斯,克里斯	Jenks, Chris

S

萨特	Sartre, Jean Paul
赛义德	Said, Edward
塞尔,米歇尔	Serres, Michel
莎士比亚	Shakespeare, W.
圣哲罗姆	St. Jerome
史密斯,D.	Smith, D.
斯波尔,丹尼斯	Sporre, Dennis J.
斯蒂尔	Steele, Richard
斯多雷,约翰	Storey, John
司各特	Scott, W.
斯密,亚当	Smith, Adam
斯尼陶,安·芭	Snitow, An Bar
斯皮沃克,盖娅特里	Spivak, Gayatri
斯特拉文斯基	Stravensky
斯特罗佩克,弗勒德	Strodtbeck, Fred
斯特里纳蒂	Strinati, Dominic
斯旺,多米尼克	Swain, Dominique
斯维德,理查德	Shweder, Richard

斯温基伍德	Swingewood, Alan
索卡尔, 艾伦	Sokal, Alan
索福克勒斯	Sophoclēs
索绪尔	Saussure, F. de
索雅, 艾德华	Soja, Edward W.

T

泰勒, 爱德华	Tylor, Edward Burnett
堂恩	Donne, John
唐璜	Don Juan
汤普森, 丹尼斯	Thompson, Denys
汤普森, 约翰	Thompson, John B.
汤普森, M.	Thompson, Michael
汤婷婷	Kingston, Maxine Hong
汤因比	Toynbee, Arnold
谭恩美	Tan, Amy
特淮兹, 托尼	Thwaites, Tony
特隆布莱	Trombley, Stephen
涂尔干	Durkheim, Émile

W

瓦蒂莫	Vattimo, G.
韦伯, 卡尔	Weber, Carl Maria
韦伯, 马克斯	Weber, Max
维巴, 西德尼	Verba, Sidney
维达夫斯基	Wildavsky, Aaron
维瑞利奥, 保罗	Virilio, Paul
韦尔施	Welsch, Walfgang
威勒, 马克	Wheeler, Mark

威里斯，保罗	Willis, Paul
威廉斯，雷蒙	Williams, Raymond
维特根斯坦	Wittgenstein, L.
沃尔夫，埃里克	Wolf, Eric
沃勒斯坦	Wallerstein
沃思曼	Werthman, M.

X

西美尔，乔治	Simmel, George
希区柯克	Hitchcock, Alfred
谢和耐	Gernet, J.
辛克莱，约翰	Sinclair, John
辛内德，辛西亚	Schneider, Cythia
雪莱	Shelley, P.
勋伯格	Schonberg, Arnold
休谟	Hume, David
休斯，罗伯特	Hughs, Robert

Y

亚里士多德	Aristotelēs
燕卜生	Empson, William
伊格尔顿，特里	Eagleton, Terry
伊利格瑞，露西	Irigaray, Luce
伊斯特伍德，克林特	Eastwood, Clint
因克里斯，阿列克斯	Inkeles, Alex
尤利西斯	Ulysses
约翰逊，理查	Johnson, Richard

Z

詹姆斯,亨利	James,Henry
詹姆逊,弗雷德里克	Jameson,Fredric
周蕾	Chow,Ray

第三版后记

本书自从2006年初版，迄今忽忽已经十五年过去，感谢广大读者和高校师生的支持，使她在络绎不绝的发行道路上有过2015年的一次修订版。而今蒙出版社错爱，又有了一次新的修订机会。想当初写作此书，我和王毅酝酿经年，也断断续续写了好几年。我们读硕士的时候是同学，后来王毅去了澳大利亚，就在当今文化研究的领军人物洪美恩门下攻读文化传播学的博士，毕业后长期在西澳大学亚洲系任教。为了此书的合作，我们都应邀到对方的学校讲过学，并且将最初的成果辑成一本小册子《大众文化与传媒》，交由上海三联书店出版。当其时，国内外的几位学者都曾有过意向，写一本汉语版本的文化研究导论性质的著作，以应方方面面的需要。因为一个显见的事实是，西方大学体制里文化研究作为一门跨学科的其实已经不新的新兴学科，正在攻城略地，大出风头，相关的出版物不计其数，反观国内虽然迻译工作进行得有声有色，高校也纷纷开出文化研究的有关课程，却始终没有一部本土出版的比较系统一些的文化研究教材。是以本书希望能够抛砖引玉。

感谢教育部人文社科项目赐我一笔基金，使我得以从容进行此书的写作。本书讨论的文化研究主要围绕伯明翰的文化研究传统展开，但是并不限于这个传统，是以将现代性、后现代和全球化这些话题，也都汇聚拢来。在本书出版的过程中，获知此书被教育部确定为研究生教学用书，这是令我们感到欣慰的。其实本书的讲义多年来一直在本科生和硕士生的不同层面上使用，我们的宗旨是：既然文化研究作为一门准学科有一个西学东渐的过程，那么就尽量让学生多接触这门学科的原初面貌。唯其如此，文化研究的本土化可望能在比较坚实的基础上面起步。特别感谢金元浦、陶东风、王宁和朱立元诸位先生在读过本书样稿后，给予本书的美誉。本书的责任编辑邵丹女士兢兢业业，反复同我沟通，一丝不苟订正了书中不少错讹之处，亦令我感佩良深。

虽然，文化研究在今天似乎是失却了当年攻城略地的咄咄逼人的激情锐气，曾经辉煌一时的战果，也纷纷交回给了传统学科。不仅如此，有人指责文化研究流于肤浅，是机会主义，缺乏反思，缺乏历史感。此外，文化研究很长时间以游击队自居，乐于在传统学科边缘发动突袭。那应是列维斯特劳斯结构主义人类学所谓的"就地取材"（bricolage）方法论。但诚如吉姆·麦克奎甘在其《文化方法论》（1997）序言中所言，这样一种浪漫的英雄主义文化研究观念，早已一去不返。经过葛兰西转向，并假道阿尔都塞引入马克思的意识形态概念之后，文化研究热衷于在各种文化"文本"中发动意识形态批判，这究竟是丰富了马克思主义的意识形态批判理论，还是取而代之以一种"泛抵抗主义"，也还有着不同看法。

但凡此种种，其实显示文化研究作为一门学科，正在诘难和反思中走向成熟。今天文化研究的对象既已不限于阶级、种族、性别视域中的工人阶级文化和青年亚文化，甚至媒体的文化研究，它的目标也不仅仅是颠覆主流意识形态。毋宁说，它就是当今全球化语境中我们生存方式的一种文化反思。无论你喜欢它，还是不喜欢它，它就在我们身边。一门学科一般是从理论到实践，从实践再返归理论。可以说文化研究已经完成它蓝缕筚路开疆拓土的攻坚阶段,可以同样来进行更为从容的守成研究了。比如,考察它曾经不屑一顾的文学和美学内涵?

这次本书修订再版,除基本上保持了本书的增订二版原貌外,主要是删除了若干小节。计有第一章中的第五节"波德莱尔和现代性艺术"、第四章中的第一节"尼采批判现代文化"、第六章中的第五节"两种电视",以及第十章中的第五节"质疑哈贝马斯公共领域理论"。主要考虑是:这些内容一则读者大都比较熟悉,已无需本书赘叙;二则也是希望本书的构架可以更精简一些。文化研究在中国已经完成了她的本土化进程,回过头来看她的那些原初理论,不亦乐乎?

陆　扬
2021 年 11 月 10 日
于复旦大学中文系

图书在版编目(CIP)数据

文化研究导论/陆扬,王毅著. —3 版. —上海:复旦大学出版社,2022.1(2024.1重印)
ISBN 978-7-309-15868-7

Ⅰ.①文… Ⅱ.①陆…②王… Ⅲ.①文化研究-高等学校-教材 Ⅳ.①G0

中国版本图书馆 CIP 数据核字(2021)第 168368 号

文化研究导论(第三版)
陆 扬 王 毅 著
责任编辑/邵 丹

复旦大学出版社有限公司出版发行
上海市国权路 579 号 邮编:200433
网址:fupnet@ fudanpress.com http://www.fudanpress.com
门市零售:86-21-65102580 团体订购:86-21-65104505
出版部电话:86-21-65642845
上海崇明裕安印刷厂

开本 890 毫米×1240 毫米 1/32 印张 15.5 字数 403 千字
2024 年 1 月第 3 版第 2 次印刷

ISBN 978-7-309-15868-7/G·2282
定价:48.00 元

如有印装质量问题,请向复旦大学出版社有限公司出版部调换。
版权所有 侵权必究